华中科技大学社会学文库

教授文集系列

中国扶贫精细化：
理念、策略、保障

THE REFINEMENT OF
POVERTY ALLEVIATION IN CHINA:
THEORY, STRATEGY AND SECURITY

王三秀　著

社会科学文献出版社
SOCIAL SCIENCES ACADEMIC PRESS (CHINA)

华中科技大学社会学文库总序

在中国恢复、重建社会学学科的历程中，华中科技大学是最早参与的高校之一，也是当年的理工科高校中唯一参与恢复、重建社会学的高校。如今，华中科技大学（原为华中工学院，曾更名为华中理工大学，现为华中科技大学）社会学学科已逐步走向成熟，走在中国高校社会学院系发展的前列。

30多年前，能在一个理工科的高校建立社会学学科，源于教育学家、华中工学院老院长朱九思先生的远见卓识。

20世纪八九十年代是华中科技大学社会学学科的初建时期。1980年，在费孝通先生的领导下，中国社会学研究会在北京举办第一届社会学讲习班，朱九思院长决定选派余荣珮、刘洪安等10位同志去北京参加讲习班学习，并接见这10位同志，明确学校将建立社会学学科，勉励大家在讲习班好好学习，回来后担起建立社会学学科的重任。这是华中科技大学恢复、重建社会学的开端。这一年，在老前辈社会学者刘绪贻先生、艾玮生先生的指导和领导下，在朱九思院长的大力支持下，湖北省社会学会成立。余荣珮带领华中工学院的教师参与了湖北省社会学会的筹备工作，参加了湖北地区社会学界的许多会议和活动。华中工学院是湖北省社会学会的重要成员单位。

参加北京社会学讲习班的10位同志学习结束之后，朱九思院长听取了他们汇报学习情况，对开展社会学学科建设工作做出了重要指示。1981年，华中工学院成立了社会学研究室，归属当时的马列课部。我大学毕业后分配到华中工学院，1982年元旦之后我去学校报到，被分配到社会学研究室。1983年，在朱九思院长的支持下，在王康先生的筹划下，学校决定在社会学研究室的基础上成立社会学研究所，聘请王康先生为所长、刘中庸任副所长。1985年，华中工学院决定在社会学研究所的基础上成立社会学系，聘请王康先生为系主任、刘中庸任副系主任；并在当年招收第一届社会学专业硕士研究生，同时招收了专科学生。1986年，华中工学院经申报获社会学硕士学位授予权，成为最早拥有社会学学科硕士点的十个高校之一。1988年，华中理工大学获教育部批准招收社会学专业本科生，当年招收了第一届社会学专业本科生。至此，社会学有了基本的人才培养体系，有规模的科学研究也开展起来。1997年，华中理工大学成立了社会调查研究中心；同年，社会学系成为独立的系（即学校二级单位）建制；2016年5月，社会学系更名为社会学院。

在20世纪的20年里，华中科技大学不仅确立了社会学学科的地位，而且为中国社会学学科的恢复、重建做出了重要的贡献。1981年，朱九思先生批准和筹备了两件事：一是在学校举办全国社会学讲习班；二是由学校承办中国社会学会成立大会。

由朱九思先生、王康先生亲自领导和组织，中国社会学研究会、华中工学院、湖北社会学会联合举办的全国社会学高级讲习班在1982年3月15日开学（讲习班至6月15日结束），上课地点是华中工学院西五楼一层的阶梯教室，授课专家有林南先生、刘融先生等6位美籍华裔教授，还有丁克全先生等，学员是来自全国十几个省、市、自治区的131人。数年间，这些学员中的许多人成为各省、市社科院社会学研究所、高校社会学系的负责人和学术骨干，有些还成为国内外的知名学者。在讲习班结束之后，华中工学院社会学研究室的教师依据授课专家提供的大纲和学员的笔记，整理、印刷了讲习班的全套讲义，共7本、近200万字，并寄至每一位讲习班的学员手中。在社会学恢复、重建的初期，社会学的资料极端匮乏，这套讲义是国内最早印刷的社会学资料之一，更是内容最丰富、印刷量最大的社会学资料。之后，由朱九思院长批准，华中工学院出版社（以书代刊）出版了两期《社会学研究资料》，这也是中国社会学最早的正式出版物之一。

1982 年 4 月，中国社会学会成立暨第一届全国学术年会在华中工学院召开，开幕式在学校西边运动场举行。费孝通先生、雷洁琼先生亲临会议，来自全国的近 200 位学者出席会议，其中主要是中国社会学研究会的老一辈学者、各高校社会学专业负责人、各省社科院负责人、各省社会学会筹备负责人，全国社会学高级讲习班的全体学员列席了会议。会议期间，费孝通先生到高级讲习班为学员授课。

1999 年，华中理工大学承办了中国社会学恢复、重建 20 周年纪念暨 1999 年学术年会，全国各高校社会学系的负责人、各省社科院社会学所的负责人、各省社会学会的负责人大多参加了会议，特别是 20 年前参与社会学恢复、重建的许多前辈参加了会议，到会学者近 200 人。会议期间，周济校长在学校招待所二号楼会见了王康先生，对王康先生应朱九思老院长之邀请来校兼职、数年领导学校社会学学科建设表示感谢。

21 世纪以来，华中科技大学社会学学科进入了更为快速发展的时期。2000 年，增设了社会工作本科专业并招生；2001 年，获社会保障硕士点授予权并招生；2002 年，成立社会保障研究所、人口研究所；2003 年，建立应用心理学二级学科硕士点并招生；2005 年，成立华中科技大学乡村治理研究中心；2006 年，获社会学一级学科硕士点授予权、社会学二级学科博士点授予权、社会保障二级学科博士点授予权；2008 年，社会学学科成为湖北省重点学科；2009 年，获社会工作专业硕士点授予权；2010 年，招收第一届社会工作专业硕士学生；2011 年，获社会学一级学科博士点授予权；2013 年，获民政部批准为国家社会工作专业人才培训基地；2014 年，成立城乡文化研究中心。教师队伍由保持多年的十几人逐渐增加，至今专任教师已有 30 多人。

华中科技大学社会学学科的发展，历经了两三代人的努力奋斗，先后曾经在社会学室、所、系工作的同志近 60 位，老一辈的有刘中庸教授、余荣珮教授，次年长的有张碧辉教授、郭碧坚教授、王平教授，还有李少文、李振文、孟二玲、童铁山、吴中宇、陈恢忠、雷洪、范洪、朱玲怡等，他们是华中科技大学社会学学科的创建者、引路人，是华中科技大学社会学的重大贡献者。我们没有忘记曾在社会学系工作、后调离的一些教师，有徐玮、黎民、王传友、朱新称、刘欣、赵孟营、风笑天、周长城、陈志霞等，他们在社会学系工作期间，都为社会学学科发展做出了贡献。

华中科技大学社会学学科的发展，也有其所培养的学生们的贡献。在 2005 年社会学博士点的申报表中，有一栏要填写 20 项在校学生（第一作者）发表的代表性成果，当年填在此栏的 20 篇已发表论文，不仅全部都是现在的 CSSCI 期刊源的论文，还有 4 篇被《新华文摘》全文转载、7 篇被《人大复印资料》全文转载，更有发表在《中国人口科学》等学界公认的权威期刊上的论文。这个栏目的材料使许多评审专家对我系的学生培养打了满分，为获得博士点授予权做出了直接贡献。

华中科技大学社会学学科发展的 30 多年，受惠、受恩于全国社会学界的鼎力支持和帮助。费孝通先生、雷洁琼先生亲临学校指导、授课；王康先生亲自领导组建社会学所、社会学系，领导学科建设数年；郑杭生先生、陆学艺先生多次到学校讲学、指导学科建设；美籍华人林南教授等一大批国外学者及宋林飞教授、李强教授等，都曾多次来讲学、访问；还有近百位国内外社会学专家曾来讲学、交流。特别是在华中科技大学社会学学科创建的初期、幼年时期、艰难时期，老一辈社会学家、国内外社会学界的同仁给予了我们学科建设的巨大帮助，华中科技大学的社会学后辈永远心存感谢！永远不会忘怀！

华中科技大学社会学学科在 30 多年中形成了优良的传统，这个传统的核心是低调奋进、不懈努力，即为了中国的社会学事业，无论条件、环境如何，无论自己的能力如何，都始终孜孜不倦、勇往直前。在一个理工科高校建立社会学学科，其"先天不足"是可想而知的，正是这种优良传统的支撑，使社会学学科逐步走向成熟、逐步壮大。"华中科技大学社会学文库"，包括目前年龄大些的教师对自己以往研究成果的汇集，但更多是教师们近年的研究成果。这套文库的编辑出版，既是对以往学科建设的回顾和总结，更是目前学科建设的新开端，不仅体现了华中科技大学社会学的优良传统和成就，也预示着学科发挥优良传统将有更大的发展。

雷　洪

2016 年 5 月

目　录

上编　理念基础研究

第一章　导论 ……………………………………… 003
　一　研究背景与意义 ……………………………… 003
　二　已有相关研究的梳理评析 …………………… 008
　三　本研究的基本目标 …………………………… 014
　四　本研究的基本思路与方法 …………………… 017

第二章　扶贫精细化概念及价值意蕴 ………… 019
　一　扶贫精细化的探索依据 ……………………… 019
　二　扶贫精细化的概念界定 ……………………… 022
　三　扶贫精细化的价值意蕴 ……………………… 023

第三章　中国扶贫精细化的理论支持 ………… 037
　一　多维贫困及应对理论 ………………………… 037
　二　福利主义应对贫困理论 ……………………… 045
　三　生活质量及其提升理论 ……………………… 055
　四　政府管理精细化理论 ………………………… 060

中编　策略设计研究

第四章　中国收入扶贫精细化策略 …………… 067
　一　收入贫困现状及致因分析 …………………… 067
　二　收入扶贫精细化的目标与原则 ……………… 080

三　收入扶贫精细化的策略建议 ……………………… 088

第五章　中国健康扶贫精细化策略 ……………………… 127
　一　健康贫困现状及致因分析 ……………………… 127
　二　健康扶贫精细化的基本目标 …………………… 131
　三　健康扶贫精细化的策略建议 …………………… 134

第六章　中国权利扶贫精细化策略 ……………………… 153
　一　权利贫困现状及致因分析 ……………………… 153
　二　权利扶贫精细化的基本目标 …………………… 161
　三　权利扶贫精细化的策略建议 …………………… 179

下编　实施保障研究

第七章　中国扶贫精细化管理保障 ……………………… 197
　一　我国政府扶贫管理成效与问题 ………………… 197
　二　国外相关经验分析借鉴 ………………………… 206
　三　我国以管理创新保障扶贫精细化之路径 ……… 214

第八章　中国扶贫精细化社会参与保障 ………………… 244
　一　扶贫精细化中社会参与的意义与目标 ………… 244
　二　我国目前社会参与扶贫的问题反思 …………… 250
　三　以社会参与保障扶贫精细化之建议 …………… 256

第九章　中国扶贫精细化制度保障 ……………………… 269
　一　制度对扶贫精细化的重要意义 ………………… 269
　二　我国扶贫精细化中制度建设目标 ……………… 277
　三　以制度创新保障扶贫精细化之建议 …………… 289

结　语 ……………………………………………………… 318

主要参考文献 …………………………………………… 322

上编　理念基础研究

第一章 导论

一 研究背景与意义

基于何种理念、策略及政策制度进行扶贫对一个社会的扶贫效果具有关键性的影响。自20世纪60年代联合国推行全球反贫困战略以来，各国扶贫观念与策略一直处于不断的创新和发展过程中。从世界范围看，在1960～1970年和1970～1980年这两个反贫困十年，各国扶贫政策及策略基本局限于以经济增长促进贫困者收入的增加，进而改善贫困者的物质生存状况。20世纪80年代后，国际扶贫政策视野逐步拓宽，除了基础设施投资外，向穷人提供基础医疗和教育服务等政策内容开始进入扶贫视野。扶贫政策计划的实施使贫困者的生存状况得到了一定程度的改善，但与此同时，贫困人口收益增加有限，生计脆弱，权利无保障，社会排斥与扶贫资源分配不公平，贫困者脱贫后又返贫等新的社会问题也开始凸显，"部分人口获得了好处，但同时无论从绝对意义上还是相对意义上看，它也加剧了贫困的程度"。[①] 进入20世纪90年代后，国际组织试图探索和实践新的扶贫策略，1995年3月联合国在丹麦首都哥本哈根召开了社会发展世界首脑会议，集中讨论了通过社会融洽、提高就业水平、实现性别平等等途径应对贫困的新思路，并通过了《哥本哈根宣言和行动纲领》。上述扶贫思路尽管不够具体和系统，但体现了扶贫政策发展的新趋势，扶贫

---

① 艾尔泽·厄延：《减少贫困的政治》，《国际社会科学杂志》（中文版）2000年第4期。

内容也逐渐走向精细化，并对此后的扶贫实践观念与策略创新转变产生了重要的影响。

进入 21 世纪后，国际组织逐步形成了新型的系统化的扶贫理念和政策，精细化特质进一步凸显，其中非收入扶贫以及扶贫对象的实际参与权利受到特别重视，具体体现在国际组织相关的政策文件规定中，如联合国《2000 年世界发展报告：与贫困做斗争》强调了为贫困者增权的扶贫形式，力图改变他们缺乏权利和生计脆弱性状态，以此挖掘和激发贫困者自身的发展潜能。世界消除贫困日的基本主题演变也显示了这一特点，包括：共同努力，摆脱贫困（2006 年）；贫困人口是变革者（2007 年）；贫困人群的人权与尊严（2008 年）；儿童及家庭抗贫呼声（2009 年）；缩小贫穷与体面工作之间的差距（2010 年）；关注贫困，促进社会进步与发展（2011 年）；消除极端贫困暴力：促进赋权，建设和平（2012年）；从极端贫困人群中汲取经验和知识，共同建立一个没有歧视的世界（2013 年）；不丢下一个人：共同思考，共同决定，共同行动，对抗极端贫穷（2014 年）；构建一个可持续发展的未来：一起消除贫穷和歧视（2015 年）等。世界银行发展报告也提出了一些新的扶贫主题与思路，包括让服务惠及穷人（2004 年）、公平与发展（2006 年）及性别平等与发展（2012 年）等。此外，国际组织还制定了特定领域、特定人群的扶贫政策，如健康扶贫政策、老人及妇女扶贫政策等，从而形成了国际组织新型的贫困治理观念与政策模式，其特征与实质可归纳为：由经济扶贫转向综合性扶贫，特别强调将贫困者收入增加与权利保障、福利公平、相关社会服务及就业参与等有机结合，目的是通过政府扶贫政策的创新最终实现贫困者全面的脱贫发展。2013 年 4 月华盛顿世界银行与国际货币基金组织会议确定了到 2030 年基本消除极端贫困的具体目标。但由于传统扶贫政策思路的惯性作用及其他因素的影响与制约，难以实现扶贫政策的转型，正如世界银行指出的，"教育、医疗和基础设施服务方面的制度改革是特别复杂的，多个参与者、漫长的时间表，成本投入在前而获得收益在后，这些因素产生了许多已知和未知的反对者和风险。支持增加获得服务的机会是很容易组织的，但改进质量却很难"。① 因此，对于国际组织的扶贫新策略各国的实际回应并不一致。

通过扶贫创新增强扶贫实效是目前我国扶贫实践面临的一项紧迫任务。我国政府已提出力争到 2020 年帮助贫困人口基本实现小康生活的具体目标，贫困人口如果得不到脱贫发展，就无法如期实现全面建成小康社会的目标；没有贫困人群的脱贫致富，就难以筑牢社会公正的坚实基础。就中国的扶贫情况看，已对国际组织新型贫困治理观念和策略给予一定的积极回应和借鉴，主要表现在：一是参加了联合国机构"全球减贫与发展论坛主题"，吸收了关注贫困，行动起来（2007 年）、转换发展方式与减贫（2010 年）、改善民生与可持续发展（2011 年）及包容性发展与减贫（2012 年）等政策理念；二是体现在我国各种扶贫政策规定中，因此，世界银行与国际货币基金组织发布的《2013 年全球监测报告》、联合国亚洲及太平洋经济社会委员会发布的《2013 年亚洲及太平洋经济社会概览》都对中国反贫困取得的成就给予了充分肯定，并认为这是当今中国引领全球减贫的重要原因。②

尽管我国扶贫政策与行动取得了巨大成就，但长期以来存在的问题也不可否认，主要体现在：一是在反贫困内容或措施上，集中于贫困者收入方面，存在对其他贫困因素的忽视。实际上造成贫困的因素有很多，如目前国际上已经十分关注的脆弱性、能力贫困、权利贫困等而非物质因素。二是在扶贫行动方式上，政府长期注重使用行政手段，这在扶贫标准制定、思想观念、财政支出及政策运用中都有所体现。三是在扶贫对象上，以区域为主，缺乏扶贫目标的针对性。四是在扶贫效果上，扶贫对象的返贫率高、劳动者自身反贫困参与不足、生计脆弱、抗风险能力低、存在城乡及农村内部收入差距扩大等不公平问题，决策失误不能及时纠正、部分政策无效或者低效，社会力量参与不足，贫困者自

---

① 世界银行：《2004 年世界发展报告：让服务惠及穷人》，本报告翻译组译，中国财政经济出版社，2004，第 198 页。
② 暨佩娟、韩硕：《世行和联合国报告显示：中国引领全球减贫》，《人民日报》2013 年 4 月 19 日第 5 版。

身反贫困潜能发挥不够，不少贫困者生存质量整体水平不高，物质生活虽然有所改善，但在家庭照料、观念文化、个人技能等方面的改善还不够明显。对特殊贫困群体的扶贫应对政策与策略不具体，如农村老年贫困者，除收入较低外，照料服务、精神贫困、知识及权利等方面的贫困问题也很突出，其贫困程度更深，脱贫难度也更大，但扶贫政策缺乏精细化设计，更缺乏实际的效果。因此，要继续推进我国扶贫就必须有新的扶贫思路。

自《中国农村扶贫开发纲要（2011—2020年）》（以下简称《纲要》）公布实施以来，我国扶贫政策的创新步伐逐步加快，总体特点是更加注重扶贫目标、内容及政策措施的精细化和全面性。随着2013年《关于创新机制扎实推进农村扶贫开发工作的意见》、2014年《社会救助暂行办法》和2015年《中共中央国务院关于打赢脱贫攻坚战的决定》施行，以及2015年《中共中央关于制定国民经济和社会发展第十三个五年规划的建议》（简称《"十三五"规划》）的执行，精准扶贫和脱贫已作为我国未来几年扶贫的基本方略，提出了新的扶贫政策精神。与以往扶贫相比，新的扶贫战略具有以下特点和趋势。

其一，扶贫对象更加具体。不仅强调对区域贫困和农户家庭贫困的关注，而且强调对留守儿童、妇女、老人和残疾人等特殊贫困人群的关爱服务体系。"十三五"规划也对这些特殊贫困人群做出明确规定。2016年4月24日，习近平总书记在安徽考察时再次要求，扶贫要有针对性，切合贫困地区当地实际，依照贫困户真正贫困原因来一对一地制定出政策，逐一兜底，方能起到真扶贫作用。[①] 其目的是通过对扶贫对象的细致分类和扶贫资源的精准运用，使各类贫困人口持续稳定脱贫。

其二，扶贫内涵更加丰富。包括开发扶贫、兜底扶贫、收入性和非收入性的扶贫等。这表明我国今后的扶贫已不仅仅把目标局限在经济领域或生产领域，而且将教育、就业、医疗、健康、

---

① 参见《兜底是扶贫的要务》，中国城市发展网，http://www.chinacity.org.cn/cshb/cssy/297777.html。

养老等更多的社会服务内容也纳入扶贫领域，改善贫困人口的教育和健康对缓解和消除收入扶贫，保障扶贫效果都具有重要意义，也体现了我国对扶贫内容及其内在联系认识的不断深化，我国贫困群体尤其是贫困农民的贫困具有多维性，不仅仅包括收入，健康、权利及能力等方面的贫困也不容忽视，他们在个人的物质生活、精神生活、资源获取机会、选择能力等方面都处于弱势状态，而且各种贫困往往存在相互影响的关系，需要精细全面地考虑扶贫策略。

其三，扶贫管理机制的创新。包括扶贫主体关系的改变，如国务院《关于打赢脱贫攻坚战的决定》提出，坚持政府主导，增强社会合力；坚持精准扶贫，提高扶贫成效。扶贫政策形成取向的改变上，突出问题导向，创新扶贫开发路径等；扶贫对象管理上，通过新的贫困人口识别机制对贫困人口进行有效识别和动态管理，深入分析不同类型的贫困及其致贫的不同原因，进而采取相应的有针对性的扶贫措施；扶贫结果考核上强调综合和精准地考核扶贫效果等。国务院还提出了以法治思维精准扶贫，加强扶贫法制化建设的要求。《中国农村扶贫开发纲要（2011—2020年)》提出，坚持群众主体，激发内生动力及创新体制机制。国务院《关于激发重点群体活力带动城乡居民增收的实施意见》提出了新的扶贫管理政策精神，包括建立低保与就业联动机制，鼓励、引导具备就业能力的困难人员积极就业，增强其就业动力。对实现就业的低保对象，在核算其家庭收入时，可扣减必要的就业成本。加强专项救助制度与低保救助制度的统筹衔接，在重点保障城乡低保对象、特困人员的基础上，将医疗、教育、住房等专项救助向建档立卡贫困户家庭、低收入家庭或其他有特殊困难的家庭延伸，形成阶梯式救助模式。

其四，对贫困者自身的脱贫能力更加重视。20世纪90年代以来，我国学者逐步突破收入贫困的认识局限，开始重视非收入贫困的研究，尤其是能力贫困研究，这在我国新扶贫政策中都有所体现。《中国农村扶贫开发纲要（2011—2020年)》明确提出，我国扶贫从以解决温饱问题为主要任务的阶段转入巩固已有成果、加快进行脱贫致富、提高发展能力的新阶段。国务院公布的《关于激发重点群体活力带动城乡居民增收的实施意见》也提出了鼓励引导低保对象、建档立卡贫困人口以及残疾人等困难群体中具备劳动能力和劳动条件者提升人力资本，主动参加生产劳动，通过自身努力增加收入。

可以预见，我国精准扶贫的基本目的就是要实现扶贫工作各个方面的准确和细化，这是我国精细化社会治理要求的重要体现和实践形式，正如党的十八届五中全会特别提出，要推进社会治理精细化，构建全民共建共享的社会治理格局。而作为以应对贫困为内容的社会治理重要形式的社会救助，从粗放走向精细则是其中的应有之义，这就需要对扶贫精细化的支持理念、扶贫标准及对象的科学确定、扶贫内容选择的合理性、扶贫策略具体设计及运行保障机制的系统性和科学性构建等问题进行研究和探讨。

二　已有相关研究的梳理评析

（一）关于贫困概念的新认识及应对研究

传统的关于贫困的认识是以收入状况及依此划定的贫困线为基本依据加以界定，其中又分为绝对贫困和相对贫困。《不列颠百科全书》将贫穷定义为，"当人们缺少满足基本需要的手段时，称为处于贫穷状况。在这个含义上，要识别穷人，首先需要确定基本需要的是什么东西。基本需要狭义上可定义为'生存所必须'，广义讲则是'达到社区一般生活水准的需要'"。[1] 相对于这一传统的对收入贫困的认识，目前已形成了多种对贫困内涵的新认识，形成了多维贫困的概念，代表性观点是除继续强调收入贫困外，还研究了能力贫困、权利贫困、健康贫困、社会贫困等概念。关于能力贫困的内涵，印度著名学者阿马蒂亚·森提出，能力贫困指实质自由的缺乏，"意味着剥夺了人们免受饥饿、获得足够营

---

[1]　美国不列颠百科全书公司编《不列颠百科全书》（国际中文版），中国大百科全书出版社，1999，第446页。

养、得到对可治疾病的治疗、拥有适当的衣服和住所、享用清洁用水和卫生设备等自由"。① 关于健康贫困的内涵，有人认为其应当指获得健康的能力贫困和健康权利贫困。② 关于社会贫困的内涵，有学者从老年人身体状况和精神慰藉两个维度进行了分析和界定，将公共福利政策的可及与可得、社区服务项目、家庭背景等多种因素作为影响老年人群社会贫困发生率的主要因素，并认为社会贫困与经济贫困之间存在明确的正向关系，建议政府和家庭在致力于改善老人的健康水平和进行精神慰藉的同时，必须改善老人的经济福利。③

（二） 关于精准扶贫的理论渊源、内涵及实质的研究

有学者认为，理清精准扶贫的理论渊源有助于我们更好地理解其深刻要义，其中包括"权利贫困理论与包容型增长减贫理念，参与式扶贫理念与合作型反贫困理论，涓滴理论与利贫式减贫理念"。④ 在内涵上，"精准扶贫是粗放扶贫的对称，是指针对不同贫困区域环境和贫困户状况，运用科学有效的程序对扶贫对象实施精确识别、精确帮扶、精确管理的治贫方式"。⑤ "精准应是扶贫对象、扶贫措施与效果的精准。"⑥ "全面理解精准扶贫战略的深意，应同时着眼于宏观、中观和微观三个层面。宏观层面指认识精准、重心精准；中观层面指措施精准、管理精准；微观层面指识别精准、帮扶精准。"⑦ 在实质上，精准扶贫的实质在于将扶贫

---

① 〔印度〕阿马蒂亚·森：《以自由看待发展》，任赜、于真译，中国人民大学出版社，2012，第 2 页。
② 陈化：《健康贫困与卫生公平》，《学术论坛》2010 年第 7 期。
③ 杨菊华等：《老年社会贫困影响因素的定量和定性分析》，《人口学刊》2010 年第 4 期。
④ 李鹍、叶兴建：《农村精准扶贫：理论基础与实践情势探析——兼论复合型扶贫治理体系的建构》，《福建行政学院学报》2015 年第 2 期。
⑤ 王思铁：《精准扶贫：改"漫灌"为"滴灌"》，《四川党的建设》（农村版）2014 年第 4 期。
⑥ 董家丰：《少数民族地区信贷精准扶贫研究》，《贵州民族研究》2014 年第 7 期。
⑦ 左停：《精准扶贫战略的多层面解读》，《国家治理》2015 年第 36 期。

资源瞄准扶贫人群，并追求贫困人口规模稳步减少的"精准"要求，指出"精准"二字是"贫困人口识别和扶贫资源（资金、项目）瞄准"。① 最终的目标就是帮助贫困人口彻底地实现脱贫致富。

（三）精准扶贫困境及应对策略的研究

由于多种因素的制约，精准扶贫的有效实践客观上还存在一定的困境，对此，有学者提出，通过扶贫资源的有效使用使贫困人口稳定脱贫致富和提高生活质量。然而，从扶贫效果看，扶贫资源更好地瞄准贫困目标人群是一个世界性难题。② 精准扶贫在现实中面临源于贫困者自身、文化与社会的诸多挑战。③ 扶贫瞄准制度受到现实和政策的双重挑战。④ 目前，精准扶贫面临五大实施困境，"'层级式'纵向识别与'水平式'横向识别的矛盾、政府管理与村民自治的矛盾、政府主导与社会参与的矛盾、脱贫退出与返贫再生的矛盾、'输血式'短期扶贫与'造血式'常态效应的矛盾。为此，必须通过机制创新，建构复合型扶贫治理体系，以生发精准扶贫可持续发展的常态效应。精准扶贫，是在农村扶贫开发中实施精确识别、联动帮扶、分类管理、动态考核以及相关配套措施的减贫、治贫方式"。⑤ 也有学者认为，我国在精准扶贫方面的困难体现在精准识别、精准扶持和精准考核三个方面，应从改革贫困标准的制定方法，完善精准识别机制；完善精准扶贫考核机制；探索和建立贫困户的受益机制；改革扶贫资金管理体制和加强资金整合及在金融方面创新到户机制等方面创新精准扶贫

---

① 黄承伟、覃志敏：《论精准扶贫与国家扶贫治理体系建构》，《中国延安干部学院学报》2015 年第 1 期。

② 黄承伟、覃志敏：《论精准扶贫与国家扶贫治理体系建构》，《中国延安干部学院学报》2015 年第 1 期。

③ 左停、杨雨鑫、钟玲：《精准扶贫：技术靶向、理论解析和现实挑战》，《贵州社会科学》2015 年第 8 期。

④ 唐丽霞、罗江月、李小云：《精准扶贫机制实施的政策和实践困境》，《贵州社会科学》2015 年第 5 期。

⑤ 李鹍、叶兴建：《农村精准扶贫：理论基础与实践情势探析——兼论复合型扶贫治理体系的建构》，《福建行政学院学报》2015 年第 2 期。

工作机制，以保证精准扶贫工作的实际成效。[①] 尽管我国扶贫开发重点村的选择对贫困村有较高的瞄准率，但不同类型的扶贫资金的使用在村级瞄准上仍有较大的差异性，而在村内依托项目进行的目标瞄准则出于捆绑条件等原因往往不能覆盖贫困群体的大多数。[②] 精准扶贫机制的推出在技术层面的靶向是此前扶贫开发工作中存在的瞄准目标偏离和精英捕获问题；中央—地方关系、社会控制理论、"社会成本"这三种视角可以为从理论层面理解与反思精准扶贫提供有价值的参考；[③] 但政策实践表明，"扶贫瞄准制度受到现实和政策的双重挑战。从贫困农户识别的政策和技术困境、乡村治理现状、贫困农户思想观念的变化以及扶贫政策本身的制度缺陷四个方面看，当前精准扶贫机制面临严峻的挑战"。[④]

关于如何应对精准扶贫困境，有学者从管理创新角度提出的思路是，改变贫困者的"失语"处境，因为现实中的扶贫对象往往是"沉默的大多数"，他们既缺乏影响公共舆论的资源，又无法得到与自身密切相关的信息，表达和追求自己利益的能力十分弱。如何"精准"地了解谁需要帮助，需要怎样的帮助？当务之急，应通过机制的调整，改变他们因"权利贫困"而在扶贫活动中的"失语"处境，保障其在扶贫项目的设置和管理、监督、考核等环节切实享有参与权和话语权。[⑤] 有学者提出，以贫困人口为中心，以基层农村社区为场域，通过政府主导牵头，吸纳企业等市场主体、民间组织或志愿者团体等社会主体参与其中，组建复合型扶贫治理主体，构建"政府—市场—社会—社区—贫困户"五位一体的复合型扶贫治理体系。这是一种倡导多元复合、协同互动和

---

① 汪三贵、郭子豪：《论中国的精准扶贫》，《贵州社会科学》2015 年第 5 期。

② 李小云、张雪梅、唐丽霞：《我国中央财政扶贫资金的瞄准分析》，《中国农业大学学报》（社会科学版）2005 年第 3 期。

③ 左停、杨雨鑫、钟玲：《精准扶贫：技术靶向、理论解析和现实挑战》，《贵州社会科学》2015 年第 8 期。

④ 唐丽霞、罗江月、李小云：《精准扶贫机制实施的政策和实践困境》，《贵州社会科学》2015 年第 5 期。

⑤ 徐清：《改变"失语"处境实现精准扶贫》，《检察日报》2014 年 10 月 20 日第 6 版。

合作共治的网络型扶贫治理架构。① 精准扶贫的理论基础是赋权与参与式发展理念，赋权（empowerment）是赋予个人或群体权力或权威的过程。② "在现实生活中，由于社会利益的分化和制度安排等原因，处于社会底层或社会边缘的弱势群体总是缺乏维权和实现自我利益主张的权力和能力。"③ 合作型反贫困理念和参与式发展理念的引入，为贫困人口在贫困干预中的权利和需求的表达提供了机会和制度渠道。④ 有学者认为，权利扶贫是农村扶贫的一种新的有效思路，是新农村建设背景下消除贫困的现实抉择。要以"权利扶贫"的理念为指导，实现农村反贫困工作的法治化和新突破。⑤

（四）特定人群精细扶贫的研究

有学者认为，"农村特困老人专项扶贫颇值得关注和研究，高龄特困老人没有退休金，低保金仅能满足温饱；法定赡养人无力赡养"。⑥这些"农村老年人的贫困凸显了转型期社会发展的'问题性'意义，重构了政府、个体、社会与市场组织在扶贫过程中的不同定位。社会互构理论强调多元主体间的相互形塑与同构共变，重视政府与个体的双重参与及多元互动。遵循这一视角，扶贫的各个参与主体应该各负其责，建立和谐的参与机制"。⑦ 有学者认为，20 世纪 90 年代后期，国企下岗职工有 2000 多万，目前

① 李鷗、叶兴建：《农村精准扶贫：理论基础与实践情势探析——兼论复合型扶贫治理体系的建构》，《福建行政学院学报》2015 年第 2 期。
② 黄承伟、覃志敏：《论精准扶贫与国家扶贫治理体系建构》，《中国延安干部学院学报》2015 年第 1 期。
③ 范斌：《弱势群体的增权及其模式选择》，《学术研究》2004 年第 12 期。
④ 黄承伟、覃志敏：《论精准扶贫与国家扶贫治理体系建构》，《中国延安干部学院学报》2015 年第 1 期。
⑤ 赵新龙：《权利扶贫：农村扶贫突围的一个法治路径》，《云南财经大学学报》2007 年第 3 期。
⑥ 陈成文：《城市特困老年人的生活状况及其社会支持》，《湖南师范大学社会科学学报》1999 年第 4 期。
⑦ 李丹：《社会工作介入农村老年人扶贫的路径分析——基于社会互构理论的视角》，《经济研究导刊》2015 年第 22 期。

的城市困难居民有很大一部分就是这批下岗职工。他们中不少人现在的生活处于贫困中，这部分城市居民也应该在精准扶贫政策覆盖范围之内。[①]

兜底扶贫政策措施中，低保的政策功能长期以来被人们认为就是通过最低生活保障保障陷入生存困境的贫困者的基本生存。近年来，低保对象的脱贫发展及生活质量问题已逐步受到学者的重视并提出了新的政策建议，有学者提出，我国社会救助制度应实行目标转变，进行新的价值观建设，在内容上重视人的价值和尊严，承认人的潜能和权利，促进个人自我实现。[②] 应当根据农村低保对象的具体情况进行不同的政策设计，对于失去劳动能力和部分劳动能力的农村低保群体要以救助为主；对贫困家庭未成年人员的人力资本培养给予资金支持；对于有劳动能力和有部分劳动能力的成年群体，视其身体和健康状况分别提供公益性工作岗位。[③] 有学者提出了对农村社会保障对象生活、就业和发展评价指标的新设计，"在对农村社会保障政策进行监测指标体系设计的同时，也应该设计一些关于农村社会保障对象的生活水平、健康、寿命、文化程度、就业、收入等指标并进行考核"。[④]"应将其它贫困救济政策统一纳入最低生活保障制度，并使之成为面向城乡贫困人口的综合援助制度。"[⑤]

简要评析

以上研究极大丰富了扶贫及精准扶贫的理论与策略，具有不可忽视的理论与实践意义，但从总体看这些研究还存在以下的缺失：一是理论研究少，经验介绍多，缺乏对核心和基础理念的阐

① 降蕴彰：《城市居民应纳入精准扶贫范围》，《经济观察报》2016 年 1 月 23 日。
② 徐道稳：《论我国社会救助制度的价值转变和价值建设》，《社会科学辑刊》2001 年第 4 期。
③ 邓大松、刘昌平等编《2007－2008 年中国社会保障改革与发展报告》，人民出版社，2008，第 253—255 页。
④ 严俊：《中国农村社会保障政策研究》，人民出版社，2009，第 262 页。
⑤ 郑功成等：《中国社会保障制度的变迁与评估》，中国人民大学出版社，2002，第 61 页。

述，更缺乏理论体系的构建；二是精准扶贫策略研究少，临时性政策建议多，未能形成全面和系统的策略认识；三是政策建议研究多，政策实践效果的保障研究少，关于精准扶贫效果保障机制的研究尤其缺乏；四是研究基本局限于或侧重于收入扶贫精准化，忽视了目前贫困者的多维性和扶贫需求的综合性特点，忽视了精准扶贫的精髓和内涵应是一个包括全面、科学、高质、高效和持续脱贫的完整过程与目标。相对于增加收入的传统扶贫策略，具有综合性和整体性的扶贫精细化研究尚为一个新的理论和实践课题。

三　本研究的基本目标

（一）确立扶贫服务精细化的基本理论

目前人们对精准扶贫的讨论主要集中在对实践策略方式的探讨，系统深入的理论研究较为缺乏，甚至存在一定的认识误区，如认为扶贫资金应直接发给认定的扶贫对象，使他们能尽快增加收入即为精准扶贫。实际上，按照现实扶贫需求及未来扶贫趋势，精准扶贫不仅是贫困者的收入扶贫，还包括机会、健康以及权利等多个领域的扶贫。这些都直接影响他们的脱贫能力，在一个社会共同体内，个人权利以及机会的贫困就意味着他能够分配到的社会资源相对较少从而会陷入贫困，进而使其摆脱贫困的能力较弱，"导致某些可行能力剥夺的原因可以比收入剥夺深层得多"。[①]这些原因包括教育、知识、权利及健康等因素。

基本理论的确立通常需要综合运用概念、判断和推理等逻辑思维形式对客观事物进行分析和综合。本研究探索扶贫精细化基本理论的目的就是转变贫困与扶贫的研究范式，克服目前基于收入或者实物界定和研究贫困与扶贫的理论局限性，建构不同于以往的扶贫理论。如"滴漏理论"，它主张在经济发展过程中减少政府对贫困阶层和群体的优先照顾，主要依靠市场机制的"涓滴效

---

① 〔印度〕阿马蒂亚·森：《以自由看待发展》，任赜、于真译，中国人民大学出版社，2012，第128页。

应"来实现经济增长的成果向穷人渗漏或扩散，并带动其脱贫和致富。[1] 本研究与福利经济学强调的政府财政转移支付的扶贫理念也有一定的差别，笔者提出并探讨免于收入、健康和权利等多种贫困的扶贫理念，确立综合扶贫及精细化扶贫管理有机结合的基本理论。

（二）提出和论述我国扶贫精细化的系统目标

扶贫目标的设定是扶贫政策导向和策略制定的基本前提，本研究认为，当今我国的扶贫目标不仅应消除贫困者的收入贫困，而且要精准识别和消除其他方面的贫困，全面提升他们的生活质量，由单方面的收入帮助转变为注重发现、引导和运用贫困者自身潜能，针对性地解决其更深层的贫困问题。同样，扶贫不但是一种经济行动，更是一个如何对待人的问题，具体来讲是如何对待贫困者发展、富裕和幸福的过程。在此过程中努力消除使贫困者处于不利机会和地位的各种因素，这种扶贫目标无疑是艰巨和复杂的，但也是十分必要的。如扶贫中权利方法虽然不是直接性的，但能够使我们更好地理解一个人对于一般商品的控制和支配能力。[2] 这种能力表现为社会中的权利关系，而权利关系又决定于法律、经济、政治等社会特性，已引起了人们对贫困深层次问题的关注。长期以来，我们将保障贫困者生存作为扶贫的一种目的，而忽视了贫困者自身的建设。有学者借用印度著名学者阿马蒂亚·森的理论提出建立农村社会保障的双重目标，一是工具价值目标，即解决社会失调或社会问题，维护社会秩序；二是扶持性保障目标，即应着眼于保障农民群体的生存权和发展权。[3] 扶持性保障目标就是关注贫困者自身建构，这是远比增加他们的收入更为复杂和艰巨的目标，却是持续有效扶贫所必须加以考虑的，但目前在

---

① 谭诗斌：《现代贫困学导论》，湖北人民出版社，2012，第274页。
② 〔印度〕阿马蒂亚·森：《贫困与饥荒——论权利与剥夺》，王宇、王文玉译，商务印书馆，2001，第190页。
③ 周端明：《社会保障的新理念与中国农民扶持性社会保障体制》，《经济学家》2006年第5期。

很大程度上这被忽视了，而这也是本书所着重讨论的问题。

以上扶贫目标与全球扶贫理念与政策目标的变化是一致的。人类扶贫最初是收入扶贫，这虽然能较快速地改变贫困者的生活状况，但也带来了一定的社会问题。正如阿马蒂亚·森所指出的，以收入作为研究的出发点会忽视贫困现象中的许多重要内容。经济上对"穷人"这一范畴的界定存在对贫困理解的局限，也可能带来政策的扭曲。"如果我们把注意力从排他性地集中考虑收入贫困，转到考虑更包容的可行能力的剥夺，我们就能按照一种不同的信息基础来更好地理解人类生活的贫困和自由（作为政策分析的参照点，这种信息基础将使用那些常被单纯的收入视角所遗弃的统计资料）。收入、财富和其他影响因素在一起时是重要的，但其作用必须被整合到更广阔、更全面的成功与剥夺的图景中去。"[1] 经济发展理论的观念变革与创新也直接影响了扶贫观念与政策的变革。法国著名经济学家弗朗索瓦·佩鲁在其《新发展观》一书中，倡导人们转换研究经济发展的视角，提出以人为中心，从哲学、社会学以及文化等领域跨学科研究发展问题，提出了"整体的""内生的""综合的""以人为中心的""关注文化价值的"新发展理论，并称之为"新发展观"。他阐明以人为中心、以文化价值为尺度的新发展观，这是发展观念的重大更新、重大进步，开拓了发展研究的新方向。[2] 马克思也认为，未来的理想社会是每个人的才能都能得到充分发展。这就是说，公正而美好的社会与每个人的充分发展有着密切联系。人的发展包括知识、道德、心理、人格等方面的发展，进而与社会经济不断发展形成有机的统一体。其中人的发展是基础和核心，意味着人人都应获得发展的机会，享有发展成果，为每个社会成员的自由发展和潜力的有效发挥创造必要条件，这是我国当今扶贫所不能忽视的目标，因为这不仅影响贫困者的收入贫困，也直接关系他们的生存质量。从不少国家的实践看，扶贫目标已经不局限于收入

---

① 〔印度〕阿马蒂亚·森：《以自由看待发展》，任赜、于真译，中国人民大学出版社，2012，第14—15页。
② 转引自张仲宁、白鹏飞《佩鲁〈新发展观〉述评》，《广西青年干部学院学报》2007年第4期。

支持，如澳大利亚采用了社会贫困概念，对贫困的界定除了收入标准外还包括教育机会、权利、健康不足等，值得我们借鉴。

（三）构建新的扶贫策略及实施保障机制

罗斯科·庞德曾经指出，"社会科学的任务之一如何使这一过程在满足不断增长的人类需求的方面变得更为有效的手段"。[①] 本研究试图在扶贫精准化视野下实现对扶贫策略研究的新突破，形成一种既反映扶贫一般特点规律，又适合中国现实扶贫实际需要的精细扶贫策略，以应对以往长期扶贫及今后实行精准扶贫中存在的一些困境，如贫困户参与不足，扶贫供给与扶贫需求难以完全对接，信息不畅，缺乏广泛参与的扶贫管理方式，缺乏针对贫困者个体需求的帮扶政策的原则性和差异性及灵活性有机结合的政策机制，难以处理好扶贫资金统筹使用与个体特殊运用的关系，忽视对结构性贫困的应对，不能细致科学地处理好各级扶贫部门的责权与事权关系，贫困识别方法和程序单一，对健康、能力、教育及权利等非收入贫困重视不足等，缺乏微观的个人和家庭层面、中观的社区层面和宏观的国家社会层面有机结合的扶贫策略，缺乏具体的策略实施保障机制等。针对以上这些问题，本书将展开深入研究，并提出具体的应对和保障路径。

四　本研究的基本思路与方法

总体思路是以与扶贫精细化密切相关的若干理论为理念基础，将理念研究、实践策略研究及策略实践保障研究有机结合，借鉴国内外有益实践经验，探索和形成较为完整的我国扶贫精细化理论、策略和实践保障体系。在具体研究中有以下几个着力点：强调保障政策措施的针对性，以应对精细化需求；强调保障内容的精细化，以消除贫困者多维贫困；强调保障内容的整体性，以实

[①]〔美〕罗斯科·庞德：《法律史解释》，邓正来译，中国法制出版社，2002，第234页。

现全面脱贫目标。现将具体研究思路展示如图 1 - 1。

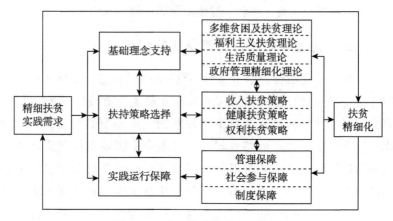

图 1 - 1　中国精准扶贫分析框架

　　本书运用上述分析框架的主要原因与重要价值在于：有益于形成扶贫精细化新思路和策略，并为应对扶贫精细化的实践困境提供具体思路和实践保障。

　　在研究方法上，本书主要采取文献研究、比较研究和实证研究相结合的方法。扶贫精细化是当今世界各国面临的共同课题，尽管世界各国国情不同，但也存在一定的共性和可借鉴经验。本书通过对中外文相关文献资料的分析梳理，思考提炼中外已经积累的一些成功经验、理论观点和规律性特点，进而形成本研究的基础理论观念，对国外典型性制度经验进行研究，分析其对我国扶贫精细化推进中的制度创新及其实践的启示和借鉴意义。在实证研究中，除了分析中外相关数据外，着重对湖北、河南等地的精准扶贫政策实践进行调查研究，调查方式包括对相关工作人员深入访谈、入户调查，对贫困家庭及成员进行走访、座谈，以获取一手资料。调查内容除家庭收入、支出及劳动就业情况外，还涉及家庭结构、教育、健康及养老服务等相关权利的状况，这些实证材料既是本书提出问题和应对问题的重要依据，也是对本研究提出的理论观点的有效检验。

第二章　扶贫精细化概念及价值意蕴

一　扶贫精细化的探索依据

本书提出扶贫精细化概念，是一个新的学术尝试，从概念表达上看，扶贫精细化是扶贫与精细化的结合，但如何结合并进行概念界定尚为一个新的问题，本书做出这一探索的主要依据包括以下几点。

第一，基于公共服务发展趋势。2002 年，中国政府工作报告中首次出现"公共服务"这一词语。报告提出，要"加快政府职能转变……切实把政府职能转到经济调节、市场监管、社会管理和公共服务上来"。2012 年党的十八大报告对公共服务的提及更加频繁，表述也更为具体。不但对"服务型政府""基本公共服务体系"的内涵表述得更加清晰、丰富，还明确提出"改进政府提供公共服务方式，加强基层社会管理和服务体系建设，增强城乡社区服务功能，强化企事业单位、人民团体在社会管理和服务中的职责，引导社会组织健康有序发展，充分发挥群众参与社会管理的基础作用"，这表明中国政府对公共服务的认识在不断深化，服务内容也在不断细化。2015 年的政府工作报告中还明确提出"提供基本公共服务尽可能采用购买服务方式，第三方可提供的事务性管理服务交给市场或社会去办"。从党的报告和政府工作报告的一系列表述来看，中国政府已经越来越清晰地认识到，政府职能不仅向公共服务方向转变，而且应更加凸显民生性与精细化特点。

第二，基于我国扶贫政策及实践的现实要求与未来趋势。扶贫精细化是我国扶贫政策与实践发展的必然趋势。相对于单纯的经济扶持而言，未来的扶贫既包含物质性扶贫也包括非物质性扶贫。以救助扶贫为例，美国著名社会救助研究学者夏洛特·托尔在20世纪50年代就提出了救助精细化问题，她认为，"没有个性，或者精神贫乏，也和经济穷困一样是应该避免的大忌"①，她进一步提出社会救助要注重物质福利和人格、情绪、智力及人际关系等方面的发展，可见，社会救助事业已超出了个人生存的范围，包含非常丰富的精细化服务内容，它试图提供多种救助与机会去恢复与促进个人发展。这一主张在不少国家的扶贫制度中得以体现。日本现代著名学者大须贺明在《生存权论》一书中也提出："在现实生活之中，如果把物质的、经济的和社会的条件当作客观性条件的话，那么精神的与文化的条件就可以说是人类生活的主观性条件。确保人性的尊严，不作自我异化，追求人生意义，这主要是指生活质的方面。毋庸置言，国家乃至整个社会对这样的文化性侧面的关心，应该是生存权的文化性问题，而且不能光放在文化内容的决定之上，更重要的是要造就保证这种文化状态的外部的各种条件。没有如此之类的对文化性侧面的关注，就无法保证最低的人性尊严。"② 他还特别指出了满足劳动需求对于生存的重要意义，即像人那样生活的生存权必须要靠像人那样的劳动的持续劳动权来确保。所以，扶贫目标必然趋于综合化和多样化。当代英国著名社会学家吉登斯也认为："福利在本质上不是一个经济学的概念，而是一个心理学的概念，它关乎到人的幸福。"③ 虽然人们仍然普遍认同福利主要表现为经济福利，但其他福利形式也不可忽视。国外已有学者将福利内容与形式归纳为现金、实物、机会、服务、权力、代用券等多种形式。④ 这是比较全面和细致的，值得肯定和借鉴。

---

① 〔美〕夏洛特·托尔：《社会救助学》，郗庆华、王慧荣译，生活·读书·新知三联书店，1992，第49页。

② 〔日〕大须贺明：《生存权论》，林浩译，法律出版社，2001，第27页。

③ 〔英〕安东尼·吉登斯：《第三条道路：社会主义的复兴》，郑戈译，北京大学出版社、生活·读书·新知三联书店，2000，第121页。

④ 〔美〕Neil Gilbert, Paul Terrell：《社会福利政策导论》，黄晨熹等译，华东理工大学出版社，2003，第182—184页。

目前我国也有学者提出了社会救助服务的新概念，以区别于传统的社会救助概念，社会救助服务有广义和狭义之分，"广义的社会救助服务，主要指涉及社会救助的行政管理性服务以及提供给受助者的劳务服务这两个方面，即行政管理性服务和专业劳务服务；狭义的社会救助服务，是与社会救助的现金给付、实物发放相对应的，向救助对象提供劳务的救助方式。可将其定义为：由政府主导，引导社会力量共同面向救助对象，尤其是那些有老年人、儿童、残疾人以及失业者和重大疾病患者等特殊对象的贫困家庭，针对贫困家庭及其成员存在的差异化需求与问题，提供生活照料、教育与就业、医疗康复等方面的日常照料服务以及其他社会支持性服务"。①将2014年我国实施的《社会救助暂行办法》与以往城乡低保制度的政策内容相比较，也能清楚地看到这种变化，突出体现在将心理疏导、精神慰藉、资源链接、就业能力提升、社会融入等服务内容纳入社会救助中，体现了救助精细化特点。

与我国以往扶贫政策多局限于收入支持相比，目前扶贫政策目标与内容已呈现多样化或精细化特点，劳务性扶贫服务已经成为其中的重要内容。2011年十一届全国人大四次会议新闻中心举行主题为"困难群众生活救助和养老服务体系建设"的记者会，时任民政部部长的李立国表示，一方面，救济式扶贫要和开发式扶贫有机结合、生活救助要和促进就业有机结合，民政部在履行社会救助职能的同时，要着眼于推动困难群体的就业发展和开发式扶贫的发展。另一方面，民政部门在救助城乡贫困群众的工作中，对有劳动能力的贫困对象，也积极地以基层社区组织和经办服务机构为平台，在介绍职业技术培训、推荐公益性岗位、增强自身发展能力上做促进工作。② 这其中就包含了不少的扶贫服务内容。《中共中央国务院关于打赢脱贫攻坚战的决定》还包含了不少非物质性服务内容。

第三，借鉴世界银行的扶贫及发展观念。世界银行在关于世

---

① 林闽钢：《关于政府购买社会救助服务的思考》，《行政管理改革》2015年第8期。

② 李立国：《救济式扶贫要和开发式扶贫有机结合》，http://www.npc.gov.cn/npc/dbdhhy/11_4/2011-03/08/content_1638163.htm

界消除贫困的论述中明确提出了让服务惠及穷人的政策主张，"服务在机会获取、数量和质量上屡屡让穷人感到失望。但事实上，很多实例雄辩地表明服务确实能改善穷人的生活，这意味着政府和公民可以做得更好……贫穷包括很多方面，除了低收入，文盲、疾病、性别歧视和环境恶化亦构成贫穷的各个方面"。① 这表明世界银行扶贫服务的观念也不仅仅局限于收入或经济支持，而是主张政府提供更加广泛和精细的扶贫服务内容。

二 扶贫精细化的概念界定

借鉴以上研究成果与我国相关政策精神，本书将扶贫精细化的概念界定为在对贫困者贫困精细多维识别的基础上，通过政府主导和社会参与，有针对性地满足贫困家庭或者贫困者个体收入支持、健康获得、权利保障等方面的帮扶需要，以消除贫困者的综合贫困或多维贫困，保障他们的基本生存并提升其生存质量和实现脱贫发展的能力。

以上概念界定意味着：第一，采取多维贫困的概念。不仅要以收入贫困线为依据研究和测量贫困者的收入贫困状况，同时还应通过多维度和多指标对农户非物质贫困程度进行综合测量，以便形成相应的政策，这就包含了物质或非物质性支持，具体包括了生活帮扶、心理疏导、精神慰藉、资源链接、能力提升、就业发展、社会融入等扶贫内容。第二，这一概念的提出与界定表明，本研究试图为解决我国贫困的深层次问题提供相关理论及具体策略支持。党的十八大报告明确指出，要在全体人民共同奋斗、经济社会发展的基础上，加紧建设对保障社会公平正义具有重大作用的制度，逐步建立以权利公平、机会公平、规则公平为主要内容的社会公平保障体系。中共十八届三中全会通过的《中共中央关于全面深化改革若干重大问题的决定》中提出，紧紧围绕更好

① 世界银行：《2004 年世界银行报告：让服务惠及穷人》，本报告翻译组译，中国财政经济出版社，2004，第1—2 页。

地保障和改善民生、促进社会公平正义深化社会体制改革，改革收入分配制度，促进共同富裕，推进社会领域制度创新，推进基本公共服务均等化。2013年《政府工作报告》中提出："加快推进户籍制度、社会管理体制和相关制度改革，有序推进农业转移人口市民化，逐步实现城镇基本公共服务覆盖常住人口，为人们自由迁徙、安居乐业创造公平的制度环境。"2014年《国务院关于进一步推进户籍制度改革的意见》指出，适应推进新型城镇化需要，进一步推进户籍制度改革，落实放宽户口迁移政策。建立城乡统一的户口登记制度。建立与统一城乡户口登记制度相适应的教育、卫生计生、就业、社保、住房、土地及人口统计制度。2015年《中共中央国务院关于打赢脱贫攻坚战的决定》在基本原则中要求，坚持群众主体，激发内生动力。充分调动贫困地区干部群众的积极性和创造性，注重扶贫先扶智，增强贫困人口自我发展能力。以上规定的落实就是解决贫困的深层次问题，如城乡分割的户籍制度引发了许多机会和福利的不公平，并成为农村贫困的重要原因之一，如何落实以上政策，应具体体现在我国的扶贫精细化政策实践中。第三，突出问题导向，创新扶贫目标、内容和实践路径，包括由"大水漫灌"向"精准滴灌"转变；创新扶贫资源使用方式，由多头分散向统筹集中转变；创新扶贫开发模式，由偏重"输血"向注重"造血"转变，专门关注对老人、残疾人及儿童的特殊人群的扶贫问题。突出问题导向意味着我国扶贫实践无论在理念上还是实践策略上不仅具有复杂性和多样性特点，而且更注重贫困者的实际需要。本研究提出扶贫精细化概念意在基于现实扶贫需要，探索具有包容性、整体性和细致性的扶贫策略及实施机制。这无疑具有重要的理论与实践创新价值。

三 扶贫精细化的价值意蕴

（一）应对我国长期存在的扶贫实践困境

扶贫精细化意味着在扶贫内容、方式管理、制度等方面的一系列转换，这将有利于克服目前我国扶贫实践的困难。我国的长期扶贫政策及其实践大体包括两种类型，一是开发式扶贫，二是救济性扶贫或称为社会救助，无论哪种扶贫，基本都是通过收入支持帮助贫困者摆脱生存贫困，但是从现实情况看，这种理念和思路正面临一些现实困境，主要体现在以下四点。

第一，扶贫内容和方式与贫困者现实扶贫需求存在脱节。主要表现为：（1）收入支持与多维扶贫脱贫需求的脱节。从现实情况看，贫困者面临的不仅仅是收入问题，其呈现多维贫困特点，在甘肃进行的一项调查显示，农村老人经济贫困率为 54.5%，健康贫困率为 42.1%，心理贫困率为 12.9%。[1] 这就需要一种综合性和专业化的服务，而不是单一的经济支持。但由于长期以来对贫困内涵的理解局限于收入方面，扶贫方式也主要集中于资金或收入支持方面，而且资金主要用于基础设施建设。例如，自我国《扶持人口较少民族发展规划（2005—2010 年）》实施以来，各项扶贫资金共 45.26 亿元，其中基础设施投入占 83.32%，群众增收投入只占 16.8%。[2] 对贫困者个人投入的扶贫资金就更加有限。非收入贫困的消除往往更需要专业服务，需要专业的社会工作者运用独特的方法论，寻求解决问题的最佳方式和实施项目的最佳方案，同时也应该认识到运用专业知识和技能的必要性。[3] 而这些往往是政府难以做到的，由此政府面临扶贫能力的困境，因为目前行政部门普遍缺乏贫困治理专业化管理人才，而专门的知识培训又很少进行，知识构成难以适应专业化扶贫的需要。政府对通过资金投入提升自身扶贫能力也重视不足，更缺乏具体的制度保障。《中共中央国务院关于打赢脱贫攻坚战的决定》之所以增加老人、残疾人等服务内容，就是为了消除面向老人的社会服务缺失及其

---

① 王瑜、汪三贵：《人口老龄化与农村老年贫困问题——兼论人口流动的影响》，《中国农业大学学报》（社会科学版）2014 年第 1 期。

② 朱玉福：《中国扶持人口较少民族发展的理论与政策实践研究》，民族出版社，2015，第 229 页。

③ 〔英〕安东尼·哈尔、〔美〕詹姆斯·梅志里：《发展型社会政策》，罗敏等译，社会科学文献出版社，2006，第 303 页。

他贫困问题，弥补以往扶贫内容的缺陷，但政府实现这一政策目标还存在现实困难。（2）参与扶贫部门的分割与协作性扶贫需求的脱节。精细脱贫需要多部门参与并协同进行，以实现扶贫资源有效整合。如救助扶贫涉及民政、卫生、计生、教育、住房、人力资源和社会保障等部门，民政部门的一些工作需要有关部门配合，这种协作关系还存在一些问题。《中共中央国务院关于打赢脱贫攻坚战的决定》要求创新体制机制，创新扶贫资源使用方式，由多头分散向统筹集中转变，而问题在于，扶贫项目通常由不同的部门管理，呈现管理分割状态，难以取得整合性效果。（3）运动式治理方式与持续治理需求的脱节。有效的脱贫往往需要持续性扶贫，以健康扶贫为例，慢性疾病成为老人主要病种，包括身体及心理等疾病。广东一项 65 岁以上老人的免费体检数据显示，老年人慢性病问题十分突出，其中检查出血压偏高或高血压病的占总人数的 49.8%；血脂升高的占总人数的 47.5%；血尿酸升高的占总人数的 24.5%；冠心病及其他心脏相关疾病占总人数的 25.3%；血糖升高或糖尿病占总人数的 10.1%。[1] 老年人的心理、精神疾病较为常见，如抑郁、恐惧、焦虑、自卑等，一项对农村老人心理状况的调查发现，抑郁人数占被调查人数的 50.5%。[2]"1980 年至今，农村老人自杀率越来越高，部分地区农村老人自杀开始被视为正常，甚至合理……中国老人自杀比例是其他群体自杀比例的 3 倍"[3]，农村老人自杀率持续升高大多是因为情感缺失加上经济压力，进而形成心理疾病。这就更需要一种持续化扶贫，而我国的贫困治理主要采取政府"运动式治理"[4] 的方式。社会组织参与虽然对满足持续扶贫需求十分有效，但这种参与还十分有限。2013 年国务院办公厅印发

---

① 张颖妍：《高埗 275 位 65 岁以上老人免费体检显示：老年人慢性病问题突出》，《广州日报》2011 年 7 月 29 日。

② 曲海英：《城镇化进程中农村老年人心理健康与心理需求》，人民卫生出版社，2015，第 15 页。

③ 参见《老人自杀率升高背后存代际剥削》，《京华时报》2014 年 10 月 3 日第 11 版。

④ 何绍辉：《从"运动式治理"到"制度性治理"——中国农村反贫困战略的范式转换》，《湖南科技学院学报》2012 年第 7 期。

的《关于政府向社会力量购买服务的指导意见》虽然具有一定政策意义，但由于只是指导性意见，尚不是正式的立法制度，而且在内容、程序及责任等方面都缺乏具体规定，不少地方未能有效地落实。

第二，扶贫主体性取向的困境。传统扶贫中贫困者也应是实际参与者，但目前这种参与存在困境，可通过扶贫目标精细化加以解决。长期以来，我国农村扶贫强调政府提供扶持，扶贫资金主要用来提供生产保障，促进贫困者个人能力发展的资金投入十分有限，或者存在对部分人群参与的排斥，有的培训项目存在年龄限制，例如湖北荆州市科协联合各相关部门每年培训农村青壮年10万人次，5年内使90%的农村党员基层干部至少掌握2项以上实用技术。2015年全市实施100个"科普惠农兴村计划"和"科普示范助力新农村行动计划"项目、创建10个全省科普示范乡镇、80个科普示范村、50个科普示范基地，培养4000户科技示范户。[①] 这显然将老年人排斥在外了。对贫困者健康贫困的主要应对措施是疾病治疗，较少注重发挥他们自身的参与作用。比较而言，日本2002年的《健康促进法》将公民参与自身健康保障作为每个公民的义务，并制订了以通过每个人参与实现疾病预防和形成良好生活方式为主的"健康21世纪"计划，其中也包括老人，而当今我国在这方面无论是理念还是制度上都重视不够。《中国农村扶贫开发纲要（2011—2020）》提出了加强引导，更新观念，充分发挥贫困地区、扶贫对象的主动性和创造性，尊重扶贫对象的主体地位，提高其自我管理水平和发展能力，立足自身实现脱贫致富等内容。但目前并没有具体的策略和政策措施，而在扶贫精细化中对贫困者的全面策略与制度的确立将会有效应对以上困境。

第三，扶贫具体政策设计存在缺失。其一，扶贫对象目标不够具体。脱贫成效显著应确保扶贫措施和资源精准落实到每个扶贫对象身上，为达到精准脱贫的目标，针对特定人群实行专门的

---

① 李兵、邓峰：《荆州市科协晒工作目标单　年培训10万人次农村青壮年》，《江汉商报》2012年6月20日。

扶贫政策是必要的。我国目前已有针对残疾人及儿童的扶贫政策，如国务院扶贫办《关于创新农村残疾人扶贫开发工作的实施意见》的主要政策措施包括加强对贫困县残疾人扶贫工作考核、进一步明确精准扶贫机制中的建档立卡工作、建立残疾人扶贫专项资金管理机制等，不过同为弱势人群的老人尚缺乏针对性的扶贫政策。我国《社会救助暂行办法》第42条规定了国家对最低生活保障家庭中有劳动能力并处于失业状态的成员，通过贷款贴息、岗位补贴、培训补贴、费用减免、公益性岗位安置等办法，给予就业救助。2015年《中共中央国务院关于打赢脱贫攻坚战的决定》已明确将留守老人关爱服务体系纳入脱贫攻坚的范畴，但如何付诸实践仍是一个新的议题。湖北省在《2014年全省民政工作要点》的通知中强调要创新民政工作方式方法，强化民政事务精细化管理，但如何对各种贫困者进行分类和精细化管理尚缺乏具体思路和相应的政策制度。其二，在动力源上，只注重外部力量，未能将外部与内部力量相结合，忽视了增强脱贫发展的内生动力。政府扶贫中未能将市场、家庭、社区进行有机结合，特别是未与贫困者发挥自身作用有机结合，制定分类、针对性、多样化的扶贫策略未受到重视，从而难以充分发挥贫困者的自身潜能，提高贫困人口的生存与发展能力。其三，策略取向上，实行"末端扶贫"，未能与"源头治贫""预防治理"相结合，未能将经济支持与非经济支持相结合，由此未能实现标本兼治。未能通过综合运用经济、科技、教育手段获得整体和可持续效果。尤其是未能消除其贫困的深层原因，如能力贫困、社会排斥，等等。有学者提出，农民的贫困实质上是权利的贫困，"三农"问题实质上是权利问题。一系列有利于维护和发展农民权利的政策制度还没有建立起来。[①] 但仅仅意识到以上问题是不够的，要快速有效地解决以上问题，既需要系统的理论认识，又有赖于一种系统策略和制度的建立。其四，在扶贫效果保障上，缺乏完整的政策机制和可靠的制度化与

---

① 张英洪：《赋权富民：新一轮农村改革的核心》，《中国经济时报》2014年8月4日第6版。

规范化保障，在农村，国家社会保障提供尚不充分，农村失去劳动能力者、老人、儿童、残疾人等群体还易陷入贫困；有劳动能力的贫困者施展作用的空间和途径有限；社会力量参与和推动扶贫的空间受到一定的制约，如何有效提升贫困地区的综合扶贫能力尚需新的政策思路，而在本书的精细扶贫理念、策略及实践保障过程中，将就以上问题给予一定的回应。

第四，扶贫制度设计缺陷影响公平与效率的困境。在救助式扶贫中，一些地方的最低生活保障制度存在城乡分立，其他专项救助在城乡之间亦差异巨大；即使是针对无依无靠的孤寡老人的福利支持也是城乡分割实施，在城市是通过公办老年福利院来满足其生活保障需求，在农村则是通过五保户制度来规范。这种城乡分割与地区分割的推进方式，损害了社会保障制度的统一性，限制了社会保障特定功能的全面发挥，使社会保障社会化发展的正向效应打了折扣。① 在其他的扶贫政策实践中也存在类似问题。在效率方面，我国以往扶贫在增加贫困人群收入的同时，也在一定程度上忽视了他们的脆弱性。例如，部分贫困人群形成对自身的消极认识，对政府存在依赖，在教育、医疗和救助等公共服务事业滞后于现实需要的情况下，他们可能因为医疗和教育支出的增加而难以走出贫困的恶性循环，在其就业、创业等脱贫能力难以提升的情况下，其生计脆弱性也在增加，心理幸福感难以获得。为改变这种情况，扶贫应当是综合的而不是单一的，不能仅仅考虑贫困线标准，因为在特定的社会中"存在着一个一致性的贫困线的假设是对事实的歪曲。目前我们尚不清楚的是，它对事实歪曲的范围，以及当这一贫困度量被用于某种目的时，歪曲的严重程度"。② 精细扶贫中消除多维的贫困目标及其扶贫的政策选择将能够有效地克服这种单一经济贫困线的实践局限性。

总之，本书对扶贫精细化的研究试图强调，在扶贫服务精细

---

① 郑功成：《从城乡分割走向城乡一体化（上）：中国社会保障制度变革挑战》，《人民论坛》2014 年第 1 期。

② 〔印度〕阿马蒂亚·森：《贫困与饥荒——论权利与剥夺》，王宇、王文玉译，商务印书馆，2001，第 41 页。

识别的基础上，把握贫困者的多元化扶贫需要，同时发挥政府主导和社会参与作用，有针对性地满足贫困家庭及个人收入支持、健康获得、权利保障等方面的帮扶需要，以精准和全面地消除贫困者的综合或多维贫困，全面提升他们的生存质量和自我脱贫的机会和能力，从而为有效地应对以上扶贫困境提供新思路。

（二）克服我国地方扶贫创新实践的局限性

目前我国一些地方政府已经进行了精细扶贫的创新实践，典型实践经验大体包括以下几种类型。

第一，以多样化扶贫内容提升贫困者收入水平。2015 年河南信阳通过"企业＋基地＋合作社＋贫困户"的模式帮助群众脱贫，因村因地施策、因户因人施策，做到扶贫措施与贫困人口的精准对接。[①] 2016 年湖北罗田县将入户送孝作为扶贫服务的重要内容，全面提升老人生活质量。[②] 有的地方创新性地提出和实施了"精准扶贫＋老年协会互助养老＋专项资金运作"的扶贫模式，以此积极发挥低龄健康老人的聪明才智，打造既能服务社会，又能自我服务的造血式精准扶贫。[③] 2016 年 3 月宜昌市老科协实行科普、医疗及文化团队下乡，农民可在自家住地享受科技服务文化服务。[④]

第二，通过地方性立法推进扶贫精准化。贵州省在加快扶贫攻坚的同时，通过地方性立法对扶贫开发予以规范，2013 年 3 月 1日施行的《贵州省扶贫开发条例》从以下方面规定了贵州省扶贫如何走向精细化。①扶贫对象认定的精细化。建立健全扶贫对象识别机制，对贫困地区和扶贫对象实行动态监测管理，优先帮助

---

① 任爱熙、尹小剑：《信阳探索留守贫困群体精准扶贫：人不出村　村头脱贫》，《河南日报》（农村版）2016 年 1 月 18 日。

② 林永迪、汪乐、尹定贤：《罗田把孝老敬老纳入精准扶贫的重要内容》，http://news. cnhubei. com/xw/2015zt/jzfp/201603/t3569528. shtml。

③ 张旭：《宜宾市老龄办扎实开展精准扶贫》，http://www. laolingtong. com/detail. asp？id＝1404。

④ 刘洪进、刘业林：《宜昌市老年科协精准扶贫"三送下乡"》，http://news. sxxw. net/ html/20163/19/401590. shtml。

人口较少民族发展。②扶贫方式与目标的精细化。通过专项扶贫、行业扶贫和社会扶贫，不断提高贫困地区经济社会发展能力和扶贫对象的生活水平、综合素质和劳动技能。③扶贫项目管理的精细化。其中第19条规定了扶贫项目分为产业扶贫项目、扶贫对象基本生产生活条件改善项目、扶贫对象能力培训项目及其他项目。④对扶贫资金进行了分类，主要分为财政专项扶贫资金、社会捐赠资金、对口帮扶和定点扶贫资金以及其他资金，这种分类有利于精细化扶贫中的资金管理。⑤政府职责的精细化。各级人民政府对本行政区域的扶贫开发工作负总责，其主要负责人是本行政区域扶贫开发工作第一责任人，实行扶贫开发目标责任和考核评价制度。

第三，以救助对象精细分类引领扶贫措施创新。如湖北、北京、上海等地都注重对低保对象较细化的分类，特别是注意到了贫困者的劳动能力因素。湖北省民政厅2009年3月颁布的《湖北省最低生活保障工作规程》在第五章的分类施保中明确规定："按照低保对象自救能力、生活状况等不同情况，相应实施分类救助。"北京市崇文区在实施救助方中，将所有被救助对象分为三类：A类人员是指贫困程度较重的或者劳动能力较差的弱势群体，B类是指无劳动能力的人或者达到退休年龄的人以及中度残疾人员，C类是指有劳动能力的就业人员和未就业人员。根据家庭的不同情况来进行不同程度的救助。根据三类不同情况设置不同的权利和义务。山东枣庄峄城区在精准扶贫中，"实施五举措坚决打好精准扶贫攻坚战，一是成立扶贫开发领导小组，健全工作机制。按照'组织培训、农户申请、入户调查、民主评议、公示公告和建档立卡'六步工作方法对贫困老年户、贫困村进行了精准识别。二是强化扶贫开发工作领导责任制。三是要管好用好扶贫资金，集中用于最贫困的地区和群体、解决最迫切的问题，对挪用扶贫资金、扶贫对象弄虚作假等问题要严肃追究责任。四是通过低保政策实施兜底扶贫，对丧失劳动能力的老年人等弱势群体通过低保政策实施兜底扶贫。五是全面落实老年人优待政策，提升老年人幸福指数。实施了老年人高龄补贴、增发低保老年人津贴、老年人护理补贴、特困老年人救助、老年人精神关爱工程、为老年人购买意外伤害保险等老人优待政策"。①

第四,通过特殊帮扶措施挖掘利用脱贫发展潜能。例如,一些地方促进农村老人二次"就业"当"工人"成为一种新的扶贫尝试。"使一批 60 岁以上不能从事重体力劳动的农村老人实现二次'就业',成为新型农业产业工人。这些老人从事采摘金银花等力所能及的轻体力劳动,日收入可达百元。"② 2014 年 5 月 19 日,湖北宜昌点军区人大代表也提出了类似建议。

以上地方精细扶贫实践总体上值得肯定,但也存在以下局限性。

其一,扶贫目标缺乏细致性和全面性。扶贫不能仅仅定位于一种或者几种目标,而应看到扶贫的多种目标及其深层次领域的问题,即从重生活保障与收入增长的表层贫困转向注重生活质量的深层扶贫,保障"人人有权享有能达到的最高体质和心理健康的标准"是联合国国际公约的基本要求。实现精细化的扶贫目标需要对贫困者的贫困情况进行具体分析,采取相应的扶贫措施。西方国家早期社会救济分类存在对贫困者歧视、甚至侮辱和惩罚的现象,而现代救助政策则体现了现代宪法所倡导的实质平等原则,力图最有效地利用救助资源、充分发挥人的潜能、全面尊重和实现贫困人群的发展权利。从贫困及其致因的全面观点看,贫困大体有三个层面的表现,一是因收入不足而陷入生活困难;二是受教育贫困、身体健康不足;三是权利贫困、文化价值观念落后。表面上看,后两者与贫困联系不甚直接,但实际上是最根本的影响因素。有学者对多维贫困的关系做出了进一步阐述,认为经济贫困其实是社会权利贫困的一种折射和表现,贫困本质上就是一种权利贫困。权利首先指自然人或法人依法行使的权能与享受的利益。对贫困深层次的考察需要溯源权利与权力的关系及其演进路径,"将权利与权力作为内生变量引入分配改革的分析框架,

---

① 陈兴亮:《枣庄市峄城区五举措打好老年人精准扶贫攻坚战》,http://www.cncaprc.gov.cn/contents/10/86039.html。

② 李艳敏等:《农村老人二次"就业"当"工人"》,http://zb.people.com.cn/GB/98415/15729870.html。

可勾勒出'收入分配→要素分配→权力分配'的演进路径。追溯西方社会发展史表明，权利与权力的博弈会勾勒出'自由权利→政治权利→社会权利'的循序轨迹。而后发国家往往以政府提供社会福利作为通向现代权利的起点——打破权利递进的自然次序，在非政治领域帮助穷人改善福利，福利本身就是一种权利"。① 也有的学者间接地涉及这种含义，提出了贫困包括物质条件和社会地位在内的贫穷状态。② 20 世纪 90 年代以来，如何消解贫困者社会风险、增强个人或者群体脱贫发展能力，并与疾病预防、健康保障和个人素质提升相结合已成为扶贫的新趋势。按照戴维·波普诺的观点："健康是生活机会的一个基本的决定因素，在人们的社会经济地位和健康质量及寿命之间有着很强的相关性……下层阶级由于缺乏如何保健的知识而加重了这种不利状况。他们不仅难以有钱注意营养，而且也缺少如何选择平衡食谱的知识。在穷人中营养不良和高血压病比在其他人群中更为普遍。"③ 因此，将扶贫局限于某一个方面的政策设计显然是不全面的。

其二，对扶贫参与者自身能力建设的保障不足。政府扮演主体的角色，但发挥贫困者个人潜能也不可忽视，需要一系列保障措施，包括不断提升贫困者参与能力，形成以贫困者主体和可持续发展能力成长支持为主要工作方法的反贫困新模式、方法与路径，才能形成扶贫新机制，这就包括使贫困人口的观念改变，促进其树立和增强战胜困难的信心，改变生活和行为态度，确定个人价值。"任何一套正义的权利制度绝对必要或核心的最小先决条件必须包括对个人自由或人身自主价值的某种认同。"④ 斯坦福大

① 熊惠平：《"穷人经济学"的健康权透视：权利的贫困及其治理》，《社会科学研究》2007 年第 6 期。

② 朱晓阳：《反贫困的新战略：从"不可能完成的使命"到管理穷人》，《社会学研究》2004 年第 2 期。

③ 〔美〕戴维·波普诺：《社会学》（第 11 版），李强等译，中国人民大学出版社，2007，第 304 页。

④ Jerome J. Shestack, The Jurisprudence of Human Rights, Cited in Theodor Meron, *Human Rights in International Law—Legal and Policy Issues*, Oxford University Press 1984, p. 86.

学心理学家戴维·迈尔斯提出了自我效能理论，自我效能是个人感觉在多大程度上自己有能力做一些事情，像自尊一样，自我效能伴随着辛苦付出后得来的成就增强。而这与公正机会、权利尊重有直接联系。"害怕因自己的年龄、性别或外表受到歧视，所以你可能会认为自己的前景是黯淡的。"[1] 权能感缺乏已成为目前贫困人群的重要心理特征之一，这主要是由相对剥夺感引起的，消除他们不公正感的关键是从制度与政策等方面入手，使他们的权益得到切实保障，以上地方政策实践是有所忽视的，而精细化扶贫会将贫困者置于中心地位，进而探讨具体制度措施，这将有利于弥补这种缺失。

其三，缺乏系统有效的制度衔接整合。贫困者的贫困通常是综合性的，精细化扶贫需要各种政策的衔接整合，如健康扶贫与收入扶贫的政策结合等。迈克·格罗斯曼指出，"健康是一种消费品，它可以是消费者感觉良好，同时又是一种投资品"，[2] 健康作为一种投资，主要表现为一种人力资本投入，例如，政府将扶贫资金用于健康投入与分配，应当获得以下预期效果：增加工作时间、提高工作效率、获得新的工作机会、增加人力资本积累、减少个人疾病开支。相反，健康缺失最终会形成健康水平低下—人力资本投资不足—贫困—健康水平再度恶化的恶性循环。由此可以看出，健康水平低下既是贫困发生的原因，也是贫困造成的结果。研究发现，在我国贫困地区居民中，疾病的经济负担是造成贫困的因素之一，并成为影响提高人力资本质量的重要原因。其主要原因是由于贫困者受教育、健康程度、职业流动性、参与社会与政治制度的能力等不足。"这些深层次的机会不平等导致了村庄的市场缺陷，反过来，这些市场缺陷又加剧了这种不平等，最终导致次优的投资和低效的发展。村庄的制度安排也反映了这种不平等。由于存在权力和影响的不均等分配，国家和中央政府的政策到达村庄层面

---

[1] 〔美〕戴维·迈尔斯：《社会心理学》，侯玉波等译，人民邮电出版社，2006，第41页。

[2] Grossman, M., On the Concept of Health Capital and the Demand for Health, *Journal of Political Economy*, 1972. 80 (2), pp. 223 – 255.

时，不可避免地被歪曲了。这些政策不但没有实现预期的经济和社会进步，反而加强了这种不平等的现状。"① 从我国政策类型角度看，残疾人政策、老人扶贫政策、低保政策、扶贫政策及各种权益保障制度等只有衔接整合了，才能够对贫困情况的改变产生更加积极的影响，也只有如此，才能达到精细化扶贫的目标，对此，上述地方实践经验较少，应给予关注。

（三） 克服我国扶贫理论基础的局限性

我国学者以往对贫困与扶贫的研究主要借鉴和应用国际上流行的一些收入贫困理论，如要素贫困论、素质贫困论、系统贫困观、发展不平衡致贫论、社会结构致贫论等，基本上都是从经济收入角度认识贫困的。与收入支持型的扶贫观念相比，扶贫精细化具有新的内涵和目标，并寻找新的理论基础。实际上，在中国，贫困者一直处于多种贫困状态，尤其是农村贫困群体的多维贫困问题凸显，如针对农村贫困群体的社会心理"扶贫"已不容忽视，需要我们在不断完善并切实推进农村收入扶贫的同时，加强多种政策的扶贫，改善农村贫困群体的社会认知模式及其知识、权利、健康等多方面的贫困状况，培育他们的自我脱贫能力和成就动机，这对于我国真正打赢农村"扶贫攻坚战"具有重要意义。

近年来，国外贫困及其应对研究的新成果已经引起了我国学者的重视，但未能将相关理论研究与我国具体扶贫研究有效地结合起来。例如阿玛蒂亚·森创立了"能力贫困方法"，这对我们有不小启示，但这种理论的应用也存在一定局限或者挑战，具体表现为对能力贫困的衡量与扶持把握不准。难以把握消除能力贫困的投入，过低可能无法达到预期目标，过高又可能引起新的不公正，或者资源不当使用。为解决这一矛盾，阿玛蒂亚·森试图把目标从全面能力缩小到"基本能力"层面，试图使能力方法在公共政策领域更具有可操作性，这些对我们很有启发意义。但如何

---

① 世界银行：《2006 年世界发展报告：公平与发展》，中国科学院－清华大学国情研究中心译，清华大学出版社，2006，第 26 页。

通过扶贫资源的创新运用促进贫困者个人脱贫能力发展仍是一个新的议题和不小的难题。

构建和确立扶贫精细化概念有利于吸收国外扶贫研究的新成果，并创新我国的扶贫路径。如美籍学者洪朝辉将美国自 20 世纪 30 年代以来的贫困治理分为四大阶段。经历了收入贫困治理到多种贫困治理的转变，该学者提出，为了加快贫困治理的进程，中国急需借鉴美国的经验与教训，在法律、资源、组织和舆论等四方面保障民众的合法权益，特别是贫民、农民、妇女、老人、残疾人和少数民族等弱势人群的权益，这是扶贫有效推进的关键。[①] 不难看出，该学者在探索和总结美国的扶贫过程中，提出了不少新的扶贫观念，丰富和创新了扶贫理论。而本研究以扶贫精细化概念的确立为基础，结合我国扶贫发展特点与趋势，吸收借鉴国外不同扶贫阶段的实践经验及相关理论研究成果，试图在更加前沿的理论视野下探索我国扶贫精准化目标与策略问题，这无疑具有特殊意义。

构建和确立扶贫精细化概念有利于推进我国扶贫的福利公平和持续的理论研究。扶贫关系到社会公平底线，景天魁先生曾经提出底线公平的社会政策包括生存、健康和发展公平三个特征指标。这三个特征指标又包括以下具体指标：（1）生存权利公平性的测量指标：应保尽保率、低保标准的城乡之比、低保标准的地区之比。（2）发展权利公平性的测量指标：义务教育完成率，义务教育生均经费的城乡之比、义务教育生均经费的地区之比。（3）健康权利公平性的测量指标：卫生医疗可及性、卫生医疗可得性、卫生医疗可负担性。[②] 本研究将对贫困者收入、健康和权利贫困给予全面的关注，这对实现社会底线公平具有十分重要的意义。

从未来趋势看，构建和确立扶贫精细化概念对于深度精细地

---

① 〔美〕洪朝辉：《论中国城市社会权利的贫困》，《江苏社会科学》2003 年第 2 期。

② 景天魁：《底线公平概念和指标体系——关于社会保障基础理论的探讨》，《哈尔滨工业大学学报》（社会科学版）2012 年第 1 期。

应对社会特定贫困人群的贫困问题也具有重要意义。如人口老龄化带来的老年综合贫困问题已不可忽视。除了收入贫困外，老龄贫困群体的社会心理扶贫已成为迫切的现实问题。[①] 1996 年我国《老年人权益保障法》已经体现了以老年权益保障应对老年权利贫困的政策精神，其中第 3 条规定，国家和社会应当采取措施，健全对老年人的社会保障制度，逐步改善保障老年人生活、健康以及参与社会发展的条件，实现老有所养、老有所医、老有所为、老有所学、老有所乐。第 31 条规定，老年人有继续受教育的权利。国家发展老年教育，鼓励社会办好各类老年学校。各级人民政府对老年教育应当加强领导，统一规划。第 32 条规定，国家和社会采取措施，开展适合老年人的群众性文化、体育、娱乐活动，丰富老年人的精神文化生活。还规定了针对老人的不同特点采取个性化做法，如鼓励和帮助老年人在自愿和量力的情况下实现自身价值，包括传授文化和科技知识、提供咨询服务、依法参与科技开发和应用、依法从事经营和生产活动、兴办社会公益事业等，在此过程中，老年扶贫服务应有所作为，也可以有所作为。这就需要新的理论和政策思路，例如探索在物质救助过程中如何为老年人提供其他方面的帮助。当前"老年社会工作已从过去那种旨在改善老年人生活待遇和服务水平，提升到在改善其物质生活的基础上，挖掘老年人潜能、提倡老年人互助、为老年人争取合法权益的高度"。[②] 但要在扶贫中真正有效地落实以上观念，发挥老人潜能，全面提升老人生活质量，还需要依托精细化的扶贫理念及相应的政策制度，这也正是本书研究的重要内容。

---

① 程建家：《农村老龄贫困群体社会心理"扶贫"探析——基于优化人口心理素质的反贫困视角》，《安徽农业大学学报》（社会科学版）2011 年第 5 期。
② 王思斌主编《社会工作概论》（第 3 版），高等教育出版社，2014，第 206 页。

第三章 中国扶贫精细化的理论支持

一 多维贫困及应对理论

（一） 多维贫困理论的梳理分析

人类对贫困的认识及扶贫政策经历了一个演变过程。人们最初对贫困的认识是物质贫困。英国经济学家郎特里、美国经济学巨子萨缪尔森都对此有过较为明确和深入的论述，萨缪尔森在他的《经济学》一书中曾提出"丰裕中的贫困"的概念。他指出："在当今美国贫困主要集中于以下人群，黑人和西班牙裔的家庭、老人以及女性为户主的单亲家庭在贫困家庭中的比率上升……界定贫困时以收入为标准，家庭消费达不到平均家庭在食品、服装、住房上的消费水平的50%时，该家庭即可被定义为贫困。"[1] 与郎特里不同的是，萨缪尔森吸收了阿玛蒂亚·森等学者的观点，也涉及其他非收入的贫困问题，他指出，发展中国家贫困的特征不仅表现为人均收入低，还包括人们的健康水平普遍较差、文化水平低、普遍营养不良、并且缺乏资本。[2] 受传统经济学影响，以往对贫困人群的帮助主要是收入支持，政府承担责任的基本形式通常包括两类，第一类是对象相对普遍的社会保险项目，包括老年人和残疾人养老金以及医疗和失业保险；第二类是对象特定的转

---

① 〔美〕保罗·萨缪尔森、威廉·诺德奈斯：《经济学》，萧琛主译，商务印书馆，2013，第299页。

② 〔美〕保罗·萨缪尔森、威廉·诺德奈斯：《经济学》，萧琛主译，商务印书馆，2013，第475页。

移支付项目，也是国民收入的再分配。以现金转移支付援助为典型的福利手段无疑是最有效的，但人们很快发现这也存在一些突出问题。例如，如何解决扶贫瞄准的问题。传统的解决方法是采用家计调查。但家计调查也存在不少的问题，并且受到不少批评。因为对不少贫困者而言，搜集他们收入和资产的准确信息是比较困难的，尽管在一定程度上社区的系统家计调查缓解了部分的矛盾，但实践中也不能完全令人满意。这种扶贫思路的另一个突出问题是产生了资源供给与扶贫需求多样性的矛盾。因为贫困往往并不是单一化的，解决上述问题的措施也是复杂的，政府需加强对贫困者信息的有效把握，对贫困的干预不仅仅局限于收入，还需要其他类型的福利扶持，以帮助贫困者克服脆弱性、能力贫困、权利贫困等非物质贫困因素。

从20世纪七八十年代开始，部分研究贫困的学者开始将脆弱性、权利、社会排斥及个人能力等因素引入对贫困的研究，使贫困的概念呈现多维性特点。鲁西曼（Runciman，1966）和汤森德（Townsend，1971）对贫困进行了新的阐释，汤森德认为，贫困即穷人们因为缺乏资源而被剥夺了享有常规社会生活水平和参与正常社会生活的权利。[1] 他在使用这个概念时，假设穷人和其他人一样拥有这些权利，但是在现实的社会制度下，获得常规社会生活水平和正常社会活动的机会是由人们所拥有的资源决定的。由于穷人缺少这些资源，他们的现实机会和权利相对缺失。[2] 20世纪80年代开始，阿马蒂亚·森对贫困的非经济因素进行了大量的研究和论述，认为贫困的根本问题是权利贫困和基本能力的剥夺，表现为过早死亡、严重的营养不良、慢性流行病、文盲以及其他方面的失败。[3] 他重新界定了有关贫困的指数，提出了一种新的对贫困的测度方法，如将权利的方法引入贫困根源的分析中。"权利的方法所重视的是每个人控制包括食物在内的商品组合的权利，并把饥饿看作是

---

① Townsend P., *The Concept of Poverty*, London: Heinemmann, 1974.
② 陈晓云：《经济福利的心理保障》，复旦大学出版社，2009，第156页。
③ 〔印度〕阿马蒂亚·森：《以自由看待发展》，任赜、于真译，中国人民大学出版社，2012，第98页。

未被赋予取得一个包含有足够食物消费组合权利的结果。"①

　　多维贫困的一个主要理论是可行能力贫困理论，阿马蒂亚·森认为，可行能力贫困理论指实质自由的缺乏，具体表现为贫困者参与反贫困的能力缺乏或不足。在他看来，能力贫困者在经济和社会上都比较脆弱，往往是处于社会边缘的阶层，贫困可以发生在人生的不同阶段，其中人力资本发育缓慢，缺乏实质自由是较为根本的原因，一个人的"可行能力"指的是此人有可能实现的、各种可能的功能性活动组合。② 自由不仅是发展的首要目的，也是发展的主要手段。为有效发挥实质自由的反贫困作用，阿马蒂亚·森提出："发展的目标和手段要求把自由的视角放在舞台的中心。按这种视角，必须把人们看作是要主动参与——在他们有机会时——他们自身前途的塑造的，而不只是被动接受某些精心设计的发展计划的成果。国家和社会在加强和保障人们的可行能力方面具有广泛、重要的作用。这是一种支持性的作用，而不是提供制成品的作用。"③ 能力视角揭示了贫困状态背后隐藏的更为根本的原因，"穷人表面上看似缺乏稀缺性和竞争性的资产用来改变生活的处境和窘迫，而实质上是缺少对这些资产的控制权和谈判能力，穷人的组织能力和干预资产的能力才是至关重要的"。④ 因此，"虽然收入贫困与可行能力贫困的联系之间值得重视，同样重要的是，还要看到一个基本事实，即仅仅减少收入贫困绝不可能是反贫困政策的终极动机……根本的问题要求我们按照人们能够实际享有的生活和他们实实在在拥有的自由来理解贫困和剥夺"。⑤ 为了说明能力贫困概念

① 〔印度〕阿马蒂亚·森：《贫困与饥荒——论权利与剥夺》，王宇、王文玉译，商务印书馆，2001，第61页。
② 〔印度〕阿马蒂亚·森：《以自由看待发展》，任赜、于真译，中国人民大学出版社，2012，第88—89页。
③ 〔印度〕阿马蒂亚·森：《以自由看待发展》，任赜、于真译，中国人民大学出版社，2012，第43页。
④ 迪帕·纳拉扬等：《谁倾听我们的声音》，付岩梅等译，中国人民大学出版社，2001，第75页。
⑤ 〔印度〕阿马蒂亚·森：《以自由看待发展》，任赜、于真译，中国人民大学出版社，2012，第89页。

的普适性，阿马蒂亚·森分别考察了欧美国家失业、医疗保健和死亡率与可行能力剥夺以及印度、撒哈拉以南非洲的贫困和剥夺之间的关系。他指出，为改变能力贫困就必须发展穷人的可行能力，如提高识字率、降低出生死亡率、改善营养状况可以直接或间接地丰富穷人的生活，使剥夺情况减少或者程度减轻。能力贫困的提出突破了西方现代国家历史经验的局限性，超越了传统经济学有关经济发展与改善民生的理念，并对国际贫困及扶贫理念产生了直接影响。联合国发展计划署1997年出版的《中国人类发展报告》中提出人文贫困指数（human poverty index，也有人称人类贫困），它由三个指标构成：寿命的剥夺、知识的剥夺和体面生活的剥夺。"人文贫困的核心是权利贫困和知识贫困，实质是对人类基本权利或能力的一种剥夺。这种划分对中国的贫困具有相当的解释力，而中国是人文贫困最为突出的国家，人文贫困指数排名位居巴西、印度之前，居世界之首。其中沿海地区为0.18，北京为0.10，相当于智利、新加坡等极低人文贫困指数国家，而西部地区这一指数则高达0.44，其中贵州为0.55，相当于索马里等极高人文贫困指数国家。"① 消除人文贫困必然要求对能力提升重点加以关注。

英国著名学者罗伯特·钱伯斯等人在为国际扶贫中心写的一份报告中指出，贫困经常表现为多个层面，要解释贫困的多种维度和多种因素，需要建立综合的解释。他的可持续生计分析框架涉及贫困和脆弱性等多种因素，提出了消除贫困实现可持续生计的整合性概念，包括充足的食品、现金储备量以及流动量和个人维持生计的能力、资产、教育、健康水平等，实现可持续生计就是要消除以上的综合贫困。② 贫困人口所感知的贫困都是来自日常生活的感受，我们可以对这些感知进行分类和抽象，但是分类经常将丰富的内容进行简化；由于贫困是具体的，因此经常带有特定的社会和文

---

① 转引自叶普万《贫困经济学研究：一个文献综述》，《世界经济》2005年第9期。
② 〔英〕安东尼·哈尔、〔美〕詹姆斯·梅志里：《发展型社会政策》，罗敏等译，社会科学文献出版社，2006，第135—136页。

化背景。当我们试图通过几个简单的指标来分析贫困时，这些指标往往不能反映贫困的核心内容。[1]

目前，多维贫困的研究、应用及其重要意义已引起了我国学者的重视，正如有学者分析指出的，"在关于多维贫困理论的讨论中，森的能力贫困被我国学者广泛认可，关注贫困人口的发展能力、发展机会和主观感受，多维贫困指标选取和致贫机理不尽相同，如果能够对能力贫困进行准确识别，对能力贫困的致贫机理进行恰当解读，那么贫困难题的破解指日可待……城乡人口多维贫困的动态识别。在多维贫困的动态识别中，基于能力剥夺视角建立多维贫困指数，并对多维贫困状态的动态变化进行分析，以便更好地解读贫困的多维性和动态性"。[2] 上述学者在强调关注这些分析的同时，也在探讨如何将其指标化，以便进行有效的测度。

(二) 多维贫困理论研究的新趋向

总体来看，多维贫困理论研究的趋向是注重更细化的指标获得，采取精细化应对措施。如英国学者萨比娜·阿尔基尔认为："关于贫困，我们确定了五个数据不够充分的领域：就业，尤其是非正式就业，特别关注就业的质量；赋权或主体性，个体推进其珍视或有理由珍视的目标的能力；安全，主要关注远离财产暴力或人身暴力的安全，以及对暴力的感知；体面出门的能力，强调尊严、尊敬及脱离羞辱的重要性；心理或主福祉，强调生存的意义，以及他的决定因素和满意程度。"[3] 她认为："羞辱的指标包括外在事件的羞辱和内在羞辱的经历。关于外在的羞辱问题包括充满尊敬地对待、不公平对待、歧视及个人背景阻碍其流动的感知；关于内在羞辱的问题则用来度量个体水平上的累计羞辱程度。……我

---

① Robert Chambers, What is poverty? Who asks? Who answers?, In International Poverty Centre: Poverty in Focus, December 2006.

② 高帅：《社会地位、收入与多维贫困的动态演变——基于能力剥夺视角的分析》，《上海财经大学学报》2015 年第 3 期。

③ 〔英〕萨比娜·阿尔基尔等：《贫困的缺失维度》，刘民权、韩华为译，科学出版社，2010，第 2 页。

们的最终目标不仅仅是衡量贫困，而是要构造一个新的研究和政策框架来帮助持续地减少贫困。入户调查是一种收集稀缺的数据非常有效的方法，但它同样存在很多的限制，比如它忽视了家庭内部的问题及它需要高昂的成本。"①

多维贫困理论的研究也面临一些新的挑战，如针对能力贫困的概念及其运用问题，有学者提出了此概念模糊、难以操作等。因此，美国学者马丁·瑞沃林指出："发展能力概念方法操作仍然长路漫漫。"② 在制度保障方面，制度建构与保障研究中，学者有着不同的思路和方法。阿玛蒂亚·森将其归纳为两种，一是以资产阶级启蒙思想家和罗尔斯为代表的先验制度主义，其基本思路是进行制度预设，探寻完美的正义的制度。该模式由托马斯·霍布斯最先提出，约翰·洛克、让－雅克·卢梭和康德相继予以发展。这些学者重视社会制度的选择，追求建立一套能先验地确立的理想社会制度。二是关注现实问题。这些理论家包括边沁等功利主义及马克思主义理论。他们都致力于对现实的或可能出现的社会进行比较，也更加关注人的实际行为和社会现实问题。阿玛蒂亚·森更倾向于后一种研究，并对前一种研究思路提出了质疑："难道我们不应该考虑一下现实的社会，包括在既定的制度和规则下，人们实际能过上什么样的生活吗？"③ 阿玛蒂亚·森的研究目标是要在理论上了解如何减少贫困，而不倾向于提供制度性的解决方案。他提出我们只需要知道饥饿、贫困、文盲、种族主义、性别歧视等是绝对应该被消灭的、明显的非正义，这对于大多数实际公共政策行动就足够了，而此时我们可能不知道也不需要知道什么是最佳的公共政策方案。可见，以上两种思路都未真正解决多维贫困应对中的制度问题，这势必影响理论的实际效果。

---

① 〔英〕萨比娜·阿尔基尔等：《贫困的缺失维度》，刘民权、韩华为译，科学出版社，2010，第11页。

② 〔美〕马丁·瑞沃林：《贫困的比较》，赵俊超译，北京大学出版社，2005，第8页。

③ 〔印度〕阿玛蒂亚·森：《正义的理念》，王磊、李航译，中国人民大学出版社，2013，第8页。

（三）　多维贫困理论的影响及扶贫实践策略观念

西方学者的多维扶贫新理论直接影响了国际组织的扶贫政策。受阿玛蒂亚·森能力贫困概念的影响，1996 年联合国《人类发展报告》不仅使用了能力贫困的概念，而且提出了具体的度量指标，包括体重不足的 5 岁以下儿童比重、没有专业护理人员出生的婴儿比重及 15 岁以下文盲妇女比例。联合国计划开发署（UNDP）1997 年的《人类发展报告》列举了世界上的 3 个人类贫困指数（human poverty index），即预期寿命、成人识字率和人均 GDP 的对数，这三个指数分别反映人类发展的健康、教育和生活水平三个层面的贫困状况。21 世纪开端的世界发展报告大大拓展了对贫困的认识以及扶贫路径创新。《2000/2001 世界发展报告：与贫困作斗争》中在采纳目前已确立的关于贫困的观点的基础上，进一步将没有权力、没有发言权、脆弱性和恐惧感等纳入这一定义，因为"经济学家认为无权无势、无话语权也是贫困的重要内涵。穷人不仅在物质上受到剥夺，还受到国家和社会制度的剥夺。他们缺乏法律的保护、不受尊重、被禁止利用新的经济机会，在一些关系自己命运的重大决策上没有发言权等"。[①]《2000/2001 世界发展报告：与贫困作斗争》建议将扩大机会、促进赋权和加强社会保障等作为与贫困做斗争的基本手段。其行动纲领包括：增长穷人的经济机会，使穷人获益、打破富人的垄断特权，帮助穷人扩大资产；通过加强穷人对政治进程和决策的参与，提高他们对涉及其生活的国家制度的影响力，对穷人赋权是健全治理结构，使国家制度对其公民负责；增进穷人的安全保障，减少他们面对健康、经济冲击等风险的脆弱性。[②] 在具体策略建议上，该报告提出了以法治促进增长以保护穷人的权利，注重为穷人提供法律援助和关于法律程序的信息，发展权利文化，实施分权保障中央政府的财力支持，并对下级政府的政策进行指导和监督

---

① 《2000/2001 年世界发展报告：与贫困作斗争》，世界发展报告翻译组译，中国财政经济出版社，2001，第 15—17 页。

② 《2000/2001 年世界发展报告：与贫困作斗争》，世界发展报告翻译组译，中国财政经济出版社，2001，第 39—40 页。

约束，支持穷人积累社会资本，支持中介组织帮助穷人消除贫困，通过建立和完善贫困治理绩效评估和监督系统来保障政策有效实施等。2003 年联合国开发计划署发表了《2003 年人类发展报告》，突出的主题是"千年发展目标：消除人类贫困的全球公约"，为应对"人类贫困"，要求必须使贫困者在教育、收入、卫生健康等方面的状况得到全面改善，包含了消除收入贫困、权利贫困、人力资源贫困及知识水平贫困等多维贫困目标。[1] 受联合国开发计划署的委托，英国牛津大学经过研究提出了"多维贫穷指数"，"即利用 10 个主要变量测算贫困水平。其中包括是否享有良好的烹饪食料、教育、电力、营养和卫生系统等。牛津大学贫困和人类发展计划主管撒比那·阿尔凯尔说，这好比是一个高分辨率透镜，能生动地反映最贫困家庭所面临的挑战。联合国开发计划署发言人威廉·奥尔姆也说，这一新指数（多维贫穷指数）能够更完整地描述贫困。研究人员分析了 104 个国家的、总计 52 亿人口的数据——这一数量占世界总人口的 78%，分析的结果是，在 52 亿人口中大约有 17 亿人口处于'多维贫困'之中，占到了研究数据的 1/3"。[2]

从"国际消除贫困日"主题看，2007 年以来多维扶贫的政策倾向逐年增强。主要体现在：第一，强调贫困人口参与变革的作用，意在强调贫困人口自身在消除贫困中不可替代的作用。第二，不仅强调收入扶贫，人权和尊严扶贫内容也受到重视。第三，强调新的扶贫策略需要的保障措施和环境，包括努力创造更多、更体面的工作岗位，促进对贫困者赋权，消除对贫困者的社会歧视等。世界银行在 2004 年的世界发展报告中指出："政府和捐助者常常忽略穷人客户在维持更好的服务方面可能发挥的作用，或是仅仅把这种作用当作实现由技术决定的结果的手段。无论是政府还是捐助者不习惯于征求穷人的意见。最近，为了扭转这种局面已开始采取一些新措施，通过各种途径加强社区和民间社会的参

① 联合国开发计划署：《2003 年人类发展报告——千年发展目标：消除人类贫困的全球公约》，中国财政经济出版社，2003，第 18 页。
② 丁声俊、王耀鹏等《反饥饿 反贫困——全球进行时》，中国农业出版社，2012，第 20 页。

与。不过，改进的潜力还未得到充分利用。"①

在主体、目标、政策选择等方面，安东尼·哈尔、詹姆斯·梅志里两位学者的整体性社会政策理论都是更为详细和具有实用性的多维贫困扶贫策略。所谓整体性社会政策（见表3-1），是指将福利供给国家主义、企业化思路以及平民主义范式加以融合，打破公私界限、发挥社会政策的整体性作用，消除多维贫困。② 这是值得我们研究借鉴的。

表3-1 整体性社会政策

行为人	目标群体/目标	政策
• 国家（中央、地方） • 公民社会（非政府组织、社区、社会运动） • 民营商业部门（国内的、跨国的、超国家的） • 国际发展机构（多边的、双边的、联合国机构、区域性组织）	• 目标群体：个人、家庭、社区 • 目标：增进全民福利、提升人力资本、增进劳动力的国际竞争力、增强社会凝聚力、抗击社会排斥（无论是阶层、性别还是种族划分）	• 基本的社会服务（卫生、教育、住房、社会保障） • 安全网/社会基金 • 可持续性生计支持 • 跨部门的处理问题方式 • 法定权利、社会权利、能力参与/包容 • 责任性的落实（建立问责机制）

资料来源：〔英〕安东尼·哈尔、〔美〕詹姆斯·梅志里：《发展型社会政策》，罗敏等译，社会科学文献出版社，2006，第53页。

二 福利主义应对贫困理论

对扶贫理论的研究最早起源于西方国家，主要有两种理论类型：一是经济学扶贫理论，二是社会福利扶贫理论。这里主要是分析借鉴福利主义的扶贫理论。

（一）民主社会主义扶贫观念的分析借鉴

民主社会主义扶贫政策观念源于英国进入维多利亚时代后人

---

① 世界银行：《2004年世界发展报告：让服务惠及穷人》，本报告翻译组译，中国财政经济出版社，2004，第64页。

② 〔英〕安东尼·哈尔、〔美〕詹姆斯·梅志里：《发展型社会政策》，罗敏等译，社会科学文献出版社，2006，第51页。

们对贫困的新认识，即导致贫困的主要原因在于社会，而不是穷人自身的堕落懒惰行为，进而，由国家出面消除贫困的观念逐步为人们所认可。1879 年美国学者亨利·乔治出版的《进步与贫困》一书再次引起人们对贫困原因与扶贫政策的新思考。随后安德门创立社会民主联盟，并于 1884 年创办费边社，以韦伯夫妇、萧伯纳为代表的费边社成员提出通过确定最低工资标准，以应对失业、建立养老金制度、发展贫困儿童教育等多种福利来消除贫困的理论建议，对英国扶贫政策选择产生了直接影响。1908 年 8 月英国出台的《老年人养老金法》就提供了一种新的非缴费型福利模式，该法规定 70 岁以上低收入（少于 31 英镑）的老年人每周都可以领到 5 先令的年金；尽管养老金数额不多，但养老金是通过邮局支付并且与《济贫法》的实施相分离，所以避免了道德上的耻辱感。[①] 有学者评论认为："年金制度在英国社会保障历史上具有非常重要的意义。年金制度断绝了一直主导着英国济贫政策、具有控制贫民性质的 1834 年的新济贫法原则，把社会保障引向了另一个方向。"[②] 此后，英国学者理查德·蒂特马斯等较为集中地阐述了民主社会主义扶贫观念，后来其政策主张的支持者在某些问题上做了进一步阐述，其基本主张包括如下几点。

第一，主张国家对消除贫困负有细化和全面责任。蒂特马斯对贫困进行了精细化界定。他认为广义贫困"包括情感的贫困、感觉的贫困、语言的贫困、聆听与学习的贫困、社会关系的贫困，所有这些贫困加起来可能会变成社会（而非基因）遗传的贫困，以及如社会状态研究者所说的心理上自我维持的贫困"。[③] 为应对贫困必须不断加大财政支出，"如果贫困会自我维持，那么，社会若要阻止和改变这一历程，就得按比例投入更多社会资源。即是

---

① D. Fraser, *The Evolution of the British Welfare State*, 2nd edn., London：Macmillan, 1984, p. 153.

② 〔韩〕朴炳铉：《社会福利与文化：用文化解析社会福利的发展》，高春兰、金炳彻译，商务印书馆，2012，第 66 页。

③ 〔英〕理查德·蒂特马斯：《蒂特马斯社会政策十讲》，江绍康译，吉林出版集团有限责任公司，2011，第 46 页。

说，社会政策要产生较大而非较少的再分配效应。他们将需要以较大比例的速率前进，要赶过国民收入或人均社会资源的增长速率"。[①] 他提出，政府应通过财富的福利性分配满足穷人的福利权利需求，"按照需要的原则，提供普惠性服务"。[②] 应注重政府积极干预政策，保障贫困者享有广泛而细化的社会福利，包括：一是就业福利与失业补贴福利。通过积极劳动力市场政策促进贫困者平等就业权实现，对失业达到一定年限，参加失业保险等符合条件者发放失业保险金，对生活仍然困难的家庭给予家庭津贴福利，同时通过对企业进行补贴为贫困者提供就业机会。二是再分配福利。政府通过不断增长的福利财政开支保障再分配体制运转，使每个阶层都可以获得一定再分配福利的同时，重点对贫困者进行福利分配。三是提升社会服务福利水平。在社会保险、照料、服务等方面，贫困者可享受较全面的补贴权利。上述福利模式使瑞典贫困人口大大减少，最大限度地降低市场所造成的不平等与贫困。以上主张的主要依据是贫困是由社会造成的，政府对贫困者的帮扶可视为社会对他们的一种必要补偿。因此，蒂特马斯对美国向贫困宣战时要求贫困者承担义务才可享有福利的扶贫政策的做法持明确的批评态度，他认为"这些项目被引入时曾经出于美好的意图，但是他们的倡导并没有正确评价在多大程度上这些项目需要穷人界定他们自己，让他们站起来并宣传自己是穷人"。[③] 蒂特马斯理论的承继者以及美国学者迈克尔·哈林顿等人不仅坚持福利的财富再分配性质，而且强调应通过福利与公共服务的提供，改变贫困者不利的社会地位和收入状况，而不是改变他们的行为，包括强迫他们去寻求未必真正能增加收入的劳动就业。以上观念与新自由主义的政府只对穷人基本需求负有保障责任的思

---

① 〔英〕理查德·蒂特马斯：《蒂特马斯社会政策十讲》，江绍康译，吉林出版集团有限责任公司，2011，第47页。

② 〔英〕理查德·蒂特马斯：《蒂特马斯社会政策十讲》，江绍康译，吉林出版集团有限责任公司，2011，第15页。

③ R. M. Titmuss, *Commitment to Welfare*, London：Unwin University Books, 1968, p. 113.

路有很大的不同。

第二，针对贫困者需求提供系统化服务。社会行政研究旨在研究各种提供"社会服务"的人类组织和正规结构（以及它们之间的抉择）。① 这里社会人的需要表明其对人类需要的具体区分，他借用"社会工程学"的概念，表示研究如何通过对现存的现金与实物资源的调度以满足社会需要。关于贫困者的需要他更为明确地指出，"贫穷——以教育、收入住房不足及其他形式出现的社会不平等现象——并没有被包括进去当作'社会问题'。他还提出对社会服务工作绩效要进行具体量度，系统评价教育、医疗、儿童指导、领养手续及现金转移支付等的满意度"。② 此后有学者对蒂特马斯社会服务的观点进行了系统总结，归纳为第一类的是那些被视为"基础性"的人类服务，如医疗卫生和教育；第二类是有关收入维持和就业的服务；第三类是有关住房和环境的服务；第四类是所谓的"个人"社会服务，旨在为社会中最弱势的成员提供照顾或保护。③

第三，对特定贫困人员的帮扶需要精细化措施。蒂特马斯论述了儿童、老年人、残疾人等群体如何细化扶贫问题，特别论述了老年人扶贫问题，"在老年收入维持制度方面，英国实际上将会有一个四层的结构。首先，最顶层的将是职业年金，它的基础是'存多少，提多少'的个体化原则。第二层是基本年金，它将会在一段时间内支持职业年金，助其增长。第三层是国家储备方案；它的订立，无非是使私营职业部门显得优越，更有吸引力、更有效率。最后，在最低层次的，是补充支付部门——须经生计审查的部门；那是所有社会良知和中产阶级内疚感的陈列室；中产阶

---

① 〔英〕理查德·蒂特马斯：《蒂特马斯社会政策十讲》，江绍康译，吉林出版集团有限责任公司，2011，第31页。

② 〔英〕理查德·蒂特马斯：《蒂特马斯社会政策十讲》，江绍康译，吉林出版集团有限责任公司，2011，第30—32页。

③ 〔英〕哈特利·迪安：《社会政策学十讲》，岳经纶、温卓毅、庄文嘉译，格致出版社、上海出版社，2009，第50页。

级讨厌屈辱烙印"。[1] 他认为，"比较起来，工党的国民年老退休年金法案甚具革命性；这不单只是因为它的再分配效果，也不只是它为了'礼物关系'而扩大了角色；而是因为它采取了向前看而不是向后看的方式。它给予妇女新的待遇。它承认未来有更多需要，并要求有一个更开放和流动的社会；男、女、婚姻、家庭的角色均会改变；科学、工艺、常识均要求更多人能够自由转业，接受再教育、再训练并恢复就业资格。首先，它承认有需要让人民认识自己的权利。在不需生计审查的年金和社会保障制度里，'权利'的真谛不单是知道你有获取年金的'权利'，而是要知道你有权索取一份计算准确的款项，准确地知道你在某种情况下和在特定的年纪里可以预期得到的收入"。[2] 对 20 世纪 70 年代英国工党的国民年老退休金法案进行分析评论时，蒂特马斯详细论述了实施老年津贴对老人扶贫的意义与新策略。

第四，蒂特马斯还关注到满足贫困者需要的多种福利与服务的结合，注重社会参与。如提高职业福利的比例，包括各种补贴、保健服务、教育和培训补助，注重将财政福利与贫困者所在工作单位的职业福利相整合。蒂特马斯认为，这部分福利在英国已经得到一定的扩展，包括儿童津贴，死亡抚恤金，保健及福利服务，个人旅游、娱乐、衣着、用品等费用，餐券、子女教育费、疾病补贴、失业支付费、教育与训练补助等。[3] 他将社会政策模型分为三种类型：一是剩余福利模型，这种模型指只有个人不能维持基本生活时，社会福利才能介入；二是工作能力—成绩模型，这种模型将福利的享有和个人的工作表现相联系；三是制度性再分配模型，这种模型指按需要原则提供普惠性服务。他认为前两种模型不能有效体现公平性，也不能有效地给贫困人群提供保障，所以他更倾向

---

① 〔英〕理查德·蒂特马斯：《蒂特马斯社会政策十讲》，江绍康译，吉林出版集团有限责任公司，2011，第 85 页。

② 〔英〕理查德·蒂特马斯：《蒂特马斯社会政策十讲》，江绍康译，吉林出版集团有限责任公司，2011，第 86 页。

③ 〔英〕理查德·蒂特马斯：《蒂特马斯社会政策十讲》，江绍康译，吉林出版集团有限责任公司，2011，第 104 页。

于第三种模型。① 蒂特马斯提出社会服务事业（现金或实物）不能被视为只有单一目标的单一福利体系，它其实是具有多元目标的多元体系。②

总体来看，以上观念优于西方新自由主义学者过于注重个人自由的福利观念，更有利于扶贫细致而有效地展开。上述观念也优于罗尔斯通过"差别对待"原则消除贫困的理论。罗尔斯差别对待原则是将人们对公平讨论的目标直接引向对穷人的关注，这有不小的进步，但存在一定的问题，其思想的基点仍然是契约主义的自由权优先的观念。其对贫困者的需求、实际生活能力、机会、知识等方面的具体应用能力以及可能形成的后果等方面的差异缺乏应有的关注。对此，阿马蒂亚·森指出，"在差异原则中，罗尔斯通过人们所拥有的手段来评判其获得的机会，而不考虑在将基本品转化为美好生活时可能会出现的巨大差异"。③

但从另一方面看，民主社会主义扶贫理念也存在一定的缺陷，主要体现在：第一，不主张贫困者积极参与就业，这样就不利于贫困者脱贫能力的提升，忽视了贫困者自身参与的作用，这是不可取的。第二，忽视了福利权利与义务的适当平衡。对于注重贫困者权利义务适当平衡的英美"工作福利政策"，特别是贫困者参与就业义务的规定，民主社会主义者持反对态度，认为如果在扶贫福利的提供中附加义务性条件，则会形成对他们多种权利的侵犯，这是不公正的。但要实现扶贫中公平与效率的结合，贫困者权利与义务的适当平衡是必要的。第三，对公平与效率关系的认识与处理存在一定不足。社会民主主义主张政府承担更多的福利责任，不主张扶贫对象承担适当的责任，因为难以有效地实现财政支出公平与效率的理想兼顾。对于以上不足，我国在当前扶贫

---

① 〔英〕理查德·蒂特马斯：《蒂特马斯社会政策十讲》，江绍康译，吉林出版集团有限责任公司，2011，第14—15页。

② 〔英〕理查德·蒂特马斯：《蒂特马斯社会政策十讲》，江绍康译，吉林出版集团有限责任公司，2011，第103页。

③ 〔印度〕阿马蒂亚·森：《正义的理念》，王磊、李航译，中国人民大学出版社，2013，第58—59页。

研究与政策制定时应加以避免。

（二）积极福利主义扶贫观念的分析借鉴

积极福利主义又称为"第三条道路"，是一条折中主义的福利路线，但采取的不是简单的政策糅合，而是有一定的倾向性。这种观点集中体现在吉登斯《第三条道路：社会民主主义的复兴》中。美国学者查尔斯·默里、戴维·埃尔伍德、劳伦斯·米德和英国学者弗兰克·菲尔德等学者在回应民主社会主义者批评时对其进行了一定的阐述。积极福利主义扶贫政策观念对我国扶贫精细化的借鉴意义有如下几点。

第一，通过贫困者福利权利与义务的结合充分发挥贫困者的脱贫发展潜能。积极福利主义的核心观点之一是强调享受政府福利的贫困者的权利与义务的统一性。既要将政府的扶贫福利看成一种公民权利，同时又主张公民对自身摆脱贫困应承担一定的责任或者义务，将扶贫福利中的权利与义务进行了一定的结合。与哈耶克等新自由主义者提出要减少政府福利支出、引进市场机制及降低国家在社会福利中的作用不同，他们十分重视政府在扶贫中的作用，但同时也十分强调个人的责任或义务。在传统福利国家政策模式下，退休、残障、儿童、失业、疾病、生育等贫困人群及其他困难者都可无条件地接受政府帮助，而积极福利主义者认为，政府的责任是有限度的，"为有效起见，责任必须有限制，以使得个人能够依据自己的具体知识来决定不同任务的重要性"。[①]

第二，强调扶持贫困者就业参与的重要意义。从20世纪70年代中期开始，积极福利主义的追随者默里对美国福利改革项目的效果进行大量调查研究后提出，"稳定就业是避免个人和家庭贫困最根本的办法。缺乏就业不仅难以消除贫困，而且会造成隐性贫困人口的增加，并将'隐性贫困'界定为，处于工作年龄阶段，无法依靠他们自身的力量谋生，需要依靠政府福利生存的那部分

---

① 〔英〕弗雷德里希·奥古斯特·哈耶克：《自由宪章》，杨玉生等译，中国社会科学出版社，1998，第124页。

人。这一群体的规模是衡量成功或失败的标准，因为'经济独立'取决于个人的能力和成就，也是决定单个家庭生活质量的至关重要的决定因素"。[1] 埃尔伍德认为，"任何尝试通过提供现金救助以达到消除贫困的方法注定要失败。只要福利达到一定的水平，这些难题将会加剧，而任何尝试也将不得不放弃"。[2] 他认为，要真正解决个人贫困的问题，应通过福利解决就业压力、就业激励和家庭支持等三方面的问题，"福利制度必须有促进向就业转移的明确的，而非模棱两可的目标。这一目标必须让那些接受现金救助者获得就业所需的技能和态度，然后确保他们工作。如果那些福利申请者有无限期享受福利的可能性，这一效果将大大降低"。[3] 为促进就业，他们主张不仅为失业者、单亲家庭父母提供生存保障，还提供教育、就业咨询和培训等，以促使其尽快就业，依靠个人劳动维持生存，实现脱贫发展。米德等人还提出，是否存在就业机会，关键是以怎样的态度看待，如果采取宽泛的态度看待，就业机会绰绰有余，若用严格挑剔的态度看待，工作机会将是缺乏的。[4] 穷人有就业障碍，就业机会不足、就业收入低等说法只不过是懒惰与依赖的托词。况且就业收入低的问题可以通过就业补贴制度、最低工资标准等配套措施来加以解决，即使是低收入就业，对改变贫困者生活态度和建设包容性社会仍是十分有益的。因为要消灭依赖与社会排斥，关键问题是帮助那些已经或逐渐脱离社会的底层阶级通过就业回归主流社会。

第三，注重多种扶贫目标的有机结合，而不仅仅是收入支持。积极福利主义者提出，既要保障改善贫困者的物质生活，又要调整人的精神状态。"我们应当倡导一种积极的福利，公民个人和政府以外的其他机构也应当为这种福利做出贡献，而且，它还将有

---

[1] C. Murray, *Losing Ground*, New York: Basic Books. 1984, p. 65.

[2] D. Ellwood, *Poor Support: Poverty in the American Family*, New York: Basic Books. 1988, p. 11.

[3] D. Ellwood, *Poor Support: Poverty in the American Family*, New York: Basic Books. 1988, p. 180.

[4] L. Mead, *The hidden jobs debate*, *Public Interest*, 1988, p. 52.

助于财富的创造……福利制度还必须在关注经济利益的同时关注心理利益的培育"。① 目的在于开发人的潜能，激发个人的活力和责任感，以减轻政府的负担。在此过程中，政府应帮助贫困者树立个人的责任意识、自立意识，消除依赖心理。

第四，倡导贫困治理中的新型管理方式。积极福利主义提出，应加强政府与贫困者在反贫困中的相互合作，国家与个人相互谋取福利，重视公民个人、政府和社会组织对福利所做出的贡献，"福利开支将不再是完全由政府来创造和分配，而是由政府与其他机构（包括企业）一起通过合作来提供"。② 这种管理方式意味着政府由管理型政府向治理型政府转变，"第三条道路"的倡导者提出要在实践上避免国家与市民社会之间的"两元对立"，建立政府与市民社会的合作互动关系，改革中央与地方关系，协调和促进政府、市民和社会组织之间的伙伴关系。③ 以上理念在西方的扶贫福利制度得到了体现，形成了自愿合作与强制合作两种形式，如1996 年克林顿政府颁布了《个人责任与就业机会协调法》，进一步确认和健全以促进贫困者参与的激励制度，包含收入豁免激励、工作所得退税、就业素质培育、就业机会扩展等制度；强制制度包括强化个人就业责任、限定保障期限、违反就业义务的制裁等措施。1995 年英国《求职者法》及 1998 年实施的《从福利到就业法案》，针对有不同劳动能力的人群，实行促进就业的系列"新体制"规定，将就业激励与适当约束有机结合起来。如根据求职者法规定："为了获得求职者津贴，申请人必须积极求职，目的是为了弥补工作意愿规则的不足，即没有要求申请人积极找工作，从而导致了申请人滥用该制度"。④

① 〔英〕安东尼·吉登斯：《第三条道路：社会民主主义的复兴》，郑戈译，北京大学出版社、生活·读书·新知三联书店，2000，第 121 页。
② 〔英〕安东尼·吉登斯：《第三条道路：社会民主主义的复兴》，郑戈译，北京大学出版社，生活·读书·新知三联书店，2000，第 132 页。
③ 丁建定：《社会福利思想》（第 2 版），华中科学大学出版社，2009，第 191 页。
④ 〔英〕内维尔·哈里斯等：《社会保障法》，西霞、李凌译，北京大学出版社，2006，第 318—319 页。

　　积极福利主义应对贫困的政策观念存在一定的局限性，主要问题在于：过于强调个人权利义务相统一的观念，不利于某些就业困难的贫困者的生存发展。使福利权利与义务双重特性有效地统一起来，虽具有一定合理性，但某些就业困难的贫困者很难履行自身的义务，从而就带来享有权利的困难。第三条道路还明确提出要"超越左与右"，但实际上它更多的还是两种理论的"综合"，把社会民主主义和新自由主义内容整合到一个思想理论框架中，以期得到两全其美式的政策思路。但问题在于，从逻辑上看，这种结合是困难的，针对积极福利主义理论与实践存在的缺陷，后来的一些学者提出了改进措施，如菲尔德等认为，应通过对该制度的改革形成对贫困者积极就业的正激励。政策设计的改变办法是，"申领者就业收入增加后，仍可以申请国家保险津贴，这样，他们的福利水平就不会降低，从而形成就业的正激励"。[1] 针对因就业收入低可能陷入"工作贫困"的问题，他们提出可制定和实施就业收入保障制度，埃尔伍德建议扩大与贫困者就业相关的福利，发挥临时救助作用，健全保险制度，提高最低工资水平，完善工作所得税收的抵免制度，增加就业家庭补贴，实施儿童支持法案，加强医疗保护及劳有所得方案，这些均可降低就业低收入者的贫困风险。[2] 1998 年 4 月，工党政府在第三条道路理念的指导下，公布了福利改革绿皮书，提出了新福利制度的八项原则，包括围绕工作观念重塑福利国家，实行养老基金来源多样化，重视教育、医疗、住房问题，扶助残疾人，整治社会不良现象，清除诈骗行为，建立灵活有效、简单易行的现代福利制度，勾画了到 2020 年英国社会福利制度的新蓝图。目前在我国的扶贫中，特别是在社会救助中对穷人个体的发展重视不足，缺乏事前风险防范意识，忽视对贫困者的服务救助和长期的发展救助观念，在这些方面，积极社会福利主义理念带给我们不少有益的启示。

---

① Field F, *Making Welfare Work*：Reconstructing welfare for the millennium, London：Institute of Community Studies, 1995, p.149.

② 达格拉斯·C. 诺斯：《制度、制度变迁与经济绩效》，杭行译，格致出版社、上海人民出版社，2008，第 4 页。

三　生活质量及其提升理论

生活质量是相对于基本生存维持而言的，意味着人们不仅能维持基本生存，而且在心理、社会交往及健康等生存状态方面能得到一定的改善。将生活质量纳入社会政策的研究是近年来颇值得关注的新学术话语，英国著名社会政策学者霍华德·格伦内斯特认为，生活质量的测度和保障可以成为检验社会政策的试金石。① 进入 21 世纪以来，通过扶贫政策提升和改善贫困者的生活质量引起了国际组织的关注，2003 年联合国《消除人类贫困的全球公约》特别强调，要使贫困者过上体面的生活。在我国扶贫制度的发展进程中，改革开放以来，我国以最低生活保障为基本制度的社会救助体系在城乡反贫困中发挥了重要作用，并在具体实践中不断发展和完善。2014 年新的《社会救助暂行办法》的公布实施，使我国社会救助的理念、功能目标及具体管理等都发生了不少新的转变，特别是规定了除保障被救助贫困者的基本生存外，还要求通过社会救助实现促进贫困者社会融入、心理慰藉及就业帮助等新的目标，并提出了相应的管理措施，这表明提升被救助贫困者的生活质量已开始纳入我国社会救助的政策视野。

（一）　生活质量的含义

关于生活质量的研究起源于西方国家，与人们生存环境的变化及对福利认识的演进有着密切的联系。与 20 世纪 50 年代公共政策单纯注重人均 GDP 的增长有所不同，从 20 世纪 60 年代开始，西方经济学者将生活舒适、便利程度、精神上满足、人力资本投入、医疗保健、教育培训等纳入人们生存与发展视野。1958 年美国经济学家加耳布雷思（J. K Galbraith）在《丰裕社会》一书中阐释了生活质量的内涵，他认为生活质量本质是一种主观体验，主

---

① 〔英〕霍华德·格伦内斯特：《英国社会政策论文集》，苗正民译，商务印书馆，2003，第 270 页。

要包括个人对其人生际遇的满意程度，以及在社会中实现自我价值的体验，[1] 但他对生活质量概念的界定并不明确。目前关于生活质量的内涵，国内外学者至今仍有不同的认识，有学者认为，将客观生活质量和主观生活质量结合起来进行研究，能全面综合地描述、衡量和评价一个社会中人们的生活质量。[2] "客观指标是从产生生活质量的'成因'方面来进行操作化的，是生活质量的'投入'；而主观指标是从生活质量的'结果'方面来进行操作化的，是生活质量的'产出'。"[3] 有学者更具体地指出，生活质量的定义有各种各样，但首先必须明确生活质量既是主观的又是客观的，包括物质福利、健康、生产性、亲密关系、安全需要、归属感和情感健康等方面的内容。客观领域的生活质量由与文化相关的要素构成；主观领域的生活质量由对生活领域的满意程度构成。[4] 有的学者则侧重于社会交往、社会援助等社会关系因素。印度的著名学者阿玛蒂亚·森则创新性地提出应将人的"可行能力"提升作为生活质量的一个指标，"可行能力的视角聚焦于他们有理由珍视的那种生活，以及去扩展他们所拥有的真实选择能力也即实质自由。……发展人的可行能力使人们享受一种有价值的生活（以及具有更高的生产能力）。主要包括人类体力、智力和生产能力等"。[5]

（二）生活质量测量和评估

总的来看，国外学者对生活质量指标体系的测量和评估有不同的思路，经济学者侧重于收入情况，社会学者侧重于社会和心

---

[1] 张广利、林晓兰《高龄空巢老人的社区照顾——基于生活质量的视角》，《福建论坛》（人文社会科学版）2012年第8期。

[2] 风笑天：《生活质量研究：近三十年回顾及相关问题探讨》，《社会科学研究》2007年第6期。

[3] 卢淑华、韦鲁英：《生活质量主客观指标作用机制研究》，《中国社会科学》1992年第1期。

[4] 饶权、周仪城：《关于生活质量指标问题的探讨》，《宏观经济管理》2001年第8期。

[5] 〔印度〕阿马蒂亚·森：《以自由看待发展》，任赜、于真译，中国人民大学出版社，2012，第293—295页。

理状况，综合指标侧重于更广泛的指标体系，包括主观感受、营养、住房、教育、健康和预期寿命、环境质量等。20 世纪 60 年代后，"研究内容逐渐由精神健康转向更宽广的领域：既有情感心理健康的研究，也包括对认知层次满意程度的研究，对满意度的研究逐渐占据上风。认为生活质量应包括认知、情感和反馈三个层面，即满意度、幸福感和社会积极性三个方面"。① 此后生活质量测量和评估指标研究成为主要研究内容，1976 年，"美国学者刘本杰根据美国 1970 年人口普查资料提出了一套由客观因素构成的生活质量指标，它的分项包括 5 个主要方面：经济、政治、环境、健康和教育，其中每一分项又包括许多不同的个体指标"。② 国内也有学者分析指出，"许多研究者认为生活质量应该是一个多维概念，至少应包括躯体健康、自理能力、认知功能、心理健康、社会交往、家庭情感支持、生活满意度、健康服务可获性、经济状况、业余生活、幸福感等方面。生活质量的多维性促进了交叉学科的研究"。③ 生活质量研究专家埃斯特斯（Estes）等人则认为："对生活质量而言，每个指标不应该被看成是同等重要的，应该对不同的指标赋给不同的权重，即使用不等权重法。"④ 英国学者格伦内斯特提出生活质量测度标准经常被视为纯粹个性化的东西，实际上生活质量是多种因素的复杂混合体，包括和家庭其他成员的关系，和合作伙伴或邻里的关系……测度社会健康不外乎考察其所需要的社会交往、社会援助、心理状态、生活满足感和道德，在所有有关生存质量的讨论中必然涉及这些基本内容。⑤

---

① 吴姚东：《生活质量：当代发展观的新内涵—— 当代国外生活质量研究综述》，《国外社会科学》2000 年第 4 期。

② 詹天庠、陈义平：《关于生活质量评估的指标与方法》，《中山大学学报论丛》1997 年第 6 期。

③ 曾毅、顾大男：《老年人生活质量研究的国际动态》，《中国人口科学》2002 年第 5 期。

④ 周长城、袁浩：《生活质量综合指数建构中权重分配的国际视野》，《江海学刊》2002 年第 1 期。

⑤ 〔英〕霍华德·格伦内斯特：《英国社会政策论文集》，苗正民译，商务印书馆，2003，第 273—275 页。

（三） 生活质量的影响因素及提升途径

拉斯·安德生（Lars Andersson）和雷纳特·列维（Lennart Levi）在《人口、环境与生活质量》一书中，提出了一套关于人口、环境和生活质量研究的理论模型。该模型强调，生活质量是在与人口和环境要素的互动关系中不断变化的。通过预防性干预可能避免 1%—15% 的死亡率（通过提高医疗护理的质量可能避免）。[①] 国内有学者根据多层次分析理论，认为影响老年人生活质量的因素可分为宏观（如社会经济发展水平、医疗发展技术、政策等）、社区（如社区服务项目发展状况等）、家庭和个人这几个层次。干预的主要目的就是对这些因素进行调节，降低影响老年人生活质量的风险因子的副作用，这也是为社会节约医疗开支。[②] 有学者以老年人为例，研究发现对个人行为进行干预有利于改善老年人生活质量，在老年期，那些具有上进心、参加健身锻炼、饮食平衡、心态良好的老年人具有较好的健康状况和生活质量，而且老年人只要坚持良好行为，躯体功能是可以得到改善的，如经常吸烟的人的死亡率高，每天少量饮酒的人比从不饮酒的人更健康、更长寿，等等。[③] 生活质量概念在构建和完善社会福利尤其是扶贫政策中具有不可忽视的实践价值。正如英国著名福利思想家吉登斯指出的，实施积极福利理想的政府的目的应该是鼓励人们追求幸福，[④] 追求生活质量的改善正是追求幸福的一种方式。日本学者大须贺明认为，保障人的生存权就是使贫困者能够依靠国家的积极干预来实现人像人那样生存的权利。[⑤] 这就说明生存权不仅

---

① McGinnis, J. M., Williams-Russo P., Knickman J. R. The Case for More Active Policy Attention to Health Promotion, *Health Affairs*, 2002, 21 (2), p. 78 – 93.

② 曾毅、顾大男：《老年人生活质量研究的国际动态》，《中国人口科学》，2002 年第 5 期。

③ Rowe, J. W., & Kahn, R. L., *Successful Aging*, New York: Pantheon, Books, 1998.

④ 〔英〕安东尼·吉登斯：《超越左与右——激进政治的未来》，李惠斌、杨雪冬译，社会科学文献出版社，2003，第 188 页。

⑤ 〔日〕大须贺明：《生存权论》，林浩译，元照公司，2001，第 19 页。

包括满足弱势群体的最低物质生活要求，还要关注其精神、文化乃至发展，以提升其生活质量。增进生活质量就是要摒弃完全以"物化"标准衡量人们生活的传统思路。[①]

当前，引入生活质量已成为我国扶贫研究的新动向，主要体现在我国社会救助的研究中，正如有学者提出的，"社会救济与社会救助的生存型目标定位，是社会经济欠发达背景下的价值选择，表现为救助项目单一、救助水平低下、救助方式简单、救助效果欠佳……提升社会救助的目标，变'基本生存型'为'改善生活型'乃是我们应该做到，而且可以实现的目标"。[②] 党的十八大报告中提出确保 2020 年实现全面建成小康社会和收入翻番的目标，逐步缩小收入分配的差距，这就需要提高全体民众的生活质量，在此过程中以贫困群体为政策对象的社会救助应发挥特有的作用。尤为值得关注的是，在总结以往的社会救助制度与实践经验基础上，我国 2014 年施行的《社会救助暂行办法》及地方性相关政策在强调保障贫困者基本生存的同时，已引入提升贫困者生活质量的政策理念，并试图通过新的管理制度设计促进这种新型目标的实现，在将社会救助基本功能确定为"救、急、难"的同时，新增不少与提升贫困者生活质量有关的功能目标，大体包括以下几方面：一是强调贫困者需求导向、动态变化及兼顾发展需求；二是增加社会融入及心理慰藉内容；三是增加脱贫能力救助内容。主要表现为增强和提升贫困者通过就业实现脱贫的能力，其中要求政府对最低生活保障家庭中有劳动能力并处于失业状态的成员，通过贷款贴息、社会保险补贴、岗位补贴、培训补贴、费用减免、公益性岗位安置等办法，给予就业救助。对于低保家庭中有劳动能力但还处于失业状态的成员需要采取有针对性的措施，确保该家庭至少有一人就业。同时还规定了相关的配套政策，如对于吸纳就业救助对象的用人单位，使其能够享受社会保险补贴、税收

---

① 林卡：《社会政策、社会质量和中国大陆社会发展导向》，《社会科学》2013 年第 12 期。

② 周沛：《社会福利视野下的发展型社会救助体系及社会福利行政》，《南京大学学报》（哲学·人文科学·社会科学）2012 年第 6 期。

优惠、小额担保贷款等就业扶持政策。我国扶贫开发政策增加的
大量服务内容也体现了对贫困者生存质量的关注，我国扶贫开发
政策关于帮助贫困者脱贫发展的内容更为丰富。此外，我国在其
他与扶贫有关的社会政策中也引入生活质量理念，如在中共中央
政治局我国人口老龄化的形势和对策第三十二次集体学习会议上，
习近平在主持学习时强调，要适应时代要求创新思路，推动老龄
工作向主动应对转变，向统筹协调转变，向加强人们全生命周期
养老准备转变，向同时注重老年人物质文化需求、全面提升老年
人生活质量转变。① 将老年生活质量纳入老年服务中，对老年精准
扶贫的展开具有重要的指导意义。

四 政府管理精细化理论

（一）政府管理的精细化含义与目标

政府公共管理精细化理论主要是吸收企业精细化管理理论，
具体地说源于 20 世纪 50 年代的日本企业管理创新。精细化管理最
基本的特征就是重细节、重过程、重基础、重具体、重落实、重
质量、重效果，讲究专注地做好每一件事，在每一个细节上精益
求精，力争最佳。② 在政府公共服务发展中，无论是传统的官僚制
阶段，还是新公共管理阶段，政府的精细化设计是公共管理的核
心理念，这一阶段，可以概括为"目的工具合理性"导向。③ 有学
者对"精细化管理"与"精准化治理"的内涵进行比较后指出，
作为一种政策性的语言转向，从"精细化管理"到"精准化治理"
体现了从新公共管理理论到整体性治理的理论转型。这两者既有
相通之处，也有实质性区别，"精细化管理"着眼于政府自身，而
"精准化治理"的着眼点则是整个社会。如果没有一个符合现代社

---

① 参见《党委领导政府主导社会参与全民行动　推动老龄事业全面协调可持续发
展》，《人民日报》2016 年 5 月 29 日第 1 版。
② 曾长虹：《浅析精细管理》，《企业家天地》2006 年第 5 期。
③ 司马云杰：《价值合理性与目的工具合理性》，《社会学研究》1995 年第 6 期。

会规范的高效政府，那么"精准治理"也就无从谈起。① 有学者提出，精细化管理在具有"精、准、细、严"特征的同时，还具有四个层次，即理念层次、基本方法、技术和工具层次以及精细化方法应用层次。②

从政府精细化管理的目标看，它主要是吸收企业精细化管理理论，企业以经济效益、效率和效能为价值目标追求，这些也是政府公共管理精细化所追求的目标，即经济、效率、效能，以此形成"既讲行政效率，又讲经济效益；既不主张高成本上的高效率，又反对低成本上的低效率的新理念"。③ 但政府有其特殊的目标，正如发展型社会政策学者提出的，它旨在帮助个人、家庭及社区提供管理风险的，有选择性的、细化的公共干预，能够在提供社会保护的同时为贫困人群提供一条脱贫之路，这些措施还需要与社会的结构性变革相结合，才有利于从根本上消除贫困。④

（二）精细化管理实现途径

1. 使政府公共服务供给行为达到内容细化和量化。综合学者的研究观点可知，管理精细化首先要求服务内容精细化，有可量化的服务指标，转变粗放观念。例如在城乡公共设施建设，发展教育、科技、文化、卫生、体育等服务事项的同时，对每一种服务还要做到更为精细的划分，制定出相应的政策。

2. 服务过程的流程化、标准化、技术信息化和规则化。"精细化管理过程的细节演绎到最终是不折不扣的执行，因为只有执行

---

① 王阳、叶敏：《从"精细化管理"到"精准化治理"：社会治理的理念变革与政府实践——以上海市社会治理改革方案为例》，《新视野》2016 年第 1 期。
② 温德诚：《政府精细化管理》，新华出版社，2007，第 20—27 页。
③ 陈显平：《浅议机关办公室事务工作的精细化管理》，《商业文化》（下半月），2012 年第 4 期。
④ 〔英〕安东尼·哈尔、〔美〕詹姆斯·梅志里：《发展型社会政策》，罗敏等译，社会科学文献出版社，2006，第 147—148 页。

过程的完美才会产生完美的结果"。① 实现程序化和规范化的公共服务流程，意味着和政府打交道时将感受到接受公共服务的便捷和高效。程序化规范化的公共服务供给流程虽然已经形成，但如果缺乏相关制度的保障，依然可能导致政府公共服务供给的管理过程呈现粗放式和随意性的特征。经过重新整合改造后的政府公共服务供给流程要得以顺利进行，必须以制度来规范和保障。②

3. 政府各部门在政策执行中有机衔接。打破政府公共服务供给在部门、层级以及职能上的边界，实现各部门机构职能的有效协调和整合。既要避免出现某项职能的重叠造成资源浪费，又要避免政府在某一项职能上出现空白，最终形成对所有公共事务无缝隙全覆盖的公共服务供给组织结构。依照美国学者阿格拉诺夫、麦圭尔的观点，这就要求一种基于管理网络的协作机构，最终使得政府作为一个整体系统可以更为高效精细地运作。③

4. 充分听取民众意见，使政府服务供给符合民众要求。其目的在于使政府服务供给与民众需求精准对接，因此需要全社会的参与，以使政府服务更加符合社会公众的利益与意愿，得到社会公众的支持与监督。如在英国，赋予用户在公共决策中的话语权，使他们的利益诉求能够真正地影响到政府公共服务决策。2003 年英国在公共服务的医疗卫生领域实施"专家病人计划"（Expert Patients Program），医疗机构和医护人员主动地给病人培训相关药物知识和护理技能，使他们能够更好地管理自己的病情。为此，英国政府专门成立了公民评议小组，抽样选出 5000 名公民代表对政府与公共生活领域密切相关的服务领域进行民意调查，在收集信息的基础上，促进政府各个部门之间的合作，实施整合性的公共服务供给，以满足多方用户的公共服务需求。2007 年，英国一个社会研究小组将利兹、布里斯托、伯明翰、曼彻斯特、伦敦等地

---

① 周建国：《精细化管理的关键是注重对细节的执行》，《冶金管理》2011 年第 12 期。

② 顾丽梅：《信息社会的政府治理》，天津人民出版社，2003，第 165—166 页。

③ 罗伯特·阿格拉诺夫、迈克尔·麦圭尔：《协作性公共管理：地方政府新战略》，李玲玲、鄞益奋译，北京大学出版社，2007，第 22—23 页。

的公民代表汇集在一起，对他们关于公共服务领域的热点问题所发表的意见进行收集。该小组的主要任务是对上述意见进行综合，然后交由各个民众代表协商讨论，一个月后，再一次召集他们重复上述流程。①

此外，企业精细化管理强调行为及结果可控化，尤其是对那些重要的、关键的、核心的、易出错的工作制定科学规范的工作程序，并加以严格控制。② 以上观念为政府精细化管理理论所吸收。

---

① BEN P, The Contract Between Citizen and State, Presented to 21st Century Publicservice-learning from the Front Line. http://www. nationalschool. gov. uk/news_ events/ psrc2007/index. asp, 2007 - 10 - 31.

② 孙清：《精细化管理的三大保障平台》，《企业改革与管理》2011 年第 11 期。

中编　策略设计研究

第四章　中国收入扶贫精细化策略

一　收入贫困现状及致因分析

（一）低保群体贫困现状及致因分析

为保障社会最困难群体的基本生活，在城市，1997 年国务院下发《关于在全国建立城市居民最低生活保障制度的通知》，明确提出要规范城市居民低保制度的救助范围和救助标准，要求在全国城镇地区全面建制。1999 年，国务院颁布施行《城市居民最低生活保障条例》，这标志着我国城市低保制度正式走上法制化的轨道。在农村，2006 年 10 月，党的十六届六中全会第一次要求在全国"逐步建立农村最低生活保障制度"；2007 年 7 月，国务院印发《关于在全国建立农村最低生活保障制度的通知》，对农村低保标准、救助对象、规范管理、资金落实等内容做出了明确规定。到2007 年 9 月底，全国 31 个省（自治区、直辖市），2777 个涉农县（市、区）已全部建立农村低保制度。2014 年我国实施的《社会救助暂行办法》对社会救助水平标准制定提出新的政策要求，强调需求导向、动态变化及兼顾发展需求等。其中第 2 条规定社会救助制度坚持托底线、救急难、可持续，社会救助水平与经济社会发展水平相适应；第 10 条规定最低生活保障标准由省、自治区、直辖市或者设区的市级人民政府按照当地居民生活必需费用确定，根据当地经济社会发展水平和物价变动情况适时调整。为具体有效地落实以上政策精神，各地制定了相应的具体政策制度。如《湖北省最低生活保障工作规程》第 4 条规定，最低生活保障标准，由设区的市级或县级人民政府按规定权限确定或调整。根据当地上年度城乡居民人均消费支出的一定比例确定、公布，并根据当地经济社会发展水平和物价变动情况适时调整。城市保障标准可按当地最低工资标准的50%确定，但不应低于当地政府公布的最低工资标准的40%；农村保障标准原则上应达到城市保障标准的40%。城乡最低生活保障制度为各地生活困难的群众提供了最后一道生存保障线。这些年来，最低保障标准随着经济的发展和社会生活的多样化不断提高，在保障社会稳定、救助困难群体中发挥了重大作用，但应当看到依然有不少问题需要进一步的探索。为切实了解低保政策实施的实际效果，近年来，笔者在湖北、河南等地对低保家庭的经济情况进行较广泛的实地调研后发现，低保群体总体上还处于贫困状态，或者处于较低生活水平，至多维持基本的温饱而难以保障一定的生活水准。以下是两个典型案例。

案例4-1 低保家庭经济上依然贫困

李某，男，武汉市江夏区十月村人，53岁，家中有4口人，个人因患有高血压、中风等病而单独享受低保，每月低保金430元，并且能够享受残疾人定补。每月基本生活支出500元以下，低保金只是能够保证吃得饱，除救助低保金收入之外，个人无其他收入来源。花费就是在买药方面，药费支出过多，可以报销的比例太少，现行的低保金总体上并不够用。（访问时间：2015年8月31日）

案例4-2 低保家庭希望低保标准适当提高

刘某，男，44岁，三级精神残疾（因车祸患有间断性精神病），家中4口人，儿子大学本科在读，妻子在家照顾受访者，70岁的父亲在外打零工贴补家用。家庭每月基本生活支出500元以下；认为低保只能维持最低生活水平，自己的经济压力很大；平时生活中，肉、蛋、鱼等花费较少；只要衣服不破还能穿就不会买衣服，什么时候衣服破的不能穿了只有买便宜衣服了；获得过临时慰问金，每年平均350元；除了救助金收入之外，无其他收入；还是住的之前的老房子，住房基本没有花费；认为现行低保标准对生活的帮助是有一定作用的，但低保金并不够用。（访问时间：2015 年 8 月 31 日）

形成以上情况的主要原因有以下几点。

第一，低保标准总体过低。对于低保家庭的生活水平，1999年施行的《城市居民最低生活保障条例》第 6 条规定，城市居民最低生活保障标准，按照当地维持城市居民基本生活所必需的衣、食、住费用，并适当考虑水电燃煤（燃气）费用以及未成年人的义务教育费用确定。但在现有消费水平下，这种标准只是大体维持基本生活，下表对比了武汉市农村各项消费品数据（来自武汉市统计年鉴）与低保数据（来自民政部网站）。详见表4 - 1：

表 4 - 1　武汉市农村低保标准与实际需求值的对比表

单位：元/月

年份	2014	2013	2012	2011	2010
煤和燃气	10.53	10.37	9.19	6.31	4.66
文化娱乐	58.67	49.39	38.75	41.20	39.89
基本食物支出	234.97	121.17	124.04	113.31	86.26
农村低保标准	304.17	180.93	171.98	160.81	130.81
实际农村低保标准	277.84	245.33	234.00	185.86	137.39
与实际基本生活开支需求的差额	26.32	- 64.41	- 62.02	- 25.05	- 6.58

资料来源：根据武汉市历年统计年鉴查得相关数据整理及民政部网站数据计算。

不难看出，就武汉低保情况看，2014 年以前低保标准与生活开支相比，相对较为宽裕，但多出额十分有限，从 2014 年标准看，尚不足以维持基本生活。

第二，各地低保标准差异较大。长期以来，低保标准制定方法不但各省之间不同，即便是一个省内的各个地市之间也有很大差异。随着国务院对低保标准的要求越来越明确，各地混用各种标准的状况在最近几年得到改善。如 2012 年 9 月《国务院关于进一步加强和改进最低生活保障工作的意见》要求"各地要根据当地情况，制定并向社会公布享受最低生活保障待遇的具体条件，……科学制定最低生活保障标准，健全救助标准与物价上涨挂钩的联动机制，综合运用基本生活费用支出法、恩格尔系数法、消费支出比例法等测算方法，动态、适时调整最低生活保障标准，最低生活保障标准应低于最低工资标准；省级人民政府可根据区域经济社会发展情况，研究制定本行政区域内相对统一的区域标准，逐步缩小城乡差距、区域差距"。2014 年 5 月 1 日起我国施行的《社会救助暂行办法》第 10 条更明确地规定：最低生活保障标准，由省、自治区、直辖市或者设区的市级人民政府按照当地居民生活必需的费用确定与公布，并根据当地经济社会发展水平和物价变动情况适时调整。以上文件对低保标准的表述虽然不同，但有一点是共同的，那就是要求各地低保标准要按照当地居民的消费水平来定。尤其是在低保资金很大程度上依赖地方财政支出的情况下，相对贫困地区低保的保障水平难以得到有效提高。表 4 - 2 与表 4 - 3 是全国各省市及农村 2013 年、2014 年、2015 年的低保标准、人均可支配收入以及低保标准占可支配收入比例。

第三，专项救助难以获得。我国医疗救助因存在病种等原因的限制，一些慢性疾病难以获得救助，低保家庭很容易因为疾病等意外而陷入生存危机，因病致贫。低保家庭医疗费用往往是笔不小的开支，一些地方政府加强了对特定人群的救助，但容易对可支配的低保金数量形成一定的挤压。对福建、安徽、江西、河南和陕西 5 省 15 县的 9107 户的调查显示，仅有大约 1/3 的农村低保救助金用于"收入贫困"人口，35.67% 的低保救助金用在"支出型贫困"人口上，还有相当一部分用在"人力资本贫困"和"急难型贫困"人口上。因此，有学者得出"68.3% 的农村低保资源分配给了非穷人"[1]等诸如此类的结论。

---

① 刘凤芹、徐月宾：《谁在享有公共救助资源？——中国农村低保制度的瞄准效果研究》，《公共管理学报》2016 年第 1 期。

表 4-2　全国各省区市城市低保标准与人均可支配收入的比较

单位：元

地区（城市）	2013 年			2014 年			2015 年		
	低保标准	人均可支配收入	低保标准占可支配收入比例	低保标准	人均可支配收入	低保标准占可支配收入比例	低保标准	人均可支配收入	低保标准占可支配收入比例
全国	4479.72	26467.00	16.93	4926.12	28843.90	17.08	5412.00	31195.00	17.35
北京市	6960.00	44563.90	15.62	7800.00	48531.80	16.07	8520.00	52859.00	16.12
天津市	7200.00	28979.80	24.84	7680.00	31506.00	24.38	8460.00	34101.00	24.81
河北省	4542.12	22226.70	20.44	5182.80	24141.30	21.47	5292.00	26152.00	20.24
山西省	4212.84	22258.20	18.93	4604.04	24069.40	19.13	4956.00	25828.00	19.19
内蒙古自治区	5524.08	26003.60	21.24	5777.28	28349.60	20.38	6096.00	30594.00	19.93
辽宁省	4938.00	26697.00	18.50	5433.24	29081.70	18.68	5916.00	36643.00	16.15
吉林省	3869.76	21331.10	18.14	4452.84	23217.80	19.18	4824.00	24901.00	19.37
黑龙江省	4652.76	20848.40	22.32	5362.08	22609.00	23.72	6072.00	31195.00	19.46
上海市	7680.00	44878.30	17.11	8520.00	48841.40	17.44	9480.00	52962.00	17.90
江苏省	5821.56	31585.50	18.43	6432.60	34346.30	18.73	6984.00	37173.00	18.79
浙江省	6185.88	37079.70	16.68	6879.60	40392.70	17.03	7680.00	43714.00	17.57
安徽省	4565.40	22789.30	20.03	5058.48	24838.50	20.37	5460.00	26936.00	20.27
福建省	4360.08	28173.90	15.48	4852.44	30722.40	15.79	5736.00	33275.00	17.24

续表

地区（城市）	2013年			2014年			2015年		
	低保标准	人均可支配收入	低保标准占可支配收入比例	低保标准	人均可支配收入	低保标准占可支配收入比例	低保标准	人均可支配收入	低保标准占可支配收入比例
江西省	4747.80	22119.70	21.46	5019.60	24309.20	20.65	5424.00	26500.00	20.47
山东省	5012.40	26882.40	18.65	5422.68	29221.90	18.56	5640.00	31545.00	17.88
河南省	3709.80	21740.70	17.06	3945.60	23672.10	16.67	4488.00	25576.00	17.55
湖北省	4500.72	22667.90	19.86	4931.64	24852.30	19.84	5364.00	27051.00	19.83
湖南省	4273.68	24352.00	17.55	4233.12	26570.20	15.93	4320.00	28838.00	14.98
广东省	4564.92	29537.30	15.45	5448.60	32148.10	16.95	6168.00	34757.00	17.75
广西壮族自治区	4016.76	22689.40	17.70	4080.96	24669.00	16.54	4848.00	26416.00	18.35
海南省	4239.96	22411.40	18.92	4554.96	24486.50	18.60	5604.00	26356.00	21.26
重庆市	4161.00	23058.20	18.05	4428.00	25147.20	17.61	5028.00	27239.00	18.46
四川省	3676.56	22227.20	16.54	4034.04	24234.40	16.65	4404.00	26205.00	16.81
贵州省	4170.72	20564.90	20.28	4740.00	22548.20	21.02	5436.00	24579.64	22.12
云南省	3887.04	22460.00	17.31	4315.56	24299.00	17.76	4752.00	26373.00	18.02
西藏自治区	5189.16	20394.50	25.44	6407.04	22015.80	29.10	7068.00	25457.00	27.76
陕西省	4496.52	22345.90	20.12	4662.00	24365.80	19.13	5532.00	26420.00	20.94

续表

地区（城市）	2013年			2014年			2015年		
	低保标准	人均可支配收入	低保标准占可支配收入比例	低保标准	人均可支配收入	低保标准占可支配收入比例	低保标准	人均可支配收入	低保标准占可支配收入比例
甘肃省	3348.12	19873.40	16.85	3939.00	21803.90	18.07	4536.00	17451.00	25.99
青海省	3969.96	20352.40	19.51	4211.76	22306.60	18.88	4440.00	24542.35	18.09
宁夏回族自治区	3450.84	21475.70	16.07	3657.24	23284.60	15.71	4344.00	25186.00	17.25
新疆维吾尔自治区	3603.00	21091.50	17.08	3950.04	23214.00	17.02	4188.00	26274.66	15.94

数据来源：2013—2015年各省、市、自治区的社会服务统计数据；2014—2015中国统计年鉴；2015年各省、市、自治区的国民经济和社会发展统计公报及笔者的计算所得。

表4-3 全国各省区市农村低保标准与人均可支配收入的比较

单位：元

地区（农村）	2013年			2014年			2015年		
	低保标准	人均可支配收入	低保标准占可支配收入比例	低保标准	人均可支配收入	低保标准占可支配收入比例	低保标准	人均可支配收入	低保标准占可支配收入比例
全国	2433.91	9429.6	25.81	2776.38	10488.90	26.47	3178.00	11422.00	27.82
北京市	6258.46	17101.2	36.60	7587.69	18867.30	40.22	8520.00	20569.00	41.42
天津市	5304.00	15352.6	34.55	6153.60	17014.20	36.17	7194.00	18482.00	38.92

续表

地区（农村）	2013 年			2014 年			2015 年		
	低保标准	人均可支配收入	低保标准占可支配收入比例	低保标准	人均可支配收入	低保标准占可支配收入比例	低保标准	人均可支配收入	低保标准占可支配收入比例
河北省	2269.08	9187.7	24.70	2543.53	10186.10	24.97	2671.00	11051.00	24.17
山西省	2157.61	7949.50	27.14	2454.79	8809.40	27.87	2758.00	9454.00	29.17
内蒙古自治区	3414.99	8984.90	38.01	3633.84	9976.30	36.42	3891.00	10776.00	36.11
辽宁省	2838.96	10161.20	27.94	3195.73	11191.50	28.56	3548.00	13486.00	26.31
吉林省	2034.08	9780.70	20.80	2466.05	10780.10	22.88	2721.00	11326.00	24.02
黑龙江省	2236.87	9369.00	23.88	2764.24	10453.20	26.44	3574.00	11422.00	31.29
上海市	6000.00	19208.30	31.24	7560.00	21191.60	35.67	9480.00	23205.00	40.85
江苏省	4752.31	13521.30	35.15	5345.50	14958.40	35.74	6030.00	16257.00	37.09
浙江省	4721.03	17493.90	26.99	5685.96	19373.30	29.35	6684.00	21125.00	31.64
安徽省	2463.39	8850.00	27.83	2828.28	9916.40	28.52	3121.00	10821.00	28.84
福建省	2375.01	11404.80	20.82	2732.20	12650.20	21.60	3406.00	13793.00	24.69
江西省	2416.99	9088.80	26.59	2638.61	10116.60	26.08	2966.00	11139.00	26.63
山东省	2473.11	10686.90	23.14	2936.66	11882.30	24.71	3340.00	12930.00	25.83
河南省	1696.99	8969.10	18.92	1824.05	9966.10	18.30	2232.00	10853.00	20.56
湖北省	2024.91	9691.80	20.89	2567.77	10849.10	23.67	3235.00	11844.00	27.31

续表

地区（农村）	2013 年			2014 年			2015 年		
	低保标准	人均可支配收入	低保标准占可支配收入比例	低保标准	人均可支配收入	低保标准占可支配收入比例	低保标准	人均可支配收入	低保标准占可支配收入比例
湖南省	2068.12	9028.60	22.91	2626.77	10060.20	26.11	2446.00	10993.00	22.25
广东省	3233.30	11067.80	29.22	3832.32	12245.60	31.30	4490.00	13360.00	33.61
广西壮族自治区	1993.06	7793.10	25.57	2028.98	8686.20	23.36	2556.00	8246.00	31.00
海南省	3022.86	8801.70	34.34	3355.00	9912.60	33.85	4168.00	10858.00	38.39
重庆市	2417.37	8492.50	28.46	2667.18	9489.80	28.11	2841.00	10505.00	27.04
四川省	1832.22	8380.70	21.86	2139.65	9347.70	22.89	2409.00	10247.00	23.51
贵州省	1833.00	5897.80	31.08	2116.06	6671.20	31.72	2620.00	7386.87	35.47
云南省	1953.46	6723.60	29.05	2141.93	7456.10	28.73	2342.00	8242.00	28.42
西藏自治区	1980.80	6553.40	30.23	2230.86	7359.20	30.31	2348.00	8244.00	28.48
陕西省	2143.36	7092.20	30.22	2262.79	7932.20	28.53	2654.00	8689.00	30.54
甘肃省	1939.11	5588.80	34.70	2275.62	6276.60	36.26	2618.00	6936.00	37.75
青海省	2088.96	6461.60	32.33	2213.07	7282.70	30.39	2494.00	7933.41	31.44
宁夏回族自治区	2037.83	7598.70	26.82	2281.77	8410.00	27.13	2606.00	9119.00	28.58
新疆维吾尔自治区	1804.07	7846.60	22.99	2029.37	8723.80	23.26	2287.00	9425.08	24.27

数据来源：2013～2015 年各省、市、自治区的社会服务统计数据；2014～2015 年中国统计年鉴；2015 年各省、市、自治区的国民经济和社会发展统计公报及笔者的计算所得。

（二）特殊人群贫困现状及致因分析

老年人、残疾人、儿童、低收入家庭、边缘贫困人群及因病因灾贫困的群体十分庞大，以老年贫困群体为例，中国已进入人口老龄化快速发展阶段，老年人对经济收入支持的需求十分迫切。老年贫困城乡差异突出，以我国相对发达地区南京城乡老年人月收入水平的调查为例，"'没什么收入'的老年人在农村占到37.6%，而在城市老年人中仅有5.1%；城市老年人的月收入水平大部分集中在中高水平，占62.4%，而农村老年人的月收入水平则主要集中在中低水平，月收入在2000元以上的比例较少。老年人月收入水平与城乡之间的显著性检验表明，它们之间存在显著性差异"。[①] 其他相关研究表明，"城市老年人排前三位的最主要的收入来源依次是自己的离退休金（61.21%）、自己的劳动所得（18.18%）和子女补贴（16.97%），农村老年人依次是自己现在劳动所得（37.56%）、子女补贴（29.11%）和自己的离退休金（21.3%）。城市老年人靠自己离退休金的比例比农村老人多39.91%，农村老年人靠自己现在劳动所得和子女补贴的，分别比城市老年人多19.38%和12.14%"。[②] 低工资收入人群也值得关注，如进城务工群体，他们又被称为"工作贫困"人群，这里试图对他们的贫困及致因进行更加具体的分析。

"工作贫困"人群是指虽然有工作但仍然处于贫困状态的人群。与传统因无法就业和失去工作而形成的贫困不同，部分人处于就业状态甚至拥有多份工作，但生活仍然艰难，西方学者将这种现象称为"工作贫困"或者"新贫困"，它改变了传统的只要有工作就可以远离贫穷的生存逻辑。这种贫困现象自20世纪70年代末在西方国家就已引起理论与实践的重视。在我国加速城市化的进程中，以非正规就业人群为主体的"工作贫困"不可忽视，其

[①] 张卫、韩海浪、刘佳：《发达地区老年人口基本物质保障研究——以南京市为例》，《社会福利》（理论版）2015年第5期。

[②] 钱雪飞：《城乡老年人收入来源的差异及其经济性影响》，《华南农业大学学报》（社会科学版）2011年第1期。

中进城务工农民成为这一群体的主要成员。"工作贫困"已对农民工及其家庭生活、社会公平与和谐稳定产生了不小的负面影响。一项皖北农民工收入情况调查显示，"农民工月收入在 800 元以下的占被调查总数的 69.7%。800~1000 元的占 14.7%，1000~1200 元的占 6.4%，1200 元以上的仅为 3.9%……而且工资被拖欠人数占被调查人数的 55.0%"。① 目前，1980 年以后出生的新生代农民工占农民工总人数的半数以上，他们大多"收入更低、消费更多，结余少，出现透支现象，并成为新生代农民工经济情况的整体特征"。② 农民工"工作贫困"将直接影响其子女的教育等人力资本的投资，不利于他们的可持续生计。目前我国农民工的"工作贫困"是由多种原因造成的，其主要根源有以下几点。

第一，长期的低工资收入是造成他们"工作贫困"的主要原因。一是基本工资水平低。从全国范围看，非正规就业农民工工资明显低于城市职工最低工资，陕西省农民工的工资水平低于城市职工最低工资的比例为 26.85%。③ 尽管一些地方提高了工资水平，但扣除物价上涨因素，基本属于负增长。二是工资形式不完整。"有 78.9% 的农民为单位加过班，38.9% 的农民工经常加班。但 84.7% 的农民工没有加班工资"。④ 三是工资拖欠支付情况严重。大部分农民工面临工资拖欠问题，有资料显示："国有企业拖欠比例为 13.85%，集体企业为 16.67%，股份或有限公司拖欠比例为 16.97%，私营企业为 20.60%，个体企业为 18.28%，而非规范就业农民工拖欠工资比例达到 27.33%。"⑤

① 张连德：《社会支持网缺失与城市农民工的生存困境》，《理论导刊》2012 年第 5 期。
② 清华大学"新生代农民工研究"课题组：《新生代农民工的困境与出路》，《中国改革》2012 年 9 月 5 日。
③ 王冉：《农民工的福利状况》，载都阳主编《城乡福利一体化：探索与实践》，社会科学文献出版社，2010，第 90—91 页。
④ 秦岭：《城市农民工的权益保护与政府政策的缺失与完善——基于 786 名城市农民工情况调查》，《江苏省社会主义学院学报》2008 年第 5 期。
⑤ 王冉：《农民工的福利状况》，载都阳主编《城乡福利一体化：探索与实践》，社会科学文献出版社，2010，第 98 页。

第二，就业不稳定导致收入不稳定。2011 年对武汉农民工的调查显示，41.8% 的农民工曾有过失业经历，失业期间 66.3% 的农民工靠以往的储蓄维持生活，37.8% 的农民工既没有找到工作，又用光了所有携带的积蓄而陷入贫困。其中，失业达 4 个月以上的农民工占 37%。[①] 农民工难以实现就业可持续化的主要原因是农民工就业竞争力弱，根源在于其所受就业培训的有限性而造成的劳动技能低。据统计，在我国农村劳动力中，高中及以上学历所占比例仅为 19.7%，文盲所占比例达到 12.5%；[②] 从农民工受教育程度来看，"小学及以下占 32.1%，初中占 47.6%，高中占 13.2%，中专占 3.5%，大专及以上仅占 3.6%；从参加技术培训的情况看，参加过培训的占 28.6%，未参加的达到 71.4%"。[③] 即便农民工想参加培训以提高工作技能，由于自身基础知识的匮乏，学习时间的缺乏以及培训费用等原因也难以如愿。

第三，非正常生计开支难以掌控。其中最为突出的是工伤和疾病医疗开支：工作环境差、安全措施不足等原因使农民工工作事故频发，患病率高；农民工艰苦的工作环境使他们更容易受到疾病的侵袭，处在"有毒""粉尘"等不良工作环境的农民工已成为结核、慢性中毒等病的主要患病群体；因缺乏医疗保险制度，多数农民工会选择自己治疗或回家治疗，导致医疗支出的增加。在参加社会保险的人群中非正规就业人员比例为：外出一个月以上低于 6 个月的农民工参加工伤保险的比例仅有 21.93%，参加医疗保险的比例仅为 11.76%。外出 6 个月以上比例有所上升，参加工伤保险的比例只有 24.09%，参加医疗保险比例仅达到 13.1%。[④] 从武汉地区情况看，完全未参加保险的农民工占 43.76%，参加一项保险的占 24.74%，

① 徐增阳、付守芳：《农民工的社会救助：需求、认知与意愿——以武汉市为例》，《华中师范大学学报》（人文社会科学版）2011 年第 2 期。
② 李小云等：《2009 中国农民情况调查报告》，中国农业出版社，2010，第 161 页。
③ 盛来运：《金融危机中农民工就业面临的新挑战》，载都阳主编《城乡福利一体化：探索与实践》，社会科学文献出版社，2010，第 288 页。
④ 盛来运：《金融危机中农民工就业面临的新挑战》，载都阳主编《城乡福利一体化：探索与实践》，社会科学文献出版社，2010，第 289 页。

参加两项保险的占 20.08%，参加多项保险的占 11.42%。一旦出现经济困难需要依靠亲戚朋友应对的农民工占到 84.14%。[①]

第四，就业机会不公平限制就业选择范围。这主要受就业信息及户籍制度的制约。农民工就业信息绝大部分来自亲戚、朋友介绍，其获得的政府就业服务信息十分有限。对上海外来农民工的调查显示："在沪农民工就业信息的 50% 来自亲戚、朋友介绍，自谋职业占 32.6%，而中介组织、政府与单位介绍的分别只占 13.6% 和 2.1%。"[②] 同时，户籍制度限制了农民工就业的选择范围，由于城市劳动力市场分割的影响，他们一般只能进入次级的非正规就业岗位。这些部门通常工作收入较低，工伤、疾病的风险较高。

（三）特定区域贫困的贫困问题十分突出

2014 年中国农村的贫困标准为每人每年 2800 元，按此标准当今贫困人口规模为 7017 万人。从分布情况看，西部占 51.3%，中部占 35.1%，东部占 13.6%。以西藏为例，自 2011 年国家将扶贫标准提高到 2300 元后，"西藏的贫困人口陡然增加到 83.3 万人，占西藏农牧区总人口的 34.42%，贫困发生率全国最高。截至 2012 年西藏贫困人口减少到 58.3 万人，占西藏总人口的 19.42%。按照 2010 年的标准，2012 年全国贫困人口还有 1.28 亿，占总人口的 9.34%，西藏贫困人口比例超过全国贫困人口的 10%。其中数量最多的是日喀则地区，有 23.45 万人，占西藏总贫困人口的 41%；其次是山那地区，有 10.11 万人，占西藏总贫困人口的 17%；拉萨市有 5.83 万贫困人口，占西藏总贫困人口的 10%；最少的是林芝地区，有 2.35 万人，占西藏总贫困人口的 4%；昌都、那曲、阿里三个地区的贫困人口为 16.56 万人，占西藏总贫困人口的 28%"。[③] 按现行国家农村贫困标

① 刘三：《城市农民工机制设计——基于对武汉市农民工生存现状的调查》，载林闽钢、刘喜堂主编《当代社会救助制度完善与创新》，人民出版社，2012，第 348 页。

② 顾海英等：《现阶段"新二元结构"问题缓解的制度与对策——基于上海外来农民工的调研》，《管理世界》2011 年第 11 期。

③ 杨阿维、张建伟：《西藏农牧区贫困问题调查报告》，《时代经贸》2013 年第 21 期。

准测算，2014 年，一半以上的农村贫困人口仍集中在西部地区。具体来看，西部地区农村贫困人口为 3600 万人，贫困发生率为12.4%；中部地区农村贫困人口为 2461 万人，贫困发生率为 7.5%，东部地区农村贫困人口为 956 万人，贫困发生率为 2.7%。西部、中部、东部地区农村贫困人口占全国农村贫困人口的比重分别为 51.3%，35.1% 和 13.6%。[①]

上述贫困原因大体有三个方面：一是在我国扶贫发展中一直存在扶贫脱贫的区域差别，地方政府扶贫支出能力有限；二是贫困原因复杂，受人力资源、物力资本、自然生态等多因素影响，《中共中央国务院关于打赢脱贫攻坚战的决定》强调，剩下的贫困人口贫困程度较深，减贫成本更高，脱贫难度更大；三是扶贫观念与策略原因。

二 收入扶贫精细化的目标与原则

（一）收入扶贫服务精细化目标

基本生存保障与收入水平提升的有机结合是我国目前收入扶贫服务精细化的基本目标。扶贫需要发挥保障基本生存的作用，这是一种基本需要的满足，是一种兜底性扶贫或者救济性扶贫。《中共中央国务院关于打赢脱贫攻坚战的决定》要求完善农村最低生活保障制度，对无法依靠产业扶持和就业帮助脱贫的家庭实行政策性保障兜底。健全留守儿童、留守妇女、留守老人和残疾人关爱服务体系。针对残疾人的特殊困难，全面建立困难残疾人生活补贴和重度残疾人护理补贴制度。对低保家庭中的老年人、未成年人、重度残疾人等重点救助对象，提高救助水平，确保基本生活。同时强调，尽快制定农村最低生活保障制度与扶贫开发政策有效衔接的实施方案，这实际上具有基本生存保障与收入水平提升有机结合的目标特点。

---

① 国家统计局住户调查办公室：《中国农村贫困监测报告 2015》，中国统计出版社，2015，第 13—14 页。

　　精准扶贫中的生存保障意味着基本需要的优先满足，这涉及两个方面的精细化问题，一是人群的精细识别，二是基本需要的界定。前者基本主体为难以参加劳动就业的弱势人群，后者则较为复杂。何为基本需要？按亚当·斯密的分析："在一个社会中什么算是'必需品'决定于什么是提供某种最低限制的自由所需要的，例如不带羞耻地出现在公众面前，或参与社群生活的能力。……它不仅仅指维持生命所不可缺少之物，而且指由一个国家风俗决定的作为一个体面的人，哪怕最底层的人，不可缺少之物。"① 美国学者比尔·麦吉本说："我相信，不管是什么地方的人，不管是穷人和富人，尽管他们在文化和历史上有很大的差异，但他们都需要一些基本的东西：个人的尊严和福祉，并要在一定程度上掌握自己的命运。"② 英国学者米勒的研究表明，对诸如温暖的住房、浴室和床铺之类的东西是必需品很容易达成共识，而汽车以及游玩性消费很难被人们认为是基本需要。而介于两者之间的，如电视机是必需品还是非必需品人们则持有不同意见，从调查看，赞成与持相反意见的人各占一半。可见生活必需品应得到满足已成为合理共识，③ 这就是说在满足贫困者的基本需要方面，给予一定帮助，多数人认为是公正和可以接受的。英国学者莱恩·多亚尔和伊恩·高夫区分了基本需要满足和非基本想要的需要的满足，"基本需要的满足理所当然地优先于想要的满足"。④《世界人权宣言》第 25 条规定，人人有权享受为维持他本人和家属的健康和福利所需的生活水准，包括食物、衣着、住房、医疗和必要的社会服务；在遭到失业、疾病、残废、守寡、衰老或在其他不能控制的情况下丧失谋生能力时，有权享受保障。总体看，基本需要很难有统

① 〔印度〕阿马蒂亚·森：《以自由看待发展》，任赜、于真译，中国人民大学出版社，2012，第 61—62 页。
② 〔美〕比尔·麦吉本等：《消费的欲望》，朱琳译，中国社会科学出版社，2007，第 47 页。
③ 〔英〕戴维·米勒：《社会正义原则》，应奇译，江苏人民出版社，2005，第 106—107 页。
④ 〔英〕莱恩·多亚尔、伊恩·高夫：《人的需要理论》，汪淳波、张宝莹译，商务出版社，2008，第 6 页。

一标准，要视一个国家的具体情况而定。如 1946 年日本旧生活保护法第 10 条规定，"保护不应超过生活必要的限度"。而 1950 年日本新生活保护法第 3 条则规定，"本法所保障的最低限度的生活，必须是能够维持健康的、具有文化意义的生活水准之生活"。这就意味着，基本需要超出了维持基本生存的范围，从"求生层次"上升到"生存质量"的层次。

从理论上讲，世界范围内的贫困有三种类型：一是生存型贫困，意味着生活资料无法满足基本的需要，吃饭穿衣等基本生活缺乏保障，从而个人生存成为迫切问题。二是温饱型贫困，是在解决了温饱之后的相对贫困状态，表现为生活水平较低、收入有限、抵御灾祸的能力弱等。三是发展型贫困，是在稳定解决温饱之后的发展资源、机会与能力的不足，是发展过程中的相对贫困状态。这种贫困在很大程度上超出了收入贫困的范围，涉及教育、健康等方面，正如发展型社会政策学者安东尼·哈尔、詹姆斯·梅志里指出的："收入贫困线是度量贫困的一种有用的方式，但是这种度量只关注最低消费需要，缺乏有关贫困人口的健康、教育、住房等其他状况的信息。"[1] 随着我国扶贫的深入，发展型贫困成为扶贫必须解决的重点问题之一，这一过程也是提升收入水平的过程。在我国重庆市，从 2005 年开始就已将发展型贫困人口作为重点扶持对象，这部分人具有一定的发展潜力，是可以通过开发式扶贫基本实现脱贫的贫困人口。在重庆市，发展型贫困人口的生存条件和生存技能较好，对其投入基础设施和扶贫产业项目后，能帮助其脱贫，且返贫率低，这部分人今后将成为该市扶贫开发资金的重点投入对象。[2] 但这种扶贫目标的实践面临两个关键问题，一是对象识别问题，二是扶贫方式的选择问题，为此必须遵循正确的扶贫原则。

---

[1] 〔英〕安东尼·哈尔、〔美〕詹姆斯·梅志里：《发展型社会政策》，罗敏等译，社会科学文献出版社，2006，第 68 页。

[2] 雷莉：《发展型贫困人口将成重庆扶贫开发工作重心》，《重庆日报》2005 年 8 月 26 日。

（二）收入扶贫精细化应遵循的原则

第一，统一扶贫和差异扶贫有机结合原则。贫困者的扶贫需要既存在共性，也存在差异。正如英国学者米勒分析指出的，即使我们从同样的活动出发来加以判断也是这样，作为一种公平的分配方式，应充分了解和衡量各自的特定需要，尽可能做到各取所需。"正义的一个最低限度的要求似乎是如果两个人是同样贫穷的，那么他们就应以同样的方式被对待，但即便这一点也要求我们构造一种需要的标准。假定 A 需要医疗援助而 B 需要住房，我们应当如何判断谁具有更大的需要？"[1] 米勒认为，各取所需实际上包含两个独立的命令，首先是帮助那些贫穷人的命令，其次是给予每一个人的待遇应视他或她的特定需要而定。[2]

在基本生存需要满足方面，每个人都是平等的，应"防止不合理的歧视待遇、禁止伤害他人、承认基本人权、提供在职业上自我实现的机会、设定义务以确保普遍安全和有效履行必需的政府职责、确立一个公共的奖惩制度等。所有上述要求，在某种程度上都同人类的共同需要有关系"[3]。对于非基本需求，根据具体需求情况给予不同的扶持，对难以获得照料的穷人应使其获得基本生存保障，同时对于有就业意愿者给予就业服务，或者给予较高标准的发展型服务，这种特殊需要是基于穷人除生存保障外也有获得发展和尊重、追求更高品质生活的权利。以上政策设计体现了基本生存需要与差别性需要有机结合的原则。

差异扶贫原则已受到联合国特别重视，如强调必须高度重视对处于脆弱地位群体权益的有效保护，但也不应忽视其生存和发展需求差异性，包括教育、保健和社会救助领域的措施，应加强

---

① 〔英〕戴维·米勒：《社会正义原则》，应奇译，江苏人民出版社，2005，第312页。

② 〔英〕戴维·米勒：《社会正义原则》，应奇译，江苏人民出版社，2005，第313—314页。

③ 〔美〕E. 博登海默：《法理学：法律哲学与法律方法》，邓正来译，中国政法大学出版社，1999，第270—271页。

对绝对贫困现象及其成因的细致了解，包括与发展问题有关的原因，应采取具有特殊目标的政策，如联合国发展计划署《2003 年人类发展报告》中特别提出对贫困妇女、儿童、艾滋病患者、流行病患者等群体的特殊帮扶问题。一些国家或地方还有更细化的收入扶持规定，体现了差别对待原则。能否对不同贫困者采取个性化扶贫服务是扶贫精细化的重要衡量标准，因为扶贫服务只对有需求的人有价值。同为贫困的残疾人，他们存在不同扶贫需求，有的是生理或心理上的失常或缺失，有的是失明、肢体残障、精神残障等问题，也有的是日常活动功能的缺陷，如无法生活自理、无法行走等。与此相适应，他们所领取的残障援助应基于不同的标准，若是基于权利的给付，则表现为面向所有残障人士的普遍给付；若是基于需求的给付，则根据不同的残障内容予以援助，由于采用不同的标准给付往往比其他给付高，因而面向残障人士的资源和服务分配并不平等。①

目前我国扶贫差异性原则的应用主要应体现在以下方面：一是加大对农村贫困群体的扶持力度。因为长期以来的二元结构带来了城乡之间的差距，贫困人口主要集中于农村地区。二是注重考虑贫困原因的多样性和差异性。其中较为重要的因素包括居住年龄、文化程度、性别、婚姻状态、健康状态及职业等。在坚持贫困者是一个共同性和差异性共存，甚至差异性大于共同性的群体的原则下，应逐渐建立体现一定差异性的针对性扶贫政策。如在出台旨在提高贫困老年人收入水平、改善其经济状况的相关政策时，有学者提出，对于无配偶、文化程度低、60 岁前从事体力劳动职业、性别为女性、高龄、身处农村以及收入来源总数过多与过少的老年人，在增加老年人收入来源的举措中，提高这部分老年人退休金制度的覆盖面及其保障水平尤为关键。② 这对考虑老人的致贫因素的差异性具有一定启示意义，其

---

① 黄晨熹：《社会福利》，格致出版社、上海人民出版社，2009，第 90 页。
② 钱雪飞：《城乡老年人收入来源的差异及其经济性影响》，《华南农业大学学报》（社会科学版）2011 年第 1 期。

中要将健康、教育、年龄及城乡差别，特别是劳动能力等因素综合起来考虑。

　　第二，权责统一原则。地方政府是扶贫的直接推动和实施者，我国目前的扶贫政策赋予地方政府较大的自主权。如 2015 年《中共中央国务院关于打赢脱贫攻坚战的决定》提出，中央财政继续加大对贫困地区的转移支付力度，中央财政专项扶贫资金规模实现较大幅度增长，一般性转移支付资金，各类涉及民生的专项转移支付资金和中央预算内投资进一步向贫困地区和贫困人口倾斜；加大中央集中彩票公益金对扶贫的支持力度；农业综合开发、农村综合改革转移支付等涉农资金要明确一定比例用于贫困村；各部门安排的各项惠民政策、项目和工程，要最大限度地向贫困地区、贫困村、贫困人口倾斜，这意味地方政府将有更多地对中央扶贫资金的支配权，同时它们必须承担起相应的责任，不仅要有理念道德要求，还必须有制度化的责任体系，以保障资金充分有效的使用。《中共中央国务院关于打赢脱贫攻坚战的决定》明确提出了权责一致的原则，这里的"责"具体应包括以下三方面：

　　一是保证资金合理使用的责任。包括通过扶贫规划的科学引领，把专项扶贫资金、相关涉农资金和社会帮扶资金运用到确实需要的地方。因为地方政府是由现实的人组成的，在特定社会环境下不能排斥部分人在行使权力时带有他们自己的想法与行为特征，乃至他们个人的欲望等。"地方政府的行为往往是基于特定背景而产生的，在很多时候他们的行为也是不可预期的，尽管在推进农村发展中，地方政府也希望自己的利益得到扩充，但是在不同的背景下，他们对来自中央政府的政策，以及来自农村的要求，会有不同的反应"。① 这势必产生某些不利影响，需要对其相关责任进行约束。

　　二是政府解决扶贫中不断出现新问题的责任。随着我国扶贫

---

① 王颉等：《多维视角下的农民问题》，凤凰出版传媒集团、江苏人民出版社，2007，导言第 4 页。

的深入推进，扶贫中将不断有新的问题与机会出现，但也可能对政府扶贫政策思路提出新的挑战，这就要求政府要有不断的创新意识和行动责任意识，充分利用新的扶贫契机，促进贫困者及贫困家庭尽快脱贫。统计局调查显示，目前老年人城镇就业现象并不鲜见，在城镇各行各业都有老年人的身影，政府应给予有效支持，承担新的支持保障责任。

目前农民在城市就业仍然存在多种问题。国家统计局调查数据显示，"2012 年末，外出农民工人均月收入水平为 2290 元，比上年提高 241 元，增长 11.8%，但增加额比上年同期减少 118 元，增幅回落 9.4 个百分点。农民工工资被拖欠情况常有发生。2012 年，被雇主或单位拖欠工资的农民工占 0.5%，比上年下降了 0.3 个百分点。建筑业农民工被拖欠工资的占 1.5%。农民工参加社会保险的水平仍然较低。2012 年，雇主或单位为农民工缴纳养老保险、工伤保险、医疗保险、失业保险和生育保险的比例分别为 14.3%、24%、16.9%、8.4% 和 6.1%"。[①] 为改善这种状况，消除社会不平等及社会排斥，解决贫困者在就业、教育、社会保险参与不足等方面的问题，政府应承担一定责任。

三是违反制度规定承担相应后果的责任。《中共中央国务院关于打赢脱贫攻坚战的决定》要求，加强财政监督检查和审计、稽查等工作，建立扶贫资金违规使用责任追究制度。纪检监察机关对扶贫领域虚报冒领、截留私分、贪污挪用、挥霍浪费等违法违规问题，坚决从严惩处。集中整治和加强预防扶贫领域中的职务犯罪工作。贫困地区要建立扶贫公告公示制度，强化社会监督，保障资金在阳光下运行，这些需要通过具体措施加以落实。2016 年 4 月国务院办公厅印发的《关于支持贫困县开展统筹整合使用财政涉农资金试点的意见》要求，各级政府要把纳入统筹整合范围的财政涉农资金作为监管重点。贫困县对财政涉农资金管理监督负首要责任，贫困村第一书记、驻村工作队、村委会要深度参与涉农资金和项目的管理监督。各级审计、财政等部门要加大对

① 高云才：《城市的回应刚开始》，《人民日报》2013 年 6 月 30 日第 9 版。

贫困县的审计和监督检查力度，并对贫困县监管职责落实情况进行跟踪，对地方探索实践资金统筹整合使用、提高资金使用效益给予大力支持。探索引入第三方独立监督，引导贫困人口主动参与，构建多元化资金监管机制。各级扶贫、财政、发展改革部门要加强对资金统筹整合使用的绩效评价，并将其纳入扶贫开发工作成效考核，评价、考核结果以本级扶贫开发领导小组名义通报。对试点工作成效好、资金使用效益高的地方，在分配财政专项扶贫资金时给予奖励和倾斜；对不作为、乱作为等行为，严肃追究相关人员责任。

第三，扶贫资源统筹运用原则。即将不同类型扶贫资金及其他扶贫资源进行统筹考虑并加以均衡，包括城乡之间、区域之间、不同人群之间、绝对贫困者和相对贫困者之间等，在精细扶贫目标下，将会涉及更多和更广泛的扶贫资源的运用，只有坚持统筹原则，才能有效实现扶贫中公平与效率的有机结合，尤其是要注重不同的贫困者都能获得相应的扶持以降低贫困加剧的风险。国外的统筹经验有，"为那些未包括在社会保障系统里的人（长期失业者、单身父母、老年人、残疾人等）和苦于被社会排斥的人，创立了一套新的'插入政策'。其目的在于促进劳动力市场'局内人'和'局外人'（往往是妇女、青年人和长期失业者）的社会结合"。[1] 这值得我们借鉴。扶贫统筹理念在西方福利经济学中早有论及，如英国学者庇古提出，"必须不允许一个人为了提高其他条件而有一项条件落在最低标准以下。而且，如果一个公民没有钱达到所有方面的最低标准，但是低于个别标准仍能维持独立生活，在这种情况前面政府站在一边不予理会也不是正当的"。[2] 他进而提出通过税收等强制性手段对贫困者实行转移支付的福利均衡思路。在面临严重工作贫困新风险的情况下，西方有学者提出新的统筹福利政策，"通过税收筹资的福利制度，包括由财力决定

---

[1] 〔英〕彼得·泰勒-顾柏：《新风险　新福利》，马继森译，中国劳动社会保障出版社，2010，第108页。
[2] 〔英〕A. C. 庇古：《福利经济学》（下卷），朱泱、张胜纪、吴良健译，商务印书馆，2010，第788页。

福利，由国家统筹管理"，① 如通过对低收入家庭的补助以激励低工资就业，平衡家庭与工作的责任，消除社会排斥等。这给我国提供了有益启示，我国扶贫统筹视野与内容会更加开阔和丰富。

三 收入扶贫精细化的策略建议

（一）救济性扶贫的精细化策略

1. 城乡低保精细化策略

（1）低保标准计算方法进一步合理化。目前低保标准制定方法不但省之间不同，即便是一个省内的各个地市之间也有很大的差异。各地使用的低保标准制定方法包括比重法、恩格尔系数法、扩展的线性支出系统法、市场菜篮子法、贫困线标准法、生活形态法、收入比例法、基本需求成本法、消费支出比例法、抽样调查法、部门协商法、参照制定法等不下十余种。这些方法或许有交叉重叠，但是按照各种方法测算的低保标准必然会出现较大差异，不利于低保制度的健康发展，应进一步统一使其合理化。

（2）引入生存质量理念，适度提升低保标准。生活质量意味着主客观生活质量的全面提高，低保标准主要是就物质方面而言的，因为目前低保标准仍停留在"保生存"的水平上，《城市居民最低生活保障条例》规定的城市居民最低生活保障标准的计算内容，包括"衣、食、住费用，并适当考虑水电燃煤（燃气）费用以及未成年人的义务教育费用"。但当前各地市低保标准的实际水平都略低于当地居民食物消费的平均水平，也就是说获得最低生活保障的人群仅能"饿不死"，其只是满足人作为一个生物体的食物需求。本研究建议，低保应在避免"养懒人"的前提下考虑被保障人群的生活尊严和发展需求，而非仅仅停留在满足消费构成中的食物支出这一项水平上，应考虑增加消费构成中的衣着、医疗、教育支出等项目。根据武汉、宜昌及随州三个样本城市的测

---

① 〔英〕彼得·泰勒-顾柏：《新风险 新福利》，马继森译，中国劳动社会保障出版社，2010，第111—117页。

算发现，当前保障标准要达到"保生活"的水平大致要每人每月增加200元，达到"保发展"的水平要每人每月增加400元。对于特殊困难家庭实行一定的特殊困难补贴，这种补贴在条件和程序上应比大病救助的获得更容易一些，获得的条件设置要更宽松一些。

（3）保持低保给付对象认定标准应具有的适当弹性。调查表明，经过低保标准的改革与调整，目前低保虽然达到了"应保尽保"，然而低保覆盖面缩小了，低保人群在一些地方大幅度减少了。从湖北的情况来看，一般失去劳动能力者、重病老人、三级以上残疾人才具有申请低保的资格，低保专干等工作人员试图多申请几个，实际审批时大多会严格执行，不能获得批准。这样，边缘贫困人群、具有劳动能力但一时不能就业者及其家庭难以获得低保，但从低保设计的基本目的是保障贫困者基本生存的角度看，这对他们是不公平的。将边缘贫困人群、暂时困难人群纳入低保范围，只要有适当的退出机制，并不会带来难以承受的低保财政支出。

（4）注重提升部分低保对象的自我脱贫能力。根据印度著名学者阿玛蒂亚·森的能力贫困理论和发展型社会政策理论，消除贫困的根本途径是发展和提升贫困者自身的脱贫能力。基于此观点，作为最基础的扶贫政策的最低生活保障制度除了要保障困难群体的生活外，还要尽可能地给被保障对象提供脱离贫困的能力建设机会。从现实情况看，还是有相当部分的低保对象缺少发掘自身潜力的机会，需要一定帮扶。如在低保制度的框架内为其提供脱贫发展所必要的条件和机会，实现收入增加，促进个人价值的实现，这需要将分类施保的政策进一步精细化，强调对那些年龄合适、身体状况尚可的对象提供必要的发展支持，以便产生长期政策效果。

提升低保对象自我脱贫能力的一个重要途径就是促进有劳动能力的低保对象参与劳动就业以增加收入。在我国，就业与社会救助是民生的两大基础性问题，通常也被认为是两个独立或者脱节的问题。在近年来的相关制度建设及其实践中，我国也力图对这一制度加以创新以实现救助与就业的联动。2007年国务院在

《关于在全国建立农村最低生活保障制度的通知》中要求，"以保障其基本生活，并帮助其中有劳动能力的人积极劳动脱贫致富"，"与扶贫开发、促进就业以及其他农村社会保障政策、生活性补助措施相衔接，坚持政府救济与家庭赡养扶养、社会互助、个人自立相结合，鼓励和支持有劳动能力的贫困人口生产自救，脱贫致富等等"。这就意味着该制度目标不只是简单地维持贫困农民的基本生存，而是有更高的诉求。在地方性实践中，有的地方已通过具体制度将低保与就业促进有机结合起来，进行了一定的实践，并取得了一定成效。目前适当地将发展型低保理念引入低保制度在我国已有了新的政策精神，2014 年我国新实施的《社会救助暂行办法》专门强调了需求导向、动态变化及兼顾发展需求等。该《办法》第 42 条规定，国家对最低生活保障家庭中有劳动能力并处于失业状态的成员，通过贷款贴息、社会保险补贴、岗位补贴、培训补贴、费用减免、公益性岗位安置等办法，给予就业救助；第 43 条规定，最低生活保障家庭有劳动能力的成员均处于失业状态的，县级以上地方人民政府应当采取有针对性的措施，确保该家庭至少有一人就业。社会救助与就业促进联动意味着通过合理的制度设计，将某些救助对象的社会救助与就业有机结合，为此，一方面需要社会救助工作的统筹协调、规范程序、坚持公开公平公正，避免重复救助和资源浪费的现象。另一方面就是使尽可能多的救助对象尽快地参与就业，实现自立生存。从实际调查看，一般来说，贫困者是有就业意愿的，绝大部分有劳动能力的贫困者并不希望长期依赖低保福利生活，因为就业不仅会带来收入的增加，而且会给贫困者个人及其子女的心理、自尊和社会地位带来积极的影响。以下是笔者在武汉市江夏区十月村进行入户调查时发现的一个代表性案例。

案例 4-3　低保家庭渴望再就业

　　邹某，其家庭是双残家庭，共有 4 口人。妻子王某，汉族，38 岁，听力一级残疾。家中除了这对夫妻之外还有该男子的父亲以及 5 岁的儿子。每月两人有 760 元的低保补贴，除了救助金收入之外，无其他收入，家庭每月基本生活支出 500元左右。他说："我还有一定劳动能力，希望能够再就业，因为接受低保，既不能从根本上改变自己的生活，也不能完全赢得别人的尊重。"（访问时间：2015 年 8 月 3 日）

从国外的实践来看，促进救济对象参与就业在英国济贫法中早已有了体现，但其更多的是采取消极惩罚的手段，不但缺乏人道主义关怀，而且也很难达到预期目标。在现代社会，社会救助的目标已经从消极转为积极，以积极方式促进就业已成为社会救助发展的基本趋势。这意味着，基于低保对象的特殊性，将采取更多的激励、支持、扶持等积极的手段和措施，而不是消极惩罚。这在国外取得了积极效果。以美国为例，自 20 世纪 90 年代以来其成效主要表现在：一是明显降低了受助人数，减轻了救助负担，1996 年至 2000 年领取福利金的人数下降了 50%。[①] 二是贫困者就业水平有了明显提高，收入状况大为改善。通过"工作机会和基本技能计划"，使 63% 的成年参与者实现就业，他们的平均收入比最低工资要高出许多，收入平均增加了 539 美元。[②] 借鉴国外经验并基于我国现实需要，本研究关于促进低保人群就业脱贫的建议主要包括以下几个方面。

其一，可以考虑在目前保障食物消费的基础上增加教育和发展保障，具体实施中既要考虑到财政负担又要避免养懒人，采取细化分类与施保的政策，为真正具有发展潜力的施保对象提供发展所需资金，最终达到助其脱保和脱贫的目的。有两种思路可以考虑，一是借鉴国外做法，如日本将发展型给付纳入低保标准之中；二是加大专项救助力度，并与低保制度进行有效衔接。

其二，将激励与约束制度相结合，以促进有劳动能力的低保人群积极参与劳动就业。这一制度设计在其他国家也有一定的表

① 〔美〕Neil Gilbert, Paul Terrell：《社会福利政策导论》，黄晨熹等译，华东理工大学出版社，2003，第 361 页。

② 〔美〕戴安娜·M. 迪尼托：《社会福利：政治与公共政策》，何敬、葛其伟译，中国人民大学出版社，2007，第 318 页。

现，如爱尔兰等国为了鼓励得到救助的人再工作，社会救助项目会在受助者再工作之后，继续给予一段时间的救助，将社会救助与教育联系起来。在斯洛文尼亚等国，对于那些得到救助的人，给其雇主一些工资补助，此外还使用税收手段。我国一些地区实行的"低保渐退"制度也体现了这一特点，如湖北省鄂州市从2008年起开始实行这一制度，其基本做法包括："一是对积极主动就业的低保对象给予就业奖励，即计算就业收入时，本市当年最低工资标准与城市低保标准的差额部分不计入家庭收入，奖励时间为6个月。二是对主动诚实报告家庭收入的低保对象给予奖励。对家庭收入超过低保标准但未超过低保标准3倍的对象给予3个月的渐退奖励，即3个月内逐月扣减低保金，满3个月后退出低保待遇。同时对不诚实申报家庭收入的对象给予处罚，一旦核实其家庭收入超过低保标准当即取消低保资格，不给予渐退机会，同时对性质恶劣者处以1至3倍罚款。"①

以上做法值得肯定，从我国现实实践来看，如何有效促进低保对象就业脱贫仍然存在不少理论、制度与实践上的问题，还需要探讨和解决。从制度保障看，评判某一制度是否完善的重要标准应当是看这一制度设计得是否具体、细化，可操作性是否强，有无系统的相关制度的衔接配套，能否保障执行效果。为创新完善激励制度，应形成以下相对细化完整的激励制度体系：第一，将已有相关规定具体化。我国《社会救助暂行办法》及地方性制度都已有原则性规定，要求将激励措施等内容具体化，增强可操作性。可以根据就业收入情况，并结合家庭其他情况确定激励的比例。第二，将临时制度正式化。我国不少地方已形成了就业补贴制度、"低保渐退"制度等，但还不够正式，大多属于临时性规定，缺乏稳定性和权威性，建议转化为正式的立法，至少是地方性的立法。第三，吸收国外有益制度补充我国的制度不足。如美国的收入豁免制度、工作所得退税激励制度、最低工资规定等；

---

① 方凤翔：《鄂州积极推行低保"渐退制"》，http://www.hb.xinhuanet.com/WangQun_QiYe/2008-04/07/content_12891948.htm。

也可以考虑借鉴西方补贴比例扣减制度，对目前低保补差制度进行改革。第四，促进就业与强化就业服务相结合。贫困人群通常存在就业能力不足的问题，强化就业服务对其再就业十分必要。此外，在具体制度的建设与实践中，应发挥我国制度优势，利用推进城乡社会保障一体化和公共服务均等化的有利政策背景，从资金扶持、就业服务、就业机会创造等方面对被救助的贫困者实行具体的倾斜性支持，采取有效措施应对贫困者就业中的贫困风险，防范贫困者就业后陷入新的贫困。

（5）逐步缩小城乡低保差异，实现城乡低保相对公平。由于实行不同的制度规定及财政支持的差异性等原因，我国城乡低保差异一直存在。以湖北省为例，各地市历年的低保均值反映的是湖北省当年的低保标准整体情况，

表 4 - 4　湖北省各地市城镇低保标准

单位：元

	2014 年	2013 年	2012 年	2011 年	2010 年	2009 年
武汉市	561.18	492.94	490.47	420.00	334.29	272.31
黄石市	412.86	408.33	393.33	345.00	310.00	245.00
十堰市	365.00	353.75	270.88	243.83	227.00	211.38
宜昌市	392.93	367.86	343.85	288.85	255.38	214.23
襄阳市	412.22	392.22	339.44	321.67	263.33	222.22
鄂州市	400.00	400.00	320.00	300.00	200.00	200.00
荆门市	400.00	362.86	337.14	250.80	216.00	200.20
孝感市	375.00	359.29	256.57	256.57	224.43	170.86
荆州市	407.50	358.75	293.75	288.40	232.50	194.75
黄冈市	356.00	292.20	249.70	238.50	200.85	174.30
咸宁市	338.00	330.00	308.33	238.33	196.67	182.50
随州市	366.67	266.67	260.00	218.33	240.00	190.00
恩施州	370.00	330.00	280.00	267.00	272.50	240.00
本年均值	381.00	362.50	318.72	285.75	245.00	208.75

数据来源：从民政部网站全国各地区数据中摘取，http://www.mca.cn/article/sj/tjjb/bzbz/201602/20160200880301.shtml。

表 4 - 5　湖北省各地市农村低保标准

单位：元

地区	2015 年	2014 年	2013 年	2012 年	2011 年	2010 年	2009 年
武汉市	313.14	277.84	245.33	234.00	185.86	137.39	112.76
黄石市	223.81	223.81	115.94	113.06	119.17	83.80	77.80
十堰市	155.00	155.00	139.69	91.33	119.50	71.00	71.00
宜昌市	196.91	195.00	170.63	129.99	112.52	97.89	95.61
襄阳市	252.22	248.89	171.94	118.80	90.73	74.01	71.80
鄂州市	240.00	240.00	240.00	180.00	150.00	100.00	100.00
荆门市	220.24	215.95	157.14	128.57	130.64	84.90	73.60
孝感市	228.57	211.00	182.14	90.52	91.57	73.21	66.00
荆州市	208.33	208.33	156.25	125.05	148.15	121.63	85.38
黄冈市	203.58	203.58	140.80	118.47	108.05	96.28	80.33
咸宁市	212.07	206.00	165.00	114.72	88.67	73.83	69.17
随州市	183.33	183.33	130.56	120.56	115.00	123.33	112.50
恩施州	166.67	158.33	131.67	86.27	100.25	72.16	71.63

数据来源：根据民政部网站全国各地区数据中摘取，http://www.mca.gov.cn/article/sj/tjjb/bzbz/201602/20160200880301.shtml。

从表 4 - 4 和表 4 - 5 可以看出，湖北省各地市的低保标准无论是城镇还是农村都是逐渐提高的。城镇低保标准高于农村低保标准，而且城镇标准与农村低保标准之差在逐年增加，如表 4 - 6 所示。

表 4 - 6　湖北省各地市历年低保标准均值

单位：元

	2015 年	2014 年	2013 年	2012 年	2011 年	2010 年	2009 年
农村	198.28	194.89	148.24	115.35	113.35	96.71	83.66
城镇	423.82	381.00	362.68	318.73	285.75	245.00	208.75
城乡差	225.54	186.11	214.44	203.38	172.40	148.29	125.09

注：对湖北省农村和城镇历年低保标准进行均值分析。城镇低保标准均值的计算方法为当年的全省各地低保标准之和除以全省的地市数目。农村当年低保标准均值为当年各地市农村低保标准之和除以地市数目。城镇标准与农村标准之差总体呈扩大趋势。

数据来源：根据表 4 - 4、表 4 - 5 整理得到。

由表 4－6 可以看出，城乡差距在绝对数额上总体上升，有的地方已经关注了这一问题，并试图加以调整和改变。如 2014 年山东省出台了《山东省最低生活保障管理办法》，明确提出各地应逐步缩小城乡和区域之间的低保标准差距，到 2019 年，城市和农村低保标准之比要在 1.5∶1 以内。在有条件的地方，还应统一城乡和区域低保标准。另外，在取消农业和非农业户口划分的地区，只要户籍所在地为城镇且实际居住满 3 年、无承包土地、不参加农村集体经济收益分配的家庭，就可以申请城市最低生活保障。长期在居住地稳定就业的外来转移人口家庭，有固定住所且家庭成员均在居住地连续缴纳社会保险满 3 年，家庭收入和财产状况符合低保条件的，可以在居住地申请最低生活保障。① 以上这种以制度化形式缩小差别的做法值得肯定和借鉴，但仍需要进一步做好具体细化策略，也需要顶层的制度设计以保证执行效果。

2. 五保供养精细化策略

农村五保供养制度是保障农村五保对象基本生活的一项根本制度。2006 年国务院发布实施了《农村五保供养工作条例》（以下简称《条例》），与原有制度框架相比，该《条例》在内容与机制上进行了大量的创新和重构，使五保供养制度成为现代意义上的国家扶贫救济制度。但从实践看，在不少地区尤其是在经济相对落后地区，农村五保供养仍然面临不少问题，包括经费、人员及场地设施等。笔者提出以下具体的完善建议。

第一，强化政府的财政保障责任。目前不少地方福利院都存在资金紧张的问题，为了维持正常运转，一些地方开始发展院办经济，通过组织五保对象参加农业种植、养殖、小型加工的方式，获得一定的经济收入，弥补日常工作资金的缺口。部分地方政府也鼓励福利院以自办经济、自主创收缓解财政投入资金的不足。② 对于资金紧张这一问题，最好还是由政府出面解决，为进一步发

---

① 赵云龙：《山东为逐步缩小城乡低保差距划定"硬杠杠"》，《济南时报》2014年 11 月 17 日。

② 关博：《完善新型五保供养制度的思考》，《宏观经济管理》2013 年第 12 期。

挥农村五保制度在精细扶贫中的兜底作用，关键是要完善政府的财政支持制度。正如有学者提出的，要确保五保供养工作落实到位，必须加大创新力度，积极探索五保供养经费管理的新办法。[①] 2006 年《农村五保供养工作条例》第 14 条规定，各级人民政府应当把农村五保供养服务机构建设纳入经济社会发展规划。县级人民政府和乡、民族乡、镇人民政府应当为农村五保供养服务机构提供必要的设备、管理资金，并配备必要的工作人员。一些地方也制定了具体制度，但仍然存在制度规定不具体，制度约束不强的问题。第 2 条规定本条例所说的农村五保供养，是指依照本条例规定，在吃、穿、住、医、葬方面给予村民的生活照顾和物质帮助。目前一些地方规避供养责任问题，保障标准低，需要细化政府财政支持制度。

第二，完善管理制度，走向精细化管理，为老人提供更好更细致的养老服务。在农村，农村福利院入住率不高，主要是因为轻管理，尤其不注意服务质量，与城市养老院的一床难求不同，农村五保村大量床位闲置。据广西壮族自治区民政部门统计，全区投入使用的五保村有 7000 多个，床位近 7 万张，实际入住率只有约 60%。虽然集中供养并不是农村养老的唯一途径，但政府花大力气建起来的很多五保村已无法发挥托底的作用，资源浪费严重。三街镇民政办主任全艳梅介绍，目前该镇 6 个五保村都在使用，但全镇 113 位五保老人只有 40 多人在五保村居住，除了设施老化、缺乏管理等原因外，农村五保老人在这里大多缺乏基础的护理和照顾。[②] 因此，管理与脱贫方面的问题亟待解决。

第三，充实护理人员。农村养老事业低投入、缺经费，导致管护人员的待遇低、工作辛苦，不愿意从事护工的工作。在广西桂林探访的 10 个五保村发现，没有一个五保村拥有一名护理人员。日常生活中，五保村的老人们只能互相照顾，但年老体衰的他们往往力不从心，不但基础护理缺乏，多数五保村甚至连煮饭和日

---

① 朱如程：《应改革五保供养经费管理办法》，《中国民政》2003 年第 5 期。
② 参见《越走越窄的供养路》，《桂林晚报》2015 年 12 月 28 日。

常管理的人员都凑不齐。上级拨下来的经费每月不到 1000 元，这点钱连一个煮饭的工人都请不起，别说再请一个管理员了。[1] 据民政部统计，全国平均每 13 名集中供养的五保对象仅拥有 1 名工作人员。[2] 充实护理人员同样需要政府的经费保障。

3. 贫困补贴精细化策略

从理念上看，英国学者福利经济学家庇古早就提出对贫困者进行直接补贴的扶贫策略，他提出，通过税收等强制性手段对贫困者实行转移支付，将对穷人实行补贴作为重要的救助方式。关于补贴与救助的区别，我国台湾学者林万亿提出了自己的看法，他认为："社会津贴与社会救助都属社会安全的一环，但是社会津贴的社会福利属性属因诊断、补偿、人口属性而取得的给付权利；社会救助则属经资产调查后，资产总额低于贫穷线的低收入家庭可获得的各种相关福利。"[3] 可见，补贴的特殊扶贫作用是不可忽视的。

老年补贴是我国贫困补贴的主要形式之一，目前我国一些地方已开始实行老人高龄津贴制度。2008 年北京市出台了《北京市高龄老年人津贴发放办法》，补贴对象为年龄在 90 周岁及以上的老年人。银川市民政局起草的《银川市统筹城乡 80 岁以上高龄老年人基本生活津贴发放办法》取消了发放津贴的城乡差别，今后无论是城市还是农村，其高龄老人津贴标准全部一样，其做法值得肯定。总体看，我国老年人津贴对缓解老人收入贫困发挥了一定作用，但也存在一定问题，远未实现"老有所养"的目标，主要问题有：①老年津贴覆盖率低。如老年津贴获取条件过于严格，高龄津贴制度普遍要求发放对象为 80 岁以上高龄老人，有大量贫困老年人难以享受。②保障水平低，并存在城乡、地区及制度间待遇悬殊的问题。城镇待遇水平远高于农村，各地区差别明显。例如，北京市东城区四类特殊

---

① 沈青：《难以维系的五保村》，《桂林晚报》2015 年 12 月 25 日第 12 版。
② 王思北、吴晶、高皓亮：《媒体：特困人员集中供养不到三分之一 生存堪忧》，http://www.chinanews.com/gn/2016/02 - 17/7761694.shtml。
③ 林万亿：《台湾的社会福利：历史与制度的分析》，五南图书出版股份有限公司，2012，第 192 页。

老人每月发 50—250 元；广东省惠州市对 95—99 岁老人每人每月发 100 元。这些标准远低于该地区的最低生活保障标准水平（北京市东城区 2009 年 12 月城市最低生活保障人均支出为 365 元）。③制度缺乏有效衔接。顶层设计缺失，政策之间缺乏协调性，导致制度真空与重叠交叉并存的现象出现。

对于老年津贴制度，有的学者提出了完善建议，包括"统一高龄老年津贴的资格条件，提高高龄老年津贴的管理层次，统一高龄老年津贴标准计算方法和调整方法，建立工作机制；整合老年保障制度，将高龄老年津贴与最低养老金进行剥离；建立高龄老年津贴的财政分担机制，减轻人口老龄化高、经济欠发达地区的财政负担"。① 也有学者提出："老年津贴制度主要是针对农村老年人的福利型老年保障制度。确保老年人的生活质量是实现人人老有所养的核心目标，因此，老年津贴制度的一个最基本要求是'兜底'。要保障无养老金的城乡老年居民的最起码生活，发放标准不能低于当地人均最低生活保障标准。"② 为有效发挥补贴在精准扶贫中的有效作用，笔者建议：第一，强化制度保障。在我国制度建设中完善责任制度，即明确政府财政负担责任。2008 年民政部在全国民政工作会议上提出，"有条件的地区可建立困难老人、高龄老人津贴制度"。2013 年初，民政部将"出台全国统一的高龄津贴政策"作为 2013 年的工作规划。至今，全国统一的高龄津贴制度尚未建立起来。建议建立统一的、可操作的老年收入津贴制度，明确津贴标准及具体人群，以解决制度混乱及待遇确定的任意性等问题，同时提高待遇水平，缩小待遇差距，明确中央政府对贫困地区地方财政支持的责任。第二，扩大补贴范围，并强化对贫困者的瞄准效果。目前仅以年龄为标准是不够的，要加大对低收入家庭和特别贫困群体的补贴力度。第三，创新贫困补贴形式。不局限于单纯的现金支付方式，可借鉴日本等一些国家

---

① 杨立雄：《高龄老年津贴制度研究》，《中州学刊》2012 年第 2 期。
② 凡凤林、邹莘、郭卫：《国外老年津贴制度的启示》，《中国社会保障》2009 年第 12 期。

的做法，一部分补贴直接用来购买老人需要的养老服务，老年人尤其是高龄老年人的最大需求是医疗、护理和养老护理等。第四，补贴标准以基本生存权保障为基本目标，兼顾生存质量。由各地根据当地经济发展水平、物价变动情况和财力状况并考虑支出水平情况制定统一的省级补贴标准。

案例 4-4　老年照料服务补贴值得重视

陕西西安红砖南路社区是 20 世纪 50 年代建的老社区，现居住人数有 1.3 万多人，60 岁以上老人有 2000 多位，占近 20%。这种老人较多的社区，对家政人员的需求量非常大。保姆近年也逐渐成为"稀缺资源"，需求在增加，缺口在扩大，工资 10 年内涨 10 倍。老人说："月嫂 11 月份就托熟人介绍好了，一个月 8000 元。现在保姆差不多都得提前半年预约，临时找很难找到合适的。家政公司推荐的金牌月嫂更贵，工资要上万。"[①]

以上案例表明，在老年照料费用日益提升的情况下，提高补贴金额与丰富补贴类型是十分必要的。

（二）劳动就业增收服务精细化策略

具有劳动能力的贫困者不能有效就业不仅影响其收入的增加，而且会带来其他社会问题。因为失业是市场经济发展过程中的伴生物，"失业威胁着作为经济和社会单元的家庭的稳定……经济与社会的相互依赖关系以及重要的家庭纽带关系都可能处于危险状态，并可能最终由于长期的失业而加剧"。[②] 美国学者弗·斯卡皮蒂分析了失业对贫困者带来的其他影响："失业说明了一种人类资源的丧失。无论是从丧失了本来可以从生产中得到的实际商品和

---

① 张丹华：《家政服务业　呼唤职业化》，《人民日报》2016 年 5 月 27 日第 6 版。
② 〔美〕安塞尔·M. 夏普等：《美国社会问题经济观》，申水平等译，航空工业出版社，1992，第 307 页。

提供的服务来衡量，还是给人类带来的精神痛苦来衡量，失业的代价都是巨大的。"① 研究表明，工作不稳定易让人产生焦虑、孤独、反社会等不健康心理，形成身体、心理疾病，甚至铤而走险。可见，通过精细化措施促进贫困者就业是十分必要的，笔者提出以下具体路径。

1. 增加贫困者就业机会策略

保障就业机会的公平，防止就业歧视。世界各地的贫困在很大程度上源于就业机会的不公正，所以 1966 年联合国《经济、社会及文化权利国际公约》特别强调，本公约缔约各国承认人人有权享受公正或良好的工作条件，包括最低限度给予所有工人下列报酬：公平的工资和同值工作同酬而没有任何歧视，特别是保证妇女享受不差于男子所享受的工作条件，并享受同工同酬；保证他们自己和他们的家庭有符合本公约规定的过得去的生活；安全和卫生的工作条件；人人在其行业中适当提级的同等机会，除资历和能力的考虑外，不受其他考虑的限制。机会不公正与贫困的关系在相当长时期内未引起人们的足够重视，而把贫困一般归结为个人原因，包括个人能力与态度文化。直到 20 世纪 90 年代，欧洲各国经济迅速发展导致结构性失业的增长，一些社会群体，如非熟练青年职工、老年职工和妇女等难以获得就业的机会，从而迅速地贫困与边缘化。

这就需要政府为处于就业弱势地位的贫困者提供各种有利机会，增强他们就业机会的可及性。我国《就业促进法》的一个重要内容（第二章）特别要求发挥各级政府和社会组织的作用，积极创造就业机会。立法主旨无疑值得肯定，但存在创造就业机会路径规定过于狭窄，鼓励社会力量创造就业机会的措施不具体，政策指导性强而法律约束性弱，相关政策法律缺乏应有的配套性和衔接性等问题。政府可通过适当的资金和技术扶持为贫困人群创造更多机会。例如，我国目前相当一部分福利企业尚未走出困

---

① 〔美〕弗·斯卡皮蒂：《美国社会问题》，刘泰星等译，中国社会科学出版社，1986，第 437 页。

境，产值低、效益少、工资和医疗保险费承担存在困难，甚至有的企业濒临倒闭。正在运营的企业也存在不少困难，如难以适应市场竞争的问题。值得注意的是，一些福利企业正在逐渐发生性质和目的的变化，不是为了吸纳残疾人就业，而是为了享受国家免税的政策，更不是以承担一定的社会责任为目标，而是以利润为目标。为改变这种情况，政府与社会可以采取更多的支持方式，如通过财政补贴、社会捐助、技术与信息服务支持等，使企业能够承担更多的扶贫责任。政府应注意在灵活性和保护之间寻求平衡，让尽可能多的贫困者能够获得新的就业机会，既要对企业实行必要的管理，保障劳动者的基本劳动权益，也要为企业留出一定灵活经营和管理余地。因为过于严格的劳工保障可能会增加企业招收新工人的成本，不利于招收非技术工人、青工和女工，而这些群体恰恰又是扶贫的主要对象。而我国关于贫困人群灵活就业的政策法制建设较为薄弱，在许多方面尚属缺位。如关于灵活就业，我国十届人大政府工作报告已积极提倡和推广灵活多样的就业方式。多种形式的创业能够为老人提供就业机会，但需要更具体的制度措施。政府补贴也是为贫困弱势者创造就业机会的有效形式。"在日本，每4个人中就有一位是年过65岁的老年人。据日本国立社会保障人口问题研究所的统计推算，到2060年，这个比例将达到40%。为缓解老龄化与少子化给社会造成的巨大压力，日本政府进行了一些积极探索。为了推动企业积极雇佣老年人，日本政府出台了相关政策：对于将退休年龄提高至66岁以上的企业，日本厚生劳动省将给予65万日元/人的资金补助。此外，从4月开始雇佣66岁以上员工的企业，每接收一位40岁至50岁的'跳槽'人员将获得40万日元的补助。"① 以上政策措施取得了较明显的效果，值得我们研究借鉴。政府应积极为贫困者拓展新的就业空间，包括促进创业带动就业，如大力支持家政服务、物流配送、养老服务等产业发展。

---

① 参见《日本衍生诸多"下流老人"，将来我们怎么养老》，http://mt.sohu.com/20160419/n444948837.shtml。

案例 4－5　为贫困者拓展就业新路径

　　陕西省家庭服务业协会曾做过一份调查，2013 年陕西省从事家政服务业的人数有 20 万人，缺口在 50 万人左右。一方面对这个职业缺乏足够的尊重，甚至有些歧视；另一方面又对从业人员素质有着较高要求：有健康证、懂护理知识……对于一名普通务工人员来讲，在没有得到充分的社会培训与良好的公司管理的情况下，成为一名"金牌保姆"基本上是天方夜谭。而进一步推进家政服务的职业化、规范化，需要家政企业创新管理机制，把"临时工"变成"正式工"，这不仅有助于该群体各项保障的实现，还有助于雇主的权益受到侵害时得到赔偿。①

　　创业对于贫困者摆脱贫困具有十分重要的意义，自主创业可以成为就业的重要途径。不同贫困人群都有一定的创业潜力，应当采取一定措施予以鼓励和支持，我国现行《就业促进法》第 7 条规定，国家倡导劳动者树立正确的择业观念，提高就业能力和创业能力；鼓励劳动者自主创业、自谋职业。各级人民政府和有关部门应当简化程序，提高效率，为劳动者自主创业、自谋职业提供便利。我国《老年人权益保障法》第 65 条规定，国家和社会应当重视、珍惜老年人的知识、技能、经验和优良品德，发挥老年人的专长和作用，保障老年人参与经济、政治、文化和社会生活的权利。第 68 条规定，国家为老年人参与社会发展创造条件。2015 年《国务院关于进一步做好新形势下就业创业工作的意见》提出，营造宽松便捷的准入环境，培育创业创新公共平台，支持创业担保贷款发展；将小额担保贷款调整为创业担保贷款；针对有创业要求、具备一定创业条件但缺乏创业资金的就业重点群体和困难人员，提高其金融服务可获得性，明确支持对象、标准和条件，贷款最高额度由针对不同群体的 5 万元、8 万元、10 万元不

① 张丹华：《家政服务业　呼唤职业化》，《人民日报》2016 年 5 月 27 日第 6 版。

等统一调整为 10 万元，加大减税降费力度；鼓励农村劳动力创业，支持农民工返乡创业，发展农民合作社、家庭农场等新型农业经营主体，落实定向减税和普遍性降费政策，营造大众创业良好氛围等。这些倡议需要具体的落实措施。

案例 4 - 6 电商创业促进脱贫

电商进村，许多年轻人回乡创业。以前大部分村民以从事农业为主，收入较低。现在依托毗邻县自行车产业园区这一优势，平乡县电子商务经营户近 200 多户，与电商配套的家庭手工业 60 多家，800 多名贫困村民参与，年人均增收 2 万多元。今年，平乡县 42 个实施电商扶贫的贫困村有 1320 个贫困户、4600 名贫困人口已全部精准稳定脱贫。平乡县的物流产业也随之兴起，年吞吐量 10 万吨以上的大型物流仓储企业 34 家，全国知名快递公司在平乡建成了近 400 个快递收发、物流配送服务站点，直接带动了 1000 多名贫困人口就业。①

案例 4 - 7 老年创业仍有作为

老年人在创业中也可以有一定作为，日本小茄子是平湖市新仓蔬菜厂几年前从日本引进的蔬菜品种之一，主要在该镇战斗、新星等村广大农户中推广种植，蔬菜厂向农户发放种子，在农户中发展订单种植，成熟后统一进行收购，经过腌制全部出口日本市场。据了解，今年，新仓镇"日本"小茄子亩产量高达 3500 多公斤，每亩收入达 4000 元。全镇 300 多亩种植面积可为当地农户创收 120 多万元。②

贫困者创业需要多种服务，通过相关服务使更多贫困者有能力参与劳动力市场及其他市场活动，增强其创业意愿，帮助其进

---

① 陈斌：《平乡童车领跑县域经济》，《人民日报》2016 年 5 月 22 日第 9 版。
② 参见《小茄子种植为农村老人创业提供机会》，http://www.zgny.com.cn/ifm/consultation/2008 - 04 - 17/125823.shtml。

行市场分析，做好信息服务，技能教育，可唤醒和激发他们的潜能。《中共中央国务院关于打赢脱贫攻坚战的决定》要求，发展特色产业脱贫，制定贫困地区特色产业发展规划；出台专项政策，统筹使用涉农资金，重点支持贫困村、贫困户因地制宜发展种养业和传统手工业等。这些都可以成为创业的途径。以扶贫措施支持贫困者自治组织建设，重视小型自治组织的发展，从本村组织到跨村、跨乡组织，通过小额担保贷制度鼓励贫困者就业创业。尽快建立市级政策性微小企业担保公司，搭建融资平台，降低担保门槛，为贫困者提供贷款担保，解决融资难题。2015 年，安徽探索推出"4321"新型政银担合作模式，"即市县担保机构、省担保集团、银行和地方政府按 4∶3∶2∶1 比例共担风险，为 5000 余户小微企业提供 200 多亿元融资支持，使小微企业贷款获得率增加 5 个百分点，新增税收 10 多亿元……服务企业 5542 户，户均贷款508 万元。全省受保企业新增利润 27 亿元，新增税收 14 亿元，小微企业贷款获得率增加 5 个百分点，安徽担保模式实现了扶小、扶微、扶贫、扶农功能，发挥了普惠金融'接地气'的优势"。① 此外还包括税费政策优惠和风险承担，政府公共财政支付发挥"兜底"作用，保障所有创业贫困者免于创业失败的生活之忧。

其他就业机会提供服务策略。从就业机会角度看，城镇中小企业、加工业、农业生产市场化、农业产业化、社区服务业发展等都可以为低技能的贫困农民提供大量的就业机会。这里的一个关键问题是，就业社会环境是否能够得到优化。这其中包含的是一系列综合性因素，如就业机会、工作环境与条件、工资待遇等因素。政府大体有两种基本政策取向，一是通过财政上的福利支持和公共设施的发展将更多的工作机会带到落后地区；二是通过多种福利支持将贫困地区的劳动力吸引到有更多工作机会的地区。就我国情况来看，后一种方式更加有效，政府可提供流动中的福利补贴，包括交通、住房、培训、就业补贴和可携带的社会保障

---

① 杨玉华、姜刚：《安徽：新型政银担合作模式纾解小微企业融资之困》，http://news.xinhuanet.com/fortune/2016-04/10/c_1118577241.htm。

网络等。我国目前积极推行的城乡社会保障一体化对于劳动力流动具有直接意义。为促进这种流动，我国有的地方已有一定尝试。如江苏无锡在 2010 年已探索建立城乡居民养老保险制度，把原来城乡分割的一系列保险，包括农民基本养老保险、农村社会养老保险、被征地农民基本生活保障、城镇老年居民养老补贴，全部整合为一。2011 年 1 月起，无锡市区率先将城镇居民医疗保险和新农合进行整合，实施居民基本医疗保险制度，不分城乡。此后又积极推进就业促进福利城乡一体化。在城镇化进程中，失地农民由于文化水平、职业技能、就业适应能力不足，存在就业困难问题。为有效解决这一难题，无锡市把农村劳动力纳入城市促进就业政策体系，对吸纳农村劳动力就业的各类企业予以扶持。比如，对劳动密集型小企业，当年新招用登记失业的农村劳动力的，可按每人不超过 10 万元贷款额度给予 50% 的贴息贷款，总额度最高不超过 200 万元。[1] 这对贫困者就业脱贫具有不可忽视的意义。

2. 通过精准措施提升贫困者劳动就业能力

提升贫困者就业能力是实现脱贫发展的根本，但这需要政府积极的扶持。新自由主义主张采取放任自由的旁观态度，依靠市场来提升劳动者的就业能力的做法是不可取的。莱恩·多亚尔、伊恩·高夫分析指出："在竞争性经济和文化中，劝说弱势群体竭尽全力自力更生，但不同时给他们提供自力更生所要求的需求满足，是非常不合理的。"[2] 为有效提升贫困者的就业能力，应高度重视就业教育的作用。在通常意义上，反贫困的基本手段与目标表现为通过对贫困者进行经济支持以改善其收入状况。但从提升贫困者就业能力的角度看，贫困者拥有机会改善就业所需要的文化教育状况则具有根本意义。日本教育经费一直呈增长的态势，1998 年日本教育经费总额占国民生产总值的比例为 6.0%。[3] 从日

---

① 李智勇：《江苏无锡保障跟人走福利全都有》，《人民日报》2013 年 3 月 26 日第 13 版。

② 〔英〕莱恩·多亚尔、伊恩·高夫：《人的需要理论》，汪淳波、张宝莹译，商务印书馆，2008，第 132 页。

③ 范明：《高等教育与经济协调发展》，社会科学文献出版社，2006，第 114 页。

本经验可知，教育是经济发展的重大原动力，它提升和改变了部分贫困者的就业能力。

舒尔茨在领取诺贝尔经济学奖时所做的穷国的经济学演讲指出："改进穷人的福利之关键不是空间、能源和耕地，而是人口质量，提高知识水平。"[1] 针对我国扶贫，政府应统筹城乡就业教育发展，为具有就业能力和意愿的农村贫困者提供有效的发展型教育等服务。《中共中央国务院关于打赢脱贫攻坚战的决定》要求着力加强脱贫技能教育，加大劳务输出培训投入，统筹使用各类培训资源，以就业为导向，提高培训的针对性和有效性；加大职业技能提升计划和贫困户教育培训工程实施力度，引导企业扶贫与职业教育相结合，实现靠技能脱贫；引导和支持用人企业在贫困地区建立劳务培训基地，开展好订单定向培训；加大对贫困地区农民工返乡创业政策的扶持力度。努力办好贫困地区特殊教育和远程教育，贫困农民有一定的劳动力资源基础，不少贫困农民具有参与反贫困的能力或者潜力，应加以挖掘运用。从新疆两县贫困农户调查情况来看，低保家庭中有 1 个全职劳动力的家庭占 26.51%，有 1 个以上全职劳动力的家庭占 34.11%，无全职劳动力的家庭占 39.38%。[2] 被纳入救助的失地农民、边缘贫困农民的就业能力资源则更丰富。从未来趋势看，现代农业的发展、农业经营方式的调整、城乡一体化的推进、户籍制度的改革等将会使更多的贫困农民寻求非农就业，而他们面临的就业技能低、就业机会难以获得等困难使政府对他们就业的福利性支持十分必要，如就业培训、就业机会帮助、就业贫困风险应对等。而中等职业教育是离农村贫困人口距离最近，最能带来直接收入提升的教育培训类型。

案例 4-8　职业教育促进脱贫

湘西贫困地区的孩子通过接受培训，走出大山找到一份

---

[1] 〔美〕T. W. 舒尔茨：《论人力资本的投资》，北京经济学院出版社，1990，第 40—53 页。

[2] 柳拯：《中国农村最低生活保障制度政策过程与实施效果研究》，中国社会出版社，2009，第 212 页。

薪水不错的工作之后，他所在的家庭就完全可以走上脱贫之路。2012年以来，湖南省委统战部牵头，联合省教育厅、省扶贫办，共同实施了"一家一助学就业同心温暖"工程。通过公益资助方式，为湖南省建档立卡贫困家庭接受职业学历教育的学生，每人每年资助生活费2000元，共资助两年。截至2015年底，已累计向社会募集资金5500万元，在100余所职业院校资助学生1.3万余人，带动了湘西地区数万个家庭脱贫。①

3. 通过贫困者就业福利制度的完善促进贫困者就业脱贫

就业福利源于西方国家，尽管人们对其具体内涵的理解不完全一致，但其核心是明确的，即政府对贫困者福利援助与其就业促进的整合联动，通过提升贫困者就业能力，提供其一定的就业机会及相关的福利服务，使贫困者依靠自身能力最终战胜贫困，而就业福利制度则是以上内容的制度化形态。

我国的就业福利首先在城市尝试进行，主要是通过对低保福利的改革，激励有劳动能力的低保对象参与就业。颇值得关注的是，在我国农村扶贫实践中也制定和实施了一定的就业福利促进农民就业参与，对有关的政策立法及政府文件，笔者尝试从名称、政策措施、制度性质与表达方式四方面进行归纳，见表4-7。

表4-7　2000年以来农民就业福利政策基本情况一览表

政策名称	基本措施	制度性质	表达方式
《关于进一步开展农村劳动力开发就业试点工作的通知》（2000）	转移培训，创业扶持	部委一般政府文件	包含
《农村扶贫开发纲要（2001—2010）》（2001）	技能培训	党和政府文件	直接
"雨露计划"（2004）	就业创业培训	一般政府文件	直接

---

① 侯琳良：《农村扶贫要迈几道坎——民进中央赴湖南调研农村扶贫工作》，《人民日报》2016年6月15日第20版。

续表

政策名称	基本措施	制度性质	表达方式
《关于解决农民工问题的若干意见》（2006）	就业培训	一般政府文件	包含
《江西省小额担保贷款财政贴息资金管理办法》（2006）	进城创业扶持	地方政府一般文件	包含
《成都市关于进一步做好充分就业工作若干问题的意见》	失地农民就业培训	地方政府一般文件	包含
《中华人民共和国就业促进法》（2007）	就业援助	全国人大常委会立法	包含
《残疾人就业条例》（2007）	就业援助，反就业歧视	行政法规	包含
《关于银行业金融机构大力发展农村小额贷款业务的指导意见》（2007）	个体经营户及微小企业扶持	国务院直属事业单位文件	包含
《重庆市城乡居民最低生活保障条例》（2008）	就业扶持	地方性立法	直接
《湖北省最低生活保障工作规程》（2009）	限期保障低保渐退	一般政府文件	直接
《农村扶贫开发纲要（2011—2020）》（2011）	劳动预备、技术培训、就业补贴与扶持	党和政府文件	直接
《关于加快发展现代农业进一步增强农村发展活力的若干意见》（2013）	职业培训、劳动报酬平等、农民市民化。	党和政府文件	包含

注：上表中"包含"与"直接"的区别在于：前者指政策对象是全体农民，可解释为包含贫困农民，后者指政策对象直接是贫困农民。比较来看，直接表达方式更具有针对性和实效性，优于包含表达方式。

基于以上归纳，可以认为我国已初步形成了农民就业福利政策体系，该体系以贫困农民的就业创业能力培育和激励为基本内容，以促进他们就业创业脱贫为基本目标，是多层次、多类型、分散性、连续性的政策与立法相结合的福利制度体系。

上述政策在实施中取得了一定的成效，例如，以劳动力转移为主要内容的"雨露计划"先后安排财政扶贫资金30亿元，对贫困农户劳动力开展务工技能和农业实用技术培训约 400 万人次，其中 80% 以上实现了转移就业，接受培训的劳动力比没有接受培训的劳动力月工资提高了 300—400 元。[1] 在地方性实践中，成都市从 2006 年起实行就业实名制，为有就业愿望的城乡劳动力提供就业培训、职业指导、劳务输出、再就业援助等多种公共就业服务。但总体来看，这些制度模式设计及运行还存在以下突出问题：①缺乏专门立法使贫困农民就业福利权不能得到切实的保障。这些制度大多为政策文件、临时性规定或地方性制度，而且直接性规定少，更多是包含在相关政策制度之中，对象不明确，制度不细化、效力低。立法不足还造成就业福利不具有真正的法律权利性质，难以得到切实有效的保障。我国的《就业促进法》和《残疾人就业条例》虽为正式的立法制度，但不是专门性规定，条款较为宏观，不易执行。②内容设计不利于发挥贫困农民的反贫困的主体性。从国外较成功的经验来看，就业福利的核心是既要体现贫困者对就业福利享有的权利，特别是一系列的激励措施，又要使其承担合理的制度化责任，同时对政府责任的规定也是不可缺少的内容。总体来看，我国目前对贫困农民就业福利的规定还比较简单，未能形成贫困者权利与义务有机结合的内容体系，对贫困农民未能形成应有的就业动力与压力，对政府责任规定也不够具体。③在制度结构上，不能体现福利公平。管理体制混乱，政出多头导致责任不清、职能错位；缺乏衔接配套公平化的整体性制度安排；缺乏系统化的职业技能开发、职业培训、家庭服务等方面的立法制度。这些导致贫困者低工资和低就业、不增收、非公平的情况；不利于贫困农民获得公平的就业机会和就业收入，实际上贫困农民中不少人有一定的劳动力资源，也存在较大的就业机会和空间。因此，健全贫困农民就业福利模式已成为农村扶贫有效推进亟待解决的现实问题。为有效解决这些问题，农民就业福利模式应当重构，主要建议有以下几点。

---

[1] 国家统计局农村社会经济调查司：《中国农村贫困监测报告 2010》，中国统计出版社，2011，第 129 页。

第一，完善制度形式，通过专项立法规定使就业福利制度化。对事项的立法，大体有两种形式：一是单独立法，即形成专项立法；二是包含在某一种立法中，即混合立法。专项立法具有地位突出、内容集中、运用灵活等优势。国外有不少的就业福利专门立法，如英国1995年的《求职者法》、美国1996年的《个人责任与就业机会协调法》及印度2005年的《全国农村就业保障法》等，值得我们借鉴。究竟应由哪个部门立法呢？根据我国一元多级立法体制，国家与地方均可制定专门立法，只是适用范围不同。为增强贫困农民就业福利的实效性与公平性，笔者建议就全国性的农民就业福利专门立法，探索阶段可先由国务院制定行政法规"农民就业促进条例"。目前我国对残疾人、老人等弱势人群的专项立法已取得一定的成功经验，而贫困农民就业无疑是民生立法的重要内容。国务院在《关于批转促进就业规划（2011—2015年）的通知》中明确规定，坚持城乡统筹，建立健全城乡劳动者平等就业的制度，消除劳动者就业的城乡差别和就业歧视，创造公平的就业环境；重视解决少数民族地区和贫困地区的就业问题，给予政策上的倾斜，支持其发展经济扩大就业。将这些规定上升为专门立法是顺理成章的，专门立法是对现行相关立法政策的整合和具体化，不会存在矛盾。尽管立法名称适用对象是全体农民，但由于该福利的救助帮扶性质，实际适用对象主要为贫困农民，故能够加强扶贫效果，这与印度《全国农村就业保障法》具有类似性，"印度农村就业保障法的出台，从法律上保护了贫困群体的劳动权，也进一步给了弱势群体争取权利的法律依据"。① 为保障制度的实际效力，建议我国实行专门正式立法，实现制度衔接整合，在贫困农民就业福利的制度形式、性质、目标、内容体系等方面进行系统的制度重构，并将就业福利目标，贫困农民就业福利中的权利与义务及政府福利供给责任作为核心内容，以形成目标与理念明确、制度规定细化、效力可靠、操作公平易行的制度模式，同时注重福利安排的整体性和衔接性，以保障这一新型就

---

① 王晓丹：《印度社会观察》，世界知识出版社，2007，第150页。

业福利模式的持续有效运行。

　　第二，完善制度内容。其一，规定政府综合性就业福利供给的责任。在我国的农村反贫困中，人们较多地关注加大政府投入和调整政府承担资金责任的分配方式，这是不够的，应根据贫困农民就业需要创新福利供给方式，以多种福利形式促进贫困农民有效就业。通过社会服务、就业技能训练、收入补贴等形式增加贫困者的就业机会、能力和动力。鼓励社会力量创造就业机会，对地方实践中探索的"订单式"培训、"基地式"培训及"远程"培训等服务模式加以制度化，发挥各种福利的协同效果，并使其成为政府的法定责任形式。政府作为贫困农民就业福利责任的主要承担者，应基于就业需要承担综合式福利供给责任。这些福利形式在国外反贫困中颇受重视，强调综合性就业福利是国外有效促进贫困者就业的一个重要经验。2003 年英国成立就业服务中心，为每个需要帮助的人提供具体就业服务，包括个人就业顾问帮助；给员工提供一个更安全、更职业化的工作环境，促进贫困者与招工雇主沟通，大力改进支持服务。[①] 韩国为落实以就业为重要目标的生产性福利政策，实行了保健、福利、就业一站式综合服务。这些做法值得我们研究借鉴。

　　其二，明确贫困农民就业福利中可获得的扶持内容。①经济支持。鉴于贫困农民就业常常面临经济障碍与低收入风险，应通过制度完善来保障他们享有一定的就业经济支持权，具体包括公平扶助权、就业补助权，还包括税费减免、贷款贴息、社会保险补贴及岗位补贴等经济福利权利；保障申请和不服申诉、监督等相关程序性权利。目前我国《就业促进法》及一些地方性就业促进条例已有相关规定，但大多不够具体，针对贫困者的规定不足，缺乏有效的保障机制，对此应加以调整和改变。②就业服务扶持。一是获得就业能力提升服务的权利。印度著名学者阿玛蒂亚·森指出："贫困不仅仅是相对地比别人穷，而且还基于得不到某些基本物质福利的

---

① 〔英〕简·米勒主编《解析社会保障》，郑飞北等译，格致出版社、上海人民出版社，2012，第 39 页。

机会，即：不拥有某些最低限度的能力……贫困最终并不是收入问题，而是一个无法获得某些最低限度需要的能力问题。"[1] 目前相当多的贫困农民未能接受有效的就业技能培训，贫困农户 16 岁以上的成员中，接受过非农业生产培训的只占 5.3%，接受过学徒工培训的占 1.08%，接受其他正式培训的占 3.9%。[2] 对于失地农民而言，只能进入非农行业谋生，但教育水平低又成为其进入非农行业的一大壁垒。[3] 因此，要依法规范政府就业教育责任，保障贫困农民获得就业能力提升的权利。我国新的扶贫开发纲要对此应有明确规定，应通过具体的立法使其成为公民权利并加以落实。二是获得就业信息服务的权利。目前贫困农民大多就业渠道比较单一，信息接收与反馈能力差。政府可通过大众传媒等渠道实行就业信息服务，建立公共服务平台，有针对性地进行就业信息服务，以保障这一权利的顺利获得。③获得就业激励扶持。主要包括获得就业奖励和就业补贴。目前我国一些地方为激励低保人员就业，推出了"就业补贴"的措施，值得肯定但不够全面，应形成多样化的就业激励形式。国外一些做法值得借鉴，1995 年英国《求职者法》规定，求职者作为津贴的申请人如果一周工作达 16 个小时并且有一些兼职收入，可被忽略不计，不影响享有救助补贴；重返工作的贫困者可获得最高金额达 1000 英镑的免税奖金，即规定工资收入一部分数额不纳税，以此作为对其工作收入的补充。进入 21 世纪后，政府实行了更为灵活的补贴制度，允许在领取补贴的同时从事工作。有学者将这种现象称为"工作与福利的混合体"[4]。这种做法使就业激励权利多样化，政府可通过推进城乡统筹就业，实行城乡就业互动，将劳动者自主择业、市场

① 〔印度〕阿马蒂亚·森：《衡量贫困的社会学》，改革出版社，1993，第 79 页。
② 国家统计局农村社会经济调查司：《中国农村贫困监测报告 2009》，中国统计出版社，2010，第 12 页。
③ 李晓红、孙红：《能力贫困视角下的农村新生贫困问题研究——基于贵州盘县的调查》，《调研世界》2012 年第 9 期。
④ 〔英〕内维尔·哈里斯等：《社会保障法》，西霞、李凌译，北京大学出版社，2006，第 346 页。

调节就业和政府促进就业有机的结合，保障这一权利的实现。一是消除就业歧视，通过户籍制度改革等途径使贫困农民在城市获得平等就业机会。二是采取多种途径为贫困者创造就业机会。乡镇民营企业、私营企业有较丰富的就业机会资源，借鉴国外做法，政府可考虑给予雇用贫困农民的企业直接的资金补贴，通过适当的援助防止因效益原因解雇他们。在此方面，韩国已形成就业创出支援、就业调整支援、就业促进支援及职工就业稳定支援等系统化制度体系。[①] 我国可以尝试构建这些制度。

其三，规定贫困农民的相关义务。就业福利不是一项单纯的权利，对于有一定劳动能力的贫困农民应体现就业参与的义务性特点，对消极依赖政府的救济者给予一定的惩戒，以增加其就业的压力。目前应结合我国的现实情况，借鉴国外经验，在就业福利中通过以下规定使贫困农民承担相关义务：①规定救助福利金的领取条件，将有一定劳动能力的贫困农民参与就业及相关就业项目作为获得就业福利的基本条件。此类规定早在20世纪70年代美国的工作福利政策中就有一定的体现，即失业的父亲只有工作才可获得"帮助有未成年子女家庭"项目的救助金。美国密西西比州规定，福利对象须接受政府所提供的任何工作，否则就取消所有救助。[②] 我国在保证贫困农民基本生存前提下，可将部分救助福利金的给付附加在就业活动参与条件内，以促进其参与就业活动。②规定救助福利金的领取期限。在领取失业金的时效结束后，如果依然未能就业，减少救助金发放，救助金给付时对个体贫困农民与家庭情况不同的应有所区分。1996年美国福利改革法案《个人责任与就业机会协调法》（PRWORA），包括九个部分的内容规定，其中的"贫困家庭补助（TANF）"计划设定了大部分救助对象一生只能获得60个月（5年）的救助金援助。一些州也在此基础上做出了更严格的规定，爱达荷州规定期限只有2年。许多州

① 金钟范编《韩国社会保障制度》，上海人民出版社，2011，第139—142页。
② 〔美〕Neil Gilbert、Paul Terrell：《社会福利政策导论》，黄晨熹等译，华东理工大学出版社，2003，第356页。

规定援助时间不超过 2 年。① 我国也可尝试这种规定。③惩罚性规定。对于不能按要求使用福利金、有欺骗行为者应进行一定的惩戒。如美国爱荷华州规定，政府帮助福利对象建立"个人发展账号"储蓄，但账号的钱只能用于创业寻找工作，否则就会被取消账号。这些在我国目前农村反贫困的小额信贷及其他就业创业支持中都可以借鉴。

第三，福利衔接性规定。以上就业福利有效运行仅靠单一制度是不够的，还需要相关福利制度的配套衔接，主要包括：其一，就业福利与农民工社会保险福利衔接规定。目前，农民在城市就业仍面临不小的贫困风险，农民工"工作贫困"已成为突出问题。应对这一贫困风险的主要措施是将就业福利与农民工社会保险相衔接，对农民工与城市正规职工进行社会保险统筹安排。2012 年我国公布的《国家基本公共服务体系"十二五"规划》在扩大基本养老保险、医疗保险时特别强调，要重点提高农民工、个体工商户和灵活就业人员的参保率。应通过城乡社会保险福利统筹使农民工获得工伤、医疗、养老保险等在内的综合性社会保险。目前上海、成都等地已着手为非正规就业人员建立涵盖以上各方面的综合性社会保险，值得关注和研究。政府应通过必要的福利支出，对贫困家庭农民工进行必要的倾斜支持，以体现实质公平。目前进城务工农民社会保险参与率较低的重要原因是缴费问题，贫困家庭中这类问题更突出，有必要帮助其参与社会保险。作为就业福利开支的一项内容，有的地方在农民工失业保险方面进行了尝试，如沈阳市在《关于农民合同制工人参加失业保险等有关问题的通知》中规定，农民工可免费参加失业保险，保险金由企业按合同制实发工资的 2% 缴纳，规定出台前农民工的缴费实行全部退还，这值得其他保险项目的借鉴。

其二，农民就业福利与残疾人就业福利的衔接规定。残疾通常是个人及其家庭贫困的重要原因，近年来，城乡贫困残疾人数

---

① 〔美〕Neil Gilbert、Paul Terrell：《社会福利政策导论》，黄晨熹等译，华东理工大学出版社，2003，第344—357 页。

量大幅增加，约占城乡残疾总人口的 50%。[①] 农村贫困家庭中有较大比例的残疾人，2011 年中央决定将农民人均纯收入 2300 元作为新的国家扶贫标准后，农村贫困残疾人数量大幅增加，估计将达到 3000 万左右，约占农村残疾总人口的 50%。[②] 我国《残疾人就业条例》及新修订的《残疾人保障法》都涉及残疾人就业福利方面的内容，但残疾人福利事业城乡和区域发展还很不平衡，农村残疾人在康复、教育、就业等方面还面临诸多的困难。为有效促进农村残疾人就业，可将农民就业福利与残疾人就业福利在人力、财力、信息、管理等方面进行衔接，以增加农村残疾人福利供给，消除对农村残疾人的就业歧视，投入更多资金鼓励扶持残疾人自主择业和创业。在对有劳动能力的困难残疾人家庭进行救助时，应保障发展性资金扶持。

其三，就业福利与农村社会服务福利的衔接规定。贫困农民的社会服务状况与就业有十分密切的关系，贫困家庭的老年人、残疾人、精神病人及儿童若不能得到有效的照料服务，外出就业的愿望就很难实现。但目前农村相关照料服务发展明显滞后，以养老服务为例，"只有 4.2% 的农村社区开展了这项服务，比城市低了 36.9 个百分点，在上门护理方面，农村有 4.6% 的社区开展了这些服务，而在城市，34.1% 的社区开展了这项服务"。[③] 目前国外家庭照料服务的新趋势是与贫困者就业促进目标相整合，在欧盟国家，"同老年人照料一样，提高儿童照料的一个关键方面就是将儿童政策整合到更广阔的政策中……儿童照料的发展在政策制定上首先被视为使更多的妇女能够进入劳动力市场的一种手段"。[④] 而且服务供给十分灵活，以满足家长工作的需求，值得我们借鉴。我国《农村扶贫开发纲要（2011—2020）》提出，加快农

---

① 刘茜：《残疾人就业困难 贫困者几占一半》，《南方日报》2012 年 6 月 20 日。
② 韩柳洁：《残疾人扶贫需要更多优惠政策》，《人民政协报》2012 年 4 月 23 日第 B01 版。
③ 苏保忠：《中国农村养老问题研究》，清华大学出版社，2009，第 123 页。
④ 参见李兵、张恺悌、何珊珊等主编《社会服务》，知识产权出版社，2011，第 248 页。

村养老机构和养老服务设施建设，支持贫困地区建立健全养老服务体系，加快贫困地区社区建设。建议将以上建设的全部或部分开支纳入农民就业福利，通过以下三种路径与农村贫困家庭社会服务福利衔接：①发展家庭照料服务。老人护理康复、精神慰藉、临终关怀及儿童、残疾人等照料服务都存在一定的专业需求，政府有必要在此方面进行一定的福利支出。②政府提供家庭照料服务补贴性福利。对参与就业的贫困家庭提供一定的家庭照料服务津贴，农村社会服务的健康发展不仅能够解除贫困农民离家就业的后顾之忧，提高其非农就业的积极性，而且为贫困农民提供了参与照料服务的就近就业机会。政府可通过支付一定的服务购买费用等措施提供这种服务。

（三）提升科技致富能力的服务策略

农业科技知识缺乏是制约贫困者脱贫致富的重要原因，必须加大扶持力度尽快提升落后地区农民的科技致富能力。2012 年 12 月我国新修改的《农业法》第七章专门规定农业科技与农业教育的内容。《中共中央国务院关于打赢脱贫攻坚战的决定》强调，要加大科技扶贫力度，解决贫困地区特色产业发展和生态建设中的关键技术问题；加大技术创新引导专项（基金）对科技扶贫的支持，加快先进适用技术成果在贫困地区的转化；深入推行科技特派员制度，支持科技特派员开展创业式扶贫服务；强化贫困地区基层农技推广体系建设，加强新型职业农民培训。这对科技精准扶贫具有重要的指导和规范意义。在今后扶贫中需要探索和实践以下策略，其相关服务包括以下几点。

1. 激励社会参与

通过相应的激励措施促进社会组织、企业或个人将自身扶贫技术资源运用于精准扶贫行动中，目前湖北等地已进行了一定实践。如在湖北大别山连片特困地区，"同样是养殖'扶贫羊'，前几年选了热门的小尾寒羊，却不服南方水土，天热都病死了；现在养本土黑山羊，得病少，长得快，价格也好。同样还是养殖'扶贫羊'，直接把羊羔分给贫困户，有的农民养不好，干脆把羊杀了卖钱；现在通过扶持龙头企业，建立起'政府＋金融＋保险＋公司＋贫困户'五位一体的精准扶贫模式，政策、银行提供贴息贷款，由企业为贫困户提供山羊，并全程技术保障，保险兜住网底，实现多赢，按照产业方式办，自然发展顺利。推动产业扶贫，也不是一个地区、一个部门的事情，需要各级政府、各个部门通力合作。只有加大对产业扶贫的资金投入，健全金融、科技、人才等多方面的支撑保障体系，积极引导各方面力量参与产业扶贫，才能真正做到精准扶贫、拔掉穷根"。[1]

2. 促进科技富农知识下乡

2015 年，贵州省毕节市实施科技人员包村活动，发挥农技人员下基层的作用。启动了"千名农业专家服务'三农'行动，规定了农技人员下乡办农企，可以申请留薪留职，免除后顾之忧。通过'人才扶贫'工程的实施，全市在脱贫攻坚战场上投入各类人才 43 万余人，培训群众 500 万人次，帮助 40 多万贫困群众实现脱贫"。[2] 2016 年 5 月贵州省出台《"万名农业专家服务'三农'行动"工作方案》，主要内容包括确定每年组织选派 10000 名农业专家服务基层的选派规模；提出农业科技副职、科技特派员、农业辅导员和农业创业者等的服务方式；明确了省内科研院所，大专院校，省、市、县三级农（林）业机构，省内相关企事业单位，离退休农业专家和省外高层次农业人才作为专家来源；帮助理清发展思路、推广农业集成技术、培养农业科技人才、建立互动长效机制和承担农业发展项目[3]等工作内容。

案例 4－9　通过科技下乡促进农民脱贫致富

2015 年，毕节市实施科技人员包村活动，大方县大山乡松明村的陆开珍，66 岁了仍然闲不住。以前，地里种的是苞谷，一年苦到头才收个千把斤。县农牧局的特色农业基地股

---

① 冯华：《产业扶贫也要遵循市场规律》，《人民日报》2016 年 6 月 3 日第 5 版。
② 郝迎灿：《乌蒙山区有支脱贫奇兵》《人民日报》2016 年 5 月 27 日第 11 版。
③ 参见《省"万名农业专家服务'三农'行动"联席办》，http://www.qagri.gov. cn/ Html/2016_05_23/2_136561_2016_05_23_138519. html。

股长李从信，从单位留薪留职，到大山乡创办冷凉蔬菜种植基地。陆开珍的两亩地流转给基地，基地又把地返还给她种。除了每年一亩400元的流转费，每种一季蔬菜还有700元的务工费。蔬菜销售后扣除成本，公司和农户按各50%进行分红。公司与农户结成利益联合体，方式上灵活多样。贫困户既可以土地、资金入股，也可到基地打工，更多的则采取公司＋农户的方式起到引领带动作用。①

3. 加强专项经费投入

目前我国财政预算对农业科技的投入没有单列，资金投入随意性大，政府财政投入不足已严重制约了农业科技的发展和应用，致使农业科研经费投入较低，急需建立法律来规范农业科技的投入。由于贫困地区科技致富变得更加困难，人大代表李晓方提出议案，建议制定"农业科技进步法"，规范政府相关资金投入的法律责任与义务、科研机构运行机制、农业企业科技进步责任等。②本书认同这种建议，建议在全国立法时，对科技扶贫事项做出专门规定，通过充分的经费支持改变目前农民仅依靠自发偶然地学习新技术来实现致富的现象。

4. 全面提升农民致富知识技能

在此方面，国家应给予一定重视。2014年，"国家进一步扩大新型职业农民培育试点工作，使试点县规模达到300个，新增200个试点县，每个县选择2—3个主导产业，重点面向专业大户、家庭农场、农民合作社、农业企业等新型经营主体中的带头人、骨干农民等，围绕主导产业开展从种到收，从生产决策到产品营销的全过程培训，培养造就大批高素质的农业生产经营者，支撑现代农业发展，确保农业发展后继有人。2014年，国家继续组织实施农村劳动力培训阳光工程，以提升综合素质和生产经营技能为

---

① 郝迎灿：《乌蒙山区有支脱贫奇兵》，《人民日报》2016年5月27日第11版。
② 刘恕：《李晓方代表建议：制定〈农业科技进步法〉》，《科技日报》2004年3月11日。

主要目标,对务农农民免费开展专项技术培训、职业技能培训和系统培训。阳光工程由各级农业主管部门组织实施,农广校、农技推广机构、农机校、农业职业院校及有条件的培训机构承担具体培训工作。2014 年国家还制订了农村实用人才培养政策"。① 在今后的扶贫工作中,应增加相关经费投入,形成制度体系,保障政策的连续性和实效性。

(四)"工作贫困"治理精细化策略

我国目前的"工作贫困"主要集中于农民工群体。对于我国农民工"工作贫困"原因,目前学界有不同的看法,各地初步的政策选择也存在差异。笔者认为,城乡二元结构造成的城乡福利分割是农民工"工作贫困"的根本性原因。"农民身份转化滞后于农民就业转移,导致原来未解决或破解的城乡二元结构进一步向城市延伸,形式新二元结构问题"。② 实际上这种"新二元结构"主要是由于身份差异而带来的对公共福利服务享有的不平等,进而带来了农民工的贫困及其他各种问题。统计数据表明,"在基本养老保险、基本医疗保险和失业保险三个领域中,城市居民和农民工群体存在着很大的差异。在基本养老保险覆盖水平上,城市本地劳动力的覆盖率为 35.3%,而农民工群体的覆盖率只有 10.5%;在基本医疗保险覆盖水平上,城市本地劳动力覆盖率为 45%,农民工的覆盖率则为 14.4%;在失业保险覆盖率水平上,城市本地劳动力覆盖率是 19.8%,农民工群体覆盖率只有 4.9%"。③ 党的十八大报告强调,要统筹改革发展稳定,统筹推进城乡社会保障体系,加快完善城乡公共服务一体化。而农民工"工作贫困"治理则应成为城乡福利统筹的重要内容。

---

① 国家统计局住户调查办公室:《中国农村贫困监测报告 2015》,中国统计出版社,2015,第 3 页。

② 顾海英等:《现阶段"新二元结构"问题缓解的制度与对策——基于上海外来农民工的调研》,《管理世界》2011 年第 11 期。

③ 都阳:《城乡福利一体化:探索与实践》,社会科学文献出版社,2010,第 28 页。

对于如何应对农民工"工作贫困"问题，学者有不同建议，笔者不认同有学者提出的通过农民工重新返乡务农治理"工作贫困"的思路。因为越来越多的农民工，尤其是新生代农民工更倾向在城市生活，不愿返乡，"即使在没有找到工作同时又把本钱用光的情况下，也只有34.9%的农民工愿意返乡"。① 绝大多数新生代农民工希望成为城市市民，同时，农民工往返城乡势必会增加经济与时间成本，而且农业现代化及现代农业科技应用内在的要求规模化的土地经营，长久维持小农生产方式不利于农民科技增收和抵御自然灾害能力的提升。本书认为，对"工作贫困"者的扶持措施应包括两个方面，一是实行机会平等政策，二是向他们实行倾斜的实质平等政策，概括起来实质上是对不同群体的扶贫福利统筹。

目前我国应如何进行福利统筹？学者对此持有不同看法，我国福利社会学家景天魁认为："城乡统筹，不是城乡平调。不能收城市居民的社会保障项目缴费去给农民用，而是指财政统筹安排，建立城乡统一的劳动力市场和促进就业制度，并以此为基础，整合多种资源；建立城乡统一的义务教育和职业教育体系，并以此为基础，培育和增强我国的人力资源优势；建立城乡统筹的财政制度，并以此为基础，明确政府、企业和个人的责任，形成公平合理的责任体系。"② 从我国农民工"工作贫困"治理角度看，基于我国现实情况，借鉴国外经验，福利统筹应体现为以下两方面：一是实行福利机会均等，改变目前因为户籍、身份差异而造成的多种福利差别；二是通过相关资金安排保证农民工能够在收入保障、社会保险、社会救助等方面获得与城市正规职工相同的待遇，必要时实行倾斜性资金支持，以体现实质公平。具体政策措施包括以下三点。

第一，通过福利统筹保障农民工收入安全与持续增长。在农

① 徐增阳，付守芳：《农民工的社会救助：需求、认知与意愿——以武汉市为例》，《华中师范大学学报》（人文社会科学版）2011年第2期。

② 景天魁：《底线公平：和谐社会的基础》，北京师范大学出版社，2009，第301页。

民工收入安全保障方面，一是完善基础保障制度，如健全工资拖欠治理制度。我国当前的治理措施主要针对的是建筑业，建议拓展到各类行业，目前服务业、制造业、零售业、个体私营企业都是容易拖欠工资的行业，应有具体治理措施。再如规范用工制度，如建筑行业的建筑公司等具备法人资格及相应资质的企业，应构建直接对农民工负责的用人制度，防止企业通过层层转包逃避发放农民工工资的责任，以实行更为有效的监管措施。二是完善工资福利统筹制度，要求用人单位与非正规就业人员签订书面的劳动合同，明确他们的工资及福利报酬，规定他们可享有与正规就业人员同等的工资待遇。还可推广和完善欠薪保障机制。2007年上海市公布《上海市企业欠薪保障金筹集和垫付的若干规定》，要求在上海市工商局登记的所有企业依照当年最低工资标准缴纳欠薪保障费，在雇主无力偿付工资时通过欠薪保障基金能够及时向农民工支付工资。也可进一步向其他地区推广施行欠薪保障机制，并考虑制订专门的法律，规定更合理的缴费标准，对欠薪基金加强管理和监督，优化欠薪偿付运作程序。

在农民工收入持续增长保障方面，改变目前就业人员工资低增长或零增长现象，由政府规定合理的工资增长指导线，建立农民工工资合理增长机制和工资支付保障机制，将工资增长纳入强制性政策立法范围，并由政府部门监督贯彻执行。通过统筹安排相关资金，使这一增长获得经济保障；同时鼓励集体谈判制度的发展，即通过集体谈判由劳资双方依据当前物价水平和行业平均工资等指标，并结合企业经营状况对当前工资水平进行协商，在制度化手段上为农民工工资增长提供渠道。对于部分难以实现工资增长、低效益工资的企业，确定具体标准，借鉴国外做法，由政府统筹安排专门资金，对生活较为困难的农民工，进行特殊贫困救助，使其收入不低于最低工资标准，并且帮助承担一定的家庭开支。

第二，通过机会公平与实质公平统筹均衡促进农民工稳定就业。针对目前农民工存在的就业难以稳定与持续进而影响收入稳定的问题，应形成以下系统的制度体系：一是加快推进城乡就业政策一体化，突破户籍、就业领域等方面的限制，为农民工提供平等的就业机会。2006 年出台的《国务院关于解决农民工若干问题的意见》指出，放宽农民工入城落户条件，意在消除因城乡差异而形成的就业身份壁垒，而这应在全国范围内进一步得到贯彻。各级政府劳动部门应建立就业信息公开制度和灵活就业信息互联网制度，建立统一共享的劳动力需求信息数据库，广泛采集并归类全国各地用工信息，供各种就业需求者参考。二是通过扶持性政策提升农民工的就业能力。2006 年《黑龙江省人民政府关于切实解决农民工问题的意见》指出，各级政府要安排专项财政扶贫资金，对贫困农民和劳动力转移带头人进行培训；大力开展特色培训，根据市场需求，加大创业培训和岗前培训力度，增加岗前培训数量，提高培训质量；要研究制定鼓励农民工参加职业技能鉴定、获取国家职业资格证书的具体政策和办法。这种做法值得肯定，建议各地在制定相应政策时，考虑增加免费获得技术培训的人数和次数，使更多的就业弱势者获得就业技能提高的机会，以激活他们的就业活力，提升他们的就业能力。

第三，促进农民工获得全面的社会保险。社会保险是降低弱势就业人群贫困风险的主要途径。目前上海、成都等地已着手为非正规就业人员建立综合性社会保险，包括工伤、医疗、养老保险等。但从全国情况看，农民工社会保险参与率较低，相当数量的新生代农民工无社会保险。2012 年我国《国家基本公共服务体系"十二五"规划》在扩大基本养老保险、医疗保险时特别强调，要重点提高农民工、个体工商户和灵活就业人员参保率。根据国外经验与我国现实情况，应通过社会保险福利统筹，使农民工获得全面的社会保险；通过立法制度明确农民工和城市正规就业人员享有同等社会保险权利；改变目前城市社会保险对农民工的排斥现象。政府应承担起社会保险公平的制度供给和有效的监督执行的责任，确保用人单位承担福利统筹责任。因为在现行政策下，利益驱动使企业对农民工养老保险和其他劳动保险重视不足，而作为弱势群体的农民工对所在企业的行为听而任之。为改变这种情况，应强化《社会保险法》的执行强度，加大对违规企业的惩处力度，健全相关制度，将农民工的社会保险纳入强制性管理，使其受到政府强制性力量的保障，如可以效仿建筑业的政策和做法，由安全生产监督部门、建设部门等核实企业用工人员的工伤、医疗、失业保险等保险办理情况，并将其作为开工许可审批的前置条件，以确保用人单位承担保险责任。在通过福利统筹实现实质性公平方面，要设立有利于农民工参保的合理缴费标准。如2009年人力资源与社会保障部出台的《农民工参加基本养老保险办法》，提出了用人单位缴费比例为工资总额的12%，农民工个人缴费比例为4%至8%，并可根据本人收入情况合理选择和确定。这样的规定意在降低农民工参加职工养老保险的门槛，将更多农民工纳入养老保险制度覆盖范围。要建立针对收入低下的灵活就业农民工群体的区别性的社会保险制度，进一步调低缴费标准，对缴费确有困难者经核实后政府应予以一定缴费补贴，对缴纳上述保险仍十分困难的农民工，政府应将其纳入城市贫困救助体系予以适当贫困救助。

（五）　救助扶贫与开发扶贫衔接精细化策略

政策衔接的基本目的在于提升政策的整体性效果，联合国提出了"摆脱贫困陷阱的政策组合"的建议，其中包括投资于人类发展、帮助小型农户提高劳动生产率、基础设施建设、制定非传统私营部门活动政策、强调人权与社会公平及促进环境可持续等六项政策组合。[①] 在我国当今扶贫实践中，民政部门与扶贫开发部门的政策衔接已受到重视，2010年国务院办公厅转发扶贫办等部门《关于做好农村最低生活保障制度和扶贫开发政策有效衔接扩大试点工作意见的通知》，其中要求由民政部门提供低保对象的劳动能力信息，扶贫开发部门负责持续生计能力建设发展的衔接模式，这虽然具有一定合理性，但从贫困农民可持续生计的角度看，仍存在以下问题：其一，具体操作中存在困难和偏差，低保与扶贫开发在对象、标准等方面都不一致，导致实践中出现了扶贫高

---

① 联合国开发计划署：《2003年人类发展报告——千年发展目标：消除人类贫困的全球公约》，中国财政经济出版社，2003，第18页。

风险人群，这些人既不能成为扶贫对象，也无法成为低保对象。①
扶贫开发和农村保障的衔接政策执行不当。存在优亲厚友的现象，
导致贫困户没有得到扶持，资金也没有得到有效使用。这种现象
在其他地方也同样存在。其二，难以有效地提升贫困农民脱贫发
展能力。因为扶贫资金在很多地方并不宽裕，在贫困地区则更加
紧张。以青海为例，"根据县级扶贫开发规划，2003～2010 年，湟
中县 264 个贫困村实现稳定解决温饱的目标共需资金 6.4 亿元，平
均每年 8000 多万元，但实际每年只有 2000 多万元，按目标投资计
划，完成县级扶贫开发规划有一定的难度。国家及帮扶单位给予的
扶贫资金有限，'僧多粥少'，满足不了贫困群众在生产、生活等
方面的实际需求"。② 其三，忽视了民政部门在贫困农民脱贫发展
中的优势。实际上民政部门可以采取灵活简便，易于贫困农民参
与的方式，如养猪、养羊、种苗的使用、帮助他们学习一门手艺
等。扶贫开发部门虽可以给农民较大数额的资金帮助，但在具体
实施过程中存在着行动不便利、涉及部门多、利益关系复杂等问
题。以小额贷款为例，扶贫部门与贷款部门存在利益差别，贷款
银行会考虑到有无偿还能力，这对于贫困农民恰恰是十分不利的。
因此，针对农民的小额贷款成效不明显，出现了一定程度的小额
贷款萎缩现象。而最低生活保障针对性强，易于操作，目标明确，
更利于收到实际效果。其四，存在对部分贫困农民的不公正现象。
通常来看，被确定为国家级贫困县以后，扶贫资金比较有保障。
但被确定为扶贫对象的县、乡及农村人口毕竟有限，一些生活在
国家或省级贫困县之外的农民也可能很需要可持续生计能力发
展的帮扶，而扶贫资金却难以得到，这会造成对他们的不公平待
遇。同时余下的绝对贫困人口越少，居住越分散，政府采取强有
效措施的难度越大，而以个体贫困农民为直接对象的最低生活保
障制度则较容易进行这种扶贫。

---

① 汪苏：《精准识别贫困户　新政策加强低保扶贫衔接》，http://china. caixin.
com/2016 - 09 - 28/100992892. html。

② 李海基：《湟中县扶贫开发工作中存在的问题及对策》，《现代农业科技》2008
年第 1 期。

基于以上分析，笔者建议针对具体情况采取以下三种衔接形式。其一，民政部门为扶贫开发部门提供信息帮助。这种衔接便于扶贫开发部门对部分有劳动能力的贫困农民实行集中性和整体性帮助，如发展技术学校，集中性农业技术培训；对部分贫困农民实行移民安置；为部分有创业能力潜力和愿望的贫困农民实行小额贷款扶持等。其二，民政部门直接对保障对象予以脱贫能力帮扶。扶贫部门给予一定的资金支持，即直接给予贫困农民一定的保障资金以提高脱贫能力，在支付其低保金时适当包括一定数量的就业技能学习费用，帮助其实施简易富农项目等。同时扶贫开发部门对民政部门予以一定的资金帮助，即部分扶贫开发资金通过民政部门以低保金方式向贫困农民支付。这种衔接适合处于分散居住状态的，难以得到扶贫资金的，低保家庭成员中具有一定劳动能力的贫困农民。从国外情况看，当今不少国家在进行扶贫开发的同时，还注重发挥最低生活保障在促进贫困人群持续发展中的作用。日本1950年新《生活保护法》第1条规定，国家对生活穷困的全体国民根据其贫困的程度，保护其最低限度的生活，并帮助其自立。《2005年度不同家庭类别的最低生活保障水准（月额）的具体事例》强调贫困者对个人现有资产、能力的积极运用。英、美及印度等国也采取了类似的制度，获得了较好效果。其三，以协议方式加以衔接。协议可明确各方权利义务关系，保证衔接效果。例如，对于有一定劳动能力和有农业科技需求与运用条件的低保对象以及边缘贫困农民，民政部门与扶贫开发部门、农业科技服务机构及贫困农民可共同签订农业科技服务协议，明确各方权利义务关系，农技服务费用按适当比例由民政部门与扶贫开发部门共同支付，任何一方违反协议都必须承担相应的法律后果，这类似于长沙市民政部门为精神病人购买医疗服务的方式，值得尝试。① 以上

---

① 湖南省长沙市2006年6月1日施行的《长沙市社会精神病人药物救助实施办法》规定，对于家庭极度困难的重度精神病人，民政部门与福利院签订供养协议，将福利院作为高度精神病患者的照料、服务的具体责任方，所需费用由民政部门的医疗保障资金、慈善组织捐款、亲属帮助等多方面负担，已取得了较好的效果。

衔接思路强调了农村低保与扶贫开发共同发挥对贫困农民生计能力的建设作用，既节省了衔接成本，又能够分别有效发挥扶贫部门与民政部门各自的优势。

应承认，我国有不少地方农村低保只是维持贫困农民的基本生存，实行以上衔接模式还存在一定的困难，因此，必须进行以下三方面的配套制度建设：首先，加大中央财政对农村最低生活保障的投入，改变以上这种城乡保障资金比例严重失衡的状况，其中比较可行的路径是农村最低生活保障资金的承担责任上移，保障资金大部分由中央、省级财政承担。在财政确实困难的省区，农村最低保障资金基本由中央财政予以解决，这样保障资金的大幅度增加就使以上衔接有了可靠的物质保证。同时，借鉴国外制度经验制定较科学的财政转移支付法律，对转移支付资金使用要求、范围、责任、地方配套资金等都尽可能做出具体规定。其次，完善贫困农民分类制度。以劳动能力为标准对保障对象进行分类，并采取针对性救助和帮扶方式，这是国外较为成功的做法。我国各地分类制度基本上未以能力状况为依据，不利于民政与扶贫开发部门进行持续生计能力建设帮扶，应对低保家庭农民的劳动能力状况进行具体区分。最近有的地方已注重将贫困者的自救能力作为保障对象分类首先考虑的因素，如 2009 年《湖北省最低生活保障工作规程》第 15 条规定："按照低保对象自救能力、生活状况等不同情况，相应实施分类保障。"这一做法值得肯定。第三，完善贫困农民扶贫参与的促进制度。20 世纪 90 年代后，英国美国等发达国家不再实行政府单方面的福利给付，而是实行政府与贫困人群的契约合作，贫困人群由救助福利的被动接受者转变为具有契约责任的主体，即要求他们在享有扶贫权利的同时，承担寻找工作、提高自我发展能力的责任，如参与就业能力培训等。履约方式也较为积极化和多样化，包括收入忽略、重返工作奖金等，这促使更多贫困者摆脱了福利依赖，走向自立，同时收入获得了持续增加。这些做法值得我们研究借鉴。

第五章 中国健康扶贫精细化策略

一 健康贫困现状及致因分析

(一) 健康贫困内涵及现状之审视

除收入贫困外，贫困人群通常面临不可忽视的健康贫困。关于健康贫困的定义目前尚未有统一看法，本书提出，健康贫困在表层含义上意味着一个人较长期地处于一种或几种疾病状态，较长期的慢性疾病是典型的健康贫困表现，包括身体健康贫困和精神健康贫困，前者包括客观健康缺失和自评健康不足，后者指经常有紧张、害怕、孤独及忧郁等负面情绪；深层意义上的健康贫困是指摆脱疾病的机会和能力的缺失，从机会与能力角度界定健康贫困的基本依据是印度著名学者阿马蒂亚·森的可行能力贫困理论，"从一个人所拥有的、享有自己有理由珍视的那种生活的实质自由来判断个人处境。根据这一视角，贫困必须被视为基本可行能力的剥夺"。[1] 以此来看，"健康贫困是一种机会丧失和能力剥夺，由于经济发展水平低下，支付能力不足所导致的参与医疗保障、卫生保健和享受基本公共卫生服务的机会丧失，以及由此所造成的健康水平下降导致的参与经济活动的能力被剥夺，从而带来了收入的减少和贫困的发生或加剧"。[2]

目前我国贫困人群的健康贫困问题十分突出，主要体现在：①疾

---

① 〔印度〕阿马蒂亚·森：《以自由看待发展》，任赜、于真译，中国人民大学出版社，2012，第85页。

② 孟庆国、胡鞍钢：《消除健康贫困应成为农村卫生改革与发展的优先战略》，《中国卫生资源》2000年第6期。

病呈现多样化趋势，慢性疾病问题突出。研究表明："许多慢性疾病是直接与年龄有关的，而且与家庭收入成反比。"[1] 另一项调查数据也表明，约3/4（75.23%）的老人自报患有慢性疾病。本次调查中，分别有72.10%的城市老年人和78.76%的农村老年人患有慢性疾病。男性和女性老人中慢性病患者所占的比例分别为71.73%和78.59%。数据显示，在中低老龄段（60—80岁）中，随着年龄的增加，老年人患慢性疾病的比例逐渐提高，而高年龄段（80岁以上）老人中慢性病患者的比例随年龄增加而降低。[2] 而且贫困者身体与心理精神疾病往往存在相互影响的关系，因此，农村老年健康贫困已成为十分迫切的理论和现实问题。②贫困者健康能力不足。这种情况在农村贫困家庭中颇为常见，"虽然绝大部分老人参加了农村新型合作医疗，但太高的报销门槛往往使需要个人支付医疗费用的老者望而却步，大病统筹亦然。"[3] 再从低保家庭看，调查表明，他们多数无多余的低保金治疗疾病，不少人因为患的是慢性疾病，花费不少，但不能获得大病救助，新农合报销后，个人仍需承担不少花费，严重降低了生活质量。由于贫困人群疾病问题较为普遍，"因病导致贫困"和"因病返贫"问题一直十分突出，这又反过来影响贫困者摆脱疾病的能力。湖北省扶贫办通过对所辖南部山区村民的调查发现，现行医保报销比例偏低，农民难以承受巨额医疗费用。以2014年湖北省十堰市茅箭区的相关调查为例，2014年，新农合住院人数为3318人，实际支出费用为1570.76万元，新农合住院实际补偿数为389.69万元，报销比例为24.8%，在调查的42户贫困家庭中，因病返贫的有15户，占35.7%。[4]

---

[1] Committee on Ways and Means, U. S. House of Representatives, Overview of Entitlement Pro-grams: 1993 Green Book [M], Washington, DC: U. S. Government Printing Office, 1993.26

[2] 中国人民大学老年学研究所、中国人民大学中国调查与数据中心：《中国老年社会追踪调查》。

[3] 杨菊华、姜向群、陈志光：《老年社会贫困影响因素的定量和定性分析》，《人口学刊》2010年第4期。

[4] 湖北省扶贫办：《茅箭区对因病返贫情况的调查分析》，http://www.hbfp.gov.cn/zwdt/dfkx/16353.htm。

（二）健康贫困致因分析

目前我国公民健康贫困的形成原因是多方面的，其主要原因是民众健康素养总体偏低。2014 年 4 月国家卫计委出台的《全民健康素养促进行动规划（2014—2020 年）》指出，健康素养包括科学发展观、基本医疗素养、慢性病防治素养、传染病防治素养、妇幼健康素养、中医养老保健素养六类指标，这些对摆脱健康贫困、实现健康状态是十分重要的。但从实际调查看，我国民众健康素养情况并不理想，在贫困人群、农民及老年人群中尤为如此，具体情况见图 5－1。

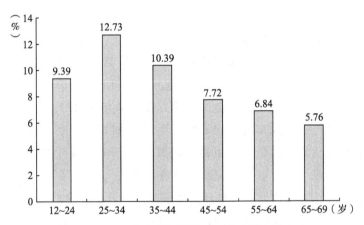

图 5－1　2013 年中国居民健康素养水平年龄分布

资料来源：国家卫生和计划生育委员会宣传司、中国健康教育中心：《2013 年中国居民健康素养监测报告》。

从城乡比较看，农村居民健康素养水平明显偏低，见表 5－1。

表 5－1　中国居民健康素养水平的城乡和地区分布

单位：%

组别	分类	健康素养水平
城乡	城市	13.80
	农村	6.92
地区	东部	12.81
	中部	7.10

续表

组别	分类	健康素养水平
	西部	6.93
全国		9.48

资料来源：国家卫生和计划生育委员会宣传司、中国健康教育中心：《2013 年中国居民健康素养监测报告》。

综合以上两方面数据不难看出，农村地区的老年人是健康素养水平最低的人群。从未来趋势看，当一个国家 60 岁及以上的老年人占总人口的 10% 及以上或 65 岁及以上的老年人占总人口的 7% 及以上时，表明该国已经进入人口老龄化国家的行列，老年健康贫困风险则更大。

缺乏健康的生活方式和疾病预防意识是目前不少人健康贫困的主要原因之一。一项调查显示，"2011 年 10—11 月抽取 18 ~ 60 岁城乡居民 8056 名，开展问卷调查。结果湖北省居民健康知识知晓率为 68.0%，正确知晓健康生活方式比率为 34.12%，为最低水平。健康行为形成率处于较低水平"。[1] 农村情况更加不理想，当前农村文化娱乐活动形式中打牌赌博占 73.7%，参与打牌赌博活动的比例剧增，可以说打牌赌博已经成为一种"习俗"，[2] 这种生活方式无论对精神健康还是身体健康都是十分不利的。

形成以上情况的深层原因在于我国卫生健康财政投入的严重不足。与国外相比，我国在这方面的支出明显偏低，农村尤其缺乏。以与美国的比较为例，2011 年度美国健康资源和服务管理局（HRSA）财政预算中，加州各项医疗卫生的资金投入总额达 8.28 亿美元，其中初级医疗保健体系的资助为 3.82 亿美元，占 46.14%；[3] 以我国较发达地区广东省的初级医疗保健机构的财政补助额情况来

① 覃世龙、李玲、夏庆华、张楚南：《2011 年湖北省城乡居民健康知识和行为现状调查》，《中国健康教育》2013 年第 11 期。

② 张西流：《"老人打麻将猝死"呼唤文化精准扶贫》，http://pinglun.eastday.com/p/20160214/u1ai9217743.html。

③ Health Facts Trust for American's Health，Investing in American's Health：A State-by-state Look at Public Health Funding and Key，2013.

看，卫生财政补助总额的比重波动起伏，2009、2010、2011、2012 年依次为 22.96%、23.90%、17.23%、21.52%，[①] 明显处于较低状态。国外对老年人卫生投入十分重视，OECD 国家 65 岁及以上人口的人均卫生费用是 65 岁以下人口人均卫生费用的近 4 倍，加拿大和日本分别是 4.7 倍和 4.8 倍。[②] 而我国此方面投入非常不足，需要加强。根据相关研究，2020 年中国适宜的卫生总费用占 GDP 的比例为 5.5%，达到适宜水平后，其适宜增长速度应与上年国内生产总值同步，这样才能保证卫生总费用占 GDP 的比重处于稳定的水平。[③]

二　健康扶贫精细化的基本目标

第一，使被扶贫者获得较全面的健康。就健康含义而言，"不同的时代、国家、民族以及个人会有不同的理解。在相当长的历史时期内，人们对健康的理解主要局限在生理上，无病无痛无不适即为健康。随着心理学研究的兴起和深入，人们对健康的理解更加全面，认为心理健康是人类健康不可或缺的要素。近期研究中还发现，社交也被作为人类健康的要素之一"。[④] Spicker 提出了健康的三种定义角度：首先是文化性定义，健康是指和特定社会相应的身体和精神之良好状态的标准。其次是规范性定义，指固定指标水平或理想的身体和精神状态。这种指标主要指医学指标，如当一个人的身高体重比超过一定标准时，这个人可能因偏胖而被认为不健康。再次是功能性定义，指的是开展一定身体和精神活动所必需的状态。若一个人患有社交恐惧症，显然会被人们认

---

① 黄敏芳、魏东海、Louis Rubino 等：《初级医疗保健体系的"三个支点"：美国加州与中国广东省的比较》，《中国全科医学》2015 年第 10 期。

② Robson, William B. P., Will the Baby Boomers Bust the Health Budget? Demographic Change and Health Care Financing Reform, C. D. Howe Institute Commentary 148. Toronto, CA: C. D., Howe Institute, Februbary, 2001.

③ 王朝昕、王颖、励晓红等：《适宜的中国卫生筹资总量分析》，《中国卫生资源》2011 年第 1 期。

④ 黄晨熹：《社会福利》，格致出版社、上海人民出版社，2009，第 300 页。

为是不健康的。① 该观点对世界卫生组织关于健康的定义产生了一定影响，"健康不仅为疾病或羸弱之消除，而系体格、精神上的完满状态以及良好的适应力"。② 在该定义中，健康被视为是多层面的，包含生理、心理及社会适应能力状况，而不仅仅指没有生病或者身体健壮。通过营养和健康投资，一方面可以增强劳动者的精力、忍耐力和判断力；另一方面可以促进个人的智力发育，增强个人的学习能力，并在未来适当的时候转化成生产力。相关疾病不仅增加家庭开支，而且可能会带来一系列不利后果，特别是残疾的形成会带来持续贫困，有关学者示图如下：

全面健康的概念在国际公约中也得到了明确体现，1948 年联合国《世界人权宣言》第 25 条规定人人享有本身及家属健康生活的权利即指身体健康。1966 年《经济、社会和文化权利国际公约》则引入心理健康概念，提出各国应保障"人人有权享有能达到的最高体质和心理健康的标准"。1978 年 9 月 12 日在阿拉木图召开的国际初级卫生保健大会通过的《阿拉木图宣言》规定了以下的健康内容，健康不仅是疾病与体虚的匿迹，而且是身心健康社会幸福的总体状态；2002 年世界卫生组织《积极老龄化政策框架》提出的健康概念中又包括身体、心理和社会功能等健康目标。此后国际组织的健康行动目标更加精细，2013 年世界卫生组织（WHO）发布的《2013—2020 年精神卫生综合行动计划》不仅对精神疾病进行了详细分类，并明确提出应将精神卫生纳入减贫、卫生、社会发展政策的干预措施中。④ 而目前我国健康扶贫基本上

① 黄晨熹：《社会福利》，格致出版社、上海人民出版社，2009，第 300 页。
② 黄晨熹：《社会福利》，格致出版社、上海人民出版社，2009，第 300 页。
③ 〔英〕莱恩·多亚尔、伊恩·高夫：《人的需要理论》，汪淳波、张宝莹译，商务印书馆，2008，第 220 页。
④ 世界卫生组织：《2013—2020 年精神卫生综合行动计划》，http://www. who. int/mental_heaith/zh/〔EB/OL〕。

只是强调身体健康的扶贫，今后健康扶贫精细化的基本目标就是使国际上的健康扶贫政策在我国得到有效落实，实现与世界健康扶贫的接轨。

第二，全面降低贫困者的健康贫困风险。主要是使贫困者在病前预防方面得到有效扶持，这一目标的意义在于，一方面可以避免过于注重事后治疗，以医疗保障与医疗救助为主要形式的被动扶贫方式将带来较高的医疗支出成本和政府财政压力，特别是随着人口老龄化步伐的加快，老人患病的人数将不断增多，患病的风险也将不断增加，医疗卫生条件相对较差的农村贫困老人更为如此。当穷人面对健康风险时即使最小的支出也可能导致延缓治疗，直到健康问题发展为疾病。① 另一方面，保障贫困者持续健康，有利于贫困者过上有质量的生活。世界卫生组织提出的"健康老龄化"体现了健康扶贫新目标，不仅要延长老年人的生物学年龄，还应该延长心理与社会年龄，在生命延长的同时，拥有较高的生命质量，② 同时也有利于促进健康中国的全面实现，为此，必须注重对疾病的有效预防。

第三，有效提升贫困者摆脱健康贫困的能力。根据印度著名学者阿马蒂亚·森的可行能力贫困理论，健康贫困的根本原因是缺乏摆脱疾病的能力和享有自己健康的实质自由。而我国目前的健康扶贫方式及学者的建议大多局限于收入支持，即帮助贫困者缓解医疗支出压力，而较少关注他们自身摆脱和提升健康贫困的能力，因此难以真正地消除健康贫困。目前我国正实施精准扶贫政策，有利于通过具体识别和特定措施提升具有一定潜能的贫困者摆脱疾病的能力。为此，需要更加注重对个体健康能力的瞄准和提升。有学者提出，在精准扶贫工作中，政策方面所要求的重视个体性和特殊性与扶贫措施中的普遍性和统一性是一对矛盾，

---

① 〔美〕戴安娜·M. 迪尼托：《社会福利：政治与公共政策》，何敬、葛其伟译，中国人民大学出版社，2007，第264—265 页。

② 劳颖谦、曹伟沽、李英丹：《医疗保险制度应该如何面对"老龄化社会"冲击》，《工会博览：理论研究》2011 年第 7 期。

这对矛盾的存在使精准扶贫的要求变成了难以实行的政策口号。[1]在健康扶贫中，经过合理的政策设计和策略选择，有针对性地提升个体贫困者摆脱健康贫困的能力，并与整体健康帮扶有机结合，该目标是可以实现的。

三 健康扶贫精细化的策略建议

根据 2015 年《中共中央国务院关于打赢脱贫攻坚战的决定》的政策精神，健康扶贫工程已被正式纳入我国精准扶贫政策体系中，如何有效实现扶贫是我国精准扶贫亟待探讨的新问题。针对农村贫困群体的健康贫困问题，21 世纪初期我国学者已有论及，并提出一些新的建议：推行适应于贫困地区和贫困人口的健康保障制度，强化贫困地区基本公共卫生服务的广泛可及性，可根本性地消除健康贫困。[2] 关于应对老年贫困问题，有学者提出，需构建全面的老年健康友好型社会体系，包括公共卫生、科学研究、医疗救治、产业体系、支持体系、保障体系、技术体系、生态环境。[3] 关于应对农民健康贫困，有学者提出，构建政府主导的基本健康服务公共支持体系，把增加农民收入和强化健康教育作为农村人口摆脱健康贫困的主要途径。[4] 在目前精准扶贫的政策背景下，有学者提出以精准治病促进精准健康扶贫的建议，即在加强医疗保险和医疗救助、新型农村合作医疗和大病保险等政策对贫困人口倾斜的同时，设立并建好专门针对贫困人口的政策性扶贫医院。[5] 也有学者设计出政府购买扶贫服务的框架，以期有

---

[1] 葛志军、邢成举：《精准扶贫：内涵、实践困境及其原因阐释——基于宁夏银川两个村庄的调查》，《贵州社会科学》2015 年第 5 期。

[2] 孟庆国、胡鞍钢：《消除健康贫困应成为农村卫生改革与发展的优先战略》，《中国卫生资源》2000 年第 6 期。

[3] 郝晓宁、胡鞍钢：《中国人口老龄化：健康不安全及应对政策》，《中国人口·资源与环境》2010 年第 3 期。

[4] 原新、刘佳宁：《我国农村人口的健康贫困探讨》，《南开学报》（哲学社会科学版）2005 年第 4 期。

[5] 周小毛：《以"精准治病"促精准扶贫》，《人民日报》2016 年 2 月 26 日。

针对性地提出提高扶贫能力、改善民生的保障措施。[①] 这实际就是强化政府在贫困人群的经济收入、农村公共卫生和医疗保障中的供给责任，加大相关财政的投入力度。这些建议具有一定的实践价值，但存在一定的现实问题。笔者建议从以下几大方面采取措施。

（一）实行整体性健康扶贫策略

强调包括身体、心理、精神乃至社会关系等多种因素相结合的整体健康已成为国际健康发展的基本趋势。整体化健康扶贫策略意味着综合改善贫困者身体健康的贫困，即将预防、治疗、康复多方面有机结合改善贫困者的身体疾病状况。1993 年《世界发展报告》提出的健康服务计划至今仍有借鉴意义，其核心服务包括儿童疾病、免疫、家庭计划、艾滋病及性传播疾病治疗、肺结核和学校卫生项目一体化管理，这些综合性干预措施往往能够达到低成本和高效益的目的。针对目前一些容易致贫的疾病，"人类大多已掌握了符合成本效益原则的预防和治疗措施。因此，实施医疗救助，使更多的卫生资源转移到针对贫困人口的健康问题上来，可以使我们的健康投资更富成本效果，从而进一步提高卫生资源的配置效率"。[②] 相关研究表明，人的心理健康状态与个人生存及健康状况往往有密切联系，"一个体魄健康、受过教育而且事业有成的人，他并不注重生活的负面部分，不作悲观的预测，也很少体验过孤寂的感受，总是认为可以对不利的事件和生活的进程施加影响，具有广阔的知识视野，而且具有温和适度的愿望、自我尊重的感情"。[③] 相反，贫困者心理精神贫困与物质贫困是同时存在的，如焦虑、孤独、忧郁自卑。所以，他们不仅有物质需

[①] 郑瑞强、王英：《政府购买扶贫服务的逻辑推理与作用机制优化》，《商业研究》2015 年第 6 期。

[②] 马培生等：《农村特困人口医疗救助制度研究》，中国社会出版社，2007，第23 页。

[③] 〔俄〕纳塔莉娅·拉杜洛娃：《"幸福"概念的性别差异》，选自俄罗斯《星火》，叶佳译，《国外社会科学文摘》2003 年第 10 期。

要，而且有心理精神方面的需要，用现金救助方式能有效解决贫困者的经济需求，但是不能满足其非物质性需要。将心理改善作为内容之一也是目前社会福利发展的重要趋势，英国福利思想家吉登斯指出，福利"关乎人的幸福"，它"本质上不是一个经济学概念，而是一个心理学概念"。艾考斯对福利的解释是"'福利'与'快乐'是一回事，经济的任务是致力于'福利'，亦即致力于'人类的快乐'"。① 健康、快乐和繁荣、积极的心态、责任与自我实现等都是福利权利的应有之义。福利不仅促进集体幸福感，而且促进每个人的心理幸福感。这往往需要引入专业服务，如社会工作者服务，因此需要将此内容纳入健康扶贫策略。

为达到以上目标，可借鉴国外做法，吸收更多的专业人员参与健康扶贫服务。在美国，大多数充当老年照顾管理员的是社会工作者、护士或者其他受过专门培训的人员或健康护理人员，他们可能会以独立的专业人员的身份开展工作，也可能会与一个健康护理或社会服务机构联手开展工作。老年照顾管理员向家庭成员或其他照顾对象提供服务，帮助计划、落实和协调老人的多种服务。这些人员具有专业知识，能评估老人的生理、心理和社会需要，并在社区里找到合适的服务来满足这些需要。② 以上做法值得我们借鉴。

（二） 加大政府健康投资力度

健康投资一直是我国福利投资较弱的领域，其中疾病预防性投资更弱。同时，我国还存在健康资源分配有失公平的问题，包括在地区间分配不均，城市和乡村之间分布不均，不同人群之间分布不均。只有解决好人的城市化问题，城里大量农民工及其子女才能正常享受和城里儿童一样的健康资源。③

---

① 罗志如等：《当代西方经济学说》（上册），北京大学出版社，1989，第397页。
② 〔美〕凯瑟琳·麦金尼斯-迪特里克：《老年社会工作：生理、心理及社会方面的评估与干预》（第2版），隋玉杰译，中国人民大学出版社，2008，第11页。
③ 林双林：《改革公共财政　兼顾效率与公平》，《中国青年报》2016年5月30日第2版。

在加快发展疾病预防卫生服务方面，政府加大疾病预防卫生服务投资力度具有特殊意义。1978 年 9 月 12 日在阿拉木图召开的国际初级卫生保健大会上，《阿拉木图宣言》所规定的一个基本政策精神就是呼吁加大政府疾病预防卫生服务投资力度。所有政府应拟订出国家政策、战略及行动计划，合理调动国家资源并使用外来资源，主要策略建议包括：提出群众中的主要卫生问题，并相应地提供促进、预防、治疗及康复服务；进行预防及控制方法的宣传教育；改善食品供应及适当的营养；安全饮用水的适量供应及基本环境卫生；妇幼卫生保健，包括家庭计划；主要传染病的免疫接种；常见病伤的妥善处理以及基本药物的提供等。根据《阿拉木图宣言》的要求，我国政府需注意以下问题：第一，加强部门协作。除卫生部门外，农业、食品、教育等部门要注重协作；在初级卫生保健的规划、组织、工作及管理中，充分利用现有资源，发展新的资源，通过宣传教育提高民众参与能力；所有人改善卫生保健，而重点是存在迫切服务需要的人们。第二，注重促进相关人员素质提升。包括医师、护士、助产士、助理人员。经适当业务培训后，乡村医生可以开展一定的以满足群众卫生需求为目的工作。第三，提升贫困者自我保健能力。《阿拉木图宣言》提出，人民有个别地及集体地参与他们的卫生保健的权利与义务，通过群众中个人及家庭的参与，并在本着自力更生及自决精神而发展的各个阶段，群众及国家能以维持的费用而使之遍及所有人。在提供促进、预防、治疗及康复服务以及预防、控制方法宣传教育以及政策过程中贫困者都能够且应当发挥主体作用。第四，促进多种合作以争取更多的卫生资源。国际初级卫生保健大会号召国家及国家之间迅速而有效的行动，以便在世界范围内特别是发展中国家中按国际新经济秩序并本着加深合作的精神贯彻执行初级卫生保健，敦请各政府、世界卫生组织和联合国儿童基金会、其他国际组织以及多边的和双边的机构、非政府性组织、资助机构、所有卫生工作者及整个世界大家庭，支持各国及国际组织对初级卫生保健所承担的义务，发展并坚持初级卫生保健。2000 年世界卫生报告将目标系统分解为健康状况的提高、卫生系统反应性的改善以及卫生筹资的公正性三个方面，上述几方面都存在多种合作空间。2012 年 12 月 26 日国务院新闻办公室发布的《中国的医疗卫生事业》白皮书指出，中国高度重视卫生国际援助，先后为许多发展中国家援建医院、培训卫生人才、开展疾病防控等工作，在取得巨大成就的同时，特别强调，到 2020 年建立健全覆盖城乡居民的基本医疗卫生制度，实现人人享有基本医疗卫生服务。为此，中国将继续深入推进改革，全面发展医疗卫生事业，更好地维护、保障和增进全体居民的健康。中国将继续积极参与全球卫生事务，与各方共同携手，为改善全球健康做出更大努力。地方层面也需要相关的机构或制度措施加以落实，如 2001 年成立浙江省医疗卫生国际合作发展中心的宗旨就是开展医疗卫生对外交流与合作，为促进省医疗卫生国际合作提供服务，这一做法值得肯定。

随着我国人口老龄化的进程，加大对老年疾病预防卫生服务的投资力度是政府健康扶贫精细化的重要内容，这不仅对保障老年健康具有十分重要的意义，而且有益于降低老年医疗支出。为抑制人口老龄化引起的卫生总费用的过度上涨，应根据实际需要提供保障健康精细化的卫生服务。按照相关预测，保守来看，"中国的卫生总费用在 2050 年将达到 16.1 亿万元。高卫生费用增长的预测表明，到 2050 年老年人口卫生费用更高，将达到 5.6 万亿元。可见老年人口卫生费用将成为一笔庞大开支。未来的医疗卫生费用必然会成为社会的巨大负担。随着家庭养老功能的逐渐弱化，对于老年人口的医疗费用，政府和社会必然要承担更多的责任"。[①] 而加强老年疾病预防卫生服务投入是降低政府老年医疗开支的明智选择。

（三）促进健康卫生资源分配公平

1. 促进城乡医疗资源公平分配

长期以来，我国医疗资源分布极其不均衡。我国 70% 以上的人口生活在农村，但是医疗资源相对稀缺，不少低保家庭中有一

[①] 黄成礼：《人口老龄化对卫生费用增长的影响》，《中国人口科学》2004 年第 4 期。

个或一个以上成员生大病或患有需要长期治疗的慢性病，很多人因病丧失了劳动能力，因病背上了债务。"因病致贫"和"因贫致病"的恶性循环已经成为困扰中国城镇的重大社会问题。昂贵的医药费用、工作能力的丧失使许多人得病后生活水平跌至贫困线以下。我国在城乡健康资源公平分配上进行了积极努力，制定了向农村地区倾斜资源的政策，如 2002 年颁布了《中共中央国务院关于进一步加强农村卫生工作的决定》，其中规定中央政府建立一个通过转移支付为农村贫困人口和弱势群体提供必要的医疗救助的体系。2003 年，民政部、卫生部、财政部联合颁布了《关于实施农村医疗救助的意见》，标志着我国农村医疗救助制度化的开始，但在实际落实上远远不足，预防性卫生服务支出力度较弱。我国贫困人口一般分布在自然条件和卫生条件较差地区，在贫困农村地区饮水与耕地遭到污染，垃圾露天堆放，农村环保设施严重不足，这些都是影响农民健康的重要因素。所以，健康服务已成为农村精细化扶贫社会服务的重要内容，除了个人层面的医疗服务外，还有以农村社区或群体为服务对象的医疗卫生服务发展等。

2015 年《中共中央国务院关于打赢脱贫攻坚战的决定》已明确将健康扶贫工程正式纳入新一轮扶贫攻坚政策中。在此过程中，农村低收入家庭老年人的健康扶贫问题尤其值得关注。研究表明，许多慢性疾病直接与年龄有关，而且与家庭收入成反比。[1] 实施健康扶贫工程，保障贫困人口享有基本医疗卫生服务，努力防止因病致贫、因病返贫。2016 年 4 月《中共海南省委海南省人民政府关于打赢脱贫攻坚战的实施意见》提出，实施卫生健康脱贫；完善新型农村合作医疗补偿政策，对农村贫困人口参加新型农村合作医疗个人缴费部分由财政给予补贴；新型农村合作医疗和大病保险制度对贫困人口实行政策倾斜，门诊统筹率先覆盖所有贫困地区，降低贫困人口大病费用实际支出，对新型农村合作医疗和大病保险支付后

---

① Committee on Ways and Means, U. S. House of Representatives, Overview of Entitle-ment Pro-grams: 1993 Green Book [M], Washington, DC: U. S. Government Print-ing Office, 1993. 26.

自负费用仍有困难的，加大医疗救助、临时救助、慈善救助等帮扶力度，将贫困人口全部纳入重特大疾病救助范围，使贫困人口大病医治得到有效保障；[①] 加大农村贫困残疾人康复服务和医疗救助力度，扩大纳入基本医疗保险范围的残疾人医疗康复项目；采取针对性措施，加强贫困地区传染病、地方病、慢性病等防治工作。

2. 促进卫生资源内容的公平分配

卫生资源的公平分配主要包括两方面含义，一是卫生资源的公平分配时对每个公民同等对待的形式公平，二是注重个体差异性的实质公平。后者体现了对健康贫困者的特别关注，尤其对健康能力贫困者进行重点关注。为此卫生资源的公平分配不能只局限于医疗保健，而应置于整个健康资源的范围内，如健康环境、医疗资金投入在整个国民生产总值中的比重，营养、健康教育以及其他相关服务的安排等，"它包括关于健康成就和获得良好健康的能力方面，而不仅仅是医疗保健的分配问题。但它也包括过程的公平性，因此必须重视医疗保健提供的非歧视性。此外，对卫生平等的适当说明，也需要将对健康的考虑纳入更广泛的社会正义和全面平等问题，充分重视资源的多样性以及不同社会安排的不同范围和影响"。[②] 因卫生设施不足导致的健康问题与因个人原因导致的健康问题相比，提升个人健康能力需要政府更多的资源投入，需要考虑整个社会因素，避免资源分配不公，因为"不适当的社会安排不是由于不关注健康的个人决策，而且因为一些人缺少获得良好健康所必需的机会。在这个意义上，一些由于社会原因（比如说，由于贫穷或以社区为基础的传染病的凶猛力量），而不是出自个人决策（例如成年人吸烟或其他有风险的行为）无法预防和治疗的疾病，对社会正义有特别消极的影响"。[③] 因此，促进卫生

---

① 参见《中共海南省委 海南省人民政府关于打赢脱贫攻坚战的实施意见》，http://www.hnfupin.com/News/zx/110.html。

② 〔印度〕阿马蒂亚·森、〔阿〕贝纳多·科利克斯伯格：《以人为本：全球化世界的发展伦理学》，马春文、李俊江等译，长春出版社，2012，第49页。

③ 〔印度〕阿马蒂亚·森、〔阿〕贝纳多·科利克斯伯格：《以人为本：全球化世界的发展伦理学》，马春文、李俊江等译，长春出版社，2012，第40页。

资源在社区中的精细公平分配具有重要意义。

3. 健康资源分配公平性还应包括基于特定人群需要的特殊扶持

如基于我国快速人口老龄化及老年慢性疾病发展态势，政府财政逐步加大对老人医疗保障支出的投入，并进一步完善老人医疗救助制度，有效缓解老人个人医疗负担，使病有所医，优化卫生资源在城乡老人之间的配置。加大农村老人卫生资金投入，城乡协同发展，充分利用国家基本公共卫生服务项目，加强农村和中西部等重点地区的农村老年慢性病防治及就医等健康教育与健康促进工作，这些举措将体现一种实质的健康公平。

（四）加强公民健康社会参与支持

这里的健康参与是指对自身健康具有某种有益影响的参与，具体包括健康生活方式参与、家庭社会参与和疾病预防参与，是公民保持健康和提升健康脱贫能力的有效途径。20 世纪 70 年代以来，主流研究区分了四类促进健康因素，即 20% 为遗传因素，20% 为环境因素，10% 为医疗照顾，50% 为生活方式。[①] 据国际积极老龄化委员会的调查，绝大多数专家相信锻炼身体是实现成功老龄化的最好办法。美国研究显示，每年 40% 的死亡原因是和行为方式有关的，这可以通过预防性干预避免。据估计，有 10%—15% 的死亡可以通过提高医疗护理服务的质量避免。[②]

健康参与的重要性已在国际文件中得到体现，2002 年世界卫生组织及联合国第二次老龄问题世界大会正式提出了"积极老龄化"概念和策略，其中以"健康""参与"和"保障"作为三大支柱，并将"参与"作为政策核心。2015 年 10 月世界卫生组织《关于老龄化与健康的全球报告》中再次将积极老龄化理念融入其中。积极老龄化中的参与、健康及二者内在关系的政策理念为有效应对我国老年健康扶贫困境提供了新的思路。目前，积极老龄

---

① 陈社英：《积极老龄化与中国：观点与问题透视》，《南方人口》2010 年第 4 期。

② 曾毅、顾大男：《老年人生活质量研究的国际动态》，《中国人口科学》2002 年第 5 期。

化政策理念不仅得到了世界的广泛认同，而且得到了中国政府的认可，并将积极应对人口老龄化写入党的十八大报告和"十三五"规划之中，这对探讨健康参与问题颇有启发意义。本文提出健康参与诉求的健康扶贫新策略，有别于注重医疗保障参与扶持及医疗救助的传统扶贫策略，旨在有效应对前文所述的我国农村健康扶贫中存在的政策缺乏针对性、事后治疗造成的财政负担过重、难以与世界接轨及难以根本消除健康贫困等问题。新策略基本内容包括：

（1）适度普惠与精细瞄定有机结合的扶持项目设置策略。项目适度普惠意味着扶贫地区每位具有健康参与能力的贫困者均有享受政府的健康参与扶持的权利，这主要通过普惠性项目来实现，包括健康生活方式教育参与项目、疾病预防知识教育参与项目、健康参与设施建设项目、健康社团发展扶持项目及社会参与激励项目等。这些参与项目对人的身体和心理辅助健康的获得发挥了积极作用。农村贫困人群在锻炼身体和进行体检方面参与不足表现得十分明显，需要通过相应的项目设置扶持贫困者参与，较全面地保障贫困者的健康参与赋权。根据阿马蒂亚·森的能力贫困理论，我们可以认为，贫困的实质是健康能力贫困与健康权利贫困。健康权利大体包括两大类型：一是与保健有关的权利，主要是治疗保健与预防保健权利；二是与健康保障基本前提相关的权利，如安全饮水、适当卫生设备、适当营养权、与健康有关的信息、环境卫生及职业卫生等权利。[1] 而我国的贫困者面临着这两种权利保障不足或缺失问题，上述项目的设置是精准弥补这一缺失的有效途径。

精细瞄定是给予农村特定健康贫困者专门的参与扶持政策，这意味着不仅要重视贫困者健康扶贫需求的共性，也应认识到健康扶贫需求的差异性；健康扶贫政策因缺乏精准性而难以保障资金有效地运用，从而很难达到预期目标，扶持有真正需要的贫困者。这一问题在我国收入扶贫中一直长期存在，健康扶贫也难以避免。国外相关实践研究也证明了这种判断，以美国为例，20世纪70年代以来，医疗服务支出总体上有明显增长，但人们的健康

---

[1]　杨成明主编《人权法学》，中国方正出版社，2004，第128页。

状况并未随之改善，似乎在健康支出增加和健康改善之间不存在什么联系，通过增加支出来改变国民健康状况的结果大大低于人们的期望。[1] 其重要原因是资金未能有效运用到需要的群体，实际上就是政策缺乏精准性，这就需要对他们的健康贫困类型、原因及健康参与能力进行精准识别，以确定具体的扶贫参与方式。目前我国有的地方已进行了初步尝试，2016 年 1 月河南登封市为全面强化健康精准扶贫，着力解决该市贫困地区、贫困家庭、贫困人口的看病就医难题，出台了登封市健康精准扶贫方案。由乡镇卫生院、村卫生室联合为贫困人群签订卫生服务协议，提供疾病诊疗、健康体检、随访、指导康复等专项帮扶服务，提高贫困群众健康知识水平和自我保健技能，[2] 实现了疾病治疗与自我保健参与能力的相互结合。要获得更加积极持续的效果，还需加大对农村老年人群健康参与方面的扶持力度，细化扶持策略，并将其纳入健康扶贫具体制度中，保障行动的可持续化。

（2）在扶持策略上实现资金支持目标与方式的创新转换。迄今我国实行的健康扶贫财政支出策略基本可概括为不断加大医疗保障的投入力度，以帮助贫困者参与医疗保障和获得健康医疗救助，其作用虽然不可忽视，但对促进健康参与作用十分有限，至少是不全面的。为实现农村老年健康扶贫中参与扶持资金的有效运用，建议探索和实行新型健康扶贫财政支出模式，主要包括两方面：第一，在资金支出目标上，大幅度增加病前健康参与的支出比例。2016 年 5 月第六十九届世界卫生大会通过的《2016—2020 年老龄化与健康全球战略和行动计划》再次强调，建设每个人都能健康长寿的世界，通过多部门促进发展关爱老人的环境，提高老年人的自主意识和参与意识。这就意味着与以往单纯强调疾病治疗支出扶持相比，更注重有利于促进健康参与保障方面的资金投入，包括

---

① Paul Starr, Heath Care for the Poor: The Past Twenty Years, in Sheldon H. Danzinger and Daniel H. Weinberg, eds., *Fighting Poverty*: *What Works and What Doesn't*, Cambridge, MA: Harvard University Press, 1986, pp. 106 – 137.

② 阎涓涛、彭慧丽：《登封市为 4.2 万贫困群众制定健康精准扶贫方案》，http://www.zyjjw.cn/news/health/2015 – 12 – 24/295310.html。

农村地区健康参与基础设施、活动场地、预防疾病、健康知识教育等，加大有益于健康的家庭社会参与和生活方式参与的激励等资金投入比例。在此方面，2012 年欧盟委员会积极健康老龄化创新伙伴组织提出的欧洲积极健康老龄化战略计划中的策略值得我们借鉴。其政策特点是着重投资老年疾病预防干预项目，如预防、筛查和早期诊断等，也包括使用地区远程监控技术在内的方法来建立慢性疾病综合护理体系。这种财政支出策略的重要意义在于，能够提升农村老人整体健康素养，这正是我国目前老年健康扶贫中迫切需要努力的方向。调查显示，老人在科学健康观、传染病防治素养、慢性病防治素养、安全与急救素养、基本医疗素养和健康信息素养六方面都处于明显偏低状态，仅为 5.76%，与最高的 30—40 岁人群的 12.73% 相比差距较大。从城乡比较来看，农村居民健康素养水平又呈明显偏低的情况，其中城市居民 13.80%，农村居民 6.92%。[1] 二者综合来看，农村老人的健康素养是最低的。因此，应通过特殊措施加大对农村贫困人群整体健康素养的扶贫资金支出，尤其要注重为各种老年健康参与提供可靠的资金支持。目前农村老年健康参与总体上处于较弱状态，很大程度上是由于缺乏资金支持，例如，缺乏正式的活动场所，较少进行体检等。户外活动对其精神健康状况有显著影响，这些都可以通过政府资金支持与开展疾病预防知识教育相结合，吸引更多农村老年人参与其中。第二，在参与扶持资金运用方式上，将参与整体扶持与个体专门扶持有机结合。精准扶贫主要强调对特定贫困户与贫困者个体的扶持，但整体性扶持仍是必要的，两者并不矛盾。对此，一些地方进行了新探索，如在资金安排方面，采取了探索和实践点面结合、特惠与普惠相结合的资金分配方式，[2] 这样的探索对健康扶贫具有适用意义。目前亟待解决的是健康参与扶持的资金投入具体方式及保障措施的问题，为此，一方面，在总体上加大对健

---

① 国家卫生和计划生育委员会宣传司、中国健康教育中心：《2013 年中国居民健康素养监测报告》。

② 湖南省怀化市扶贫开发办公室：《瞄准深度贫困，合力精准扶贫》，《老区建设》2014 年第 13 期。

康参与的福利性资金投入，特别是卫生保健支出；另一方面，在具体方式上应注重促进健康参与的专项资金扶持精准性、探索激励，创新参与补贴等多种支付方式，以促进贫困者对健康生活方式、家庭社会活动及疾病预防的参与，如美国政府为促进人们戒烟，使戒烟者可以得到一定的健康补助和医疗费用的扣除。这种做法值得我们借鉴。

（3）尽快弥补相关制度缺失。制度化是影响扶贫成效的决定性因素之一，研究表明，由于缺乏制度能力，非洲许多国家不能够有效地利用资源；他们缺乏合法性、责任心、稳定性、执行力和激励机制所赖以存在的制度基础。① 在健康扶贫中，制度化保障具有重要地位，其主要作用在于通过制度的改革与创新，保障贫困者的合法健康保障权益，并使政府和社会承担相应的责任。《2002 年老龄问题国际行动计划》中特别提出，应将保障老年人生活品质的各种正式制度的和非正式制度的持续性改善情况作为衡量积极老龄化成功与否的重要标准。《中共中央国务院关于打赢脱贫攻坚战的决定》明确强调要善于运用法治思维和法治方式推进扶贫开发工作，包括规划编制、项目安排、资金使用、监督管理和责任落实等，提高规范化、制度化、法治化水平。在我国老年健康参与的扶贫过程中，也需要将正式制度和非正式制度有机结合，具体策略为：在正式制度方面，形成有益于促进农村老年健康参与的具体制度。日本制定了不少专门促进老年健康参与的法律，1983 年的《老人保健法》、2002 年的《健康增进法》、2006年的《自杀对策基本法》、2007 年的《癌症政策基本法》等，其中《健康增进法》将提前诊查是否患有癌症、牙周炎等疾病和进行体检作为其重要内容，颇值得我们借鉴。虽然我国制定并修改了《老年人权益保障法》，但该法的主要目标是老年人的权益保障，对老人健康参与促进的重视不足。所以，建议在完善该法时应增加老人的健康保障与老人健康参与方面的内容。还应通过适

---

① 〔英〕安东尼·哈尔、〔美〕詹姆斯·梅志里：《发展型社会政策》，罗敏等译，社会科学文献出版社，2006，第 258 页。

当的制度形式将老人疾病预防、医疗诊查、健康参与以及精神心理状况改善等方面的参与扶持责任精细和全面地纳入扶贫制度之中。在非正式制度方面，建议政府通过指导和扶持乡规民约以及农村老人自治组织规则的制定和实施，发挥其对老人健康参与的促进作用。我国《村民委员会组织法》第27条规定，村民会议可以制定和修改村民自治章程及村规民约，村规民约通常具有丰富的文化底蕴，易于为民众接受，可赋予其健康参与促进的内容和功能，将健康生活方式与知识的提倡和参与纳入其中。在此方面，贵州省龙里县民政局探索通过乡规民约发展互助养老，县老龄办投入资金发展老人健康服务，这种做法值得肯定。① 扶持自治组织发展对健康扶贫也具有不可忽视的意义。2014 年 10 月全国老龄办印发的《村（居）老年协会章程（示范文本）》中明确提出，协会的宗旨为代表老年人的利益，反映老年人的需求，组织老年人开展各种文体娱乐活动和互助活动，为提高老年人的生活和生命质量服务，这对老人健康显然是十分有利的。但在实践中，基层老年社会组织尤其是农村老年组织发展比较困难，面临法律地位、经费及管理等问题。有学者通过调查浙江省 179 个农村老年协会得知："农村老年协会面临的最突出问题是经费来源主渠道单一，而且缺乏制度保障。调查显示，179 个村中集体经济年收入在 20 万元以下的占 43%，这些村庄中即使村两委重视老年协会工作也无法给予其充足的经费保障。"② 政府可将对它们的扶持帮助纳入农村老年健康扶贫政策中，以发挥其促进老年健康参与的作用。

（五）实现对贫困人群医疗救助服务的精细化

近年来我国对完善医疗救助政策十分重视，为贯彻落实《国务院关于印发"十二五"期间深化医药卫生体制改革规划暨实施方案的通知》，2012 年，国家发改委、财政部、人力资源和社会保

---

① 龙里县民政局：《村规民约规范孝道，促进农村养老服务》，http://www.qnmz. gov.cn/index.php？m=content&c=index&a=show&catid=51&id=1563。

② 郭海霞、鲁可荣：《农村老年协会发展与促进政策研究——基于浙江省 179 个农村老年协会的调查》，《中国集体经济》2012 年第 21 期。

障部、卫生部、民政部六部门联合印发《关于开展城乡居民大病保险工作的指导意见》，2012 年民政部、财政部、人力资源和社会保障部、卫生部印发《关于开展重特大疾病医疗救助试点工作的意见》，提出加快全区城乡医疗救助"一站式"服务平台建设和重特大疾病医疗救助试点的推进步伐，逐步提高全区城乡贫困群众医疗救助水平。在地方实践中，2014 年内蒙古自治区民政厅及财政厅等部门通过《关于进一步完善城乡医疗救助制度的意见》，主要内容包括扩大医疗救助范围，包括城乡低保对象、农村牧区五保对象、城镇"三无"对象、孤残儿童、重度（一、二级）残疾人员和其他特殊困难人员；完善医疗救助政策，包括全面资助救助对象参加城乡医疗保障制度，基本医疗保险经办机构办理救助对象参合参保手续，只收取扣除民政部门资助标准后的个人应缴纳费用；规范普通疾病医疗救助制度，包括全面启动重特大疾病医疗救助工作；全面推行"一站式"医疗救助服务；强化医疗救助基金的筹集和管理。以上政策在现实实践中需要进一步加以完善。

1. 扩大医疗救助人群范围

当前，我国各级政府虽然在推进医疗救助工作中取得了一定成效，但农村贫困者的医疗救助需求仍然很大，主要问题是政策法规相对滞后，政府财政投入不足，大量贫困家庭慢性疾病病人不能得到医疗救助。

案例 5 - 1　慢性疾病医疗救助存在困境

湖北省江夏区郑店街综合村村民困难家庭的养老服务需求情况较为突出，主要存在于 60 岁以上的老人，一般老人不愿意给孩子增加负担，如果老人还有劳动能力，都会尽量自己做，甚至自己打工挣钱，但部分老人自立困难，儿子或者女儿通常都没时间照顾老人，请保姆或者去敬老院会增加经济开支。如综合村 3 组低保家庭郭婆婆，74 岁，有 1 儿 1 女，她患有多种慢性病，常年服药。女儿患有精神疾病，大部分时间不能正常参加劳动，需要常年服药，没有正常结婚成家。

随着老人身体状况越来越不理想，其儿子表示，自己外出打工很不放心。（本课题成员 2016 年 8 月实地调查）

目前一些地方已经进行了新探索，[①] 2015 年 12 月 1 日起施行的《宁夏回族自治区医疗救助办法》在其第三章救助方式和标准中规定，对于特困供养人员、最低生活保障对象、孤儿、高龄低收入老年人在自治区内定点医疗机构治疗疾病时，在扣除各类医疗保险支付部分和非医保药品价款后，对剩余费用按照下列标准给予补助：一是特困供养人员和孤儿给予 90% 补助，每人每年累计不超过 3000 元；二是最低生活保障对象、高龄低收入老年人给予 50% 的补助，每人每年累计不超过 2000 元。特困供养人员、最低生活保障对象、孤儿、高龄低收入老年人、低收入家庭重度残疾人和重点优抚对象在自治区内定点医疗机构住院治疗的，住院总费用在扣除各类医疗保险支付部分、重点优抚医疗补助报销部分和非医保药品价款后，对剩余费用按照下列标准给予补助，每人每年累计不超过 30000 元，特困供养人员和孤儿给予 90% 的补助，最低生活保障对象、低收入家庭重度残疾人、高龄低收入老年人和重点优抚对象给予 70% 的补助。本办法"打破了医疗救助方面的户籍身份障碍，实现了城乡医疗救助统一标准；突出了门诊大病救助和重特大病住院救助，总体提高了救助报销比例，对低保和特困供养人员救助封顶线由 5 万提高到 11 万元，对因病致贫家庭患病人员救助由 3 万提高到 8 万元"。[②] 北京延庆低保老人享有慈善医疗救助，持助老慈善医疗卡的 60 岁及以上低保老人在 15 个乡镇定点卫生服务中心可享受免挂号费、诊疗费，专门窗口看病以及送医疗上门等医疗服务。慈善医疗卡内金额为 500 元，超出的医疗费用由个人负担。卡内金额用完后，医疗卡由乡镇民政部门

① 《透视宁夏五保老人医疗救助现状》，http：//nx. cnr. cn/xwzx/rdjj/200910/t2009 1020_505518721. shtml。
② 宽容：《权威解读：宁夏医疗救助新办法》，http：//nx. people. com. cn/n/2015/ 1204/c192493 - 27249662. html。

收回；当年金额未用完的，可转入下年度使用。① 以上政策扩大了
医疗救助范围，值得肯定，但还可以针对特殊人群救助需求扩大
救助范围，如韩国的制度设计是直接给低保人员以医疗帮助，该
做法值得借鉴，如表 5 - 2 所示。

表 5 - 2　韩国医疗救助与健康保险政策

类型			适用对象	管理部门		相关主要法律
全体国民	医疗给付权益人	第 1 种	最低生活费且无工作能力者、对国家有功者等特殊人群	保健福利家庭部	地方政府	医疗给付法
		第 2 种	最低生活费且有工作能力的生活次困难者			
	国民健康保险参保者	企业（单位）参保人及抚养者	职工 雇主 公务员 教职工 以上人员的抚养者	国民健康保险公司	地方政府	医疗给付法
		地区参保者	农渔村居民个体经营者	健康保险审查评价院		国民健康保险法

资料来源：金钟范编著《韩国社会保障制度》，上海人民出版社，2011，第 87 页。

2. 进一步促进医疗救助与贫困者医疗保险相衔接

20 世纪 90 年代以后，国务院和卫生部等部门发布了多种相关
制度，促进了医疗保险发展。其中比较重要的制度是，1998 年 12
月国务院发布的《关于建立城镇职工基本医疗保险制度的决定》，
1999 年劳动保障部公布的一系列操作规则。我国《社会保险法》
第 3 章在基本医疗保险中进行了专门规定。新型农村合作医疗是以
政府资助为主、针对农村居民的一项基本医疗保险制度。2002 年
10 月，《中共中央国务院关于进一步加强农村卫生工作的决定》提
出各级政府要积极引导农民建立以大病统筹为主的新型农村合作
医疗制度，到 2010 年在全国农村基本建立起这一制度。为有效发

---

① 许静、吕红云：《延庆　低保老人享慈善医疗救助》，《北京日报》2011 年 4 月 22 日。

挥这一制度的作用，对贫困者参加医疗保险存在一定困难的现象，可以适当地加以资助。

3. 加强基层健康服务

基层健康服务指直接为贫困者提供健康扶贫服务，根据国内外经验和我国健康扶贫精准化现实需求，创新服务形式，包括推进契约化服务、基层医疗机构或医生的签约等，为贫困者提供精准健康扶贫服务。服务者可全面细致掌握扶贫对象信息，负责建立健康档案、疾病预防及健康生活方式的养成教育、治疗管理、病后恢复等全程服务。2015 年 6 月浙江省政府印发的《关于推进责任医生签约服务工作的指导意见》明确提出，2015 年底全省责任医生签约服务的规范签约人数为 901.5 万，规范签约率为 18.78%。其中 60 岁以上老年人为 438.6 万，占签约对象的 48.65%，老年人、孕产妇、儿童、慢性病人和残疾人等重点人群优先获得签约服务。居民对签约服务的满意率达 81%。到 2020 年，全省规范签约服务覆盖一半人口，基层就诊比例达到 60% 以上。通过推进责任医生签约服务，逐步建立责任医生与居民之间良好的契约服务关系，使居民获得连续、综合、便捷、个性化的健康管理服务；引导患者合理有序就医，促进基层首诊、双向转诊、分级诊疗制度建立，这有利于优化医疗卫生资源配置，促进公立医院与基层医疗卫生机构分工协作机制的形成，使责任医生真正成为居民健康的"守门人"。① 日本的经验在这方面给我们提供了有益借鉴。除康复指导外，社区医生的日常工作还包括关注辖区内慢性病人的健康状况，上门为他们进行健康检查等。此外，地方政府部门可采取一定措施激励贫困人群相互帮扶照料，如身体较好尚具有劳动能力的低龄老人应发挥积极作用，一旦老人之间建立了感情关系，则更容易交流，因为他们时间充分、更有耐心，有更多共同的语言，这对老人精神慰藉效果比年轻人更好，也有助于老人的身心健康。

---

① 王真：《浙江推行责任医生签约服务：特殊病人可享受家庭出诊、家庭病床等服务》，《都市快报》2016 年 5 月 18 日第 B07 版。

案例5-2　社区责任医生：健康服务一对一①

浙江省宁波中部沿海象山丹城中心卫生院社区责任医生模式值得关注，8名社区责任医生每隔一至两个月对有康复需求的偏瘫病人提供上门服务，进行简易的康复训练指导。在此过程中，医生首先对病人进行康复评估，根据评估情况制订训练计划，并进行相应的训练指导，手把手教病人正确的康复训练姿势，帮助病人完成康复训练，并做好相关记录。对于有条件的或家庭康复效果不理想的病人，由社区责任医生建议其转诊至上级康复医院进行康复治疗。

3. 扩大重大疾病的医疗保障范围

重大疾病开支是贫困者因病致贫的主要原因之一。卫生部自从2010年6月就开始启动对农村居民重大疾病的医疗保障，与民政部一起，先从农村儿童的先心病和急性白血病这两个病开始，逐步扩大试点。各地需要加快扩大医疗保险范围的步伐，尤其是让低保人群优先受益。2012年卫生部等六部委通过《关于开展城乡居民大病保险工作的指导意见》，提出从城镇居民医保基金、新农合基金中划出一定比例或额度作为大病保险资金。城镇居民医保和新农合基金有结余的地区，利用结余筹集大病保险资金；结余不足或没有结余的地区，在城镇居民医保、新农合年度提高筹资时统筹解决资金来源的问题。在地方实践中，河南省公布了《关于做好2013年新型农村合作医疗工作的通知》，决定从2013年9月20日起，在20种重大疾病医疗保障的基础上，再选择苯丙酮尿症、双侧重度感音性耳聋、尿道下裂、先天性幽门肥厚性狭窄、发育性髋脱位、脊髓栓系综合征/脊髓脊膜膨出和9种复杂型先天性心脏病共15种治疗效果较好、医疗费用较高的儿童常见大病纳入重大疾病保障范围。符合条件的重大疾病患者住院治疗的，

---

① 洪笑然：《社区责任医生：健康服务一对一》，http://xs.cnnb.com.cn/system/2016/04/11/011380586.shtml。

在省、市级医疗机构限额范围内的实际医疗费用，由新农合基金分别按65%、70%的比例进行补偿；门诊治疗统一按限额内实际医疗费用的80%进行补偿。同时，对患重大疾病的困难群众，在新农合补偿基础上，由当地民政部门再按住院和门诊费用的15%予以救助。不难看出，这些疾病患病率较低，受益人有限，建议将更多患病率较高、费用不低的病种纳入保障范围，为节约财政开支，在申请条件上向贫困家庭倾斜，使制度设计更多地惠及贫困人群。云南大理白族自治州在此方面进行了有益探索，对高血压等17种慢性病、恶性肿瘤等6种特殊疾病实行门诊定额补助，补助标准分别不低于3000元/年、50000元/年，今后逐步将新农合重特大疾病保障范围扩大到30种，[①] 这可以使贫困家庭得到更多的实惠。在实践中各地政府应通过资金投入及激励社会参与等途径，进一步扩大重大疾病的医疗保障范围，精准解决贫困家庭的医疗负担。为此需要加强对贫困者的瞄准，注重贫困人口大病分类界定与分类的合理化与科学化，将有效降低"因病致贫""因病返贫"作为基本目标，并健全健康扶贫工作脱贫责任制度。

---

① 施铭：《大理州实施健康精准扶贫计划　贫困人口政策范围内住院全免费》，《云南日报》2016 年 3 月 9 日。

第六章　中国权利扶贫精细化策略

一　权利贫困现状及致因分析

（一）权利贫困概念与现状

权利是一个古老话题，究竟何为权利，人们的看法至今仍不一致，根据罗马法，权利的概念包括以下四方面的内容：第一，受到法律支持的习惯或者道德权威，如家父权。第二，受到法律支持的习惯或者道德权力，如财产处分权。第三，受到法律保护的自由。第四，法律身份或者地位。我国学者较多从利益、资格、自由等方面界定权利，而著名人权学者夏勇综合多个学者观点，提出权利有五大要素：①利益；②主张（对利益主张）；③资格（主张利益凭借）；④权威或者能力（主张利益必须具有的权能）；⑤自由（对个人利益主张与否不受外来干涉）。[1]

权利贫困是将贫困概念引入权利研究而形成的新概念，是关于贫困问题的一种新的认识。对于何为权利贫困？学者至今尚未形成统一的认识，有学者认为，"权利贫困指获取权利的机会和渠道不足。贫民无法或难以享受其他人群所能够享受的机会，包括得到工作的机会、积聚资金的机会、投资兴业的机会。社会权利的贫困还表明现有的权利没有稳定和明确的法律保证。另一表现是，权利失而复得的机会很少"。[2] 可见权利贫困的表现是多方面的，包括缺乏法律规定保障人们享有相当数量和质量的权利，行使

---

①　夏勇：《人权概念的起源》，中国政法大学出版社，1992，第42—44页。

②　洪朝辉：《论中国城市社会权利的贫困》，《江苏社会科学》2003年第2期。

和运用法律权利的机会不足，难以将制度性权利变为现实权利，如人们具有劳动就业权及受教育权，但缺乏相应机会参与劳动就业；权利贫困还包括获取权利机会之后，缺乏健全的保障环境和法律机制。从我国目前现实看，贫困者的权利贫困具体表现为以下三方面。

第一，贫困者多种权利贫困同时存在。较为常见的权利有生存权、发展权、参与权、受教育权，等等。随着我国扶贫的推进，贫困者基本生存权得到了保障，但有质量地生存的权利还难以保障。扶贫中参与权不足也是影响其提升生存质量的重要因素，如扶贫项目的决定和扶贫资源的归属的决定参与权不足，直接影响了贫困者的实际利益。扶贫实践中一些直接到户的扶贫项目，表面给予了贫困者，实际上并非如此。一些政府部门把扶贫资金挪作他用，最穷的一部分贫困农户无法在反贫困中受益，其原因是政府扶贫款的下拨，要么规定担保制度、要么要求配套资金，真正的贫困农户很难找到担保人，更拿不出配套资金，无法享受扶贫款。加上信息传递制度不健全，贫困农户对扶贫款项常常感到可望而不可即。由于缺乏正常的维权和申诉途径，他们感到非常无奈。在实施精准扶贫的过程中，贫困识别真正要让最困难、最需要帮扶的贫困群众自主参与其中，但不少地方往往忽视这种参与权利，或者只是让村民申报而已。同时自主经营等权利也十分重要，贫困地区往往存在一定的自主经营权利的缺失。在扶贫项目实施中，只有贫困者个人参与其中，才能取得良好的效果，但在不少扶贫项目中贫困者参与权是缺失的。以下是政府主导的反贫困项目与外资或民间的反贫困项目参与的详细情况，关于贫困者参与权情况的比较，见表 6 – 1[①]。

表 6 – 1　不同扶贫模式下统计分析结果的排序

	整村推进	外资扶贫	对口帮扶	异地安置
项目选择决策的民主化水平	B	A	C	D

---

① 参见帅传敏、李周、何晓军、张先锋《中国农村扶贫项目管理效率的定量分析》，《中国农村经济》2008 年第 3 期。

	整村推进	外资扶贫	对口帮扶	异地安置
项目瞄准的科学性与合理性	B	A	D	C
村民对项目决策程序的满意	B	A	C	D
村民参与项目的程度	B	A	D	C
妇女参与项目决策的程度	B	A	D	C
项目决策程序的透明度	C	A	D	B

注：A 代表最优，D 代表最差，其他依次类推。

再以教育权为例，在当今我国扶贫实践中，贫困者平等权利的缺乏也是形成收入和其他贫困的重要原因。例如，在农村贫困地区劳动力剩余与劳动力紧缺同时存在，农业创新发展、非农就业与创业所需要的高素质的劳动力供给明显不足，其结果是农业增收、劳动力的转移发展十分脆弱，其重要原因是相关职业教育的缺乏。如我国武陵山区、秦巴山区等地区山高谷深、产业薄弱，其贫困群众正是由于缺乏受教育权，自我发展能力较弱。

第二，特定人群权利贫困问题突出。如"我国老年妇女尤其是农村老年妇女的生存发展条件十分脆弱，无论是受教育程度，还是经济保障，如主要生活来源、收入水平、收入支配权、住房产权拥有等，老年妇女的弱势地位都十分明显，而农村老年妇女的弱势地位几乎是全方位的。这种文化上的劣势和经济上对家庭成员的高度依赖，决定了老年妇女一旦遭受家庭暴力，很难凭借自身的力量走出暴力生活，迫切需要社会救助体系的完善以保障她们的生命安全"。[1] 当前全国老年妇女受暴比例没有超过 8%，但由于我国人口基数大，老年受暴妇女的规模庞大。从绝对数量上看，2010 年我国 65 岁及以上的老年妇女受暴人数已超过 473 万。从住房产权拥有情况看，老年妇女拥有住房产权的比例比老年男性低了近四成，如果同时考虑性别和城乡两个维度，依然是农村老年妇女拥有住房产权的比例最低，一半以上的农村老年妇

---

[1] 马焱：《对老年受暴妇女的社会救助——由几组数据引发的思考》，《浙江学刊》2015 年第 4 期。

女没有自己的住房。① 这无疑会成为影响其生活质量的重要因素。再从农村老年人新农保养老金领取情况看，2009 年 9 月 1 日《国务院关于开展新型农村社会养老保险试点的指导意见》指出，凡年满60 周岁，未享受城镇职工基本养老保险待遇的农村有户籍老人，不用缴费，就可以按月领取基础养老金，但其符合参保条件的子女应当缴费参保。根据规定，"若老人符合参保条件的子女未参保，老人就不能领取基础养老金。这在无形中就形成了一种自动筛选机制，从而导致部分老人成为这一惠农政策下的'边缘人'，这并不是国家设计该参保缴费机制的初衷。提高参保率，增加养老基金积累，让更多农民享受到有国家财政支持的社会养老保险才是其目标所在。但新农保中关于老人基础养老金领取与子女参保'挂钩'的做法却使得一些农村老人被排除在基础养老金领取范围之外"。② 这严重侵犯了农村老年人的合法权益。批评者认为，"捆绑制"是"新农保"存在的一个重大制度性缺陷："捆绑制"是对"新农保"自愿参保原则的违背，"捆绑"的实质是对农民自愿参保权利的一种间接剥夺；"捆绑制"类似于一种"连坐"，与"新农保"普惠宗旨存在冲突；"捆绑制"降低了"新农保"政策的公平性，实际上剥夺了许多老年人享受公共财政阳光的权利。③

　　第三，贫困者权利如果被侵犯难以获得有效救济。在一些地方扶贫资源的分配中，贫困者的权利无法得到保障，有的地方低保被用来作为村庄治理的手段，④ 这可以视为对应当获得低保家庭权利的侵犯，他们不知晓、不愿意或者难以通过合法途径维护自身合法权益，这种现象在不少农村地区长期存在。

---

① 根据 2010 年全国人口普查数据和 2010 年第三期中国妇女社会地位调查数据测算。见马焱《对老年受暴妇女的社会救助——由几组数据引发的思考》，《浙江学刊》2015 年第 4 期。

② 罗纪东：《浅析农民基础养老金领取与子女参保挂钩问题》，《广西财经学院学报》2010 年第 4 期。

③ 盛学军、刘广明：《"新农保"个人缴费"捆绑制"的实践考察与理论研判》，《河北法学》2012 年第 3 期。

④ 刘燕舞：《作为乡村治理手段的低保》，《华中科技大学学报》（社会科学版）2008 年第 1 期。

（二）权利贫困致因分析

第一，相关立法制度缺失。通常来看，立法制度是权利的根本保障。20 世纪 80 年代中期我国步入了开发式扶贫发展阶段，并出台了多项扶贫政策与制度。1986 年以来，国家先后出台了《关于帮助贫困地区尽快改变面貌的通知》《国家八七扶贫攻坚计划》《国家扶贫资金管理办法》《中国农村扶贫开发纲要（2001—2010）》《关于加快国家扶贫开发工作重点县"两免一补"实施步伐有关工作的意见》《关于做好农村最低生活保障制度和扶贫开发政策衔接扩大试点工作的意见》等相关文件，在低保及五保兜底扶贫制度建设中，我国还未形成正式立法，最高位阶的立法是国务院的行政法规，包括 2014 年公布实施的《社会救助暂行办法》，该办法仍不是全国人大或者其常委会的正式立法，虽然我国扶贫政策在不断发展，扶贫制度化在不断加强，但正式制度建设并未得到充分重视，很容易形成贫困者的权利扶贫。

第二，扶贫实践中对贫困者赋权不足。赋权实际上是以贫困者为本的权利观念，艾尔索普等人在《实践中的赋权》一书中通过五个案例对地方赋权的发展项目进行了研究，包括巴西的参与式赋权、埃塞俄比亚的妇女发展倡议、洪都拉斯以社群为基础的教育赋权、印度尼西亚的扶贫管理中的赋权等。[①] 但在我国长期的扶贫实践中对贫困者赋权仍然不足，主要表现为未能对贫困者进行精细区分并采取不同的赋权策略，例如，应当对无法参与劳动的贫困人群给予生存权保障，而对于具有一定劳动能力的人群，应在提升人力资本和劳动收入等方面赋予更多权利，如就业权、教育权、健康权、自由权等。在目前不少扶贫决策上未能形成公民权利保障制度体系，甚至错误地认为贫困者权利发展与保障是对立的，他们的权利是可有可无的，或者以牺牲部分贫困者的权利为代价进行扶贫。在此背景下，贫困者权利容易被侵害，同时被侵害的权利

---

① 〔英〕萨比娜·阿尔基尔等：《贫困的缺失维度》，刘民权、韩华为译，科学出版社，2010，第 50 页。

又得不到及时的救济，因此权利贫困难以得到根本的改变。

第三，观念原因。"权利"与"发展"是当今时代的两大议题，但长期以来，在我国扶贫观念中，二者的密切关系并未引起较多的重视。早在 1968 年德黑兰召开的第一次世界人权会议上，人权与发展的关系就开始受到重视，并提出将"发展的执行者与人权的执行者携起手来，以弥补将人的发展与权利分割的状况"。[①] 但人们的认识大多局限在作为制度目标的人权研究上，或者只是将人权作为发展的目的。有学者提出，"这种过度强调人权是发展目的的'结果论'，是目前人权与发展课题研究的误区，最终将不利于人权保障。由此提出了在人权与发展的关系中不仅要强调目的性人权，也不能忽视工具性人权"。[②] 发展中国家的扶贫经验表明，权利保障越是细化，收入及其他方面的扶贫绩效就越好，联合国开发计划署指出"各国为实现'千年发展目标'制定的战略必须承诺保证妇女获得受教育权、生育健康服务权、财产权、稳定的土地使用权以及劳动参与权"。[③] 但长期以来，我国扶贫只注重对贫困者收入状况的改变，对他们的权利贫困及其扶贫意义并未给予应有重视；从权利贫困自身看，不少贫困者权利意识缺乏、权利认知模糊，甚至对权利有陌生感，更缺乏权利、义务、责任相互结合的意识；在权利被侵犯时，他们不知如何或者不习惯运用法律手段维护权利；在权力与权利的价值取向上，重"权力"轻"权利"，甚至形成权力崇拜，认识不到权利对消除收入贫困及其他贫困的意义。

第四，缺乏与国际扶贫政策的有效接轨。在国际扶贫政策中，贫困治理与权利发展的整合已被高度重视。从国际公约角度看，1966 年的《经济、社会和文化权利国际公约》明确要求，国家"采取步骤、以便用一切方法，包括立法方法"促进权利的实现，这里的工具性人权不仅体现在通过保障人权可以提升国家实力

① Nicholas Howen：《人权视角的发展观》，载北京大学法学院人权研究中心《以权利为基础促进发展》，北京大学出版社，2005，第 33 页。

② 龚向和、袁立：《以人权促进发展：工具性人权论》，《河北法学》2011 年第 5 期。

③ 联合国开发计划署：《2003 年人类发展报告——千年发展目标：消除人类贫困的全球公约》，中国财政经济出版社，2003，第 19 页。

（如科技进步、土地制度完善、社会稳定等），促进经济、社会和文化的发展，还表现在对人类自身的发展、国际合作进步方面的作用。第 6 条第 2 款明确了工作权对促进经济、社会和文化发展的手段性作用。第 11 条规定的"适当生活水准权"，认为其有利于国际社会改革土地制度，促使天然资源得到合理利用和开发，促进社会公平。1993 年第二次世界人权大会通过的《维也纳宣言和行动纲领》对人权的工具性价值进行认定，序言中论及："促成大自由中之社会进步及较善之民主，力行宽恕，彼此以邻为善之道，和睦相处，运用国际机构，以促成全球人民经济及社会之进展。"第 8 条规定："民主、发展和尊重人权与基本自由是相互依存，相辅相成的。"第 19 条、第 20 条规定保护少数群体和土著居民的权利有利于促进国家的政治和社会安定、促进文化和社会组织价值的多样化发展。《2000 年人类发展报告》明确指出："人权有其自身的内在价值和目标。它们同样具有工具性价值。以权利发展促进反贫困已受到国际组织的高度关注，正如联合国发展计划署指出的以权利为基础促进发展……它的特殊价值在于人权在减少不公正、不平等和贫困方面的变革性潜能。"[①]同时，联合国的"人文贫困"也是以权利作为其主要内容之一的。人文贫困具体由寿命的剥夺、知识的剥夺和体面生活的剥夺三项指标构成，剥夺实际上就是权利的缺失。消除人文贫困必然要求对权利加以深刻关注。1990 年至 2015 年的联合国人类发展报告也表明了对贫困者权利的逐步重视，现将与权利密切关联的报告名称与内容总结如下表 6 - 2。

表 6 - 2　《联合国人类发展报告》（1990 - 2015）年份部分节选

年份	报告主题	发展与权利的关联
1990	人类发展的概念和测量	通过发展来扩大人的选择权
1993	民众的参与	在发展中实现民众的参与权
1994	人类安全的新的方方面面	促进人类全面安全权的实现

① 北京大学法学院人权研究中心编《以权利为基础促进发展》，北京大学出版社，2005。

年份	报告主题	发展与权利的关联
1995	性别与人类发展	实现性别平等权
1997	实现人类发展以消除贫困	通过发展消除限制穷人发展机会和选择权的障碍
1998	为人的发展而消费	正确处理发展与消费权益的关系
2000	人权与人类发展	通过可持续发展，实现人类的公平消费权
2002	在碎裂的世界中的深化民主	保护人的自由、尊严，自我表达和自我决定权
2003	千年发展目标：消除人类贫困的全球公约	消除贫困、提高人类尊严、平等、民主权
2004	当今多样化世界的文化自由	保障人类生活方式的选择权
2007/2008	应对气候变化：分化世界中的人类团结	保障人的环境权
2009	跨越障碍：人员流动与发展	有助于扩大人类的选择权和迁徙自由权
2011	可持续性与平等：共享美好未来	可持续性与平等，享有健康和充实生活的权利。
2014	促进人类持续进步：降低脆弱性，增强抗逆力	保障贫困者的生存权和发展权
2015	从实践活动与工作透视人类发展	保障人类的平等工作权

《社会进步和发展宣言》第 2 条规定："社会进步和发展应建立在对人的尊严和价值的尊重上面，应确保促进人权和社会公平。"要求在消除不平等与歧视的前提下，承认和有效地赋予公民政治的权利以及经济的、社会的和文化的权利而不加以任何歧视。2006 年，世界银行发展报告的主题直接表达为公平与发展，并将赋权作为其中的重要内容，指出，"以公平作为发展的中心，是对过去 10—20 年围绕市场、人类发展、治理和赋权的发展思想要点的提升和整合……在发展中国家的政治和经济中追求更为公平的竞争环境的诉求，可以整合世界银行建立有利于投资的制度环境

和赋权于穷人这两大支柱。通过确保所有人（包括目前被排斥在外者在内）的个人权利、政治权利和财产权利得到制度上的保障，国家将能够吸引数量远远超过以往的投资者和创新者，并且大大提高为全体公民提供服务的有效性"。① 国际组织新的扶贫理念直接受到阿玛蒂亚·森权利贫困理论的影响，阿玛蒂亚·森分析指出，机会表明人的选择性，同样是一种行为，他有机会选择与他完全没有机会选择在性质上是根本不同的。机会决定着人们的能力和权利状况，在某种情况下机会保障也就是权利赋予，机会公平的丧失是对人权利的长久伤害，如儿童丧失获得充分营养的机会，可能导致儿童认知能力发育迟缓，进而影响其他权利的享有。

目前发展中国家的扶贫实践已开始注重权利因素。例如，提高妇女的社会地位，促进其享有受教育权，在印度受过教育的妇女不愿意被禁锢在持续养育子女上，教育使她们的眼界更加宽广，在家庭决策中以及在政治、经济、社会中发挥着巨大作用。② 从总体上看，我国的扶贫实践，在观念、制度、策略及其实践中都未能真正与世界扶贫政策发展趋势接轨，主要沿用了计划经济时代通过政府财政转移支付应对贫困的扶贫思路，一定程度上忽视了贫困者权利。

二 权利扶贫精细化的基本目标

（一） 全面应对和消除贫困者的权利贫困

人的权利是一个相互联系和依赖的系统体系，具有十分复杂的内容，就我国贫困者的权利贫困现状和现实扶贫需求看，应确立全面应对和消除贫困者权利贫困的目标，具体内容包括以下几点。

第一，应对和消除生存权贫困。在近代社会，生存权就是指生

---

① 世界银行：《2006年世界发展报告：公平与发展》，中国科学院－清华大学国情研究中心译，清华大学出版社，2006，第17页。

② 〔印度〕阿马蒂亚·森：《以自由看待发展》，任赜、于真译，中国人民大学出版社，2012，第196—199页。

命权，这在近代启蒙思想家的论述中以及近代西方立宪中都有明确体现，例如，卢梭指出："人类主要的天然禀赋，生命和自由……这些天赋人人可以享受，至于是否自己有权抛弃，这至少是值得怀疑的。"[1] 进入现代社会以后，生存权的内涵已发生改变，它的突出特点在于，在维持生命权的同时强调生存质量。从国际公约看，1948 年 12 月 10 日联合国大会通过并颁布《世界人权宣言》，其第 25 条规定，人人有权享受为维持他本人和家属的健康和福利所需的生活水准，包括食物、衣着、住房、医疗和必要的社会服务；在遭到失业、疾病、残废、守寡、衰老或在其他不能控制的情况下丧失谋生能力时，有权享受保障。1966 年 12 月 16 日第 21 届联大最终通过的《经济、社会及文化权利国际公约》第 11 条规定本公约缔约各国承认人人有权为他自己和家庭获得相当的生活水准，包括足够的食物、衣着和住房，并能不断改进生活条件。各缔约国将采取适当的步骤保证实现这一权利，并承认为此而实行基于自愿同意的国际合作的重要性。同时，联合国也强调适当生活水准的具体标准要结合本国国情来确定。当代挪威著名的国际人权公约研究学者 A. 埃德指出："适当的生活水准最起码要求应当是，一是不能靠降低或剥夺基本自由来维持基本生活，二是物质生活达到贫困线以上水平。"[2] 联合国计划开发署在 1997 年采用了测定人类贫困程度的新指标——人类贫困指标（Human Poverty Index）。该指标主要测定人类生活中的三个基本要素，即寿命、知识水平和生活体面程度的短缺情况，其中，通过计算寿命不超过 40 岁的人占总人口的比重来反映寿命长短的状况，用成人文盲率来衡量知识贫乏的状况，生活水准低则通过三个变量进行综合测定，即无法喝上安全饮用水的人口比重、无法获得医疗保健的人口比重等（UNDP，1997）。按照以上生活水准要求，未能达到其中任一方面的就是生存权贫困。由上可见，应对和消除生存权贫困包含

---

① 〔法〕卢梭：《论人类不平等的起源和基础》，李常山译，商务印书馆，1962，第 137 页。

② 刘海年主编《经济、社会和文化权利国际公约研究——中国挪威经社文权利国际公约研讨会文集》，中国法制出版社，2000，第 233 页。

十分丰富的内容，具体来说有以下三方面的要义：一是在人群目标上，扶贫政策与行动针对的是贫困人群；二是在责任主体上，政府需要承担主要的责任；三是在内容上，不应只满足贫困者的基本生活，而是应不断提升其收入水平，保障其在多方面获得良好的生存状态。

第二，应对和消除贫困者参与权贫困。包括：①应对和消除扶贫项目管理参与权贫困。基本目的是使贫困者能够有效地参与到扶贫管理中。我国的参与式扶贫、救济式贫困与开发式贫困中都存在着贫困者参与权不足的问题。研究表明，"没有社区居民的参与，那些着眼于人类发展、减轻贫困、地方发展、消除边缘化和社会排斥的政策和规划实现成功的可能性就会很少，实现社区发展也就变成一句空话"。① 各国扶贫经验也充分证明了贫困者参与权保障的重要性。"福利制度必须以某种方式把个人满足需要的权利以及决定这种满足如何得到实现的参与权结合起来。正是因为这个原因，福利提供问题和有效的民主制度密切相关，无法分割"。② 世界银行发展报告指出，许多资源在向扶贫对象传递中出现了扭曲，"主要原因是社会弱势群体被排斥了，开展为弱势群体提供服务的政治活动甚至更加困难，这是因为完全由没有权势的人组成的联盟常常也是没有权势的"。③ 穆罕默德·尤努斯所倡导的小额信贷，被证明是一种非常有效的扶贫参与方式，信贷额度小，无须抵押且偿还率高，小额信贷目前已成为一种遍及全球、非常有效的扶贫方式。孟加拉模式——格莱珉银行运作的第一代模式主要特点之一是重视女性贷款者，值得我们借鉴。②应对和消除自治组织中的参与权贫困。2010年10月我国修订实施的《村民委员会自治法》规定，不仅发展农村基层民主，维护村民的合

① 潘泽泉：《参与与赋权：基于草根行动与权力基础的社区发展》，《理论与改革》2009年第4期。
② 〔英〕莱恩·多亚尔、伊恩·高夫：《人的需要理论》，汪淳波、张宝莹译，商务印书馆，2008，第7页。
③ 世界银行：《2004年世界发展报告：让服务惠及穷人》，本报告翻译组译，中国财政经济出版社，2004，第61页。

法权益，还有不少内容与经济社会发展有密切联系，其中第 8 条规定，村民委员会应当支持和组织村民依法发展各种形式的合作经济和其他经济，承担本村生产的服务和协调工作，促进农村生产建设和经济发展。村民委员会依照法律规定，管理本村属于村民集体所有的土地和其他财产，引导村民合理利用自然资源，保护和改善生态环境。村民委员会应当尊重并支持集体经济组织依法独立行使经济活动的自主权，维护以家庭承包经营为基础、充分结合的双层经营体制，保障集体经济组织和村民、承包经营户、联户或者合伙的合法财产权和其他合法权益。但在具体实践中，不少自治组织受到地方政府制约。在我国西部，特别是西部偏远山区，贫穷是制约村民参与自治的首要因素，大部分青壮年农民长年累月在外打工造成了农村的人才流失。中国传统的思想对农民的影响是巨大的，特别是宗族意识和乡土意识。宗族意识在农村基层民主建设中的具体表现是倾向于支持自己的家人、亲戚或同姓、同族当选，选举投票时相互商议、相互照应。① 导致扶贫资源分配的不公平、不合理，不利于部分贫困者。③消除和应对贫困者对政府管理中的监督权贫困。扶贫中的监督权利对政府扶贫中权力的公正有效行使具有重要意义，西方国家经验表明，民主监督参与"关乎公共政策的质量，政府的基本角色就是要提供公共服务，但是政治家们只有在吸引广大的民众支持以获得权力的时候才会以正确的动机来提供公共服务。如果他们可以仅凭少数关键支持者，或者极少数的选票就可以赢得权力，那他们就会肆无忌惮了，也更加倾向于贿选或者进行私下的个别交易，而不是为广大民众提供必需的产品与服务使他们脱离贫困"。② 在一定程度上这种现象可通过消除贫困者参与权利贫困来避免。

第三，应对和消除平等权贫困。关于平等的观念已有悠久历史，亚当·斯密通过收入再分配给穷人以平等的生活状况及生存

---

① 黄琳富：《对我国落后地区村民自治参与主体素质的分析》，《法制与经济》2016 年第 2 期。

② 世界银行：《2006 年世界发展报告：公平与发展》，中国科学院 - 清华大学国情研究中心译，清华大学出版社，2006，第 108 页。

能力，他提出穷人和其他人一样有天赋，不应被歧视，人的天赋差别并没有人们想象的那么大，但将平等作为一种权利是近代社会的产物。平等权有形式平等权和实质平等权之分，前者强调平等对待，禁止歧视，"它创造了一个假定，人们应当被同等看待，对那些试图作歧视行为的人施加了证明其行为正当的义务"；① 后者强调对弱势群体采取特殊的保护措施，"根据差别原则，它只有在这种期望的差别有利于那些处于较差状况的代表人时才是可辩护的。这种期望的不平等只有在减少它将使工人阶层状况甚至会更坏的情况下才是可允许的"。② 在当前我国扶贫进程中，消除平等权贫困具体应达到三方面目标：第一，贫困者机会的增加，穷人更多地参与发展过程，可让穷人直接受益。包括通过适当保障其平等教育培训的权利，以增强其自我发展能力；与城乡一体化结合起来享受平等的福利权利。第二，激发和利用贫困者自身潜在资源。越来越多的研究证明，人们如果有平等的机会通过自己的劳动来养活自己，那么绝大部分人还是愿意去工作的。国外调查显示："'如果给他们机会，绝大多数贫困的和穷苦的人能够对社会作出有价值的贡献'这一命题得到了压倒性的支持（78%的人赞成，7%的人反对）。"③ 主要原因在于依靠自身劳动不仅能增加收入而且在劳动中才能真正成为自由的人和快乐的人，体现自身价值。不参与劳动，不利用机会，许多人无法融入主流社会，会被排斥和隔离，进而处于贫困和不利的环境中。但贫困者要参与社会劳动就业，就需要给个体以平等的参与权利。第三，特殊贫困人群获得政府和社会的专项支持，帮助其度过生存危机，这体现了一种实质平等权。《经济、社会及文化权利国际公约》第6条规定，本公约缔约各国为充分实现这一权利而采取的步骤应包

---

① Christopher Gray, eds, *The Philosophy of Law—An Encyclopedia*, Garland Publishing INC, 1999, p. 263.
② 〔美〕约翰·罗尔斯：《正义论》，何怀宏等译，中国社会科学出版社，1988，第78页。
③ 〔英〕戴维·米勒：《社会正义原则》，应奇译，江苏人民出版社，2005，第101页。

括技术的和职业的指导和训练，以及在保障个人基本政治和经济自由的条件下达到稳定的经济、社会和文化的发展以及充分的生产就业的计划、政策和技术。必要步骤包括对贫困人群的特殊扶持措施，即保障贫困者通过特殊扶持获得实质性平等权利。为促进贫困者就业"巴基斯坦政府批准的 2005——2010 年中期发展框架中，促进 GDP 增长和降低失业率成为核心目标。在这一规划指导下，巴基斯坦政府在 2005—2010 年，投入 795.19 千亿卢比（约合 940 亿美元），创造 700 万个新就业岗位，到 2009/2010 财政年度，失业率降低到 4%"。① 我国关于此方面的政策大多是原则性规定，缺乏具体的落实措施，通过细化措施改善贫困者实质平等权的缺乏是当前我国扶贫工作中一个不可忽视的问题。

第四，应对和消除发展权贫困。发展是一个古老的概念，也是一个内涵不断演化与丰富的概念。亚里士多德就提出发展是一个实现内在潜能的过程，或者说是一个实现本体的过程。而发展作为一种权利，则来源于国际公约的相关规定，集中体现于 1986 年的《发展权利宣言》，其明确地宣示人是发展的主体，所有个人和全体人类都享有同等的发展机会。国家有权利和义务制定适当的国家发展政策，其目的是在全体人民和所有个人积极、自由和有意义地参与发展及其带来的利益的公平分配的基础上，不断改善全体人民和所有个人的福利。发展权的内容十分丰富，宣言提出，所有人权和基本自由都是不可分割和相互依存的，为了促进发展，应当一视同仁地重视和紧急考虑实施、增进和保护公民、政治、经济、社会和文化等权利，因而增进、尊重和享受某些人权和基本自由不能成为剥夺其他人权和基本自由的理由。各国应在国家一级采取一切必要措施实现发展权利，并确保除其他事项外所有人在获得基本资源、教育、保健服务、粮食、住房、就业、收入公平分配等方面有均等的发展机会。1993 年 6 月，维也纳宣言和行动纲领一方面重申发展权是一项普遍的、不可分割的权利，

---

① 丁声俊、王耀鹏等：《反饥饿反贫困——全球进行时》，中国农业出版社，2012，第 123 页。

是基本人权的一个组成部分,认为发展与民主和尊重人权是相互依存、相辅相成的,发展权应得到履行。人们必须用同样重视的眼光,以公正、平等的态度全面地对待人权。各个国家都有义务促进和保护一切人权和基本自由。宣言明确地反映了许多发展中国家关于人权具有特殊性的观点,指出在对待人权问题上必须要考虑民族特性和地域特征的意义,以及不同的历史、文化和宗教背景。行动纲领提出,必须开展人权教育、培训和宣传,呼吁所有国家和机构将人权、人道主义法、民主和法治作为学科列入所有教育机构的课程,要求联合国系统的咨询服务和技术援助方案能够按照国家的要求,帮助他们开展人权领域的教育和培训活动。我国有的学者从集体和个体两个层面将发展权内容具体分解为:经济发展权、政治发展权、社会发展权、文化发展权、生存发展权。[1]

在理论研究及国际相关发展政策中,发展被赋予越来越多的内涵,这与发展权公约的内容是一致的,即不仅重视人的经济生活状况的改善,而且注重人的全面发展。法国学者佩鲁在1982年出版的《新发展观》一书中不仅论述了人发展的重要性,而且从以下方面阐述了人发展的内涵:"一是指各种形式的人力资源都会得到有效的使用,其素质得到不断提高。调动和激励所有发展的活力,包括人的活力,即人的本能的活动、人的素质和推动社会进步与实行制度创新的能力。二是人的发展不仅包括物质发展也包括精神发展。明确提出了如果新的发展研究不能深入到人们的思想最深处,那么对于这种研究以及由这种研究所要求的总体调整的思考将会是肤浅的,并且是很难达到目的的。"[2] 印度学者阿马蒂亚·森认为,发展不能被狭隘地理解为工业化的进步、GNP的增长、个人收入的提高和能买更多的商品,它还应关注人们的生活状况,他们是否能避免可防御的疾病和早亡,能否避免挨饿,

---

① 汪习根:《法治社会的基本人权——发展权法律制度研究》,中国人民公安大学出版社,2002,第88—94页。

② 〔法〕弗朗索瓦·佩鲁:《新发展观》,张宁等译,华夏出版社,1987,第169页。

能否获得足够的营养，能否投票参加选举，能否得到普通教育等。总之，发展意味着让人们能做更多的事情，其最终目的就是要扩展个人的选择和机会，为个人提供更多的积极自由，消除一切剥夺人们正常能力发挥的根源，增强他们生活的能力。在《2003年人类发展报告》中，强调人类发展的定义是以人为中心的发展，明确了以下两个方面：一是人的能力发展。拥有足够的收入来购买各种商品和服务的能力、延长寿命的能力、享受健康身体的能力、获得更多知识的能力以及参与社会公共事务的能力等；二是人的能力运用。将人的能力运用于经济、政治和文化等活动中。这是人能力发展的目的，也是能力进一步发展的条件，通过人的能力运用使人的潜力得以进一步发挥。联合国已将发展作为公民应当平等享有的一项基本权利。1991年世界银行提出了全面发展的概念，并将人的发展置于突出地位。发展不仅包括经济变量，还包括能够提高生活质量的非经济因素，物质丰富并不等于生活幸福。发展不能局限于经济增长这个唯一的内容，经济、文化、教育、科学与技术无疑都各具特点，[①] 但它们也是互相补充、互相联系的，这些方面只有相互结合，才能实现以人为核心的发展。我国扶贫政策虽然涉及贫困地区的发展，但缺乏促进发展权的专门法规。我国一系列改革及扶贫实践使人的发展权得到了一定实现，但实践中贫困者发展权利贫困问题仍然不可忽视，主要表现为过于强调收入支持，而对其他方面重视不足。

第五，应对和消除健康权贫困。健康权利有着丰富的内容，大体包括两大类型：一是与"保健"有关的权利，主要是治疗保健与预防保健权利；二是与健康保障基本前提相关的权利，如安全饮水、适当卫生设备、适当的营养、与健康有关的信息、环境卫生及职业卫生等权利。[②] 从以上两种权利看，我国贫困者面临着

---

① 世界银行：《1991年世界发展报告：发展面临的挑战》，中国财政经济出版社，1991，第49页。

② 蔡维生：《健康权论》，载徐显明主编《人权研究》（第五卷），山东人民出版社，2005，第235页。

权利保障不足或者缺失的问题，增强健康权的应对措施是通过贫困者的全面参与，使其获得实际的健康保障。在此方面，2012 年欧盟委员会积极健康老龄化创新伙伴组织提出的欧洲积极健康老龄化战略计划中提出了注重老年疾病预防干预目标，主要策略方法包括预防、筛查和早期诊断健康素养，增强患者权利，帮助其防止功能衰退和退化，使用包括地区远程监控技术在内的方法来建立慢性疾病综合护理体系；发展信息和通信技术用于帮助老年人独立和自由活动。[①]

除以上权利外，收入贫困群体的其他权利贫困也需要适当地重视，如自由权通常被认为是一种非财产权，实际上它对消除贫困具有十分重要的意义，尤其是对于具有劳动能力的贫困者摆脱贫困及精神贫困更为重要。有了自由权，他们可以运用自己的技能获取收益，就迁徙自由权对扶贫的意义看，根据国际公约规定，这一权利意味着公民不仅可以自由选择居住地，而且不得实行差别对待或者存在某种歧视，这对农民扶贫具有特殊意义。目前我国正在逐步打破户籍制度障碍以促进人口自由流动，这对贫困农民进城务工增加收入具有直接意义，但还需要进一步健全相关的法律制度保障。

（二）通过权利扶贫消除收入贫困

长期以来，不少经济学家坚持认为消除收入贫困的根本途径就是给予贫困者更多的经济支持。印度著名学者阿马蒂亚·森的消除收入贫困系统将扶贫与赋权加以联系，指出了权利贫困才是收入或者物质贫困的深层原因，其理论分析给予我们不少的启发。阿马蒂亚·森在《贫困与饥荒》一书中提出，政府企图根据"需求"和"供给"来估计"实际短缺"，这一企图似乎一直影响着政府关于食物问题的认识。但这一方法并不能告知人们大规模饥荒发生的真正原因是"交换权利"的变化；这一方法甚至使一些

---

① 刘文、焦佩：《国际视野中的积极老龄化研究》，《中山大学学报》（社会科学版）2015 年第 1 期。

人在饥荒实际出现后也不愿意承认灾难的严重程度。① 他认为："从表面上看，对这一灾难的解释十分简单：干旱造成了动物和牲畜的大量死亡，进而造成牧民因缺少食物饥饿而死。但是，实际情况远比这一描述复杂得多。首先，牧民，尤其是阿法尔牧民不仅遭受了埃塞俄比亚干旱的影响，而且还因农业的商业化发展失去了草地。在埃塞俄比亚饥荒时期，牧民的贫困并非仅仅限于失去牲畜，无论是因为干旱或传统草地被占用而失去牲畜。牲畜相对于粮食的'交换权利'也大幅度下降了。"② 农业商业化的发展夺去了他们在干旱季节赖以生存的草地，从而加重了这次干旱对他们的影响。牲畜存量损失加上牲畜对粮食交换比率的恶化，切断了牧民通常获取粮食的途径。畜牧经济与农业经济之间交换关系的特殊性，更使牲畜的相对价格下降、存量减少，从而加重了牧民的灾难。③

基于上述分析，阿马蒂亚·森进一步指出，仅仅注重建立社会安全网以保护极端贫困的人而忽视权利的观念与政策是不可取的，同时他明确批评了那种认为在落后国家提倡公民权利是一种过早的奢侈品的观点。他在《论经济不平等：不平等之再考察》一书中提出，一个人的生活由一系列相关联的功能构成，功能就是一个人处于什么样的状况，能够做什么和怎样生活，包括获得良好的营养供给、身体健康、避免疾病等；最基本的功能要素；自尊、受人尊重、参加正常的社交活动等；而能力又与其权利状况具有密切联系，能力能使功能得到充分发挥，凭借能力个人能实现有价值的功能。④

阿马蒂亚·森进而提出："人的贫困及其对贫困的消除往往取

---

① 〔印度〕阿马蒂亚·森：《贫困与饥荒——论权利与剥夺》，王宇、王文玉译，商务印书馆，2001，第103页。

② 〔印度〕阿马蒂亚·森：《贫困与饥荒——论权利与剥夺》，王宇、王文玉译，商务印书馆，2001，第132—133页。

③ 〔印度〕阿马蒂亚·森：《贫困与饥荒——论权利与剥夺》，王宇、王文玉译，商务印书馆，2001，第140页。

④ 〔印度〕阿马蒂亚·森：《论经济不平等：不平等之再考察》，王利文、于占杰译，社会科学文献出版社，2006年，第257—259页。

决于多种权利因素，在一个私人所有制的市场经济中，人们所公认的典型的权利关系主要包括以下内容：（1）以贸易为基础的权利，一个人有权拥有通过自愿交易所得到的东西（在多边贸易中，存在一个由自愿参与者所构成的集合）；（2）以生产为基础的权利，一个人有权拥有用自己的资源或在自愿的基础上使用雇佣来的资源所生产出来的东西；（3）自己劳动的权利，一个人有权拥有自己的劳动能力，并进而有权拥有与自己的劳动能力有关的以贸易为基础的权利，以及以生产为基础的权利；（4）继承和转移权利，一个人有权拥有他人自愿赠予他的东西，但后者对这些东西的所有权必须是合法的，而且，这种赠予可能要等到赠予者去世后才能生效。"① 上述权利之间存在特定内部关系。在市场经济中，一个人可以将自己所拥有的商品转换成另一组商品，这种转换可以通过贸易、生产或两者的结合来实现。在转换中，他能够获得的各种商品组合所构成的集合，可以称为这个人所拥有东西的"交换权利"。② 阿玛蒂亚·森还具体分析了工具性自由对于消除贫困的意义，如政治自由有助于促进经济保障，社会机会可以帮助人们创造个人财富以及用于社会设施的公共资源。不同类型的自由可以相互增强，"它们分别帮助人们按自己的意愿过有价值的生活，又相互联系、相互促进，共同做贡献"。③ 他特别提出，个人自由就其实质而言是一种社会产品，这里存在一种双向的关系：通过社会安排来拓展个人自由；运用个人自由不仅改善单个个人的生活，而且使社会安排更为恰当和富有成效。④ 以上这些地区饥荒的根源在于"权利的失败"。

上述分析对我国当前对贫困根源的分析颇有启示意义。我国

---

① 〔印度〕阿马蒂亚·森：《贫困与饥荒——论权利与剥夺》，王宇、王文玉译，商务印书馆，2001，第6—7页。
② 〔印度〕阿马蒂亚·森：《贫困与饥荒——论权利与剥夺》，王宇、王文玉译，商务印书馆，2001，第8页。
③ 〔印度〕阿马蒂亚·森：《以自由看待发展》，任赜、于真译，中国人民大学出版社，2012，序言，第8页。
④ 〔印度〕阿马蒂亚·森：《以自由看待发展》，任赜、于真译，中国人民大学出版社，2012，第23页。

也存在贫困者权利贫困问题，并成为其他贫困的重要原因。从权利贫困对收入或其他贫困的影响看，健康权缺失不仅导致了一些贫困者因病致贫，而且还直接影响其收入能力和生活质量，"健康是维持其自由和幸福的基本前提。因为健康不仅是一种消费品，更是一种投资品；不仅是指人力资本投资，而且是一种精神投资。显然，这个投资的过程本身就是一种能力培养和提升的过程。作为一项人权，健康权意味着为个人提供获得一系列健康服务的权利和自由，特别是为健康权贫困的穷人提供提高其能力的机会或平台。穷人能力的实质性提升成为第一要义——穷人的健康权的建设与维护的过程，就是其能力提高的过程，就是其自身收入状况改善且素养不断提高的过程"。[1] 贫困者劳动就业权及受教育等社会权利贫困更是导致收入贫困的另一个重要原因，这尤其能准确地概括中国目前进城务工人群的贫困。同时，其他权利缺陷也影响贫困者的物质生活。

从发展中国家的经验看，部分民众的收入贫困与平等权缺失有着十分重要的联系。"经济与政治不平等，部分来源于机会的不平等。从内在性和工具性角度来看，机会的不平等都是有害的，机会的不平等会加剧经济效率的低下、政治冲突以及制度的脆弱性。"[2] "在社会中追求个人目标的过程中具有平等的尊严。如果不存在这种前提，处于不利地位的一方受到伤害的原因并不是他们拥有的比别人少，而是他们所能够参与的生活方式比较少。"[3] 20世纪 50 年代末期到 20 世纪 90 年代早期，许多发展经济学家对位于印度北部的北方邦 Uttar Pradesh 的村庄 Palanpur 进行了详尽的研究。在参观和访问这个村庄后，他们收集了详细的定量和定性信息。研究表明，"一段时间内经济增长带来了人均收入的缓慢增

① 熊惠平：《"穷人经济学"的健康权透视：权利的贫困及其治理》，《社会科学研究》2007 年第 6 期。

② 世界银行：《2006 年世界发展报告：公平与发展》，中国科学院－清华大学国情研究中心译，清华大学出版社，2006，序言第 14 页。

③ 〔英〕莱恩·多亚尔、伊恩·高夫：《人的需要理论》，汪淳波、张宝莹译，商务印书馆，2008，第 123 页。

长，以及贫困人群的下降。但是伴随着这种缓慢增长的却是某些人福利的停滞，甚至是恶化。主要原因就是平等权的缺失，人的机会不平等，这些深层次的机会不平等导致了村庄的市场缺陷，反过来，这些市场缺陷又加剧了这样的不平等，最终导致次优的投资和低效的发展。村庄的制度安排也反映了这种不平等。由于存在权力和影响的不均等分配，国家和中央政府的政策到达村庄层面时，不可避免地被歪曲了。因此这些政策不但没有实现预期的经济和社会进步，反而加剧了这种不平等的现状"。① 从拉美国家的经验看，严重的社会排斥使人们获得工作和进入消费市场的机会是不同的，贫困者不可能参与一些经济活动和社会其他活动，这些因素就有可能作用于其他方面，从而形成恶性循环。一项由拉丁美洲人口统计中心、联合国开发计划署和巴西的应用经济研究所（2003）共同发表的报告认为，"解决困扰该地区贫困的最好办法——减少不平等——似乎是一个很难对症下药的问题。在关于发展的新观点中，不平等似乎是获得持续经济增长的一个根本障碍，是纯粹的贫困制造者"。② 发展中国家的经验表明，权利不公平是影响社会发展的重要因素。智利一家著名的民意调查公司 Latinobarometro 在 2001 年曾对拉丁美洲国家进行了一项研究，要求被调查者回答以下问题："'你认为你所在国家的收入分配很公平、公平、不公平，还是很不公平？'结果，平均 89% 的被调查者认为他们国家的收入分配'不公平'或'很不公平'。在 18 个被调查国家中，17 个国家里只有不到 20% 的被调查者回答'公平'或'很公平'。这一结果或许在拉丁美洲国家表现得尤其严重，因为拉丁美洲是世界上最不平等的地区之一，但其他地区也基本如此。"③ 因此，在我国当前扶贫工作中，权利贫困不可忽视，应将消除权利贫困

---

① 世界银行：《2006 年世界发展报告：公平与发展》，中国科学院－清华大学国情研究中心译，清华大学出版社，2006，第 26 页。

② 〔印度〕阿马蒂亚·森、〔阿〕贝纳多·科利克斯伯格：《以人为本：全球化世界的发展伦理学》，马春文、李俊江等译，长春出版社，2012，第 237 页。

③ 世界银行：《2006 年世界发展报告：公平与发展》，中国科学院－清华大学国情研究中心译，清华大学出版社，2006，第 82—83 页。

作为消除收入贫困的基础性工程。

（三）通过权利扶贫提升贫困者生存质量并发挥潜能

基于国内外学者观点并借鉴联合国消除人类贫困全球公约的相关规定，也基于我国当前扶贫的现实需要，可将生活质量内涵概括为三个基本方面，即以可支配收入为基本内容的物质生活质量、以强调对个人生活的主观评价与体验为基本内容的主观生活质量和以劳动就业能力为主要内容的发展能力获得与提升状况。权利扶贫的意义首先在于使权利人过上有尊严的生活。人的本性就是人能过"体面而有尊严"的生活，提升主观生活质量。从发展生活质量能力看，马克思认为，未来的理想社会是每个人的才能都能得到充分发展。人的发展包括知识、道德等方面的发展，与社会经济的不断发展是有机的统一体。其中人的发展是基础和核心，这意味着人都应该获得发展的机会和享有发展的成果，而这更离不开权利保障。未来扶贫应由单方面的帮助转变为着力于发现、理解、引导和转变贫困者自身，即扶贫不但是一种经济行动，更是一个如何对待人，对待贫困者发展、富裕和幸福的过程，在此过程中，权利有着独特的意义。要想真正地消除贫困，首先就必须消除使贫困者处于最不利机会和地位的权利贫困。机会平等权能够提供一个表现自我、展示才能的机会，有了相应的机遇，个人能力和素质才能得到展现。只有机会平等权提供了个人与社会及自然资源结合的平台，个人的潜力才能得到最大限度的发挥；同时，机会平等权能够使贫困者获得自信与平等感，如残疾人最需要的是被平等地尊重和对他们的能力与努力的承认。联合国相关国际公约明确要求，各国无论其大小、强弱，都要将平等维护每个人的价值和尊严作为自己的重要责任，"享有人权并不是为了饱食终日地活着，而是为了像一个真正的人那样活着。人权的根源必须追溯到哲学人类学中去，追溯到人类本性的道德理论中去"。[1] 其中的重要因素就是对其权利的尊重。关于自由权利的意义，阿马蒂亚·森具体分析了五种

---

① 转引自《人权新论》，海南出版社，1996，第101页。

工具性自由，"它们分别帮助人们按自己的意愿过有价值的生活，又相互联系、相互促进，共同做贡献"。①

其他相关的实证研究中也证实了以上假设，在对埃塞俄比亚一个赋权项目的研究中，调查发现，"大约70%的参与者（均为妇女）认为赋权不仅增加了其对家庭决策制定的参与，而且大多数参与者认为这一过程使他们不那么孤单寂寞，而变得比以前更加快乐了，赋权能够给心理状态和感受到的福祉有一个积极的影响"。② 在老年学研究中，活动理论也认为，老年人在退休后脱离了原来的角色，常会有失落感和被排斥感，自尊心受到影响，生理和健康会有一定的改变。③ 参与权的行使能够有效地改变这一状况。相反权利的缺失会直接影响人的利益实现，降低其生活质量。

从发挥贫困者的自我脱贫潜能看，其一，权利要为贫困者提供发挥潜能的有利空间。每个人都蕴含巨大的潜能，潜能发挥情况与一个人的权利情况往往有着密切联系，特别是自由权、就业权及平等权等保障潜能发挥的空间。"权利意味着法律确认主体自由行事的活动空间，在这个空间内，主体可以尽其所能地行使自己的意志自由，充分地享用法律认可和保护的利益，创造性地发挥自己的才能和潜力。"④ 伏尔泰曾指出："一切享有各种天然能力的人，显然是平等的；当他们发挥各种动物机能的时候，以及运用他们的理智的时候，他们是平等的。"⑤ 而且，绝大部分人能够对自身潜能发挥持积极态度。关于政府救助工作会不会影响就业意愿，"92%的人认为'不管给不给救助，我都积极找工作'，8%

---

① 〔印度〕阿马蒂亚·森：《以自由看待发展》，任赜、于真译，中国人民大学出版社，2012，序言第8—13页。

② 〔英〕萨比娜·阿尔基尔等；《贫困的缺失维度》，刘民权、韩华为译，科学出版社，2010，第51页。

③ Havighurst, R. J., Successful Aging in R. H. Williams, C. Donohue（Eds），*Processes of aging*, *Social anPsychological Perspectives*, Vol. 1, New York：Atherton, 1963.

④ 张文显：《权利与人权》，法律出版社，2011，第85页。

⑤ 夏文斌：《十八世纪法国哲学》，商务印书馆，1965，第48页。

的人认为'我要计算就业前后的得失决定去不去工作'"。① 密尔也认为人的潜能只有不断运用才能得到发展。"人类的官能如觉知力、判断力、辨别感、智力活动、甚至道德取舍等等，只有在进行选择中才会得到运用……智力的和道德的能力也和肌肉的能力一样，是只有经过使用才会得到进展的。"② 美国学者博登海默提出发挥人的潜能对个人与社会有着极为重要的意义，"只有当人的能力不为压制性的桎梏束缚时，一种助益于尽可能多的人的高度文明才能得以建立。毋庸置疑，主动能力的发展、思想资源的丰富以及创造性才能的发挥，都对文化发展和进步作出了巨大的贡献"。③ 博登海默不仅论述了个人潜能发挥对人类文明的意义，而且指出了可能的途径，包括教育引导、合作、制定相应的制度规则，增强权利义务意识，使每个人都能获得发挥潜能的机会。其二，权利提升贫困者的脱贫能力。这主要通过教育权来实现。诺曼·厄普霍夫等人总结一些发展中国家的反贫困经验后认为，地方社区拥有丰富的人力资源，农民自身具有持续生计的巨大智慧和潜力，但由于受教育等原因，他们的参与程度和影响有限，而且"贫困者的参与会因为各种各样的操纵而受阻甚至无效。一旦对结果不满意，他们积极参与的可能性就会大大降低"。④ 政府的援助通常会被农村精英抢先占有，分散、贫困的农户很难得到好处。非政府组织倾向于为经营规模较大的农场主提供服务。而有了对贫困者健全的权利保障立法，就能够有效避免上述情况的发生。此外，权利可以改变人的心理、情绪及其对社会资源的控制，从而达到自身的目的，重新认识并发展自身的行动能力。这对于发挥个人潜能是十分重要的。其三，权利扶贫使贫困者利

---

① 曹艳春：《我国城乡社会救助系统建设研究》，上海世纪集团，2009，第321页。

② 〔英〕约翰·密尔：《论自由》，许宝骙译，商务印书馆，1959，第68页。

③ 〔美〕E. 博登海默：《法理学：法律哲学与法律方法》，邓正来译，中国政法大学出版社，1999，第281页。

④ 〔美〕诺曼·厄普霍夫等：《成功之源——对第三世界国家农村发展经验的总结》，汪立华等译，广东人民出版社，2006，第113页。

益得到更好的保障以形成人发挥潜能的有效动力。权利对个人利益的实现功能大体包括以下三个方面：分配利益，这部分利益就构成权利背后所潜隐的物质力量；凝固利益，法律通过赋予社会主体的行动权以肯定和确认个体对社会生活的参与以及与他人在合作竞争中获得利益的机会；保障利益，防范社会利益遭受到来自各方面的无端侵袭。① 因此，权利获得能够使个人利益得到全面可靠的保障，贫困者参与脱贫发展的潜能将会得到更有效地释放。

（四） 通过权利扶贫提升政府扶贫管理绩效

①通过降低扶贫成本提升扶贫绩效。对贫困者扶贫有利于消除权力高度集中的管理方式，降低反贫困管理成本。权力高度集中容易造成扶贫信息不通畅、信息失真、虚假扶贫现象，甚至出现扶贫决策失误，这些都会造成扶贫成本的增加，直接影响扶贫绩效。长期以来，我国实行的行政主导的管理控制型扶贫战略，以资金给付为基本形式，扶贫对象包括因年龄、残疾、疾病等原因而无法参与劳动的贫困人群以及存在不同劳动能力的人群，但实际上扶贫效果不佳。正如有学者分析指出的，"社会控制性的管制穷人成为反贫困战略的固定伴侣……以控制、管理、规训和矫正'穷人'为机制的战略就其'反贫困'这一目标而言，在西方也谈不上取得成功，它并不能消除贫困。其成功之处在社会控制这一方面。这种社会控制战略实施以后，穷人被标签化和亚文化化。他们被从社会中隔绝出来，成了社会管制的对象，其结果是使他们更牢固地钳闭在'贫困'之中"。② ②通过强化贫困者参与度提升扶贫绩效。整个权利扶贫过程就是对穷人的赋权过程，这个过程的途径主要包括提高他们的社会包容度、鼓励他们的集体

① 戴剑波：《权利正义论：基于法哲学与法社会学立场的权利制度正义理论》，法律出版社，2007，第164—165页。
② 朱晓阳：《反贫困的新战略：从"不可能完成的使命"到管理穷人》，《社会学研究》2004年第2期。

活动及广泛参与。① 这有利于提升扶贫绩效，一方面使贫困者的自信心、想象力、创造力得到有效的发挥，另一方面可以提升政府责任意识和责任水平。③个体赋权和好的政府治理形成相互促进的良性互动关系。对民众的赋权、开放的信息流通、更高的透明度、充满活力的民权社会等是政府公共行动有效的基础。贫困者一旦被赋权，政府可通过与公民的有效协作降低政府治理成本，提升政府治理贫困的绩效，如减少政府对扶贫决策的失误，这样政府扶贫和决策行动才能得到民众的积极回应和有效合作。以下是部分发展中国家贫困者参与对扶贫效果影响情况的具体对比分析，见表6-3。

表6-3　分权化有助于减少贫困吗？

地区/国家	效果	
	穷人的参与度或者对穷人要求的回应度	对社会和经济贫困的影响
孟加拉国	差：参与度有所改善，但穷人的代表性很弱，得到的回应度差	差：按所有标准看都是如此，并遭到腐败和政治庇护的侵蚀
哥伦比亚	相当好：参与度和代表性方面的证据模糊，但回应度得到提高	相当好：增长或平等方面的证据不多，但人类发展和空间平等方面表现较好
加纳	有好有差：穷人和社区团体的参与有所进步，但代表性进步大，回应度极低	有限证据显示：资源太少，无法发挥重大影响；通过政府的资源配置，空间平等也许有所改善
卡纳塔克邦，印度	相当好：代表性已获改善，但穷人的参与没有什么效果，回应度低	中等：有利于穷人的增长或平等方面没有什么作为，资金的重新配置和发展规划间接地促进了人类发展和空间平等
尼日利亚	很差：参与度低，代表性差，回应度差，缺乏责任感	差：平等和人类发展方面差，空间平等由政治操纵和城市歧视决定

① 〔英〕萨比娜·阿尔基尔等：《贫困的缺失维度》，刘民权、韩华为译，科学出版社，2010，第51页。

续表

地区/国家	效果	
	穷人的参与度或者对穷人要求的回应度	对社会和经济贫困的影响
西孟加拉邦，印度	好：参与度、代表性和回应度都有所提高	好：增长、平等和人类发展都有所进步，缺少空间平等方面的证据

　　资料来源：联合国开发计划署：《2003 年人类发展报告——千年发展目标：消除人类贫困的全球公约》，中国财政经济出版社，2003，第 143 页，有缩减。

三　权利扶贫精细化的策略建议

　　对于如何应对和消除权利贫困，换言之即如何进行权利扶贫，阿马蒂亚·森提出以下建议：第一，通过政府介入改变权利分配状况，而要达到这一目的只能通过增权途径。他提出，以交换权利为例，该权利不仅仅依赖于市场交换，而且还依赖于国家所提供的社会保障。社会保障系统建立之后，失业者可以得到"失业救济金"，老年人可以得到养老金，贫困人口则可以得到一定数量的"贫困救济金"。[①] 饥饿的消失反映了权利制度的变迁，社会保障系统的建立以及——更为重要的——通过就业保障制度来保证人们能够挣到足以避免饥饿的工资。[②] 第二，转变思想观念。他指出一种较为典型的认识错误是，贫困者急需要的是物质、服务等而不是权利，尤其是参与权利与政治权利，这些权利对于他们是"奢侈品"，"在持这种严厉态度的人看来，这些东西可以在发展带来充足的成果后，再加以考虑"。[③] 阿马蒂亚·森认为，实际上，个人权利与社会制度完善及反贫困推进发展存在一种互动关系：通过社会制度来扩展和实现个人权利；运用个人自由不仅改善单

---

① 〔印度〕阿马蒂亚·森：《贫困与饥荒——论权利与剥夺》，王宇、王文玉译，商务印书馆，2001，第 12 页。

② 〔印度〕阿马蒂亚·森：《贫困与饥荒——论权利与剥夺》，王宇、王文玉译，商务印书馆，2001，第 13 页。

③ 〔印度〕阿马蒂亚·森：《以自由看待发展》，任赜、于真译，中国人民大学出版社，2012，第 29 页。

个人的生活，而且使社会安排更为恰当和富有成效。上述认识对我们颇有启发意义，但还不够全面。借鉴国内外理论与经验，结合我国现实需要，笔者建议做好如下几点。

（一）对贫困者的权利贫困进行精细识别

第一，权利贫困精细识别主要应从贫困者享有权利的数量维度进行识别，即衡量权利贫困首先应观察贫困者是否能够全面享有经济、社会和文化权利，如在经济方面，贫困者有获取满足其基本经济需要的完全平等的权利，享有参与经济活动的平等权利，享有按贡献大小比例平等地分配经济收益的权利等。关于社会权利内容，1919 年德国的《魏玛宪法》在第 2 编关于公民社会权利的规定涉及生存救济、受教育、劳动就业等多种权利。后来的国际人权公约强调，所有人权和基本自由都是不可分割和相互依存的。阿马蒂亚·森这样总结归纳了一个人在市场中典型的权利体系，包括："以贸易为基础的权利，即通过自愿交易所得到的东西权利；以生产为基础的权利，即一个人有权拥有用自己的资源或在自愿的基础上生产出来的东西的权利；自己劳动的权利，即一个人有权拥有自己的劳动能力，以及以生产为基础劳动的权利；继承和转移权利，即一个人有拥有他人自愿赠予他的东西权利。"[1] 这样在市场经济中，他就有了由各种权利构成的权利集合，统称为这个人所拥有东西的"交换权利"。[2] 在扶贫中，这些权利本身不是直接资源，但可经过福利性援助转化为贫困者福利，如从一般劳动就业权利到经过政府福利支持的劳动就业权利的转化等。因此，要对这些权利贫困状况进行具体识别。还可以从利益、资格、自由等权利要素落实情况的角度进行识别，把握贫困者权利贫困的具体情况。[3]

---

[1] 〔印度〕阿马蒂亚·森：《贫困与饥荒——论权利与剥夺》，王宇、王文玉译，商务印书馆，2001，第 6—7 页。

[2] 〔印度〕阿马蒂亚·森：《贫困与饥荒——论权利与剥夺》，王宇、王文玉译，商务印书馆，2001，第 8 页。

[3] 文建龙：《权利贫困论》，时代出版传媒股份有限公司、安徽人民出版社，2010，第 109 页。

第二，权利享有和运用是否充分。如贫困者能否自由充分地表达决定自己政治、经济、社会和文化等方面的需求意愿，能否充分参与生活的各个方面。1993 年联合国《维也纳宣言和行动纲领》强调，在国家级和国际级促进和保护人权和基本自由应当是普遍性的，在执行过程中不得附加条件。我国当前扶贫实践中应探索具体的权利扶贫策略方法。这里建议，其一，采用基于客观测量的权利扶贫方法，通过对现实情况及相关案例的分析了解权利获得与运用情况、贫困者对权利知识的掌握情况，还可以调查了解他们权利被侵犯的情况及寻求补救的情况与水平。其二，采用基于主观测量的权利扶贫方法，主要测量贫困者的权利意识、权利知识及其对权利不能享有或者被侵犯时的认识水平与态度等。

（二）贫困者需要导向的多维度赋权

应对和消除权利贫困的基本途径就是对权利贫困者进行赋权。何谓赋权？不同学者有不同的认识，综合多学科研究成果，基于扶贫精细化的现实需要，对贫困者进行多维度赋权应包括以下几方面。

第一，以促进贫困者脱贫参与为导向的赋权。其基本目的就是帮助穷人和那些被社会排斥的人通过参与集体行动实现获得资源的能力，包括"扩大穷人的资产和可行性能力，使其能够参与、影响、控制和持守那些影响他们生活的制度"。[1] 世界银行发展报告指出，赋权是一个过程，在这个过程中，穷人的可行性能力得到促进，他们对政治过程和地方决策制定过程的参与得到加强，以至于他们能够影响与其生活相关的国家制度。赋权也意味着针对某些特定群体的政治、法律和社会壁垒的消除，建立穷人资产以使其能够更有效地参与市场。[2]

在管理学界，"赋权"主要强调被管理者对管理过程的参与权

---

① 〔英〕萨比娜·阿尔基尔等：《贫困的缺失维度》，刘民权、韩华为译，科学出版社，2010，第34—36页。

② World bank, *World Development Report* 2001: *Attacking Poverty*, New York: Oxford University Press, 2001.

利、能力及过程，也包括其产生的实际影响。赋权意味着赋能、许可、附加权利以便更有执行能力。[1] 我国台湾学者张文隆认为，完整的"结构赋予权"可以用一个数学函数来表示，即 E = f（A，R，I，A），赋权（empowerment）的 E 是 A、R、I、A 这四种元素的函数，是深受这四元素连带影响的。ARIA 中的第一个的 A 是 Accountability（当责），第二个的 R 是 Resources（资源），第三个的 I 是 Information（资讯），第四个的 A 是 Authority（权柄）。[2] 张文隆还对授权与赋权进行了区别，"授权是指主管或决策者将其决策权力授予其部属或同事的'行为'或'过程'；赋权是指主管或决策者将其决策权力授予其部属或同事时，同时考虑被授权者的能力与意愿，再让其承担决策的压力，例如主管必须先确认被授权者有足够的经验或训练，可以尝试做这样的决策，另外，在其进行决策时也该提供充分的资讯，在任务完成后，也必须依照其结果给予适当的奖励"。[3]

赋权意味着被管理者的深度参与，不仅包括决策与执行过程，而且让参与的普通民众负有责任，特别是对自己的行为结果负责；参与者掌握更多的信息，让资讯流动更开放，让高层资讯往下层流通，也让基层资讯往上层流动，让过程更透明化，让被赋权者能做出更好的决策，让组织结构扁平化。在社会工作研究领域，赋权比较关注的是社会网络支持、决策参与及能力提升，促进弱者利益实现。以基于赋权的社区发展项目为例，"任何一个社区发展项目都是处于动态发展过程之中的，不同利益群体间的互动、社会生态环境发生变化，社会结构性因素制约等，都会影响社区的变化方向。面对这些，社区发展机构、项目人员在执行项目中很可能会遇见许多挑战"。[4] 应对这种挑战的基本途径之一就是让被管理者深度参与，这对扶贫中的社区参与项目来说颇有启示意义。

---

① 张文隆：《赋权：实务领导大趋势》，清华大学出版社，2011，第 19 页。
② 张文隆：《赋权：实务领导大趋势》，清华大学出版社，2011，第 1 页。
③ 张文隆：《赋权：实务领导大趋势》，清华大学出版社，2011，第 30 页。
④ 古学斌、王思斌：《中国社会工作研究的新议题、新实践》，北京大学出版社，2010，第 250 页。

从实践来看，在印度南部的克拉拉邦一个叫维哥努尔的山村，"贫困的妇女们通过将岩石敲碎成一种建筑材料来谋生。虽然她们的山村坐落在著名的科瓦拉姆旅游海滩附近，但她们过着与那些横躺在沙滩上的游客截然不同的生活。当这些妇女们自己的借贷储蓄机构开始在这个地区营业时，她们深深地珍视这新拥有的技能和自信，我们可以把它称之为一种赋权（empowerment）。她们是这样描述2006 年她们自己的情况的：'我们有了更多真正的自由。过去进入银行或其他机构时，我们会感到很害怕。我们不知道应该说什么和做什么，但我们现在知道了。我们可以用拉雅拉姆语（malayalam）和任何人进行沟通，而且还能用英语说是或者否'"。① 厄瓜多尔的利蒂西娅这样来解释参加家庭决策如何使她得到赋权："我有了自由空间为自己做决定，而不再去依赖别人。我的丈夫开始询问我的意见，他不再大男子主义了，而是相互尊敬……一起来做决定。这些对我来说是一种骄傲和自豪。"② 孟加拉国乡村银行对穷人，尤其是妇女优先发放贷款帮助其参与脱贫致富是这方面的典型。"这家非营利性不需抵押的银行，其主要股东和客户都是贫困家庭的妇女。银行把妇女组织成小组，按一定次序，轮流借款，如有人不还款，就意味着别人借不到款。乡村银行的借款原则是：越穷的人越优先得到贷款，银行对于无论什么活动，只要能产生收入，都给予贷款。银行利用妇女相互帮助、监督的方法，使银行的到期还款率始终达到100%。在这一成功的模式下，乡村银行通过向农村地区最穷的妇女提供小额贷款（平均贷款额为 100 美元左右），帮助过孟加拉国一百多万个家庭，在农村地区创造了无数个就业机构，使得穷人特别是妇女得以实现经济和社会独立。最新情况表明，乡村银行在孟加拉国有 1045 个分支机构，为 3.5 万多个村庄提供服务。"③

---

① 〔英〕萨比娜·阿尔基尔等：《贫困的缺失维度》，刘民权、韩华为译，科学出版社，2010，第 32 页。

② 〔英〕萨比娜·阿尔基尔等：《贫困的缺失维度》，刘民权、韩华为译，科学出版社，2010，第 33 页。

③ 樊怀玉等：《贫困论——贫困与反贫困的理论与实践》，民族出版社，2002，第104—105 页。

国际扶贫开发机构在中国扶贫实践中已引入贫困者参与的理念与方式，如1999—2003年亚洲开发银行作为项目的发起和主要出资机构在我国贵州建立了纳雍扶贫示范区，其在项目实施中最为突出的特点是注重贫困农民对项目的全面参与。具体做法和创新表现是，"首先，村民在专家的引导和帮助下，全过程高密度地参与了项目的设计和调整、实施、管理、监测和评估，保证了项目的顺利完成和项目后续管理的高质量和制度化。其次，建立了可持续的项目或工程管理制度和内部组织，保证项目或工程可持续使用，提高了农民的技能和参与社会管理的能力，使项目结束后继续对农民创收和社区发展产生持久的作用。第三，对项目进行动态设计，在实施过程中，不断地根据社区农户的需要，对项目内容进行调整，有的放矢地确定新的发展内容，体现了赋权于民的发展理念。以上做法取得了积极效果，1999—2003年，实施项目的千秋村和新民村农民，人均纯收入分别增长了97%和86%"。[①]1997年开始立项，2005年顺利结束的甘肃省西部扶贫世行贷款项目也体现了类似的管理理念与方法，项目设计已开始改变以往项目中以技术为中心的设计方法，"把人放在首位""以人为中心"的观点始终贯穿于项目设计之中。扶持者自身的需求、意愿是项目内容和框架产生的基础，并围绕发展项目所在地区人民的生产方式、文化模式、需求和潜力来建设发展项目。[②]这无疑是有益尝试。但从总体看，我国扶贫实践基本采取自上而下的管理方式，被扶持对象的参与权利十分有限，他们基本处于贫困状态。一些干部在任期内追求政绩的最大化，大搞"面子工程""政绩工程"的现象是贫困者缺乏参与权的典型表现。而在权利扶贫中参与权扶贫的具体内容应包括项目决策、实施、监督、检察、绩效考核等整个过程。

第二，以促进贫困者利益保障为导向的赋权。其主要通过法

① 周芙蓉：《亚行贵州纳雍社区扶贫示范项目具有借鉴意义》，http://news. xinhua-net. com/newscenter/ 2004 – 09/23/content_2013594. htm。

② 赵永宏：《甘肃省西部扶贫世行贷款项目社会和扶贫效益显著》，http://cn. chinagate. cn/worldbank/2008 – 10/14/content_16610636. htm。

律制定与实施保障公民实现特定的利益、获得特定的资格。权利的本质是由法律和国家权力保证人们为实现某种特定利益而进行一定行为的"力",后来在法律上进一步被表述为:"权利是法律赋予权利主体的一种用以享有或维护特定利益的力量。"① 赋权更多强调对个人利益或者目标的认识、主张和实现资格与能力等。而权力也能表达这一含义,依此来看,就个人而言,权力与权利具有互通性。美国社会福利学者 Neil Gilbert 与 Paul Terrell 明确将权力(权利)与福利形式紧密结合,提出权力(权利)福利形式,并指明了这种福利形式的重要性:"权力涉及控制物品和资源之影响力的再分配。它可以通过把决策者的权力转交给特定群体的政策来实现。……虽然这种权利不能像现金或者退税那样来使用,但它所提供的支配社会和经济选择的范围比物品、服务或机会等的福利形式要大。"②

第三,以增强贫困者主体性为导向的赋权。贫困者的主体性意味着贫困者在扶贫行动中的自觉、能动、创造意识以及在公正行使、主张及维护权利的过程中发挥积极主动的作用。在扶贫实践中,这种主体性意味着强调被扶贫者充分发挥个人潜能,而非将他们置于被动乃至被恩惠或同情的地位,这种权利能够给他们带来广泛福利。阿马蒂亚·森也探讨了主体性意义,"更多的自由可以增强人们自助的能力,以及他们影响整个世界的能力,而这些对发展过程是极为重要的。这里所关心的与我们(冒着过度简化的危险)或可称作的个人'主体(agency)地位'有关"。③ 从20世纪70年代开始,西方国家社会工作者权能激发的新工作思路就是将贫困者视为无能力的受害者转变为承认他们也是积极的主体,20世纪80年代随着权能激发内涵的不断丰富和完善,目前对其较为全面的理解是,保证所有人都有途径得到所需的资源、服

---

① 张文显:《权利与人权》,法律出版社,2011,第24页。
② 〔美〕Neil Gilbert、Paul Terrell:《社会福利政策导论》,黄晨熹等译,华东理工大学出版社,2003,第183页。
③ 〔印度〕阿马蒂亚·森:《以自由看待发展》,任赜、于真译,中国人民大学出版社,2012,第13页。

务、资讯和机会平等。对于权能激发理论，有学者认为，激发权能可使无权感者获取处理问题和压力的知识、技能和能力，使之在更大程度上控制自己的生活，[1] 并最大限度地开发人的潜能，使其有自己的优势和长处。其核心是激发贫困人群的自身潜能，激活其劳动自救、自立和发展的能力，形成对社会政治环境更富有批判性和分析性的理解。此外，主体性建设还应将权能赋予要求与责任履行要求加以整合，实际上这也是权利和义务的结合。不管赋权的具体内容如何，每个权利的享有和行使都同主体获取一定的利益联系在一起。正是在这个意义上，可以把权利和义务看作极其重要的资源，这对我们对贫困者的有效赋权颇具借鉴意义。

（三）注重对于贫困者的维权服务

就目前我国的情况看，扶贫制度设计与实际执行存在的问题直接造成了对部分贫困者权益的损害。例如，在我国不少农村地区的扶贫资源分配中，由于资源有限，可享有扶贫资源的人数要预先确定，即以钱定人，又因政府民政人员及村干部存在工具主义的价值取向，政府福利被作为乡村管理甚至增进人情关系的资源，[2] 等等。一旦遇到此类情况，人们大多选择私下议论，或者进行信访等，很少通过司法途径维护权利。目前我国个别地方出现了类似的案件，如低保救助案件，[3] 但总体来看案件很少且内容简单，力度不足。强化扶贫实践中贫困者维权服务的基本目的是防止公民权利受到来自国家机关、个人及其他私人主体的侵犯。国家除了对贫困者权利予以确认以外，还应采取积极措施保证权利不被侵犯，一旦发生侵权情况能及时得到救济，特别是对公民在获得体面的劳动收入、健康照护、职业教育和训练、安全的工作

---

① 周林刚：《激发权能理论：一个文献的综述》，《深圳大学学报》（人文社会科学版）2005 年第 6 期。

② 刘燕舞：《作为乡村治理手段的低保》，《华中科技大学学报》（社会科学版）2008 年第 1 期。

③ 朱建奎等：《一桩"低保"诉讼案》，《中国民政》2003 年第 5 期。

条件等方面应积极行动。① 为此，需要进行以下几方面的努力。

第一，完善相关法律制度。目前我国许多法律已经规定了农民的权利，但缺乏如何进行有效救济的规定，难以实践。如 1993年制定、2002 年修改的《农业法》第九章专门规定了农民权益保护的内容，其中的一些规定有助于减轻农民的负担并有利于他们的脱贫发展。例如，该法第 67 条规定了财产保护权，除法律法规另有规定外，任何机关或者单位以任何方式要求农民或者农业生产经营组织提供人力、财力、物力的，属于摊派，农民和农业生产经营组织有权拒绝任何方式的摊派；第 71 条规定的土地受益权，任何单位和个人不得截留、挪用征地补偿费用；第 72 条规定的承包经营权；第 74 条规定的经营自主权；第 77 条专门规定了权益维护方式，即农民或者农业生产经营组织为维护自身的合法权益，有向各级人民政府及其有关部门反映情况和提出合法要求的权利，可以依法申请行政复议或者向人民法院提起诉讼，有关人民政府及其有关部门或者人民法院应当依法受理。但上述规定还十分模糊，农民权益受到侵犯时缺乏有效的维权操作化具体规定。例如，在实际操作中如何理解其中的合理要求，具体程序如何，农民权益被村委会侵犯时如何起诉等都缺乏明确的规定。再以《社会救助暂行办法》第 68 条规定为例，申请人采取虚报、隐瞒、伪造等手段，骗取社会救助资金、物资或者服务的，由有关部门决定停止社会救助，责令退回非法获取的救助资金、物资，可以处非法获取的救助款额或者物资价值 1 倍以上 3 倍以下的罚款；构成违反治安管理行为的，依法给予治安管理处罚。对于以上处理如果申请人不服，对如何进行权利救济并没有做出明确规定。完善相关规定涉及两个方面：一是行政救济，指行政机关作为救济主体为权利人提供的法律救济方式，要通过制度完善为贫困者提供公正、合法、有效率的维权方式；二是司法救济，又被称为司法机关的救济或者

---

① see Monique Castermans-Holleman, Fried Van Hoof and Jacqueline Smith, *The Role of the Nation-State in the 21st Century: Human Rights, International Organisations and Foreign Policy, The Hague*, Boston: Kluwer Law International, 1998, p. 81.

诉讼救济，指的是人民法院在权利人权利受到侵害而依法提起诉讼后依其职权按照一定的程序对权利人的权利进行补救。在现代社会，司法不仅是实现权利救济的渠道之一，也是贫困者维权较为权威的一种方式，应给予充分重视。

第二，加强对贫困者的法律援助和司法救助。权利救济即维权，是使受侵害权利得以救济和恢复的重要途径。但通常来看，这一过程需要权利人花费一定的成本，如果以社会整体利益衡量，个人花费再大的成本进行权利救济都是值得的，因为体现了社会正义的价值。但从个人角度看，人们是依据自己的偏好和是否最有利于自己进行活动，是否进行权利救济需由申请人考虑其所付出的代价。由于经济条件所限，贫困者在衡量过程中可能会因为成本问题而放弃救济，这就需要政府与社会的帮助，减轻其成本与负担。目前我国已建立相关的法律援助与司法救助制度，但还需要结合现实情况进一步完善，为贫困者的救济权利提供可行性和便捷性。我国 2002 年实施的《法律援助条例》第 2 条明确规定，本条例所称的法律援助，是由政府设立的法律援助机构组织法律援助人员，为经济困难或特殊案件的当事人免收费或由当事人分担办案费用提供法律援助服务的法律保障制度。第 7 条还规定，各级人民政府应将法律援助所需经费列入财政预算，并随着国民经济的发展逐步增加，以保障法律援助事业与经济、社会协调发展，法律援助经费由法律援助机构管理。当事人可以就下列事项申请法律援助：刑事案件；请求给付赡养费、抚养费、抚育费的法律事项；因公受伤害请求赔偿的法律事项；盲、聋、哑和其他残疾人、未成年人、老年人追索侵权赔偿的法律事项；请求发给抚恤金、救济金的法律事项；请求国家赔偿的诉讼案件；其他确需法律援助的法律事项。2015 年全国法律援助机构共组织办理法律援助案件 132 万件，提供法律咨询 704 万人次，为保障和改善民生、促进社会公平正义发挥了积极作用。[1] 但从现有的制度

---

[1] 吴爱英：《积极发展和完善中国的法律援助制度》，《行政管理改革》2016 年第 6 期。

看，目前法律援助范围十分有限，还应适当扩大援助的范围，使法律援助在当前扶贫维权中发挥积极作用。2015 年 6 月，中共中央办公厅、国务院办公厅印发了《关于完善法律援助制度的意见》，对进一步加强法律援助工作、完善法律援助制度提出了新的要求，其中特别规定，对城乡低保对象、特困供养人员等正在接受社会救助的对象和无固定生活来源的残疾人、老年人等特定群体，以及申请支付劳动报酬、工伤赔偿的农民工，免除经济困难审查；逐步建立法律援助对象动态数据库，提高审查效率；对情况紧急的案件可以先行受理，事后补办材料、手续；开辟法律援助"快速通道"，有条件的地方对未成年人、老年人、残疾人符合条件的申请实行当日受理、审查，并快速办理。这对于贫困者的权利扶贫具有直接意义。同时还要通过及时的法制宣传教育使他们了解以上规定，激励和要求更多的法律援助工作者参与其中。

第三，激励和动员社会力量参与维权行动。这可以弥补政府资源的不足，如激励和动员退休后的法律工作者为贫困者提供维权服务，政府和社区为他们提供必要的便利条件，对其中成绩突出者给予物质或精神上的奖励。

案例 6-1　社区法律服务有利于消除权利贫困

江岸百步亭社区居民刘静，13 年来成了居民口中有名的"律师婆婆"，社区还为她建立了专门的法律工作室。"退休在家本来不用工作了，但街坊们总是找到我咨询法律问题。"刘静说，后来她渐渐地开始帮居民进行民事调解、写诉讼状、提供相关法律咨询，并先后 16 次代表居民走上法庭，免费为居民打官司。"要不是刘律师，我现在真不知道怎么活下去。"2014 年 11 月 29 日，40 岁的陈女士说。2010 年，陈女士患重病，丈夫与她离婚，并以其未出资买房为由将她赶了出去。法院审理后判决陈女士拥有房屋 10% 的产权，陈女士不服判决，上诉被驳回。无奈之下，陈女士找到刘静帮忙。刘静分析案情后建议她不要再将精力集中于申诉，而是先申请强制执行判决，以免以后一无所获。陈女士听从了她的建议。近日老房拆迁，陈女士不仅获得了 10 多万元的补偿款，还分到一间 30 平方米的还建房。①

（四）优化对贫困者权利扶贫的社会环境

改善贫困者权利贫困状况需要不断优化贫困者权利环境，因为权利离不开特定的社会环境。阿马蒂亚·森分析了社会环境对个人权利的意义，他以自由权为例分析指出："必须充分注意有助于决定个人自由的性质和作用范围的社会因素，社会安排对确保并扩展个人自由具有决定性意义。一方面，对于自由权利、宽容、交换和交易的可能性的社会保障，影响个人自由；另一方面，对于在人类可行能力的形成和使用上极端重要的那些条件（诸如基本医疗保健或基础教育）的实质性公共资助，也影响个人自由。"② 就我国目前情况看，消除贫困者权利贫困需要从以下方面优化社会环境：

第一，文化环境。优化文化环境的根本要求是发展"权利文化"，这种文化指个人（公民）和一定群体、组织对权利现象、活动的认知、情感、意愿和期望。它近似于学术文献和大众媒体中时常使用的"权利意识""权利观念""权利精神"等概念。③ 权利观念是现实权利形成过程的前提条件，与此相联系，它对现实权利有着一种政治、经济因素无法替代的"内驱力"。权利观念是现实权利形成的主观能动性的表现，它可使法定权利"内化"个体的个性、自主性，从而"驱动"个人或组织的权利行为。④ 由于受到历史文化、传统、现实、管理方式等因素的影响，我国的权利文化十分薄弱，应当通过法制教育等途径在全社会中形成一种认识权利、尊重权利、维护权利和正确行使权利的权利文化，真正形成消除贫困者权利贫困的良好社会文化环境。其中增强贫困者的维权意识和知识

---

① 郭微：《律师婆婆免费为街坊打官司》，《楚天都市报》2014 年 11 月 30 日。
② 〔印度〕阿马蒂亚·森：《以自由看待发展》，任赜、于真译，中国人民大学出版社，2012，第 34 页。
③ 程燎原、王人博：《权利论》，广西师范大学出版社，2014，第 264—265 页。
④ 程燎原、王人博：《权利论》，广西师范大学出版社，2014，第 354 页。

具有特殊意义。还应通过对法制的宣传教育，使广大民众，包括经济文化落后地区的贫困农民认识到权利人的权利遭受侵害的时候，可以由有关机关采取一定的补救措施消除侵害，使权利人获得一定的补偿或者赔偿，以保护权利人的合法权益，不断增强他们自身的维权知识和意识，自觉采取正确的维权途径，使个人的合法利益得到有效的保护。

第二，经济环境。对贫困者进行经济投入对权利扶贫具有直接意义，因为权利尤其是与收入健康等相关的福利权利与国家财政支持有密切联系。"权利需要钱，没有公共资助和公共支持，权利就不能获得保护和实施。"① 《中共中央国务院关于打赢脱贫攻坚战的决定》要求，加大财政扶贫投入力度，发挥政府投入在扶贫开发中的主体和主导作用，积极为扶贫开发新的资金渠道，确保政府扶贫投入力度与脱贫攻坚任务相适应。为此需要三方面的经济努力：其一，中央财政继续加大对贫困地区的转移支付力度，中央财政专项扶贫资金规模要实现较大幅度增长，一般性转移支付资金、各类涉及民生的专项转移支付资金和中央预算内投资进一步向贫困地区和贫困人口倾斜；加大中央集中彩票公益金对扶贫的支持力度；各部门安排的各项惠民政策、项目和工程，要最大限度地向贫困地区、贫困村、贫困人口倾斜；各省（自治区、直辖市）要根据本地脱贫攻坚需要，积极调整省级财政支出结构，切实加大扶贫资金投入。其二，增加地方对扶贫的财政支持，包括开发扶贫和救助扶贫。目前我国地方财政支出总体上偏向经济建设，需要适当调整。收入再分配应成为地方财政的重要任务之一，发达国家的贫富差别问题都是依靠公共财政来解决的；应增加社会福利支出，让发展成果惠及弱势群体，例如，可以考虑以现金或购物券形式，增加对低收入者的直接补助；增加政府在教育、医疗和社会福利等方面的支出，这样贫困者的教育、健康、生存及发展等权利才有可靠的经济基础。其三，促进区域扶贫援助，使东部发达地区为西部贫困地区提供更

---

① 〔美〕史蒂芬·霍尔姆斯、凯斯·R.桑斯坦：《权利的成本——为什么自由依赖于税》，毕竞悦译，北京大学出版社，2004，第3页。

多的经济、技术等方面的援助。2011 年《中国农村扶贫开发纲要
(2011—2020 年)》明确指出："东西部扶贫协作双方要制定规划，
在资金支持、产业发展、干部交流、人员培训以及劳动力转移就业
等方面积极配合，发挥贫困地区自然资源和劳动力资源优势，做好
对口帮扶工作。可以看出，区域扶贫政策的制定是落实扶贫计划的
一个重要保障。2016 年 10 月 12 日，广东农行与广东省扶贫开发办
公室签署合作协议，双方就深化精准扶贫合作、促进农业产业发展、
带动农民脱贫致富达成多项合作意向，截至 9 月末，该行地处扶贫
开发重点县、原中央苏区、革命老区和少数民族县的 29 个支行贷款
余额 328.9 亿元，累计投放农户小额贷款超过 20 亿元，辐射带动了
一大批贫困农户脱贫。"① 这些专项扶贫、行业扶贫和社会扶贫有
效地促进了区域扶贫发展，值得其他地区借鉴。

　　第三，制度环境。在优化权利扶贫的社会环境中，制度环境
具有根本性意义，因为尽管人们对于权利概念有着多种不同的理
解和定义，但权利与制度有着密切的关系已成为共识，通过立法
形式表现出来的权利就成为有可靠保障的法定权利。1948 年 12 月
10 日通过的《世界人权宣言》第 25 条规定，人人有权享受为维持
他本人和家属的健康和福利所需的生活水准，包括食物、衣着、
住房、医疗和必要的社会服务；在遭到失业、疾病、残废、守寡、
衰老或在其他不能控制的情况下丧失谋生能力时，有权享受保障。
因此，权利制度化与一般的慈善福利、民间福利具有明显的差别，
与地方政府提供的临时福利也不同。制度化权利，具有较强的约
束性、明确性，可在一定程度上避免机会主义。1987 年阿马蒂
亚·森再次用农民权利匮乏解释其日益贫困化及面对意外打击的
脆弱性的原因，森定义贫困者的权利包括商品的选择权、交易权、
出卖劳动力的权利等，当这些权利难以实现时，剥夺就会发生。
Chamber 认为除了收入贫困外还有许多其他因素导致剥夺。他认
为，承受压力、容易受到意外冲击两大因素使贫困者显得特别脆

---

　　① 黄倩蔚：《省扶贫办、广东农行签订战略合作协议：超 2500 亿授信支持重点扶
　　贫区域》，《南方日报》2016 年 10 月 13 日第 A08 版。

弱，能力的缺乏使他们很难参与政治决策与享受各种服务。这些权利能否获得都是由制度决定的，[1] 因此制度建设应在我国当今扶贫实践中得到重视。

相关的具体制度内容，本书将在第九章具体论述。

---

[1] Chambers R., Poverty in India: Concepts, Research and Reality, Institute of Development Studies Discussion Paper, 1988.

下编　实施保障研究

第七章　中国扶贫精细化管理保障

一　我国政府扶贫管理成效与问题

（一）成效

第一，扶贫精细化管理新形式的探索取得了初步成效。我国政府长期以来的扶贫管理方式，基本上是中央政府通过财政转移支付的方式援助地方政府，地方政府再将扶贫资金发放给贫困者。近年来一些地方开始探索新的扶贫形式，在扶贫管理精细化中取得了积极效果，如江苏省泗阳县尝试把省扶贫奖补资金换成"股份机械、股份桃树、股份大棚、股份缝纫机"等，就近入股农业合作社、龙头企业形成"股份＋"精准扶贫模式，"股份＋"作为一种新的扶贫模式，正被越来越多的贫困户所接受。目前全县 3.7 万低收入户将省扶贫奖补资金变成股份，人均入股资金 1300 元。最重要的一点是把扶贫资金变成有效资产，形成有效积累，实现了精准扶贫、精准脱贫、长期受益。[①] 在四川省丹棱县通过科技帮扶实现脱贫也取得了良好成效，从 2013 年起，丹棱县坚持每年举行"不知火"种植技术大比武，让广大果农竞相学技术。到 2015 年底，丹棱县已有"不知火"果农 8 万人，种植面积突破 11 万亩，成为全国最大的"不知火"生产基地和"中国橘橙之乡"，并获得国家农产品地理标志。[②]

---

① 张耀西：《江苏省泗阳县推行"股份＋"精准扶贫模式贫困户变股东》，《人民日报》2016 年 5 月 22 日第 10 版。

② 姚永亮：《四川丹棱 8 万农民靠水果致富》，《人民日报》2016 年 5 月 22 日第 10 版。

　　第二，在对贫困者精细分类基础上进行个性化帮扶。在扶贫中应改变以往以户为单位的资金扶持形式，注重分类扶持，即针对救助对象的不同情况，采取更加精细化的扶持措施，具体思路是对缺乏劳动能力者进行生存扶持，而对具有一定劳动能力者通过精细化的管理促进贫困人群参与扶贫与脱贫过程，一些地方已开始探索和实践具体的激励性政策措施。2003 年上海市民政局与市财政局联合下发了《关于对低保家庭成员就业后实施"救助渐退"有关事项的通知》，2004 年又出台了《关于将低保家庭中有劳动收入人员基本生活费抵扣标准与低保标准的差额部分改为就业补贴标准等有关事项的通知》，旨在通过激励性管理措施促进低保对象有效地就业。2009 年《湖北省最低生活保障工作规程》规定两种就业促进激励形式：一是就业补贴，"对长期在城乡福利机构从事公益服务劳动的低保对象，可适当增发一定数额的临时补助金"；二是低保渐退，"对积极再就业的低保家庭实施低保渐退。积极就业后家庭人均收入超过当地低保标准的，可继续享受 1—3 个月低保补助，也可对家庭中老年人、残疾人、未成年人和重病患者再保障一定的期限。对自主创业后家庭人均收入未超过当地低保标准 150% 的，可延长保障一年"。

　　第三，注重对贫困者就业参与促进的机制化建设。2006 年重庆市劳动保障局、市财政局、市就业再就业办和市民政局联合出台了《关于试行就业补贴促进城市居民最低生活保障人员就业再就业的通知》，其明确规定，对在法定劳动年龄内，享受低保 6 个月以上有就业愿望的城市低保人员（简称为低保就业服务对象）实现就业再就业，其月收入低于当地企业职工最低工资标准 2 倍的，给予就业补贴；超过 2 倍的不予补贴。另外明确就业补贴的标准，低保就业服务对象在实现就业后，按其家庭当月核减低保金总额的 50% 给予就业补贴；对特困低保就业服务对象（即低保就业服务对象中的"4050"城镇下岗失业人员、夫妻俩均为城镇下岗失业人员、家中两代人为城镇下岗失业人员、抚养子女的单亲城镇下岗失业人员和夫妻一方无业另一方为城镇下岗失业人员）按其家庭当月核减低保金总额的 60% 给予就业补贴。同时明确了操作办法，就业补贴实行"先就业，后补贴"的原则，按照申请、核实、公示、审核、发放的程序办理，补贴时限最长不超过 36 个月。就业补贴资金来源于区县财政安排的就业专项资金和市级专项补助。2009 年重庆市又采取"责任、政策、服务、保障、管理"等五项联动措施，促进城市最低生活保障人员走出低保实现就业，形成了劳动者、社会、政府多方共赢的局面。具体做法是：①扶持创业。对有创业意愿和创业能力的低保人员，免费进行创业培训，提供小额担保贷款及贴息，帮助其实现创业走出低保，并给予一次性创业资金资助。②服务代理。街镇社区社会保障员可让实现就业低保人员享受岗位补贴、社保补贴等，实行免费全程代理服务。③对实现就业的低保人员，若家庭仍然困难，保留除低保金以外的其他待遇，保留原来在子女入学、医疗救助、廉租房、法律援助、收费减免等方面的帮扶；用人单位招用低保就业服务对象并为其缴纳社会保险费的，可享受三年的社保补贴和岗位补贴；特困低保人员实现灵活就业，按其实际缴费的基本养老保险和基本医疗保险金额的 2/3，给予社保补贴；对从事个体经营的低保人员，在规定限额内依次减免营业税、城市维护建设税、教育费附加和个人所得税；免收属于管理类、登记类和证照类的各项行政事业性收费①。2014 年 5 月 1 日我国实行的《社会救助暂行办法》规定了具体补贴形式，其第 42 条专门规定，国家对最低生活保障家庭中有劳动能力并处于失业状态的成员，通过贷款贴息、社会保险补贴、岗位补贴、培训补贴、费用减免、公益性岗位安置等办法，给予就业救助；第 46 条规定，吸纳就业救助对象的用人单位，按照国家有关规定享受社会保险补贴、税收优惠、小额担保贷款等就业扶持政策。④规定贫困者就业参与义务。我国新的《社会救助暂行办法》第 45 条规定，最低生活保障家庭中有劳动能力但未就业的成员，应当接受人力资源和社会保障等有关部门介绍的工作；无正当理由，连续 3 次拒绝接受介绍与其健康状况、

---

① 参见《重庆五项联动并举促进低保人员就业》，http://www.cqdx.gov.cn/Item/2035.aspx。

劳动能力等相适应的工作的，县级人民政府民政部门应当决定减发或者停发其本人的最低生活保障金。

以上制度措施的实践取得了以下积极效果：其一，提高了低保户的就业积极性，促进并稳定了就业。其二，一些低保户逐渐树立自立意识。低保对象就业补贴鼓励此群体融入社会，慢慢树立信心，增强自强自立的精神，逐渐消除消极思想。其三，低保对象就业补贴的发放减少了低保户数量。重庆市九龙坡人力资源和社会保障网显示："2013 年全年减少低保对象 2506 人；2014 年 1 季度共减少低保对象 205 人；共 1248 人享受低保对象就业补贴，补贴金额为 1274892.5 元。其中：今年一季度新增享受人数为 33 人，新增补贴金额 26551 元。约占总减少人数的 16.1%。减轻了政府的相关开支。"①

在上海、武汉等地民政部门工作人员采取了相关的政策措施，也取得了一定成效，以下是两地的相关访谈及案例。

案例 7 - 1　低保对象成功再就业

2014 年 4 月笔者在上海虹口区广中路街道进行调查时，听负责民政工作的人员介绍说："一般在救助中我们大致通过以下途径帮助低保贫困家庭就业：首先是尽可能提供社区公益岗位，如保安等；针对贫困低保中的两劳释放人员，在辖区范围内积极推荐就业。低保户王某是两劳释放人员，多次积极寻找工作未果，但经过耐心帮助，最终在一家企业获得工作，并在自己努力工作下成为主管。"

案例 7 - 2　对低保对象就业需要采取综合举措

2014 年 5 月笔者在武汉洪山区的调查中，听社区民政工作人员谈道："我们依据湖北省及武汉市相关规定，实现分类救助，低保渐退。大部分低保对象都有较高的工作积极性，

---

① 孙维：《低保对象就业补贴政策效用分析》，http://gongwuyuan.cqhrss.gov.cn/u/jiulongpo/news_56247.shtml。

少部分有劳动能力而不愿就业的低保人员，对他们进行政策教育，消除其依赖低保的懒汉观念。通过各种途径创造就业机会，包括在本社区就业，以及推荐到其他合适单位就业。同时通过与相关部门合作提高就业技能。包括电脑技术培训、家电修理培训等。这些措施总体看，效果是不错的。"

通过对洪山区某社区低保家庭劳动能力及就业情况进行的具体分析发现，被调查低保家庭为 50 户，就业家庭为 16 户，就业率为 32%；家庭成员数为一人的低保户很少就业，因为他们多数已经无劳动能力，一人以上家庭中的就业者占据较高的比例。但如何通过有效管理提升就业质量是目前值得注意的新问题。

案例 7-3　低保家庭就业质量有待提升

武汉低保户张某，女，53 岁，已退休。2012 年 4 月，其丈夫患肝癌去世，其儿子有精神疾病，中学时就已退学，张某有一定的退休金，但其家庭开支较大。儿子在精神病病况较好情况下，尽量找工作，但不稳定。社区尽量让张某做些临时工，补贴家用，张某的愿望是，能学点技能，工作稳定，收入更高一些。

第四，扶贫成效精准考核管理机制正逐步形成。我国在《建立精准扶贫工作机制实施方案》中提出了建立精准扶贫考核机制，逐步建立以考核结果为导向的激励和问责机制；根据考核和评估结果改进和完善精准扶贫工作机制，实现精准扶贫、阳光扶贫、廉洁扶贫。但从现实看，政府绩效考核管理中还存在多种问题，难以满足以上要求。2016 年 2 月 9 日我国公布实施《省委党委和政府扶贫开发工作成效的考核办法》，规定了十分具体的考核内容与方法，其中第 5 条规定包括以下几个方面：减贫成效，考核建档立卡贫困人口数量减少、贫困县退出、贫困地区农村居民收入增长情况；精准识别，考核建档立卡贫困人口识别、退出精准度；精准帮扶，考核驻村工作队和帮扶责任人帮扶工作的满意度；扶贫资金，依据财政专项扶贫资金绩效考评办法，重点考核各省

（自治区、直辖市）扶贫资金安排、使用、监管和成效等，这些管理策略具有重要的实践意义。

（二）我国精细扶贫管理中存在的突出问题

第一，扶贫方式单一，缺乏系统的精细化措施。长期以来，人们对扶贫形式的理解就是经济支持。实际上，同样是贫困者，他们的扶贫需求往往存在较大的差别。以农村老年群体为例，农村高龄老人、患病老人、孤寡老人生活困难，有病无钱医，生活缺乏照料等，他们对扶贫的需求是不同的。许多老年人的生活境况令人担忧，他们长年带着病还要从事繁重的家务劳动，"在生活上压得他们喘不过气来。尤其是相当一部分家庭青壮年劳动力的外出打工，整个家庭的负担完全落到了老年人身上，他们既要为家庭安全，又要为家庭的生计进行繁重的家庭劳动而'出力'，这部分农村家庭的老年人生活过得非常'劳累'"。[1] 他们需要收入、文化教育、技能、健康等多方面的支持和帮助，而不只是收入支持。从相关福利形式的角度看，目前国外已大大拓展，美国学者吉尔伯特（Gilbert）和 Terrell 把福利形式分为六大类，大体可以归为物质性和非物质性两种，前者包括物品、代金券和退税以及现金；后者包括机会、服务和权力，并根据可转换程度将社会福利进行了新的分类，明确将机会作为福利服务的拓展形式之一，机会包括便于达到某种预期目标的有利时机或环境。机会福利包括发展权利或促进发展的优惠措施。[2] 实际上，教育福利机会、就业福利机会、各种福利服务机会等都对贫困人群的脱贫发展有着更为根本的意义，但在我国长期扶贫管理中对其还存在忽视。

第二，管理手段单一，缺乏精细化或个性化管理方式。长期以来，我国政府扶贫管理是粗放化管理，行政化现象十分突出，忽视了管理过程的差异化和精细化。过分强调共性，缺乏在深入

---

[1] 刘明峰、张雪飞：《关于农村养老问题的几点思考》，http://www.hbmzt.gov.cn/xxgk/gzyj/200804/t20080424_26563.shtml。

[2] 黄晨熹：《社会福利》，格致出版社、上海人民出版社，2009，第148页。

细致的调查分析的基础上进行人性化、个性化和亲情化扶贫的管理理念。阿玛蒂亚·森认为，"大量论据表明，贫困的度量并不是一个伦理问题，而是一个描述性问题"。① 而描述就需要以调查为基础。同时贫困者往往处于"被服务"的地位，其真正的需求并没有得到有效满足。扶贫精准度获得需要将现代信息技术、网络技术运用到扶贫工作中，需要获得关于不同地区、不同行业、不同年龄老人的扶贫需求的具体数据，在分析数据可靠性的基础上挖掘精准扶贫工作的内在规律，将扶贫方式、内容与扶贫对象有效匹配，而目前政府相关工作总体上是缺失的。实践中还存在不少问题，如贫困者就业收入低，不稳定，获得就业机会困难，应就业而未就业的人数仍然较多，在调查中反映较多的问题是一些管理因素限制了贫困者就业，如缺乏对提升贫困者就业技能的重视，受教育程度有限，家庭有需要照料的老人或者残疾人而影响就业，同时对隐形就业未能有效监督，低保边缘人群就业十分困难。

案例 7-4　促进解决低保对象就业存在的困境

上海虹口区某社区工作人员和民政工作人员都谈到，目前上海在实践过程中出现的就业和救助衔接不紧密是一个大的问题，尤其是顶层设计方面。有一个三口之家，一家吃低保，收入为 710×3＝2130 元。如果一人参加社区介绍的工作，则收入为 1820，街道再给予大约 780 元的补助，三口之家的收入为 2600 元。低保户往往会觉得，辛苦工作一个月也才多500 元，工作的意义不大，这在一定程度上会影响其就业动力（笔者 2015 年 6 月在上海调查）。

笔者在武汉调查时也发现了类似情况。2009 年实施的《湖北省最低生活保障工作规范》和《武汉市城镇居民最低生活保障办法》都已涉及低保与就业促进联动规定，但从实践看，不少地方、

---

① 〔印度〕阿玛蒂亚·森：《贫困与饥荒——论权利与剥夺》，王宇、王文玉译，商务印书馆，2001，第 34 页。

尤其是农村地区的实践还存在不少困难。具有一定劳动能力的低保对象尚不能有效就业，或者虽然有就业，但收入较低，影响其就业积极性。同时他们还担心就业收入增加会被要求退出低保，失去低保等相关福利。

案例 7-5 处于两难选择的低保对象

2015 年 3 月，笔者在武汉市洪山区一个低保户家庭调查时了解到孙某是这一低保家庭唯一有就业能力的人，两位老人常年有病需要服药，妻子重度残疾，不能劳动，儿子读大学。他们现在面临的困境是，如果孙某不参与劳动就业，他可能因为拒绝两次工作安排，被取消低保资格；如果参与就业找到工作，一方面，有可能因为收入增加而不能享受低保待遇和失去低保附带福利；另一方面，家庭照料服务也是一个突出问题。

案例 7-6 生存困难的边缘贫困户

2015 年 4 月，笔者在武汉市郑店街综合村调查，了解到有一位村民李某，46 岁，一直未婚，腿有残疾，但有一定的劳动能力。他和 78 岁的父亲居住在一起，父亲常年患重病，平常主要靠在附近工厂打零工为生。因为有一定低收入，不符合办理低保的条件，又因为不了解相关政策，未办理残疾证，再加上要照顾年迈的父亲和自身文化低，没有特殊的技能，经济参与能力和就业机会缺乏。

案例 7-7 处于两难困境的边缘贫困户

2015 年 4 月，在武汉市郑店街综合调查中笔者了解到，一个家庭原有三口人，夫妻二人加上一个 18 岁的儿子，最近，父亲患肝癌去世，要不少花费，儿子患有精神疾病，不能上学、就业，需要常年服药，母亲有一份收入不高的工作，虽然高于低保标准，但因为家庭开支加大，每月经济非常紧张。现在母亲面临这样的难题：如果继续工作，会保持一定的收入，但难以照料，收入不高，且难以申请低保；如果不去工作，又担心社会舆论，怕别人认为她是为了吃低保而不去工作，心中感到非常矛盾。

第三，法定责任缺乏，扶贫行为存在任意化。法定责任意味着"要在社会结构的各组成部分之间建立起一个能够被普遍接受的利益与义务的分配体系，而不是由政府随心所欲地去支配，也不是让利益分配的天平无原则地倾向于某一部分特定的人群"。①在目前我国扶贫社会服务中，政府尚未完全承担其责任，权力运行还存在诸多问题，需要构建一种既系统又成熟的政府责任，这对以上问题的解决无疑具有十分重要的意义。例如，扶贫工作在一些地方被边缘化，被视同送温暖，甚至走形式，扶贫干部积极性不高，在调节收入分配、消除贫困等方面缺乏具体规则和公正持续的保障机制。而且目前我国很多扶贫工作都是采取临时性工程的方式进行，这种方式虽然有其合理性，但既不规范，也对发展能力弱的贫困者不公正，因为富人比他们更容易得到和利用机会发展自己，所以，减贫效果常常打折扣，瞄准贫困人口效果不理想。有了健全的责任制度，可以有效避免目前存在的扶贫边缘化、任意化等突出问题。以低保为例，"2010—2011年，在安徽、福建、江西、河南和陕西5个省的住户抽样问卷调查中，受访的696户低保户中，有436户是非贫困但享受了低保救助的家庭，占到60%以上，而有近8成的贫困户没有享受低保救助，漏保率错保率仍比较高"。②

以上问题的存在很大程度上是由于具体责任制度的缺乏，同时责任的细化、设定目前也存在一定的困难。

案例7-8　低保申请人收入核准困难

上海以前没有收入核对系统时，经常会出现开假证明骗

---

① 梁治平编《转型期的社会公正：问题与前景》，生活·读书·新知三联书店，2010，第168页。
② 郭少峰、邓琦：《中国社科院发布社会保障绿皮书：低保漏保率错保率高》，《安徽日报》（农村版）2013年2月26日。

取低保的情况，现在收入核对系统推出后情况好转很多，但又出现了隐形就业的新问题，低保户就业的时候雇主并不给他交五险一金，而是直接现金结账，导致街道无法监督。

案例 7-9 低保对象隐性就业收入难调查

在武汉江夏某社区，有一位低保户赵某，是一位40岁的单身母亲，因无业多病一直靠低保生活。但通过核查工商和质检登记信息后发现，她名下竟有个规模不小的门市。调查人员发现后，赵某说门市不是自己的，而是亲戚借自己的低保证登记的，目的是少交税。但实际上门市是赵某和他人合开的（笔者2015年8月实地调查）。

近年来，随着"到人到户"扶贫政策含金量的提高，贫困群众"争贫困"的现象开始凸显。虽然国家明确规定了贫困线，但农民人口数量多，且收入来源复杂，统计难度较大。而收入又是衡量农民是否贫困的关键指标，基层对农民收入一般采取估算的办法，导致贫困户难以精确划分。农村基层，一些扶贫政策"不到户没矛盾，一到户矛盾就来了"。过程透明、严格监督的贫困户建档立卡工作可以减少基层矛盾，但要进一步解决争贫困的问题，还需科学地评估农民收入水平和家庭状况，使到户扶贫政策程序更严密。①

二　国外相关经验分析借鉴

（一）以系统立法保障扶贫管理精细化

以美国为例，早期贫困救助主要由私人，如教堂、爱心互助团体以及捐赠团体为穷人提供各种福利援助项目。直到1929年美国出现了经济大萧条，这对美国经济、政治各方面的破坏性极大，

---

① 李松：《精准化扶贫难题待解　农民"争贫困"现象开始凸显》，《半月谈》2014年10月17日。

工矿企业破产，农业滑坡，出现了上千万绝对贫困的穷人。作为大萧条时期对美国民众需求的反应，政府陆续采取了多项措施。1933 年罗斯福总统提出"新政"方案。1935 年国会通过了《社会保障法》，该法案的主要内容之一就是大范围地开展针对穷人的公共援助项目（public assistance programs），也就是通常所说的福利立法。这项法案将妇女、儿童、老年退休人士、鳏寡孤独者、残疾与失业补偿纳入社会福利体系中，形成不同类别的救助体系，反贫困责任由地方政府、民间组织承担最终转向了由联邦政府承担。1967 年，美国联邦政府以工作激励计划取代了《社会保障法》，确定了贫困家庭救助项目，从而使贫困者不能再直接获得救助福利，政府救济的福利获得以贫困者参与劳动就业及相关项目作为前提条件，将激励与惩罚结合起来促进贫困人群的就业，"通过给他们提供更好的机会而摆脱贫困……给予更多的刺激和更强硬的工作要求来减少他们对福利的依赖"。[①] 有人将此比喻为"胡萝卜加大棒"[②] 的方法，实际上就是基于立法规定而形成的政府与贫困者之间的将贫困救助与就业促进加以整合的契约形式，其宗旨是在贫困者寻求工作与得到补贴之间建立契约性联系，以有效防止贫困者依赖政府救济而怠于就业或中途中断就业。在这一时期，美国先后制定了《人力开发和培训法案》《综合就业培训法》《职业培训伙伴关系法》等。1982 年《职业培训伙伴关系法》规定的主要措施包括重返工作补习班、在职培训、支付最低工资的实习等内容。与《职业培训伙伴关系法》同时实施的还有"工作机会和基本技能计划"。该计划试图成为"一份政府和福利领取者间的新的社会契约"，它包括两套既有联系又有区别的具体方案：一是劳动力归属方案，其基本特点是短期性、快速性，力图使计划参与者尽可能快地就业。二是人力资源发展方案，即对失业者进行一段时间的工作技能培训，提升其劳动技能和就业素质，促

---

① 〔美〕戴安娜·M. 迪尼托：《社会福利：政治与公共政策》，何敬、葛其伟译，中国人民大学出版，2007，第 192 页。

② 〔美〕戴安娜·M. 迪尼托：《社会福利：政治与公共政策》，何敬、葛其伟译，中国人民大学出版社，2007，第 193 页。

进其再就业。基本措施包括提供基础教育、工作技能和预备性训练、支持性服务、在职培训、社区工作体验等。美国系统构建促进贫困者就业的配套制度，将就业促进与教育、培训，创造工作机会等制度有机结合起来，从而使制度更具有配套性。为促进贫困者就业，1996 年克林顿政府颁布了《个人责任与就业机会协调法》，1997 年修订了《社会保障法》，1998 年实施了《从福利到就业法案》等。这些立法进一步确认和健全了救助福利激励或强制贫困者就业的系统机制，通过立法使个人就业责任、限定保障期限、违反就业义务等得到强化，追求的是"选择性普惠"。① 除了全国性立法外，各州也积极探索通过立法促进扶贫管理的精细化。如 1998 年加利福尼亚州提高烟草税，将烟草税收入专门用于针对儿童和青少年的健康与发展的服务以促进其未来有效就业。对慈善捐款实行税收减免，扶持慈善组织的发展以有效发挥他们在教育、就业服务、创造机会等多方面的作用。其他国家扶贫管理也具有以上特点，如印度也制定和实施了农民就业立法等。

（二）强调对特定人群扶贫的精细化管理

美国自 1944 年成为老年型国家以后，老年人的扶贫与养老问题成为突出社会问题。美国于 1965 年先后颁布了《老年法》《老年人志愿工作方案》《老年人社区服务就业法》等一系列法律。根据《老年法》美国成立了专门的老年署，负责老年扶贫及养老等方面的事务。美国老年收入补充保障计划在现行的老年社会保障计划的基础上建立了由美国社会保障局管理的，向全国的老年人、盲人、残障人提供高于贫困线的积极援助。② "老年收入补充保障计划被视为面向老年阶层、盲人和残障人的、基本的全国性收入维持计划。老年收入补充保障金发放总金额从 1974 年的 52 亿美

---

① 〔英〕简·米勒主编《解析社会保障》，郑飞北等译，格致出版社、上海人民出版社，2012，第 30 页。

② Sweeney, Eileen P. and Shawn Fremstad, Supplemental Security Income : Supporting People with Disabilities and the Elderly Poor, http: www. cbpp. org/7 – 19 – 05imm. pdf, 2008 – 11 – 20.

元，上升到 2003 年的 346 亿美元；同期，个人领用标准从 140 美元和 210 美元，分别提高到 552 美元和 859 美元。其主要原因是，美国联邦政府把这项转移支付与 CPI 指数挂钩。"①

表 7 - 1　美国"社会保障残障保险福利"（OASDI）计划与老年收入补充保障计划（SSI）比较②

	社会保障残障保险福利（OASDI）	老年收入补充保障计划（SSI）
计划类型	联邦	联邦与各州
联邦支出	5810 亿美元（2007 年）	360 亿美元（2007 年）
资源来源	基本资金来源是工薪税	一般预算支出
受益人	退休、残障职工及其家属、身故职工的遗属领到福利	收入和财产非常少的老年人、盲人与残障个人和夫妇领到福利
老年福利的资格年龄	62 岁（提前年龄）	65 岁
福利水平	以职工的收入为基础	个人 637 美元/月；夫妇 956 美元/月（2008 年）
		中位数检验资格：收入限于联邦福利水平内；个人财产不足 2000 美元，夫妇财产不足 3000 美元（不计价格变化）
平均福利增长率	随工资增加	随价格变化
老年人领到福利的比率（2005 年 12 月）	有 92% 的老年人（3400 万人）领到 OASDI 福利，其中的 3%（110 万人）领到 SSI 福利	5% 的老年人领到 SSI 福利（200 万人），其中 110 万人同时领到 OASDI 福利
收入与资产限制	不限个人收入和资产	

注：除了联邦政府提供的老年收入补充保障福利，大多数州发放老年收入补充保障福利，如果各州的老年收入补充保障由联邦政府管理，则包含在老年收入补充保障限制内。

资料来源：Kathleen Roming, "Social Security Reform: Possible Effects on the Elderly Poor and Mitigation Options," Washington, D. C., *Congressional Research Service*, April 4, 2008, p. 4。

德国是世界上实行广泛社会福利的国家之一，其社会福利水平在西欧始终处于领先地位。其中一个突出特点是注重救助人群目标及具体策略的精细化。德国 2004 年的救助福利改革也体现了

---

① 李超民编著《美国社会保障制度》，上海人民出版社，2009，第 86 页。
② 李超民编著《美国社会保障制度》，上海人民出版社，2009，第 85—86 页。

扶贫的精细化管理特点。

表 7 - 2　德国新社会救助制度的多元目标构建

目标群体	社会救助的目标设计	救助水平高低	获得待遇难易程度
老年人	社会保护　社会安全	呈稳定提高趋势	易
儿童	社会保护，人力资本培育	呈稳定提高趋势	易
残障、丧失工作能力人士	社会保护，人道主义	呈稳定提高趋势	易
具有工作能力、处于工龄阶段的人士	促进就业，鼓励加入职业市场	部分群体救助水平下降	难，具有附加条件

资料来源：刘涛：《德国社会救助制度改革对我国低保制度的启示》，载林闽钢、刘喜堂主编《当代中国社会救助制度完善与创新》，人民出版社，2012，第61页。

针对不同的有劳动能力的人群，英国实行了促进就业的系列"新体制"规定，试图通过比较细致的规定，使他们的福利享受权和参与就业的义务具体、规范地统一起来。如英国根据《1998年新体制的一般规定》，年龄在18—24岁，失业在6个月以上的，年龄在25岁以上、失业至少两年的，单亲家庭最小的孩子至少5岁的，残疾人或长期患病的，都需进入新体制接受一定的就业培训才能获得贫困救助。相关具体措施在青年新政、长期失业者新政、单亲家长新政、身心障碍者新政及高龄劳工新政中有着十分具体的规定。

（三）实现扶贫项目管理精细化

加拿大低收入家庭保障计划的项目精细化管理措施散见于联邦政府和各地方政府的税收、老年保障、就业扶助等法律规定中，主要有退税政策中的低收入家庭税务补贴计划、养老保障中的保障收入补贴、教育补贴、就业扶助中的低收入工作家庭补贴、低收入群体的住房补贴、取暖费补贴、租房补贴、购屋储蓄补贴等。另外，各地方政府还提供一些免费的公共服务给低收入人群，如低收入公交月票；非政府的社会组织提供的福利项目，如"食品银行"等。加拿大低收入家庭保障计划项目非常多元化,通过政府财政的转移支付,为低收入家庭保障计划的实践提供了资金保障。加拿大政府在联邦与省政府的财政转移支付的比例、项目上责任明确,并有相应的立法保障,保障效果明显。[①]

就业促进项目管理精细化特点在西方发达国家尤为突出。在社会救助中西方"工作福利制度"主要是为了削减福利开支,以增加国家竞争力等为特定目的,制度设计需要体现一种以激励加强制性手段促进接受福利的贫困者劳动能力并参与就业的政策观念。国外激励制度主要包括:其一,收入豁免制度。在20世纪90年代美国大部分州的税收立法中,"其中有22个州的豁免比例达50%或更多,超过一打的州允许家庭可拿到每月1000美元的收入而不会减少'贫困家庭临时救助项目'支付"。[②] 其二,工作所得退税激励制度。为了鼓励贫困者积极就业,美国政府对其工作所得税数额大小给予退税优惠。这种制度早在1974年就已出现,20世纪90年代后美国加大了退税力度以鼓励贫困者参加工作。1991年收入在6810美元以下的家庭,可获得大约17%的退税;家庭收入在6810美元至10730美元的退税比例保持不变,超过此限时开始降低退税比例;收入增加到20263美元时,退税优惠将被取消。该制度即为负税制,也有人称之为勤劳所得税收减免制。[③] 其三,最低工资规定。最低工资规定早在1938年《公平劳动标准法》中就有规定,当时最低工资标准为每小时0.25美元,此后随着物价的上涨逐年提高。20世纪90年代以后,长期以来被认为是增加穷人收入手段的最低工资被赋予了就业促进的新功能;经过美国国会的激烈辩论,1990年最低工资增加到每小时4.25美元,1997年7月增加到每小时5.15美元。[④]

---

① 孙月蓉:《加拿大低收入家庭保障计划对我国的启示——从完善最低生活保障制度的视角》,《社会保障研究》2012年第2期。

② 〔美〕Neil Gilbert, Paul Terrell:《社会福利政策导论》,黄晨熹等译,华东理工大学出版社,2003,第354页。

③ 杨冠琼:《当代美国社会保障制度》,法律出版社,2001,第85页。

④ U. S. Department of Commerce Statistical Abstract of United State, 1995, p. 436.

西方国家以细化的责任制度促进管理精细化的特点十分突出，这既包括政府责任也包括贫困者责任。以美国为例，1996 年《个人责任与就业机会协调法》（以下简称《协调法》）确定了"贫困家庭临时救助项目"，其对被救助者获得救助福利有具体的责任要求，根据《协调法》规定，所有家庭只能获得累计 60 个月（5年）的援助。一些州在此基础上做出了更严格的规定，爱荷华州规定援助期限只有 2 年，还有一些州规定援助时间持续不得超过 2年。不过，绝大部分州对明显残障人士的援助期限有豁免性规定，以体现基本的人道关怀。此外，规定违反就业义务的制裁措施主要有两类：一是联邦政府对州政府的制裁措施。联邦政府在对各州进行配套拨款时，要考虑该州是否完成了拨款项目所要求完成的就业人数，不能完成者视情况减少配套拨款额度。二是对受助人的处罚。具体处罚措施由各州规定。例如，爱荷华州规定，政府帮助福利对象建立"个人发展账号"储蓄，但账号的钱只能用于创业或寻找工作，否则就会取消账号。无论在美国还是英国，相当多工作人员的工资收入低于最低工资，残疾人就业明显不平等，灵活就业带来了劳动保险与就业条件难以改善的问题。以收入所得税收抵免为例，该制度从开始就具有争议，主要原因在于，收入所得税收抵免的受惠者仅限于有工作的穷人，这也就意味着就业福利补助只给能够获得工作的人。难以找到工作的老年人、残疾人、女性等很难获得这种福利，所以，就业困难人群面临的生存困难问题有待于通过进一步的政策调整与管理创新加以解决。

（四）注重各项管理措施的配套衔接

注重各项管理措施的配套衔接能够有效提升扶贫实践效果，充分发挥政策组合大于政策分散的效果。这在西方国家已受到高度重视，并取得了积极的效果。以美国促进贫困者的就业创业脱贫为例，各项管理措施的配套衔接主要包括：第一，给贫困者创造更多的就业机会，包括采取一定措施扶持企业的发展。1993 年美国国会确定 9 个获得低税权的区域，每个通过竞争被选中的区域可获得 2000 万美元的税收优惠。① 美国联邦政府的这一政策加上地方性税收及财政措施，吸引了个人资金创办新企业和支持现有企业发展，以便为贫困者创造更多就业机会。第二，发展就业创业教育。约翰逊政府时期的"工作营队"计划的重要目标之一是为农村地区年龄在 16—22 岁的未就业的青年提供教育、职业培训和工作经验，② 参加这一计划的年轻人既可以挣钱读大学，又能够获得一种就业训练。第三，适当的税收政策。2006 年美国联邦政府推出"帮助失业者自我创业项目"，旨在通过减税扶助等方式帮助有就业能力但资金不足的失业者开办自己的小型企业达到自我就业的目的。在英国，为实现更灵活的就业保障，英国制定《2000 年工作关系法》，将就业促进与政府对非全职工作者的利益维护配套衔接，使他们拥有和全职工作人员同样的休假、病假、养老金和其他福利待遇。这对于妇女、残疾人、黑人等就业困难人群或者其他做临时工或短工的贫困者持续就业具有直接意义。其促进就业措施与身体、精神健康疾病康复项目的"联动"也取得了较好效果，使残障男士和残障女士的就业率分别上升了 32% 和 23%，远超过同期非残障人士上升 3% 和 4% 的就业率。③ 2001—2006 年英国在全国推行就业服务中心，通过整合个人顾问、儿童照料等支持服务及社会保障等综合措施来促进贫困者就业，改善了工作福利的效果。为防止因病导致贫困，OECD 国家 65 岁及以上人口的人均卫生费用是 65 岁以下人口人均卫生费用的近 4 倍，加拿大和日本分别是 4.7 倍和 4.8 倍。④

就发展中国家的相关制度而言，总体上没有西方国家制度精细和清晰，但也体现出不断走向精细化管理的政策精神，其中印

① 〔美〕戴安娜·M. 迪尼托：《社会福利：政治与公共政策》，何敬、葛其伟译，中国人民大学出版社，2007，第 323 页。

② 〔美〕戴安娜·M. 迪尼托：《社会福利：政治与公共政策》，何敬、葛其伟译，中国人民大学出版社，2007，第 308 页。

③ 〔英〕简·米勒主编《解析社会保障》，郑飞北等译，上海：格致出版社、上海人民出版社，2012，第 149 页。

④ Robson, William B. P., Will the Baby Boomers Bust the Health Budget? Demographic Change and Health Care Financing Reform. C. D. Howe Institute Commentary 148. Toronto, CA: C. D. Howe Institute. February, 2001.

度就是较为突出的国家之一。除了实现专门立法促进就业目标实现外，印度还将医疗保健与就业促进的制度进行了一定的衔接。"在印度，公立医院实行免费看病，但每年仍有 3900 万印度人因疾病而陷入贫困，约30% 的农村人口因为经济紧张而不去就诊"。① 其重要原因是，印度平均药价上涨，穷人买不起药。进入 21 世纪以来，印度加大了向农村贫困人群倾斜的医疗保障力度，2005 年颁布了新的"国家农村健康计划（2005—2012）"，建立健全包括公共医疗系统、私人医疗部门、农村初级卫生保健和社区保健中心相结合的健康保障网络；还通过免税等政策措施促进私人医院为穷人服务；并注重挖掘和利用传统医疗资源，包括草药、瑜伽等来降低穷人的治病费用。此外，印度强制促进医疗保险在农村的普及。2000 年《关于保险人对农村的责任》规定了各寿险公司在农村保单必须占有的比重，还通过发放医疗豁免卡的方式减轻穷人医疗负担，根据 2008 年穷人国民健康保险计划，穷人只要在专用的医疗卡上存 1 美元，就可以得到 700 美元的医疗费。印度还支持私立医院实行部分药物全民免费计划。② 以上举措有利于贫困者身体素质的提高，促进贫困者有效就业，其他专项扶贫工程也在走向细化管理，并取得了初步的成效。

三　我国以管理创新保障扶贫精细化之路径

（一）　实现贫困类型的精细识别

2013 年中共中央办公厅国务院办公厅印发了《建立精准扶贫工作机制实施方案》，其目标任务是通过对贫困户和贫困村的精准识别、精准帮扶、精准管理和精准考核，引导各类扶贫资源优化配置，实现扶贫到村到户，逐步构建精准扶贫工作长效机制。

---

① 《病人买药　政府掏钱》，http://news. sina. com. cn/w/2012 - 06 - 26/0259246
54508. shtml。

② 郭伟伟等：《亚洲国家和地区社会保障制度研究》，中央编译出版社，2011，第
209—210 页。

2015年《中共中央国务院关于打赢脱贫攻坚战的决定》进一步明确指出，健全精准扶贫工作机制，抓好精准识别、建档立卡这个关键环节，按照扶持对象精准、项目安排精准、资金使用精准、措施到户精准、因村派人精准、脱贫成效精准要求，做到扶真贫、真扶贫、真脱贫，在精准识别中建议注重采取以下措施。

第一，实行对贫困的多维识别。将收入贫困与非收入贫困识别有机结合起来，服务于救济扶贫和发展扶贫策略选择。阿马蒂亚·森将自由、权利、机会、能力等非收入和非商品信息方面的贫困状况纳入扶贫范围。我国目前贫困识别需要综合考虑各方面的情况，例如，能力贫困识别的重要意义在于，对丧失劳动能力的贫困者通过低保政策实施兜底扶贫，包括补贴、低保、养老服务等；对具有劳动能力者，通过发展扶贫产业项目、进行饲养繁殖等途径增加家庭收入。同时权利及健康贫困也需要精细识别，以便采取具体的扶贫措施。

第二，完善识别管理程序。精准识别意味着对每一个受助对象情况的具体掌握，这就需要了解相关的识别程序。有学者建议，由政府提供名单，由社会组织的工作人员进行核实，这样可以节省一定的行政成本，同时，资助的过程也受到了多方的监督，可以从另一个层面保障资金能够送到受助者手中。[①] 但这种做法仍然存在一定问题，就是政府提供名单的精准问题。有的地方探索出了"十步工作法"精准识别贫困户，第一步宣传发动，第二步普遍调查，第三步规模控制，第四步农户申请，第五步群众评议，第六步初步公示，第七步听取意见，第八步深度核查，第九步民主评定，第十步公示公告。[②] 笔者建议在进行以上程序时使贫困者参与整个过程，增加申诉程序和责任程序，并形成正式的制度安排。

第三，引入社会力量参与识别。一方面，精准识别工作量很

---

① 田钰：《精准扶贫与社会组织协同参与的研究》，《农村经济与科技》2016年第6期。
② 巴中市扶贫移民局：《"十步工作法"精准识别贫困户——关于通江县精准识别贫困户的探索与思考》，http://www.bzfp.gov.cn/templet/view_1.asp? info_id =2423。

大，包括入户与户主及其家庭成员进行交流，了解家庭情况、生活质量状况、子女教育情况、家庭成员健康情况等，持续观察贫困者生产、生活设施及农业收入、山林及种养等发展基础和收入状况，具体计算农户收入、支出、债务等情况，对比评价资产和外出务工收入等情况，这仅靠政府的力量是不够的。另一方面，有的识别还涉及专业问题，需要公平与效率的统一，如关注贫困者权利的贫困识别，权利方面关注的是"通过社会现有的合法手段支配食物的能力"。[①] 而能力识别就是较为专业的问题，需要社会参与，至于心理精神健康贫困的识别就更为如此。

（二）精细处理扶贫中的利益关系

扶贫意味着国家或者社会资源的分配，如果分配不合理或者程序存在问题，很容易引起各种矛盾纠纷，不同人群、城乡、区域、个人利益和集体利益、局部利益和整体利益等都可能存在一定的矛盾，而扶贫精细化将会继续在复杂的人与人的关系网络中进行，人们的利益关系就更加错综复杂，需要恰当精细处理，笔者建议采用如下方法。

第一，在解决和处理利益矛盾关系时，政府既要善于综合运用经济、法律和必要的行政手段，又要不断探索新的工作方法，做深入细致的工作。有学者基于现实经验提出，精准扶贫说到底是在做人的工作，必须讲究工作艺术。群众善于理性计算，但又往往计较眼前小利。在扶贫政策、项目、资金落实中，我们言明利害或以利害来引导，反复向群众讲述个体与整体、当前与长远等利益之间的关系，坚决反对极少数群众自私自利、因私害公的行为。扶贫涉及村社利益、家族利益、个体利益等，易出现矛盾纠纷，[②] 需要以恰当的方式加以处理。一是建立规范的参与制度。如扶贫听证制度，让公众有机会了解扶贫政策执行过程，参与扶贫方面的决策事务

---

① 〔印度〕阿玛迪亚·森：《贫困与饥荒——论权利与剥夺》，王宇、王文玉译，商务印书馆，2001，第61页。

② 徐惠东、李丽霞：《精准扶贫之悟》，《青海日报》2016年4月25日。

等；二是注重利益矛盾的及时发现和预防，确保群众的合理诉求及时得到解决；三是注重引入协商对话制度，针对扶贫中的一些问题，扶贫部门和扶贫对象应通过对话沟通情况，交换意见，采取平等、直接、公开的对话方式，处理扶贫中的利益矛盾，并形成常规性制度。

第二，将扶贫资源在不同类型的贫困者之间进行合理分配。国外研究表明，得不到扶贫保障的并不一定是那些非常穷的人，因为他们能够享受医疗补助，而是那些有工作的穷人和底层工人，他们没有资格享受医疗补助的福利，这类人通常是从事那些不提供健康保险的工作，而他们自己又买不起保险。同时底层工人更有可能受各种工作和住房的伤害。有些职业病，主要发生在没有其他选择只能在不卫生的行业工作的体力劳动者中，工伤事故的受害者几乎都是底层劳动者，① 这种分析对我们具有一定的参考意义。比如，边缘贫困家庭也往往面临不小的生活困难，而且由于标准本身模糊不清，特困户、有无劳动能力的认定等都十分困难。"可通过协商，由大家结合实际情况进行判断，这样评出来的名单才能令人信服。"② 但仅有协商是不够的，还需要制定更明确的标准。在一些地方的扶贫工作中，扶贫资源分配存在不适当的集中。有的地方缺乏技术人员，"向政府多次要了技术员，一直没有来。有时来了就去大户那里。那些自己认为是贫困者的人却享受不到扶贫政策和资源。"③ 更多的扶贫资源分配要坚持形式合理性与实质公平性相结合。在对绝对贫困人口进行救济扶贫的同时，要充分关注相对贫困人口，并精准地采取不同的扶贫方式进行扶贫。对贫困人口的生活救济与扶贫开发对象既要区分开来，又不能完全采取平均主义的做法，但也不能只关注特定贫困人群，忽视边

---

① 〔美〕戴维·波普诺：《社会学》（第 11 版），李强等译，中国人民大学出版社，2007，第 305 页。

② 吴晓燕、赵普兵：《农村精准扶贫中的协商：内容与机制——基于四川省南部县 A 村的观察》，《社会主义研究》2015 年第 6 期。

③ 王春光：《扶贫开发与村庄团结关系之研究》，《浙江社会科学》2014 年第 3 期。

缘贫困人群。

　　边缘贫困人群通常指略高于贫困线或者低保线，但生存状况整体上仍然贫困脆弱的家庭或者人群，对他们的帮扶不可忽视。对此一些地方已经制定了相关政策，如 2008 年 7 月实施的《沈阳市农村低保边缘群体专项救助工作实施方案》将低保边缘户界定为"当地低保标准与高于低保标准 20% 之间"。农村低保边缘群众救助包括享受"两节"、医疗、住房、就学、就业、临时救助等六方面扶贫内容。具体情况在享受"两节"临时救济方面，按农村低保户"两节"救助标准的 60% 给予救助。2014 年武昌区民政局制定出困难群众救助新细则："首次将低保边缘户，因病支出型贫困家庭，贫困代际转移阻断计划等纳入救助范围，规定，对低保和低保边缘家庭因遭受自然灾害或突发性灾难事故致死或致伤，且无赔偿主体的困难群众，因灾死亡人员按每人 1 万元的标准对其家属发放抚慰金；因灾致伤人员按照个人实际支付治疗费用金额的 30% 提供医疗救助，每人救助累计最高为 1.5 万元。为了困难家庭孩子圆就学梦，也为阻断贫困代际转移，细则规定，因支付入学报到费用后，导致基本生活出现严重困难的，可以申请学费救助。"①

　　以上做法值得肯定，但需要进一步完善如何确定合理的认定标准和对家庭情况的全面细致准确的把握，如在考虑家庭收入的同时，应将医疗支出、教育支出及脱贫发展能力的提升支出适当地考虑在内，采取更加符合其需要的较为灵活的救助与扶贫措施。创新识别形式，实现由部门垂直分割管理到协同管理。目前的问题是，从省到市、县的贫困人口规模都获得了国家统计局提供的数据支持，而到乡、村则缺乏相关统计数据，尤其是缺乏综合考虑农户住房、教育、健康等情况的较为全面的数据材料。专业化、人手不足等问题亟待解决。村级贫困户基本是由贫困户自愿申请，这可能使那些不方便申请的流动人口或者老年贫困人口被排斥在贫困户名单之外。

---

　　① 王志新：《武昌低保边缘户纳入常态化救助》，《长江日报》2014 年 10 月 31 日。

上述问题应在我国以后的扶贫管理中加以具体改进。

第三，处理好普惠扶贫与专门扶贫的关系。普惠扶贫注重整体利益，专门扶贫注重个体利益，两者不能相互取代，在此过程中矛盾可能会存在，但并非不能解决，关键是细化政策措施，应用量化方法处理好上述关系。对于这些扶贫中的福利分配关系，西方存在着不同的看法，在西方福利分配理论与政策模式中，存在着普遍主义和选择主义两种福利分配观念，前者强调福利的普惠与平等，但公共支出压力较大；后者注重面向特定的目标人群，但容易形成社会分割①。

从扶贫管理精细化角度看，不宜简单地把二者对立起来，而应当吸取二者合理之处加以结合，即基本需要方面，尽可能采取普遍主义，而在满足脱贫发展能力需要方面尽可能采取选择主义，同时避免选择主义的社会分割等弊端。根据扶贫对象状况的不同，采取有区分、体现个性化救助内容的扶贫。对于有发展潜力者通过针对性福利帮扶尽可能促进其发展，使救助项目特定化。从贫困更为深层次的原因看，主要是由于个人具体情况的差异，同样的基本生活品在转化为实际生活质量时，贫困者之间可能会产生很大的不同。阿马蒂亚·森指出，比较具体的差异包括年龄、性别、肢体、疾病抵抗力等生理特征及其对需求、收入及花费等方面的影响。② 同时，在家庭内部也会存在对成员不公正对待而影响其实际生存质量的现象，如贫困家庭因为男孩偏好而剥夺女孩的受教育机会和发展机会等。如何在具体的扶贫中充分考虑这种差异性并采取具体的管理措施，是当前我国扶贫管理中值得探讨的新问题。

在强调普遍性的同时注重个性化管理是扶贫管理精细化的内在

---

① Pratt, A., "Universalism or Selectism? The Provision of Services in the Modern Welfare State", in M. Lavalette&A. Pratt（eds.）, *Social Policy: A Conceptual and Theoretical Introduction*, 2nd ed., pp. 196 – 213, London: SAGE PUBlications, 1997.

② 〔印度〕阿马蒂亚·森：《正义的理念》，王磊、李航译，中国人民大学出版社，2013，第238—240页。

要求。一些国家或地方在老年人扶贫中进行了更细化的规定，如不少发展中国家在常规救助和立法保护下还辅以特殊救助方式，对贫困老人进行专门救助。"拉丁美洲和加勒比海地区的阿根廷、智利、巴西、哥斯达黎加、多米尼加、墨西哥和乌拉圭六国向最贫困的老年人提供了以家计调查为依据的救助金……从 1991 年开始，巴西政府向 60 岁以上的男人和 55 岁以上的妇女提供具有许多无条件社会救助特征的社会救助金……作为世界上最贫穷的国家之一，尼泊尔实施了无条件的最低社会养老金计划。在尼泊尔，有近 25% 的人口都生活在贫困线以下。为此，从 1995 年开始，尼泊尔政府针对该国 75 岁以上的老年人实行了'老人津贴制'，1999 年，每个尼泊尔老年人每月可以无条件地得到由政府提供的 150 卢比（折合 2.12 美元）的救助金。目前，这项计划连同以家计调查为依据的社会救助金已覆盖了 40 万老年人。"[1] 目前我国山西省一些地方实行的"以工哺农""劝富济贫"就是一种解决贫困、缩小贫富差距的措施。在扶贫中对有些具有重要意义的项目应加以重视，并实现精细化管理，如疾病预防性扶贫项目，其投入的最大益处在于避免贫困家庭疾病的发生率的加深，并为贫困家庭的其他一般成员提供一个尽可能公平的健康起点。"在特困地区，由于生活习惯、健康水平的影响，发生传染病的几率比较大。"[2] 一旦发生疾病，特别是较严重的疾病，事后补救往往是十分困难的。政府需要关注每个个体的健康扶贫需求，采取有针对性的应对措施，实行扶贫项目的精细化。

第四，处理好不同扶贫资金的投入关系。目前主要应在重视精细把握个体情况的基础上，增加个体发展资金的投入比例。长期以来，我国扶贫中对个体发展资金的投入十分有限，不利于贫困者个体脱贫能力的发展，见表 7-3。[3]

---

[1] 苏保忠：《中国农村养老问题研究》，清华大学出版社，2009，第 194—195 页。

[2] 马培生等：《农村特困人口医疗救助制度研究》，中国社会出版社，2007，第 92 页。

[3] 郑功成：《中国社会保障发展报告 2016》，人民出版社，2016，第 69 页。

表 7 - 3　2011—2015 年中央财政专项扶贫资金分配情况

单位：亿元

年份	2011 年	2012 年	2013 年	2014 年	2015 年	合计
1. 发展资金	196.43	245.53	290.13	338.91	370.15	1441.15
2. 以工代赈资金	40.00	42.00	42.20	42.20	42.20	208.60
3. 少数民族发展资金	20.06	28.37	36.90	40.59	42.38	168.30
4. "三西"农业建设专项补助资金	3.00	3.00	3.00	3.00	3.00	15.00
5. 国有贫困农场扶贫资金	1.70	2.00	2.30	2.40	2.60	11.00
6. 国家贫困林场扶贫资金	2.90	3.20	3.50	3.60	4.20	17.40
7. 扶贫贷款贴息资金	5.60	5.60	5.60	——	——	16.80
合计	272.00	332.05	394.00	432.87	467.45	1898.37

说明：①上述资金合计中，还包括安排给扶贫办、农业部和新疆生产建设兵团的部分部门预算资金。②2013 年的专项扶贫资金中还包括贫困地区产业发展基金中央出资部分。③从 2014 年起，不再单列扶贫贷款贴息资金，将其统一列入发展资金按因素法分配切块下达地方，由地方根据需要自主安排。

2014 年，贫困地区村级扶贫资金投向主要集中在村通公路、农村危房改造、农业、农村饮水安全工程、中低产田改造土地开发整理等领域，扶贫资金占比分别为 70.8%、8.0%、3.5%、3.1%、3.0%。[①] 比较而言，国外十分注重对特定贫困者资金的投入。1987年，印度"为了向贫困而且没有任何家庭资产的妇女提供可以谋生的技能，政府开始对妇女进行培训，并在就业上给以支持，以增加经济收入，摆脱贫困。这一计划鼓励和帮助妇女在农村的传统就业领域，如农业、小型家畜家禽养殖业、奶业、鱼类养殖、手工纺织等领域找到可持续发展的就业方式。这一工程通过 61 个子项目已经使大约 33 万名妇女获益"。[②] 这些举措值得我们借鉴。

① 国家统计局住户调查办公室：《中国农村贫困监测报告 2015》，中国统计出版社，2015，第 37 页。
② 王晓丹：《印度社会观察》，世界知识出版社，2007，第 91 页。

（三）健全扶贫资源精细管理机制

第一，中央与地方扶贫资金配置关系管理精细化。一方面，保证中央与地方财政配套关系合理化。保障中央财政转移资金和地方政府提供配套资金充分合理，改变目前专项拨款项目确定与范围的选择、配套资金规定上，缺乏严格的制度约束情况。中西部地区地方政府为争取尽可能多的财政转移支付而努力地扩张政府规模，尽可能减少专项拨款配套资金，[①] 这显然不利于扶贫资金的充分利用，应得到有力纠正。一些地方政府长期将扶贫资金优先用于基础设施建设，对个人扶贫资金使用还缺乏足够的重视，建议中央扶贫资金给予更多支持，而地方政府进行相配套资金的合作支持。我国扶贫资金虽然在逐年增长但仍然不足，以社会救助财政支出为例，我国各级财政的救助支出占我国 GDP 比重仍然较少。2009 年经济合作与发展组织（OECD）34 个成员面向低收入家庭的社会救助支出占 GDP 和财政支出的比重平均分别为 2.6% 和 5.7%，而我国同类支出为 1169.2 亿元，占 GDP 和财政支出的比重分别为 0.34% 和 1.5%，不仅低于英国、法国、日本等发达国家，也低于匈牙利、波兰等转型国家和智利、墨西哥等发展中国家。[②] 因此，应继续处理好中央与地方关系，提高扶贫资金的投入力度并进行使用中的精细化管理，尤其是加大地方扶贫资金投入，因为从总体看，地方扶贫资金投入力度存在不足，详见表 7 - 4[③]。

表 7 - 4　2011—2014 年扶贫资金投入情况

单位：亿元

年份	中央财政综合扶贫投入	地方财政扶贫投入	合计
2011 年	2272	166.93	2438.93
2012 年	2996	273.08	3269.08

---

① 孔刘柳、谢乔昕：《财政分权对地方政府规模影响的区域差异实证》，《上海经济研究》2010 年第 2 期。
② 张立彦：《政府社会救助支出存在的问题与对策》，《经济纵横》2013 年第 9 期。
③ 郑功成：《中国社会保障发展报告 2016》，人民出版社，2016，第 68 页。

续表

年份	中央财政综合扶贫投入	地方财政扶贫投入	合计
2013 年	3717	337.70	4054.70
2014 年	4587	444.83	5031.83
合计	13572	1222.54	14794.54

说明：①中央财政综合扶贫投入指中央财政用于部分农村贫困地区、贫困人口使其能够直接受益的资金，包括专项扶贫资金投入、农业生产方面的投入、农村教育方面的投入、农村医疗方面的投入、农村社会保障方面的投入、大中型水库移民后期扶持及彩票公益金方面的投入、一般性转移支付七大类，涉及 33 项中央财政资金。②地方财政扶贫投入是不完全统计。

第二，增强政府间协同扶贫能力。可增强扶贫开发部门及民政部门的统筹权威，实现信息互通，完善和加强制度约束，具体规范各部门在协调救助中的权力和责任，在资金使用上给地方政府一定的自主权，中央政府和省级政府主要负责扶贫资金使用的监督、检查、考核等，保障资金的合理有效使用。确保精准扶贫能够准确地落实到有需要的贫困者身上，并保证责任的有效落实。在此方面智利积累了较好的经验，2002 年 5 月 30 日智利合作部、财政部、团结与投资基金和总统顾问组成的团队联合提出并实施了"智利团结计划"，目的是为被救助的贫困者提供救济、技能培训、社会心理支持和服务，在项目实施过程中各部门职责明确，相互协作，取得了较好的效果。① 在中央与地方扶贫资金关系的处理上，我国应借鉴发达国家普遍实行专门立法的做法。如 1972 年美国就专门制定了《州与地方政府补助法》，规范了联邦政府对州和地方政府的社会福利资金转移支付的内容和事项，对联邦政府出资、州及地方政府如何获得及使用资金进行了明确规定，这保证了中央政府对州和地方政府的财政控制和资金投向。德国与日本也有类似的立法，他们对公共财政如何转移均有详细的规定，特别关注各地区财政收入与福利需求的差别，保证了中央财政对地方财政的及时支持。以上这些做法值得我们研究借鉴。

---

① 李曜、史丹丹编著《智利社会保障制度》，上海人民出版社，2010 年，第240—245 页。

第三，加强扶贫资源的统筹管理。党的十六届六中全会公告要求，公共教育资源向农村、中西部地区、贫困地区、边疆地区、民族地区倾斜，推动公共教育协调发展。同时，扶贫任务设计体现更多的可持续发展因素，中央政府不断加大在农村教育、医疗和社会保障方面的投入。党的十八大报告也提出要加大统筹城乡发展力度，增强农村发展活力，逐步缩小城乡差距，统筹推进城乡社会保障体系建设。社会保障是保障人民生活、调节社会分配的一项基本制度，要坚持全覆盖、保基本、多层次、可持续方针，以增强公正性、适应流动性、保证可持续性为重点，全面建成覆盖城乡居民的社会保障体系。统一制度、标准差异是我国贫困治理中福利公正的有益探索。在我国相对发达的地区，城乡一体化已在积极推行，如浙江省从 2001 年 10 月 1 日开始实行居民最低生活保障城乡一体化，浙江省民政厅认为这将会扩大救助对象的范围和增加救助资金。按照《辽宁省深化户籍管理制度改革若干规定》和辽宁省公安厅制定出台的《沈阳经济区户籍管理制度改革的实施意见》等文件精神，沈阳市自 2010 年 1 月 1 日起，在全市范围内全面实行户籍管理制度改革，实行"一元化"户口管理。从 2010 年 1 月 1 日起，沈阳市不再分农业户口和非农业户口，统一登记为居民户口，这将有益于促进城乡扶贫决策行动的一体化。2015 年 9 月 25 日《东莞市城市总体规划（2016—2030）》草案提出，东莞在实施"分区统筹"时强化"经济区"概念，弱化"行政区"意识，力争打破行政界线。在基本服务上保证本地居民与外来人口享受同等待遇，实行城乡户籍"一元化"登记管理，[1] 使外来人口在就业、医疗、养老及其他城市基本公共服务上享受与城镇居民同等待遇。同时，在探索和实践扶贫资源统筹精细化管理中我们还应注重以下方面。

其一，注重多种扶贫资源的有效结合以发挥综合作用。扶贫资源应包括能够应对和消除贫困的各种资源，而不仅仅是资金，

---

① 参见《我市实行城乡户籍"一元化"登记管理》，http://www.shatian.gov.cn/publicfiles/business/htmlfiles/0101/12/20150 9/966397.htm。

这是因为形成贫困的原因是十分复杂的。以机会资源为例，从奥本海默的论述中就能认识到机会资源对扶贫的重要意义，"贫困夺去了人们建立未来大厦——'你的生存机会'的工具。它悄悄地夺去了人们享有生命不受疾病侵害、有体面的教育、有安全的住宅和长时间的退休生涯的机会"。① 因此，政府应通过一定的扶贫措施保障初始机会均等，尽可能避免贫困者因个人不可改变或暂时未能改变的客观因素而被歧视，应进行经济支持以增加贫困者的就业机会。

其二，注重挖掘和利用贫困者的潜在资源。人的潜能是巨大的，但需要借助于有效的方式去挖掘和利用。如有的残疾人一方面的能力失去后，另一方面会得到比常人更好的发展，可在就业机会安排时，考虑到这一因素。安东尼·哈尔曾强调政府要采取积极有力的措施消除贫困者的参与障碍。例如，给予参与者更多的资金和服务支持，解决交通工具或费用问题、给年轻家庭托儿服务、残疾人的康复与心理帮助，消除基于种族、性别、年龄、国籍和残疾等因素的各种歧视等，"只有这些问题得以解决，人力资本计划、工作安置和其他的社会投资才能达到促进充分的经济参与目标"。② 联合国在《2000年世界发展报告：与贫困做斗争》中强调了为贫困者增权赋能的新福利内容，以此来挖掘和激发他们的潜能。关于赋能研究最初主要出现在企业管理中，即20世纪80年代西方学者对企业员工赋能的研究，目前已广泛应用于人力资本、对农民进行赋能等方面的研究。尽管语境不同，研究中对"能"的理解以及如何赋能的研究对扶贫中的赋能颇具启发意义。如"能"包括权力及运用权力的能力。在赋能途径上，主要包括结构、心理、增权等途径。阿玛蒂亚·森提出通过教育、医疗保健、机会等方面的增进消除"能力贫困"的观点，对于挖掘和利用贫困者的潜在资源及管理精准颇有启示意义。对贫困农民来说，

① Oppenheim, Poverty: The Facts, Child Poverty Action Group, London. 1993.
② 张秀兰、徐月宾、梅志里编《中国发展型社会政策论纲》，中国劳动社会保障出版社，2007，第174页。

他们在农业生产能力、新知识的吸纳与运用能力、身体能力、就业能力都存在不同程度的贫困，但不少农民又具有一定潜能需要加以开发运用。日本《新生活保护法》强调对个人现有资产、能力的积极运用，并将此作为受助人获得保障的必要条件，这也被称为资产能力的"活用"，若"活用"后仍不能满足生存与自立要求的，政府再给予补足。这个"活用"的过程，其主要管理特点就是将激励与义务相结合，促进贫困者劳动参与。

其三，探索和实践扶贫资源合理精准分配机制。目前我国一些地方的实践经验值得借鉴。如 2015 年重庆市扶贫开发办公室及重庆市财政局通过了《关于改革创新财政专项扶贫资金管理机制的意见》，主要内容包括：一是实行扶贫资金竞争性分配。建立以资金使用结果为导向、精准扶贫为指引，优先支持积极性高、脱贫愿望强、扶贫工作做得好、资金使用规范、减贫效果好的区县，增强扶贫资金的正向激励作用。二是强化扶贫资金与贫困户深度利益链接机制。加大扶贫小额贷款贴息力度，完善与商业银行的合作和担保机制，借鉴外资项目理念，增强群众参与性，把扶贫项目的决策权、实施权、管理权交给群众。三是创新政府购买社会服务方式。凡适合采取市场化方式提供、社会力量能够承担的扶贫工作和扶贫项目，如规划编制、项目评估、项目验收、第三方监督、社会化服务等，可采取委托、承包、采购等方式，通过公开、透明、规范的程序交给社会力量承担。[①] 以上做法颇值得肯定。

案例 7-10 扶贫资金分配新方式

重庆在一些区县探索将产业扶贫资金"折股量化，配股到户"，使贫困农户能以股东身份加入合作社或农业企业，成为股东，分享扶贫产业发展收益。重庆开县长沙镇齐圣村在专项扶贫资金扶持下，发展起了猕猴桃专业合作社，对建卡贫困户，扶贫开发资金以 2000 元/股的标准"配股到户"，贫

[①] 重庆市扶贫开发办公室重庆市财政局：《重庆市改革创新财政专项扶贫资金管理机制》，http://www.cqfp.gov.cn/contents/328/54216.html。

困户成了合作社股东。"以前村里发展扶贫产业，不少贫困户因为缺钱，只能站在一旁干着急，扶贫项目很难帮到真正的贫困户。"齐圣村支部书记熊尚冰说，扶贫资金"配股到户"后，贫困户也能参与扶贫项目中来，带动效应非常明显。2013 年村里猕猴桃产量 15 万公斤，总收入约有 300 万元。仅此一项，平均每个贫困户就能按股分红 4000 多元。①

案例 7 - 11　长效扶贫的新探索

山东淄博市博山区韩庄村实行"行业对接产业"的精准扶贫模式，把扶贫单位与被帮扶村的优势结合起来，从而实现长效扶贫、集中脱贫。235 户村民中，有 142 户是贫困户，2015 年 7 月，博山区市政园林局与韩庄村建立扶贫帮扶关系。在村里建设苗木培育基地，吸纳农民入股，不少村民将土地流转给合作社，并到苗木基地打工，还能以村民身份享受利润分红，每年能有三份收入。63 岁的陈光英，两年前丈夫因病去世后，自己也患上疾病，失去劳动能力，无任何经济收入。现在，她把自己的地流转出去，有租金还有分红，生活有了稳定保障。在实施苗木基地项目的同时，合作社还设立扶贫基金，根据每年贫困户的变化进行动态扶贫，并开展大病救助，确保政策精准到位。②

第四，加强政府扶贫资源精准化考评监督 ① 政府扶贫权力是否扭曲的考评监督。面对被服务对象的弱势状态，政府扶贫资源使用不当的概率相对较高。阿马蒂亚·森归纳了扶贫中权力行使五个方面的扭曲现象，包括："信息扭曲：旨在抓获低报其财务状况的'骗子'的任何核查系统都不免有时出错，从而否定某些实际上有资格的人。激励性扭曲：信息扭曲是对数字作假，但它本

---

① 李松：《"配股到户"落实"精准化扶贫"——来自重庆的扶贫新探索》，http://news.xinhuanet.com/local/2014 - 04/22/c_1110348796.htm。

② 王海鸥、胡文博：《大山里种下"脱贫苗"》，《人民日报》2016 年 6 月 5 日第 11 版。

身并不改变实际的经济状况。然而，向选定对象提供扶助的做法却也可以影响人们的经济行为。负效用和身份烙印：一个要求受益者必须是合格的穷人（而且被看作对不能充分自立的人的一种特殊照顾）的社会扶助计划，对受益者的自尊以及其他人对受益者的尊重，都会产生一定作用。行政管理成本、侵犯性损失与腐败：选定对象的程序会涉及大量的行政管理成本——既有资源的耗费，也有官僚主义的延误——而且，由于需要详尽的个人资料披露以及相关的调查核实手续，会造成个人隐私权和自主权的损失。政治上的维持力量和服务质量：社会扶助的选定对象通常是政治上的弱势群体，在政治角力中缺乏那种影响力来保持社会扶助计划不被取消，或者维持所提供的服务的质量的。"[①] 遏制与纠正以上扭曲现象的重要途径是健全相关责任制度。"政府失灵"问题是西方经济学者最为关注的问题之一。在西方发达的市场经济条件下，政府失灵的表现和成因是多种多样的，也有一些可行的纠正和防范的措施，但较少从反贫困管理角度加以研究。反贫困中政府福利管理失灵主要表现为不能按预期目标进行管理并达到目的。解决反贫困管理失灵问题主要依靠规则来采取措施。

在此方面，我国一些地方已开始探索具体制度，如 2015 年 8 月 13 日重庆市扶贫办、市财政局、市审计局联合下发《关于全面加强扶贫资金监管的意见》，对如何确保扶贫资金更好地瞄准扶贫对象，实现"两个精准"，从明确各级监管责任、强化公开透明、强化实施过程监管、加强审计监督、完善保障措施五个方面提出了 15 条要求。扶贫资金监督主要包括：全面加强监管检查，及时发现和解决问题，完善制度规定，确保扶贫资金管得住、用得好；市级扶贫集团参与监管，驻村工作队参与监管，发挥群众监督作用；规范资金管理，但在实践中，还需要进一步细化相关制度安排，提升制度层次，包括监督的具体内容、程序及责任承担方式等。

---

① 〔印度〕阿马蒂亚·森：《以自由看待发展》，任赜、于真译，中国人民大学出版社，2012，第 129—130 页。

② 加强扶贫效绩评估。我国目前还缺乏科学评价反贫困经费支持效率的指标体系，其主要考量福利支出数量，而很少评价实际效果，所以，一些贫困地区的政府部门为获得更多资金，多报贫困人口，而检查评比时又少报贫困人口。资金使用存在盲目性和随意性。由于缺乏具体、科学的预算评估标准，日常经验和长官意志就成为惯常的评价方法。有学者对我国构建农村扶贫制度绩效体系提出了建议，其体系共分为四个部分，即目的和设计、战略规划、管理、结果和责任，各部分权重依次是 20%、10%、20% 和 50%。① 运用"绩效"概念衡量政府扶贫活动的效果，所指的不单纯是一个政绩层面的概念，还包括政府成本、政府效率、政治稳定、社会进步、发展预期的含义在内，具体可分为社会绩效、政治绩效和经济绩效。② 以上建议不乏合理和实用性，但要进一步从规则上加以考量与完善，具体包括：一是主要评价内容上的全面性。资助贫困者参与养老保险、医疗保险、失业保险、新农合等基本保险，需包括城乡最低生活保障、义务教育入学率、贫困者就业率、残疾人福利水平、贫困人口救助率及贫困人口发展扶持等福利内容。二是在评价维度上，应包括应当得到扶助的贫困人群的覆盖面，以及福利给付水平情况和是否满足了基本生存与发展需要等。

重视对非物质性扶贫效果的评价。长期以来，我国注重收入绩效评价，非收入评价未受到重视，从扶贫精细化和提高民众生活质量角度看，应注重非收入评价。例如，政府通过购买专业服务的心理干预，让贫困者逐渐摆脱依赖政府和他人脱贫的心理，增强他们的人际交往能力，促进其积极参与社区活动，认识到自己的价值所在，健全其精神和人格，实现社会融入，使其有尊严地生活。对贫困者技能教育的资金投入，不仅能够有效防止受助对象的知识贫困，拓宽他们的知识面，而且能够增强他们的劳动

① 张巍：《中国农村反贫困制度变迁研究》，中国政法大学出版社，2008，第 122 页。

② 张巍：《中国农村反贫困制度变迁研究》，中国政法大学出版社，2008，第 125 页。

就业技能。日本将生活保护的内容与接受培训、训练以及寻找工作中的生活费救助结合起来，并且利用民间非营利组织等多方力量促进生活贫困者自立。① 政府需要提供各种就业服务为贫困者提供就业政策咨询和与就业相关的信息以及就业辅导、维权等多种服务。2003 年世界银行发展报告将普通劳动者就业服务的相关技能分为认知技能、社会技能、技术能力等。针对贫困者需求尽量提供较全面的就业服务，以帮助他们充分发挥自身拥有的参与脱贫并提升自身生活质量的潜能。对扶贫服务效果的评价机制十分复杂，不是简单的资金投入多少的问题。

③ 引入社会参与评估。我国以往扶贫绩效评估往往以政府管理为导向，从政府需要进行评估，地方政府在政策执行过程中竭尽全力，向下级政府和官员施加更大的任务压力，迫使下级官员采取措施确保完成上级交代的任务；在面对上级政府和政策压力时，基层官员则会煞费苦心地采取不同应对策略和共谋行为来敷衍或弱化政策实施。② 为避免这种状况，项目执行与评估过程需要更多的社会参与。扶贫项目运作模式的改变，其评价依据主要看其是否符合贫困者的真实需求，是否具有可持续性，是否基于发展变化的情况进行调整。笔者建议构建多主体参与的评估体系，包括政府自身、贫困者、社会组织、企业、个人以及专业的民间组织等。

④ 强化扶贫问责。精准扶贫势必需要充分考虑个案差异，由此行政自由裁量权也会增大，权力不当行使的现象也就更容易产生。19 世纪之前英国因政府官员可独立决定救助事项而造成了大量的救助不公乃至腐败现象。为避免此类情况的发生，建议对我国扶贫中存在的行政不作为、乱作为及其他损害扶贫对象权益的现象进行问责，使责任得到有效追究。有学者建议："可制定统一的福利行政问责法，明确划分各行政部门和各行政职务的权责界限，厘定官员问责标准。合理划分中央和地方政府、政府纵向与

---

① 吕学静、王争亚：《日本社会救助制度的最新改革动向及对中国的启示》，《北京劳动保障职业学院学报》2014 年第 2 期。

② 周雪光：《基层政府间的"共谋现象"：一个政府行为的制度逻辑》，《社会学研究》2008 年第 6 期。

横向部门之间，以及部门内部各岗位的职责权限，建立科学的岗位责任制，明确问责范围、对象和条件；明确党委与政府官员分工，使其接受同样的问责和追究；摆脱现行问责模式的缺陷，规范问责主体及权利，规范问责客体及职责，规定问责事由，厘定问责标准，规定问责程序，努力实现人治型问责向法治型问责过渡。"① 笔者赞同以上观点，同时，要注重完善贫困者参与监督问责制度。西方国家社会救助大都比较注重这种参与形式，如 1935年美国的《社会保障法》专门规定了救助听证制度，此后，该法几经修订，其中较为重要的是 1964 年的《社会保障法》，它将领受者的听证权利确认为每个州福利计划中最为基本和首要的要求。1984年的社会保障法修正案则规定了残疾补助中的当面（face-to-face）听证。《公共援助行政手册》做了更具体的规定，并要求州行政官员为福利领受者提供充分与彻底的信息告知，并为听证者提供律师。不少国家将救助权利可补救性作为对政府问责的启动形式，即贫困者通过积极主张权利，将侵权的政府告上法庭，从而达到对政府问责的目的。1948 年，英国政府根据《国民救助法》建立了申诉制度并推动所谓的"福利权运动"，这不仅提高了救助申请率，而且有助于通过受助者权利的行使给政府施加问责压力。这值得我们借鉴。

（四）促进贫困者社会参与的精细管理

社会参与是一个十分广泛的领域，包括劳动就业、志愿服务、家庭照顾及自身生活改善等各个方面。积极扶贫观念通常将贫困者自身看成具有较大差别和具有一定发展潜能的群体，并认为他们的参与具有十分重要的意义。因为贫困者除了年龄差别外，更多地表现为社会性差别，包括生计能力、资产、物质资源、社会资源、活动能力、健康条件及受教育程度等，这些都是影响他们扶贫参与的重要因素。以老人就业情况为例，《欧盟 2012 积极老

---

① 张邦辉：《社会保障的政府责任研究》，中国社会科学出版社，2011，第 230页。

龄化指数》报告中把就业指标划分得更加具体和精细，其中包含
55—59 岁的就业率、60—64 岁的就业率、65—69 岁的就业率、
70—74 岁的就业率。这表明，积极老龄化参与理念的实质是承认
和发挥老人的价值，转变关于老人的思维观念，而不仅仅将其看
作被保护的对象。老人参与理念最初只是生产性参与，罗伯特的
"生产性老龄化"理论认为，将老龄化和生产率对立起来是不适宜
的，老年人缺乏生产率是一种理论虚构。而在"积极老龄化"视
野中，将老年人作为实现积极老龄化的有效资源，并强调其参与
的主体性作用。就业参与对于消除老年人的多种贫困具有重要意
义，就业或者农业劳动的积极参与都给贫困者带来收入的增加，
同时有利于保障脱贫服务的精准性。服务精准性意味着社会服务
供给真正符合服务者的需求，这样服务的选择与提供就需要服务
需求者的真正参与。传统参与只是将公民参与作为增强政府政策
执行能力的手段之一，确立积极的参与和行为方式能直接改善自
身非物质贫困状况，提升其非物质生活质量，如确立有利于消除
健康贫困的生活习惯，包括锻炼、饮食、酒精、用药等方面。自
身健康保障参与有助于精准应对个人健康贫困，而通过自我心理
调节实现自身健康就更是如此。积极老龄化之所以能成为国际社
会应对 21 世纪老龄化问题的新理论、政策和发展战略，其重要原
因就在于强调了参与对改善老年人生活质量的意义。

从我国扶贫开发对象的参与来看，不少人处于被动参与状态，
对扶贫对象的脱贫参与缺乏足够的政策和资金支持。同时，政策
设计及执行存在问题也带来了以下不利于贫困者脱贫参与的两种
情况：一是不少低保对象缺乏积极的劳动就业观念，相关调查中
多数人表示愿意长期享受低保，"20.0% 的受访人员认为没有人退
保，48.3% 的人认为少数人能够退保，认为多数人能够退保的有
27.6%，认为全部能够退保的只有 4.2%。总体而言，大部分低保
家庭在经济状况好转之后并不会主动申请退出"。[①] 二是参加职业

① 民政部政策研究中心编《中国城乡困难家庭社会政策支持系统建设蓝皮书
（2012）》，中国社会出版社，2013 年，第 340 页。

培训的机会较少。调研显示，低保对象很少有参加职业培训的机会，也很难通过一定的途径获得新劳动技能，农村低保对象尤为如此。其他相关调查也证明这种情况的普遍存在，如有学者通过对湖南省660名贫困家庭劳动力的调研指出，从未参加过职业培训的有585人，占总调查人数的88.7%；参加过职业培训的仅75人，占总调查人数的11.3%。但从促进扶贫参与看，还需要注重以下管理措施。

第一，促进贫困者确立自身扶贫主体意识。积极福利主义者吉登斯认为，福利供给适当强调权利与责任统一的重要目的就是为了开发贫困者潜能，确立其主体意识。在当今我国扶贫中也需要确立贫困者的主体意识，应当将贫困者权利享有与适度责任的承担有机结合起来，并通过对其细化分类，区分贫困者具体情况以确定相应相关的权责内容与形式，使责任或者义务承担具有可行性与合理性。贫困者家庭在扶贫中的主体性作用也不可忽视，台湾地区"内政部"针对55岁以上人口的"2005年老人状况调查报告"显示，65岁以上老人的经济来源以子女（含媳妇、女婿）奉养为主要来源者占53.37%，以政府救助或津贴为主者次之，占33.34%。同时，四成以上老人希望与子女同住。[1] 应当以承认家庭承担主要养老责任为前提，以新修订的《老年人权益保障法》为基础，在老年人权益保障的配套立法建设和地方立法修订过程中，借鉴我国台湾地区的做法，对家庭的养老责任条款采用促进法、政策法、道德法的规范形态，对政府的养老责任采用强制法、作用法、责任法的规范形态。[2] 贫困者自身也要不断加强责任感，增强对责任的认知。

第二，提升自身扶贫参与能力。根据印度著名学者阿马蒂亚·森的贫困理论，要从根本上改变贫困者的贫困状况，就不能仅仅局限于减少他们的收入贫困，而必须发展他们的可行能力，发展他

---

[1]　《台65岁以上老人月均花1.2万逾半想与儿女同住》，http://news. sina. com. cn/o/2006-09-12/10039998631s. sntml。

[2]　相焕伟：《台湾地区老人福利法制及其借鉴》，《法学论坛》2013年第3期。

们自身参与脱贫的能力。劳动就业能力的发展取决于两方面的内容，一方面，需要政府承担支持责任，为提升贫困者就业参与能力，国际劳工组织 2003 年修改 1975 年的《人力资源开发建议》，增加为老年员工提供教育和培训机会的内容，2004 年通过了《人力资源开发：教育、培训和终身学习》，强调终身学习的重要性及政府、企业和个人在其中所承担的责任。包括教育和就业前培训、在职和失业工人的能力开发、技能认证和发证框架、为体面劳动和社会融入而培训、培训提供者、相关研究等。另一方面，需要贫困者自身的积极参与，包括对新知识的学习，在生活方式、锻炼习惯、日常生活能力、自我健康管理能力、健康保健知识掌握情况等方面做出积极努力，特别是健康和具有劳动能力者，应具有主导参与意识和行动，吸收新文化、实用技术、健康及政策等知识，因为知识和技能的缺乏通常是贫困发生的重要原因之一。依靠从事种植、养殖等专业知识致富不仅需要政府部门的资金扶持，也需要技术上给予其直接帮扶。联合国开发计划署也强调，为有效反贫困，不仅需要充分利用已有知识经验，还需要不断开拓和利用新的知识，[1] 以提升贫困者的脱贫能力。我国连片特困地区 4 省 9 县的调研数据表明，年龄、收入、当地教育发展水平以及农民对政府扶贫效率的认知等因素均对农民的扶贫参与意愿具有显著的统计学意义。[2]

为达到提升贫困者扶贫参与能力的目的，我国目前扶贫教育管理策略应尽快创新。①职业教育实现由主体严格选择到适度普惠。改变目前职业教育救助基本局限于在职职业技术院校学生的做法，使具有一定劳动能力和就业愿望的贫困者都可以平等地享受到职业教育救助。为推进农业现代化，为贫困治理提供坚实的人力基础与保障，应当使更多的农民尤其是贫困农民获得针对性的教育救助机会。为职业技术学习提供宽松的工作环境，教育部

① 李文彬、陈晓运：《政府治理能力现代化的评估框架》，《中国行政管理》2015年第 5 期。

② 谭银清等：《我国连片特困地区农民扶贫参与意愿影响因素实证研究》，《山东农业大学学报》（社会科学版）2015 年第 1 期。

和地方教育行政部门应充分利用信息化手段，实现城乡教学资源共享，推动城乡教师网上教研，提升乡村教学点的质量，推动城乡正规和非正规教育的均衡发展。调整教育学习模式，增强技能教育和创造性教育。提升实践能力和创造力，这既需要现代知识也需要传统知识。联合国教科文组织提出："创新总是被看做是传统的对立面。但传统不是一成不变的，它通过几代人不懈的努力，经过一系列除旧布新和吸收其他文化元素的过程，才发展演变到今天的样子。"[①] 民间教育救助模式在云南得到了有效的实践，"98.55%的学生认为通过学习和在基地上的劳动，学到了一些不同于家庭养殖的家畜疾病预防的知识。通过参与基地劳动实践，100%的学生认为自己的动手能力、思维能力得到了提高。由以往学生严重流失到家长主动送孩子上学"。[②] ②将就业创业纳入教育救助范围。就业创业教育对于提升贫困者自身反贫困能力具有十分重要的意义。应重视反贫困中的就业创业教育，以培养创业素质与才能为目标，进行创业意识、创业精神和创业能力教育。教育部2010年4月22日下发《关于大力推进高等学校创新创业教育和大学生自主创业工作的意见》，首次以教育部高教司、科技司、学生司、就业指导中心四大司局的联动机制，形成创新创业教育、创业基地建设、创业政策支持、创业服务"四位一体、整体推进"的格局。2002年，教育部在清华大学、北京航空航天大学、中国人民大学等九校开展创新创业教育试点，2008年，又立项建设了30个创业教育类人才培养模式创新实验区。[③] 应将这一内容体现在对贫困者的教育救助中，并根据他们的实际需要不断加以完善。③将欠发达地区的农村基础教育与实用性教育培训有机结合。基础教育不应仅仅以升学为目标，而应注重实际应用知识的培养，注重学生多元发展，通过多渠道对教育救助对象进行心理

---

① 联合国教科文组织、世界文化与发展委员会：《文化多样性与人类全面发展》，张玉国译，广东人民出版社，2006，第39页。

② 田静：《教育与乡村建设——云南一个贫困民族乡的发展人类学探究》，中央编译出版社，2013，第131页。

③ 丰捷、刘茜：《创业教育面向全体大学生》，《光明日报》2010年4月26日。

辅导和干预，纠正其行为偏差，促进贫困者心理健康状况的改善。以形成健康的人格为目标，进行心理健康教育内容设计。在实施经济资助的同时，逐步建立和健全心理援助机制。将教育救助与贫困治理需求密切结合，救助功能目标设计应着力于两方面：一是将教育救助与提升贫困者人力资本及自身参与反贫困的能力进行有机结合。人力资本一般表现为"智力、教育背景、工作经验、知识、机能和健康，也可能会包括精力、眼光、期望和想象力"。① 不难看出，这是一个综合教育过程。在此过程中，技术援助、实用技能及市场参与技能的培养尤为重要，例如，广西一些壮族、瑶族、苗族聚居地，很多妇女都有很好的民间编织、刺绣手艺。但因为没有好的图案设计，手工艺织品花样普遍缺乏创新，直接影响了市场效益。② 应通过教育救助避免此类问题发生。二是激活贫困者自身的创造性功能。美国学者迈克尔·谢诺登认为，福利政策应当承认开发人们"还没有得到利用的巨大潜能。将福利政策看做是一种孤立的附加性功能是错误的"。③ 贫困者潜能的发挥需要知识、技能、心理、观念等方面的综合教育，而培训贫困者及其子女的自主、自立、自强、自尊意识具有基础性意义。

第三，完善激励性管理。① 一是对贫困者的就业激励。目前我国不少地方正在探索和实践新的政策举措，北京市为鼓励低保受助对象就业，对于已经就业的低保申请人员和低保就业人员，在核算家庭收入时，可扣除低保标准的80%作为就业奖励，然后再计算家庭月人均收入。另外，城乡低保人员主动申报就业后，家庭月人均收入高于低保标准的可享受6个月的救助渐退。其中，前三个月按其家庭原享受低保金100%发放，后三个月按50%发放。这种激励制度有利于促进受助者参与到自身生活质量改善的

① 〔美〕迈克尔·谢诺登：《资产与穷人》，高鉴国译，商务印书馆，2005，第124页。
② 李澜：《潜藏的力量：西部地区农村女性人力资源开发》，中国经济出版社，2006，第149页。
③ 〔美〕迈克尔·谢诺登：《资产与穷人》，高鉴国译，商务印书馆，2005，第15页。

过程中，值得肯定。二是借鉴国外做法进一步完善激励制度，如美国针对有劳动能力的受助者，在其参加工作后，工作收入的50%可以豁免计算家庭收入等。②对雇佣和培训贫困者的雇主进行激励。在此方面韩国的支援就业稳定事业政策中包含了就业维持支援金、雇佣奖励金、再雇佣奖励金、转职支援奖励金、培训相关支援金、促进高龄者雇佣金、促进长期求职者雇佣金、促进女性雇佣金等，以上政策规定值得我们借鉴。就我国目前的反贫困制度总体来看，对激励尚不够重视。如低保制度对贫困者及政府部门的详细规定都是惩罚性措施，较少有激励性规定。③通过科学的规则设计达到科学的激励目标。在激励中体现出科学性，减少和消除激励中的低效现象，在此方面社会工作者已发展出富有成效的"权能激发"工作模式，值得重视。例如，通过优势视角去发挥人的潜能，在心理上形成正向激励。但我国目前广大的农村地区缺乏专业的社会工作者，有的地方虽然有社会工作者短期介入，但效果有限。政府购买服务介入的形式更是较少使用，这需要引起政府的重视，其根本问题是要进行相关的制度规则设计，并将激励作为其中的主要内容。

（五）贫困者参与扶贫项目的精细管理

项目制是我国目前收入扶贫的重要形式之一，扶贫项目管理方式将直接决定扶贫的实际成效。目前已发展出多种扶贫项目，如对农民进行就业培训的"雨露计划"、扶贫贴息贷款支持项目、科技富农的"星火计划"、农村实用技能培训及扶贫小额信贷项目等，这些扶贫项目取得了不小的成效，但也存在不少问题。加强项目监管，提高瞄准性，使项目真正惠及贫困户是目前管理中亟待解决的现实问题，在此过程中贫困人群有效地参与具有关键性意义。2011年10月17日联合国秘书长潘基文在"国际消除贫困日"当天发表致辞指出，联合国一直致力于帮助人们摆脱贫困，但目前收效甚微，因为还有许多人仍然生活在失业、无力养家、长期贫困以及被剥夺健康、尊严和生活希望的恐惧之中。呼吁共同倾听人民的声音，坚定支持人民的希望和愿望，建立一个没有贫穷的世界。① 在此过程中对扶贫项目的管理创新是一个关键问题，这不仅是为了提升扶贫项目的绩效，也是为了使他们的人格尊严得到充分尊重，2004 年 10 月在北京召开的云南某个地方的扶贫总结会议上，经过一些 NGO 组织（非政府组织）的争取，来自大朝山、漫湾、小湾和金沙江等地的 5 名当地代表得以出席表达自己的诉求，而原计划中的 3 名怒江代表因种种干扰未能出席。② 这种情况在我国目前的扶贫实践中并不鲜见，由此可见，不管是出于什么原因，对贫困者参与与表达的忽视是不公平的，不难想象，扶贫项目从设计到具体实施再到总结评估，没有贫困者的参与，其公正性和有效性是不能不令人怀疑的。另一些实例也可以佐证，在目前的各种扶贫合作项目中，与民间组织的项目效果相比，政府组织的项目效果普遍较差，这主要是由于参与式反贫困项目在政府项目中更难实施，或者难以持续。③

为切实改变这种状况，应当使贫困人群有效参与项目管理，主要措施包括以下几方面。

第一，转变项目管理方式。我国传统扶贫项目一般都是在政府主导下进行的，这种项目管理体制存在对贫困人群主体性的忽视，在"政府怎样'扶'"的理念下运行和设计，实践经验表明，在济贫赈灾的紧急状态下十分有效，但往往缺乏持续性效果。这种扶贫运行模式或方式也十分不规范，又被称为"运动式"反贫困，④ 有必要尽快加以调整。20 世纪 70 年代起，一些西方学者就开始对传统政府"自上而下"的治理方式提出批评，认为政府反贫困项目缺乏效率可言，他们不太关心地方民众的需求，而更多地关注贯彻国家计划部门以及地方当局的指令。"对于政府在社区发展中承

---

① 林琼、顾震球：《潘基文吁国际社会倾听人民声音　支持人民愿望》，http://news. xinhuanet. com/world/2011 - 10/18/c_122169038. htm。

② 尹鸿伟：《怒江工程为什么第三次上马?》，《中国社会导刊》2005 年第 7 期。

③ 帅传敏、李周、何晓军、张先锋：《中国农村扶贫项目管理效率的定量分析》，《中国农村经济》2008 年第 3 期。

④ 何绍辉：《从"运动式治理"到"制度性治理"——中国农村反贫困战略的范式转换》，《湖南科技学院学报》2012 年第 7 期。

担的责任，批评家们并不怎么乐观。他们宣称，这些项目官僚化、无效率、浪费、资金不足"。① 同时，地方政府行为滞后，对贫困主要进行末端治理，不图创新，影响了救助效率，不利于发挥贫困者积极性、主动性、创新性等主体作用。基于此批评，发展型社会政策研究学者提出了"自下而上"的扶贫项目管理模式，由此形成了一种新的生计思路。根据相关学者的探讨，这种生计思路具有以下特质和优势②：其一，贫困者的价值与能力得到充分重视和肯定，即使在没有政府援助的情况下，穷人也有能力参与反贫困活动。具备通过直接行动来解决他们问题的能力，成功率比政府试图主导的成功率更高。其二，对政府的弊端进行了充分的估计，政府行动更容易出于政治的目的，基于建设国家的考虑采用有利于经济精英的政策；追求政治和更广泛范围内的战略目标，与反贫困目标存在差异。其三，注重实际操作，如项目参与、决策参与等。

　　笔者认为"自上而下"与"自下而上"的策略都具有优势与问题，前者有利于发挥政府作用，但贫困者参与不足；后者民主参与程度高，但不利于政府作为反贫困组织者的主导作用。因此管理体制选择上建议采取"上下结合"的方式，这种结合体制可以在政府主导下进行，基层政府提出财政扶贫项目时有一个贫困者参与通道或者制度，也可以发挥贫困者的首创作用，这一过程是以贫困者为中心，他们是真正的主人公和管理者，他们参与的内容包括项目选择、设计、执行、监督等，政府要给予充分支持。

　　第二，扶贫项目绩效评价方式的创新。扶贫绩效评价涉及项目决策、设计、执行、评估各个方面，为保障评估的有效性和科学性，需要不断完善扶贫绩效评价体系。目前我国一些地方开展了市民评议政府行为的活动，如 1998 年沈阳市率先在全国开展"市民评议政府"活动。以公众参与为主要特征的地方政府绩效评估活动在各地多有开展。其中影响较大的有南京市的"万人评议

---

① 〔英〕安东尼·哈尔、〔美〕詹姆斯·梅志里：《发展型社会政策》，罗敏等译，社会科学文献出版社，2006，第 101 页。

② 〔英〕安东尼·哈尔、〔美〕詹姆斯·梅志里：《发展型社会政策》，罗敏等译，社会科学文献出版社，2006，第 146 页。

机关"、珠海市的"万人评政府"、甘肃省的"非公有制企业评议政府绩效"以及北京市的网上评议政府，值得在政府扶贫实践中推广，但在方式与效果和保障上需进一步改进。我国还应建立科学的对扶贫经费使用效率的评价指标体系，不仅要考量支出数量，而且要评价实际效果，避免日常经验和长官意志成为惯常的评价方法。创新途径包括：第一，在内容上的创新，从收入贫困的减贫绩效考核到多维贫困的减贫绩效考核；第二，在评价人群上，由政府评价到社会广泛参与评价；第三，在制度保障上，由临时性的政策到比较健全的制度，制度规则的基本结构是能促进扶贫资金的公正与效率。

第三，加强贫困人群项目参与主体性建设服务。在目前的农村扶贫研究中，长期以来，不少学者认为贫困农民属于弱势人群，不能发挥主体性作用。关于贫困救助内涵的代表性观点是，"救助的责任主体是国家……国家和社会对特定对象实施社会救助，帮助他们克服生活困难，摆脱生活困境，是无条件的，救助对象在接受救助时，无需做出履行某种义务的承诺"。[1] 有的学者更是直接将农村反贫困主体概括为政府、非营利组织、企业、社区、家庭及个人，行动客体是农村居民。[2] 从实践看，在目前的农村贫困治理中，贫困农民总体上只是政府扶贫中的被动管理者，而且许多情况下也只是形式化的参与管理。对贫困农民在反贫困中角色与地位认识的偏差，是造成目前多种反贫困现实问题的根本原因。政府主导的管理作用虽然不可或缺，但主要应在充分发挥贫困农民的主动性和创造性，尊重他们自主选择的前提下发挥主导与管理作用。[3] 在反贫困管理中更多地应体现为服务性，这将对整个反

---

① 王卫平：《社会救助学》，群言出版社，2007，第 27 页。

② 张学东：《以民生改善为导向的农村社会政策重构——基于河北省农村的实证分析》，《文史博览》（理论版）2009 年第 11 期。

③ 根据嘉兴市新农村建设的相关经验，政府主导作用主要体现为制度创新、财政投入、制定激励政策以及社会动员等。这些也都是以切实尊重农民意愿为前提的。陈至发、程利仲：《政府主导、农民主体与全社会参与——嘉兴市新农村建设的推进机制及其绩效的实证分析》，《农业经济问题》2007 年第 11 期。

贫困政策、决策与行为产生重要影响。正如阿马蒂亚·森所说，将"扶助受益者——看成是主体而不是静止不动的接受者……被选定的对象是能动的可以使对象选定的成果与对象选定的企图很不相同"。①

　　人的主体性是一个十分复杂的概念，从一般意义上看，其是指人作为社会活动主体表现出来的人的自觉、自主、能动和创造的特性。在当前中国，意味着能够冲破迷信，对现实社会问题进行理性思考，摆脱依赖走向独立性、自主性，突破义务本位走向权利与尊严诉求，从身份生存走向能力生存。② 在农村扶贫项目治理中，贫困农民的主体性除了具有以上基本特质之外，还有着以下特定的内涵与要求：①在观念或心理状态上，贫困农民应对自身的贫困治理持有积极能动的心态。积极心理学认为，作为主体的自我是一种有意识的行为施动者，它有理解、学习、交流和适应环境的能力，是自我作为选择应对策略和防御机制的使用者，是自我提供机会去获取目标的个体。③ 应使贫困农民能够以自觉、自主、能动和创造的心态参与到项目管理过程中，自觉认识到参与自身贫困治理的必要性、重要性和责任性，并且有信心以自身参与产生实际影响，而非自发、消极被动地参与，从而避免形式化、表面化的无效参与现象，"就人的主体性而言，自发性乃是最初的一种形态……作为人的主体性的更本质的内涵的自觉性，是对自发性的辩证否定，即扬弃"。④ 同时，贫困者也应对自身贫困治理始终保持一种积极向上的情绪，"积极的情绪包括欢愉（例如欢欣、幸福、活泼），自我认同（例如自信、自强、果敢），专心

---

① 〔印度〕阿马蒂亚·森：《以自由看待发展》，任赜、于真译，中国人民大学出版社，2012，第 131 页。

② 徐贵权：《当代中国人生存方式嬗变的主体性向度》，《毛泽东邓小平理论研究》2010 年第 9 期。

③ 〔美〕Alan Carr：《积极心理学》，郑雪等译校，中国轻工业出版社，2008，第 183 页。

④ 郭湛：《主体性哲学——人的存在及其意义》，中国人民大学出版社，2010，第 36—37 页。

（例如机警、专注、决断）"①，积极情绪可通过为自己认定的有价值的目标而努力工作等途径获得，有利于个人目标的实现。②在行为特点上，是一种权利与义务有机统一的行为。从法学角度上看，主体性是权利享有者和义务履行者的统一体，"没有无义务的权利，也没有无权利的义务"②。权利意味着资格，义务意味着责任，两者对于主体性都是不可缺少的。作为贫困治理主体，不仅要求贫困农民遵循相关的政策规范，自觉地行使、维护和实现个人应当享有的权利，而且要承担一定的反贫困义务和责任，"主体地位的理解，对于承认人作为有责任的人具有中心意义"。③这种责任一是指积极做出某种行为的责任或义务，目的在于使自身的反贫困资源得到充分合理的运用；二是控制自己的行为，不违反政策制度，有序地参与，避免在反贫困中隐瞒欺骗、无序参与等行为，对自己的不当或违法行为承担不利后果。如果缺乏以上责任要求，参与只能是单方面获取，不仅会增加政府反贫困负担，而且随着政府反贫困资金投入的增加，很可能形成对贫困帮扶的依赖，难以产生可持续效果。③在影响效果上，贫困农民能够产生实质性的影响。特别是对项目的形成与执行产生实质性影响，真正将贫困者的意见和要求融入政策制度过程中，因为它们直接规定着反贫困方针、原则、目标、资源配置等内容。为达到以上效果，就要求贫困农民具有相应的知识和可行能力。"一个人的可行能力指的是此人有可能实现的、各种可能的功能性活动组合。"④这其中包括拥有体力、知识技能、参与各种社会活动、自尊及主动选择等各种能力。要发挥好监督作用，这就要求监督者自身具备责任心、判断力，以及相关知识及理性行为等主体性素质。能力发展需要外力的帮助，更需要自我发展的主体意识和能力素质。

---

① 〔美〕Alan Carr：《积极心理学》，郑雪等译校，中国轻工业出版社，2008，第5页。

② 《马克思恩格斯选集》（第2卷），人民出版社，1995，第610页。

③ 《马克思恩格斯选集》（第2卷），人民出版社，1995，第189页。

④ 〔印度〕阿马蒂亚·森：《以自由看待发展》，任赜、于真译，中国人民大学出版社，2012，第62页。

个人知识技术、信息资源、身体健康状况等都会对个人能力，进而对贫困治理效果产生重要影响。④在目标实现上，应将提升贫困者的收入水平与促进贫困者自身改变有机统一起来，前者是要解决其现实生存问题，后者是解决生机的可持续问题。

强调贫困者主体性也是国外贫困治理理论的核心内容。可持续生计理论认为，实现贫困者的可持续生计目标，需要将贫困者置于反贫困活动的核心地位，并通过向贫困者赋权使其有能力对脱贫发展过程施加决定性影响。①目前这一理论在国际反贫困实践中受到普遍重视。

在我国精细化扶贫过程中也应转变对贫困者的看法。当今我国确定扶贫资格时一般是按贫困农民的财产状况进行分类，运用家计调查法掌握受助人及其家庭的财产状况，对潜在和现实能力因素重视不足。可借鉴西方国家对贫困者的分类制度，强调以贫困者劳动能力状况为基础的分类办法，目前湖北、北京、上海等地都尝试对低保对象细化分类，并注意到了劳动能力因素，但总体上还需要创新完善特别是将分类标准进一步细化。实际上，每种类型的贫困农民的劳动能力状况都可能存在差异，他们究竟有无劳动能力不能一概而论。应以能力为标准进行分类，将劳动能力标准操作化，并将能力因素作为首要分类和扶持依据，政府或社会组织在对贫困农民实行款、物、技能帮扶时，应注重主体性文化观念培育，通过送政策制度下乡、志愿者服务、媒体针对性宣传教育等形式有效地增强其主体意识。

---

① "可持续生计"是1987年世界环境与发展大会中提出的创新性反贫困理念与政策策略，之后其内涵被学者不断地丰富和完善，形成了发展型社会政策思想。该理论认为，一个生计维持系统包括能力、资产，既包括物质资源，也包括社会资源以及维持生活所必需的活动，应通过政府、社会组织与贫困者充分合作等手段和制度机制，使贫困者真正摆脱生存的脆弱性，根除贫困。参见〔英〕安东尼·哈尔、〔美〕詹姆斯·梅志里：《发展型社会政策》，罗敏等译，社会科学文献出版社，2006，第120—151页。

第八章　中国扶贫精细化社会参与保障

一　扶贫精细化中社会参与的意义与目标

社会力量参与扶贫是扶贫精细化有效推进的重要保障。在西方国家，这种参与已有悠久的历史。在英国，由政府和民间力量共同推动的机构照顾从 20 世纪 70 年代起逐步向社区照顾方式转变。一方面是由于政府财政、人口老龄化以及人们福利观念的转变，另一方面是"社区照顾"以及"人性化""人本化"的服务理念得到了人们的普遍认可。不少西方学者对社会力量参与扶贫的意义也有重要论述，如诺贝尔经济学奖获得者福格尔认为，长期贫困的本质问题是精神与主流社会的疏远。[①] 约翰·弗里德曼认为，穷人的出路不在于鼓励他们与其社区相脱离或建立穷人的社区，相反他们应该被整合进社区，如果他们已经从社区中脱离出去，那么他们应该被再整合进社区。因此需要增强的不是使穷人离心于社区的结构性和组织性因素，而是增强社区中那些有利于使社区对他们进行接纳和整合的因素。可以肯定，在中国的大多数村落社区仍然有着这样的资源。在这里重要的是公正及和睦；需要的是社区的自治及国家对个体公民权利的维护；需要的是社区及其他自治单位与国家组织的对话与沟通。[②]

强调社会参与是我国目前扶贫政策的重要内容和特点，《中共

---

① Fogel R. W. , " Catching up with the Economy," *The American Economic Review*, 1999, 89（3）, pp. 12 – 16.

② 朱晓阳：《反贫困的新战略：从"不可能完成的使命"到管理穷人》，《社会学研究》2004 年第 2 期。

中央国务院关于打赢脱贫攻坚战的决定》要求，坚持政府主导，增强社会合力。强化政府责任，引领市场、社会协同发力，构建专项扶贫、行业扶贫、社会扶贫互为补充的大扶贫格局，目前这种局面正在形成和发展。鼓励支持民营企业、社会组织、个人参与扶贫开发，实现社会帮扶资源和精准扶贫有效对接，引导社会扶贫重心下移。吸纳农村贫困人口就业的企业，按规定享受税收优惠、职业培训补贴等就业支持政策；落实企业和个人公益扶贫捐赠所得税税前扣除政策；实施扶贫志愿者行动计划和社会工作专业人才服务贫困地区计划；探索发展公益众筹扶贫。《建立精准扶贫工作机制实施方案》要求提高社会力量参与扶贫的精准性、有效性；《国务院办公厅关于进一步动员社会各方面力量参与扶贫开发的意见》进一步表明了国家动员一切力量参与扶贫工程的政策精神，也明确了创新参与方式和完善保障措施的途径；我国《中华人民共和国国民经济和社会发展第十三个五年规划纲要》也提出，鼓励支持民营企业、社会组织、个人参与扶贫开发，引导社会扶贫重心下移，实现社会帮扶资源和精准扶贫有效对接。2014 年《社会救助暂行办法》也专门规定了社会参与社会救助政策。可见，我国已将充分动员与组织力量参与扶贫作为我国有效开展精准扶贫的重要保障。那么，在当前我国推进扶贫精准化过程中，如何合理确定社会参与目标呢？笔者认为可以从以下几个方面进行讨论。

第一，促进贫困者全面脱贫。马克思主义认为，人是自然、社会和精神的统一体，是由自然因素、社会因素和精神因素构成的，因此，人的需求应包括人的生理、社会和心理三方面需求。只有将这些因素都考虑在内，才能满足贫困者全面脱贫的需要。根据多维贫困理论，贫困者在收入不足的同时，通常还面临着知识、健康、心理、精神、权利及能力等方面的贫困。精细化扶贫应将这些贫困的全面消除作为基本目标。一方面是为了提升贫困者的生存质量；另一方面是为了避免贫困的相互影响和恶性循环。如从贫困者心理看，多维贫困理论将心理精神纳入贫困概念，并作为影响贫困者生活质量的重要因素，很大原因是因为贫困者容易对自己的未来丧失信心，容易形成消极的生活态度。在满足贫困者物质需求时，应注意到贫困者的尊严，努力消除贫困者的自卑心理，即充分关注贫困人群的"心理贫困"，给他们应有的尊严，将物质帮助与教育、健康、心理、就业帮助有机结合起来。Johnson 和 Schwartz 进一步分析指出，在确定特定人群的需求时必须考虑其生活方式、文化和价值观系统，必须考虑所帮之人的身体、情感、认知、社会和精神属性，还必须考虑自身和他人之间的分配以及总体的社会条件。[①] 随着我国扶贫精细化的推进，除了满足贫困人群收入需求外，身心健康、照料服务及社会联系等多样性需求的满足也成为扶贫的必然要求，仅依靠政府自身资源很难达到这一目标。特别是在政府部门分割的情况下，各部门的扶贫资源和能力是有限的，"在绝大多数也是在相当多的农村情形下，加强并维持生计的行动对地方权力结构，以及资源和资本性资产的分配形成了挑战"。[②] 因此，对政府之外的社会资源加以整合并进行合理分配具有必要性，正如西方学者所说："提高人类需要满足的政策必须同时朝权力集中和权力分散两个方向发展，'福利国家'的作用必须扩大，然而同时，还必须培养公民社会中的合作和交流。这种双重性的任何'一条腿'如果缺了，另一条腿都站立不稳。"[③] 因此，在生存保障和物质提供方面，政府具有资源优势，在其他需要满足方面社会参与具有必要性和不可替代性。

第二，促进社会扶贫资源优势的发挥。政府与社会在扶贫中各有优势与劣势，政府凭借其资源优势满足物资需要，可在扶贫中进行全局性把握；而社会组织则针对性更强，具有微观上和专业上的优势，在对弱势人群福利关怀与帮助方面，亲和性优势更为突出。扶贫的社会参与就是使不同的扶贫主体能够根据自己的特殊性来发展自己的福利项目和社会服务，利用从社会基层中产

---

① Johnson, L. C., & Schwartz, C. L. *Social Welfare: A Response to Human Need*, Boston: Allyu and Bacon, 1994.

② 〔英〕安东尼·哈尔、〔美〕詹姆斯·梅志里：《发展型社会政策》，罗敏等译，社会科学文献出版社，2006，第149页。

③ 〔英〕莱恩·多亚尔、伊恩·高夫：《人的需要理论》，汪淳波、张宝莹译，商务印书馆，2008，第374页。

生的福利体系来代替集中的科层制的国家福利。以上观点具有一定合理性，强调福利多元化以及非政府组织与个人的福利作用，但并不忽视国家福利的特殊作用。国家与非政府组织的扶贫资源是可整合而非冲突的。非政府组织或者民间福利资源具有的优势，通常是政府所不具备的。希尔普将各扶贫主体的特点和优势总结如表 8-1。[①]

表 8-1　不同扶贫主体的特点和优势

社会单位	收入获得	服务获得和需求的满足	规则
个人	工作	购买	交换
家庭	分享	照顾	慈爱
社区（社会公益组织）	捐赠、赈济	慈善	道德
国家	补贴	社会服务	法律

　　随着专业社会组织的扶贫介入，社会参与扶贫的优势已不局限于提供道德上的慈善帮助，而是能够发挥更多优势，提供更加精细化和专业化的服务。在长期的专业社会工作实践中，已形成了多种行之有效的介入方法，如心理动力及认知行为疗法及任务中心疗法等都是较好的方法。再以老人扶贫为例，老年社会工作者有一整套老年个案工作的原则、方法与技巧，如价值观尊敬、建立信赖关系，以此形成亲和优势，并产生更加积极的扶贫效果。个案工作的一个显著特征是社工以一对一的方式为服务对象提供服务。按照个案工作创始人里士满的说法，个案工作主要运用心灵的直接影响增进人们的人际适应能力。[②] 专业社会工作者可以提供的专业服务包括以下几个方面。其一，对老人进行赋权，提升其生活能力，包括通过生活价值观的转换确立新的生活价值观，自觉适应新的生活环境特别是社区环境，树立主动的社会参与意识，并提升其参与能力和机会等。其二，整合家庭资源使老人获得充分的家庭支持，包括联系子

---

①　See Michael Hill, *Social Policy: A Comparative Analysis*, Hemel Hempstead: Harvester Wheatsheaf 1996, p. 4.

②　张雄主编《个案社会工作》，华东理工大学出版社，1999，第 8 页。

女对他们疾病治疗的经济支持、情感支持和寻求其他亲属的经济和情感支持等。其三，整合社区资源以获得社区的充分支持，包括所在社区物质资源和非物质资源等。具体实践中，在"全面整体的以社区为基础的框架内，努力整合社会工作和社会服务的补救性、预防性和发展性功能"。① 其四，整合政府和社会资源，包括向政府及有关部门申请资金支持，促进政府在扶贫政策方面的改善，争取慈善组织扶贫资源等。

20 世纪 70 年代以来，西方社会支持理论将社会支持分为两种类型，这些都与社会参与有十分密切的关系。一是社会的客观支持，包括物质上的直接援助和社会网络、团体关系的存在和参与，是"人们赖以满足他们社会、生理和心理需求的家庭、朋友和社会机构的汇总"；② 二是社会的主观支持，即个体所体验到的情感上的支持，也就是个体在社会中受尊重、被支持、被理解而产生的情感体验和满意程度。Cohen 和 Wills 根据社会支持所提供资源的不同性质将社会支持分成了 4 类。第一类，尊重的支持，指的是个体被他人尊重和接纳，又称情感性支持、表现性支持、自尊支持。第二类，信息支持，即有利于对问题事件进行说明、理解和应对支持，又称建议或认知向导。第三类，社会成员身份支持，即能够与他人共度时光，从事消遣或娱乐活动。这可以满足个体与他人阶层的需要，转移对压力问题的忧虑或者通过直接带来正面的情绪影响来降低对压力的反应。第四类，工具性支持，指提供财力帮助、物资资源或所需服务等。工具性支持通过直接提供解决问题的工具，或者提供个体得以放松或娱乐的时间来帮助减轻压力反应，因此又被称为帮助、物资支持和实在的支持。③ Barrera 和 Ainlay 将社会支持分为 6 类，具体包括：物资的帮助，比如

---

① 〔英〕安东尼·哈尔、〔美〕詹姆斯·梅志里：《发展型社会政策》，罗敏等译，社会科学文献出版社，2006，第 322 页。

② Atchley, C. Rokert, *Social Force and Aging*, California: Wadsworth Publishing Company, 1958.

③ S. Cohens, T. A. Wills, Stress, Social Support and the Buffering Hypothesis, *Psychological Bulletin*, 1985, 98 (2), pp. 310 – 357.

金钱和其他物质的切实帮助；行为的援助，比如分担体力劳动；亲密的交往行为，比如倾听，表示尊重、关心、理解等；指导，比如提供帮助、信息和知识；反馈，比如提供有关他们行为、思想和感情的个人的反馈；积极的社会交往，比如参加娱乐和放松的社会交往。从以上两种对社会支持的分类来看，社会支持的本质是各种可以利用的社会资源，包括有形的（如物质、金钱或者其他的工具）和无形的（如感情、指导、亲密的社会交往、尊重等）。① 这些社会支持对全面和精细地消除贫困具有十分重要的意义。与此相比，政府公共服务不同程度地存在人情味不足、缺乏效率以及官僚主义等特点，这恰恰是非政府组织可以有效避免的。上海市早在 2003 年就开始了这种尝试，例如，建立社会工作者职业资质认定和岗位准入制度，将社会救助、社会福利、社区矫治、心理辅导、婚姻介绍和殡葬服务等行业，纳入社会工作专业化序列，发挥注册社工师的专业优势，为市民提供多样化、高水准的社会服务。

　　第三，促进各种扶贫资源的精细运用。如果有限的扶贫资源为少部分人掌握，社会不能参与分配和使用过程，那么就很难保障扶贫资源公正精准地应用于贫困者个人。从发展中国家的实践来看，巴西的阿雷格里港是居民平等参与促进扶贫资源有效运用较成功的地区，美洲开发银行以此为典范将其列入《参与指导手册》。1989 年该地区 130 万居民面临着各种严重社会问题，许多人不能获得基本的社会服务、政府财政资源严重短缺，为有效地利用政府资源，该市实行了精细的居民参与行动计划。"一方面，人们确定了他们最紧迫的需求，明确优先次序，资源被重新导向那些最具决定性的难题；另一方面，从前不公开的、不可测知的整个预算过程完全向市民公开了，所以凭借着信息的共享使所有的信息都是透明的。"② 我国扶贫实践中的资金存在被农村精英控制

---

① Barrera, M. Ainlay, S. L., The Structure of Social Support: A Conceptual and Empirical Analysis, *Journal of Community Psychology*, 1983, 11, pp. 133 – 143.

② 〔印度〕阿玛蒂亚·森、〔阿〕贝纳多·科利克斯伯格：《以人为本：全球化世界的发展伦理学》，马春文、李俊江等译，长春出版社，2012，第 203 页。

的现象，其中一个重要原因是民众的参与不足。目前，在项目进村中发挥关键作用的"新代理人"开始出现，这意味着国家和村庄社会监督的失效，是当前村治主体在国家资源下乡过程中贪腐等不法行为日益普遍的结构性原因。[①] 要有效地应对这种问题，就必须使村民及其自治组织有效地参与项目管理。核心问题是使贫困者真正参与到扶贫资源的分配和扶贫项目的选择、管理等整个过程中，使他们具有真正的发言权，对决策具有一定的影响力。

二　我国目前社会参与扶贫的问题反思

（一）扶贫中社区参与不足

社区参与是贫困者获得社会资本和消除贫困的重要途径，无论对其物质、健康还是精神方面的改善都具有不可忽视的作用。在我国，费孝通先生曾对农村社区特征做出以下概括：村庄是一个社区，其特征是农户居住在一个紧凑的居住区内，与其他相似的单位隔开相当一段距离（在中国有些地区，农户散居，情况并非如此），她是一个由各种形式的社会活动组成的群体，具有其特定的名称，而且是一个为人们所公认的事实上的社会单位"。[②] 虽然当前村庄结构及社会关系发生了一定改变，但村庄在农村社区扶贫中的特有作用仍不可忽视，其发挥作用的途径也在不断创新。目前，国外社区的扶贫内容已十分广泛，除物质帮助外，还努力使弱者得到更多的精神帮扶，包括精神陪护、提升自尊等。社区在此过程中能够发挥独特的作用，强调对社区弱势人群如老人、妇女和儿童的服务，使他们能够及时寻求权利帮助，如法律的帮助、舆论的帮助和社会的帮助。与国外及我国港、台地区相比，多数地区的社区参与扶贫作用发挥得远远不够。如自 20 世纪 90 年代以来，美国社区学院在职业教育培训各方面发挥了重要作用，特别是 2004—

---

① 李祖佩：《"新代理人"：项目进村中的村治主体研究》，《社会》2016 年第 3 期。
② 费孝通：《江村经济》，商务印书馆，2002，第 25 页。

2014 年为美国培养了大批掌握熟练技术的人员。① 我国正规的教育体系外也拥有各种社区性"老年大学"，但作用有限，农村更弱，大多数农村地区尚处于缺失状态。有学者指出，"中国拥有各种'老年大学'，它们若依托中国最近兴起的各类社区学院而发展，将有助于实现'六个老有'其中的两个方面，即学与教，这些对中国实现积极老龄化以及老年人参与社会事务并发挥作用非常重要"。② 美国等发达国家社区企业发展蓬勃，"为社区居民提供了大量的就业机会。社区企业得以如此发展，政府对社区企业发展的指引、间接支持与服务是重要原因。所谓间接支持与服务是政府并未直接资助、支持数量庞大的社区企业，而是通过支持、资助社区企业服务机构来达到支持社区企业发展的目的，通过这些中间机构提供的服务涵盖了从创业、融资、培训、咨询等多方面的服务。政府对社区企业在经营上保持了不干预的经济政策，但同时通过支持少数中间机构开展服务帮助数量庞大的社区企业，是一种高效低风险的管理机制。"③ 在我国台湾地区，政府采取津贴方法以项目形式资助非营利组织在社区开展公共服务和社区照顾，非营利组织则聘请受过专业训练的社工人员，并组织义工来推进各项公共服务和活动。充分发挥非营利组织和社区力量在规划、组织、管理和评估过程中的作用，将各项公共部门资源整合到社区语境中，从而实现社区活化和全面发展。④ 以上这些政策措施总体上看并未引起我们的重视。目前我国大陆地区社区参与扶贫还存在不少困难，包括经费、人员及管理等，特别是在农村社区发展严重滞后，影响其扶贫作用的发挥。相关调研显示，我国农村社区发展脱离当地实际、违背大多数农民意愿。由于一些地方不顾当地经济社会发展的实际，许多农民

① 周志群：《美国社区学院课程变革与发展研究》，福建教育出版社，2012，第166—169 页。

② 陈社英：《积极老龄化与中国：观点与问题透视》，刘建义、马箭译，《南方人口》2010 年第 4 期。

③ 黎熙元、童晓频、蒋廉雄：《社区建设——理念、实践与模式比较》，商务印书馆，2006，第 73 页。

④ 陈福平：《非营利组织与社区建设——台湾和香港的比较研究》，《澳门理工学报》2014 年第 3 期。

反映农村社区重要的问题是生活成本提高、生产不方便、习惯还难以改变。有学者在许多社区调研发现，虽然生活环境好了，但生活的成本增加了不少。社区建成后，村民离自己的耕地较远，农具、粮食等也不方便存放，生活习惯还不太适应。[①] 这对社区参与扶贫显然是十分不利的。

（二）非政府组织扶贫参与存在的问题

从 20 世纪 80 年代开始，我国非政府组织就开始进入扶贫领域，第一个全国性民间扶贫组织于 1989 年 3 月在北京成立。1994年的国家八七扶贫攻坚计划专门提出发挥中国扶贫基金会和各种民间组织在扶贫中的作用，此后各种专业扶贫组织不断出现，在扶贫中做出了一定贡献。但在我国目前大力推进扶贫精细化的过程中，社会组织的发展在数量和规模上远不能适应现实的扶贫需要。目前我国社会组织大致分为 6 类：一是市场性中介组织，如会计师事务所、审计师事务所、律师事务所、资产评估事务所、税务代理事务所、专利（商标）事务所、产权交易所、房屋经纪公司和公证仲裁机构；二是社会性社会团体，如法律学会、台湾同胞联谊会；三是公益性组织，如基金会、慈善会；四是政府直属事业单位，如产品检验分析机构、人才服务（评价）中心、技术合同仲裁委员会、劳动争议仲裁委员会；五是行业协会，如各类协会、商会；六是民办非企业类，如婚姻介绍所、劳动职业介绍所。这些组织在扶贫中都可以发挥不同的作用，但就目前情况看这种参与还不够充分，存在的主要问题有以下几个方面。

首先，社会组织自主性不足。政府部门在简政放权的机构改革中，本应转移给中介组织的职能还没有到位，造成中介组织在履行自己的职能时受政府行政行为的制约。某些社会组织仍习惯于依靠政府部门处理问题，希望以政府作为"靠山"获取某种利益。由于社会中介组织的"官办性"而造成政府与社会中介组织

---

① 郭延安：《农村社区建设中存在的问题及其对策》，《中国发展观察》2012 年第 11 期。

职能不分，虽然获取政府支持可能带来某种资源，但牺牲了自身的独立性，不利于自身的发展和扶贫参与。

第二，经费不足问题。除市场性中介组织外，绝大多数社会中介组织经费状况拮据，一些政府部门只愿意将责任下放，而不愿将利益归还给社会组织。一些政府部门或人员试图从社会组织那里获得某些利益，而社会组织获得政府的资金支持却十分困难。比较而言，在不少西方国家社会组织的经费来源具有多样化特点，而且从事公益活动的中介组织的政府财政支持占据较大部分。如在美国，政府支持方式包括直接补贴及税收减免等多种形式，其中1995年美国非营利组织社会服务的资金来源包括捐款20.0%、收费17.5%、其他12.4%，政府支持占的比重最大，达到50.1%。[①] 而我国非营利组织显然缺乏这种丰富的经费来源。

第三，社会自身管理问题。内部治理机制与运行机制不规范、治理能力不强，制约了中介组织发展。具体表现为：有的工作普遍缺乏计划，即使有计划也不切实际和不具体；有关信息档案没有建立或不规范，缺乏管理机制，没有规定或章程形成基本的决策和管理制度；缺乏有效的工作规范及制度，随意性较大；经费保障能力差，经营理念不够科学；财务管理基本上无法可依，存在比较大的财务问题。

第四，政府对专业社会组织支持不够。实践表明，靠单打独斗的小农很难脱贫，而农业产业依托一定组织形式往往能够获得更好的发展效果。我国于1993年制定，2002年修改的《农业法》第14条规定，农民和农业生产经营组织可以按照法律、行政法规成立各种农产品行业协会，为成员提供生产、营销、信息、技术、培训等服务，发挥协调和自律作用，提出农产品贸易救济措施的申请，维护成员和行业的利益。但实践中不少专业组织的发展不够理想。《农民专业合作社法》颁布实施以来，全国农民专业合作社快速发展，截至2013年6月底，全国依法登记的农民专业合作

---

① 〔美〕Neil Gilbert, Paul Teeerl：《社会福利政策导论》，黄晨熹等译，华东理工大学出版社，2003，第281页。

社达到 82.8 万家，实有成员达 6540 多万户。但当前不少农民专业合作社与理论界和政府部门设想的规范化运作合作社的要求有一定差距，在持续快速发展过程中出现了空壳型、套利型和不规范合作社等不良类型。行政不当推动、优惠政策诱使、审批存在漏洞和法律不完善等导致了合作社的不良状态。①

在基层自治组织中，尽管村委会的权力来源越来越转向自下而上这一途径，但由于乡镇政府的第三方偏好，这些所谓组织的权力其实是植根于上级部门，其基本行为逻辑是作为上级权力部门的代理机构出现。② 有学者提出，村民往往把国家和乡村分开，认为乡村干部经常阻止对农民有益的国家政策的实施。由此，村民所谓的自治并不是针对国家权威，而是把基层权威视为威胁村民自治的力量。③ 这就给扶贫资金的到位、扶贫政策的落实带来了很大的障碍。

（三）专业社会工作者的扶贫参与不足

在国际社会，专业社会工作发源于应对工业化进程中因贫困带来的相关社会问题的实践，经过一百多年的发展，逐步成为许多国家和地区公认的深化济贫成效的重要途径。专业社会工作者参与我国城乡扶贫在 21 世纪初就已起步，并取得了一定的成效。例如，从 2001 年开始，借助国际基金会的支持，在云南省师宗县人民政府协助下，香港理工大学应用社会学系和云南大学社会学系合作，选择少数民族行政村——绿寨作为项目点，推动名为"探索中国农村社区发展能力建设模式——以云南为例"的行动研究计划，取得了一定的成效；④ 2003 年，湖南长沙民政职业技术学院社会工作系的师生深入湘西自治州苗寨，设立了 3 个农村社会工

① 邵科、朱守银：《农民专业合作社发展的不良类型、成因与应对思路》，《农业经济与管理》2014 年第 1 期。
② 赵树凯：《农村基层组织：运行机制与内部冲突》，载徐勇、徐增阳《乡土民主的成长——村民自治 20 年研究集萃》，华中师范大学出版社，2007，第 474 页。
③ 张静：《现代公共规则与乡村社会》，上海书店出版社，2006，第 102—103 页。
④ 张和清主编《农村社会工作》，高等教育出版社，2008，第 248 页。

作实习基地，进行农村社会工作实践探索。专业社会工作在支援灾区社会恢复重建、丰富农村困难群众生计发展手段、创新服务城市流动人口和农村留守人群方法等方面也取得一定成效。2013年我国开始实施的社会工作专业人才服务边远贫困地区、边疆民族地区和革命老区的"三区"计划，不断扩大贫困地区的专业社会工作服务范围和效益，增强了贫困群众脱贫致富的能力；还实施了重大自然灾害社会工作服务支援计划等项目。2016年国际社工日的中国主题被确定为"发展社会工作，助力扶贫济困"。但总体看，专业社会工作者的扶贫参与中还存在不少问题，主要体现在以下几个方面。

第一，农村社会工作发展不足，扶贫效果亟待提升。由于农村与城市长期处于"二元"分割的状态。在社会工作中也明显存在城乡分割的状态。与城市社会工作相比，农村社会工作的覆盖领域和专业程度均相对滞后，难以满足扶贫需求。农村社会工作内容更加繁杂，任务也相对繁重，需求也更迫切。当然，人们对社会工作参与扶贫意义的认知还比较模糊，"三区"计划项目调查结果显示，60%的选派单位和50%的受援县（市）民政局认为，实施"三区"计划最大的困难是公众不理解、不接纳。从服务效果看，选派单位和社工认为受援地人员协助社工开展服务效果非常好的仅占10%，比较好的占50%，一般的占40%。[①] 第二，基层政府和社会组织与社会工作合作开展扶贫的能力不足，欠缺整体规划。面对农村社会工作人才的缺乏，政府未能形成有效保障社会工作人才参与扶贫的制度机制，社会工作者参与缺乏可持续性。第三，社工机构选派人员虽然实务能力较强，但人员流动性较大，扶贫参与缺乏可持续性、缺乏农村社会工作参与扶贫经验。研究表明，如果专业社会工作者只是持有一些抽象的专业价值理念，而无视当地的历史文化脉络以及权力关系，其工作不过是一种盲动，只会给当

---

① 湖北省民政厅调研组：《湖北省社会工作专业人才服务"三区"计划实施情况调查报告》，http://www.hbmzt.gov.cn/xxgk/ywb/shgz/gzjl/201508/t20150824_215383.shtml。

地社区制造更多的矛盾，而无助于社区的能力建设。[①] 相比之下，农村社会工作者参与扶贫精准化经验更是缺乏。同时，社工服务机构缺乏适应扶贫需求的自身建设计划，包括内部治理，如机构管理、项目管理、服务管理能力，如何承接脱贫攻坚服务项目，组织社工人员深入贫困地区切实开展应对困难群众的个性化、多样化服务需求等。

三　以社会参与保障扶贫精细化之建议

（一）强化扶贫精细化中的社区参与策略

第一，发展社区主导型扶贫项目。社区参与扶贫具有独特优势，它贴近民众，更了解民众的扶贫需求，能够使扶贫更具有针对性和细致性。在国外，政府将扶持社会发展作为扶贫的重要途径。我国有学者将社区主导型发展项目理解为，国家以扶贫的手段增加农村的经济资本以推动社区组织建设，从而全面提升农村社区的自我发展能力，走可持续发展道路，是解决当前农村社区经济资本和社会资本弱化问题的重要举措。[②] 国务院扶贫办公室外资项目管理中心同世界银行合作，将国际上成功的社区主导型方式引入中国扶贫实践，开展试点工作。依据一定的筛选机制，广西靖西县、四川嘉陵区、陕西白水县和内蒙古翁牛特旗被选为项目试点县。然后，再依据一定的标准，在每个试点县各选择 15 个行政村作为项目村。整个项目由三部分组成，包括社区小型基础设施和公共服务子项目；社区发展基金子项目；社区自然资源管理和环境改善子项目。[③] 社区主导型发展以资源下沉为契机，以扶贫为目标，在有效实施项目的同时客观上也起到了增加社区社会资

---

①　古学斌、张和清、杨锡聪：《专业限制与文化识盲：农村社会工作实践中的文化问题》，《社会学研究》2007 年第 6 期。

②　韩俊魁：《农民的组织化与贫困农村社区的可持续发展——以社区主导型发展试点项目为例》，《北京师范大学学报》（社会科学版）2008 年第 5 期。

③　韩俊魁：《农民的组织化与贫困农村社区的可持续发展——以社区主导型发展试点项目为例》，《北京师范大学学报》（社会科学版）2008 年第 5 期。

本及扶贫的积极效果。在我国,社区主导型发展项目设计与实践应注重进行精细科学的扶贫。在项目设计和论证阶段注重科学、严谨和各方广泛参与,注重人的发展和可持续发展的项目设计理念,将"把贫困者放在首位""以贫困者为中心"的观点始终贯穿于项目设计之中。扶持者自身的需求、意愿是项目内容和框架产生的基础,并围绕发展项目所在地区人民的生产方式、文化模式、需求和潜力来建设发展项目。① 这种做法颇值得肯定,个人与社会组织都可以参与社区项目的发展,如丹麦人 Bitten Hogh 创建了"彩线云南"的手工艺扶贫项目,约有 250 位妇女参加了该项目。该项目每年召开一次定价会,Bitten Hogh 和参与项目的妇女共同决定绣品的价格;还将营业额的一成再投资于社区,由项目区内妇女决定如何使用返还的资金。② 为提升农村社区的精细化扶贫能力,政府应加大财政投入力度加快农村社区发展,包括改善农村社区医疗卫生条件,加大对乡(镇)、村卫生和教育服务机构设施改造、设备更新、人员培训等方面的支持力度。做好农村社区扶贫、社会救助、社会福利和优抚安置服务,推进农村社区养老、助残服务,组织引导农村居民积极参加城乡居民养老保险,全面实施城乡居民大病保险制度和"救急难"政策。

第二,加快充实发展社区专业扶贫服务人员。目前社区专业扶贫服务人员十分短缺,不利于扶贫工作的开展,国外已经注重了这方面的发展,值得我们借鉴。如 1994 年巴西社区"医疗机构逐渐发展到包括一个医生、一个护士和一个助理,并且每 800 个家庭拥有 5—6 个社区医疗机构。这个家庭保健项目是在圣保罗、阿雷格里港和尼泰罗伊市政当局的'家庭医生'项目成功的基础上建立起来的。该项目在已有的服务体系中增加了对危险家庭的跟踪和慢性疾病患者的家庭护理,家庭医生和护士援助还提供了医疗护理和医院治疗安排。到 2002 年,15 万个家庭医疗队为 4500

---

① 赵永宏:《甘肃省西部扶贫世行贷款项目社会和扶贫效益显著》,http://cn.chinagate.cn/worldbank/2008 - 10/14/content_16610636.htm。

② 胡依波等:《NGO 扶贫模式对新阶段扶贫工作的启示研究——以昆明市为例》,《中国林业经济》2015 第 5 期。

万人提供医疗服务……有几种融资机制为每个受益人提供了大约
1.5 美元的年度项目费用。根据 1998 年宪法和 2001 年医疗基金
法，各市政当局可以保留税收，但是必须将其中的 25% 用于教育、
10% 用于医疗。社区医疗机构的薪水（每月 60 美元）以及监督和
药物成本都由州政府直接支付。中央政府为每个市政当局提供了
固定补贴作为实施优先项目的激励。"[①]。我国应在人员编制、经费
支持等方面发展社区专业扶贫服务人员，为贫困者提供多种扶贫
服务。

第三，充分挖掘社区人员扶贫潜能。社区存在着不少可以利
用的非正式扶贫资源，包括民间组织、亲朋邻里等，都可以参与
到扶贫中。在此方面，国内外已经积累了一些成功经验，"如日本
和我国个别城市推行的时间储蓄制度很值得肯定。其具体方法是
社区实行参与会员制，将会员照顾老年病患者或为老年人干家务
事的时间记录下来，作为以后会员或其家属要求服务的时间储蓄。
其目的是让年轻人多为老年人服务，以换取自己年老后要求照顾
和服务的权利。这种方式既不同于志愿者的无偿服务、无私奉献，
又不同于以社区服务为职业的社会工作者，它适应市场经济的发
展和老龄化社会的需要，符合现时人们的普遍的道德水平，顺应
了人们渴望年老时得到社会和他人照顾的客观需求，较好地调动
了人们服务于老年人的积极性。"[②] 以上做法值得我们借鉴，地方
可以通过制度形式加以规范。

第四，创新政府与社区在扶贫中的合作形式。从提升社区精
细扶贫能力角度看，政府还需要做出更多努力，也可通过补贴形
式促进社区参与精细扶贫，目前一些发展中国家在此方面已积累
了可供我国借鉴的经验。如政府已通过社区来传递这部分资金，
允许社区对项目拥有表达权，政府为社区医疗中心提供补贴，特

---

① 世界银行：《2004 年世界发展报道：让服务惠及穷人》，本报告翻译组译，中
国财政经济出版社，2004，第 201 页。

② 许琳：《论老年人的经济保障与服务保障——迎接人口老龄化对养老保障制度
的挑战》，《宁夏社会科学》1999 年第 6 期。

别是为最贫穷地区的药品周转资金提供支持。[①] 我国也可尝试通过
政府补贴促进社区对贫困群体帮扶这种扶贫形式。2015 年 5 月底,
中共中央办公厅、国务院办公厅印发了《关于深入推进农村社区
建设试点工作的指导意见》,要求以全面提高农村居民生活质量和
文明素养为根本,完善村民自治与多元主体参与有机结合的农村
社区共建共享机制,健全村民自我服务与政府公共服务、社会公
益服务有效衔接的农村基层综合服务管理平台,为全面推进农村
社区建设、统筹城乡发展探索路径积累经验。在此过程中,政府
应加大对社区的资金支持力度,创新与社区合作扶贫的形式,例
如澳大利亚政府的做法是"政府在社区设立保健站,社区保健站
的设置、人员配置由政府卫生部、社会保障部、教育部通过联合
调查后决定,经费由政府提供或者资助。政府在卫生与保健服务
方面主导作用则更为明显",[②] 以上经验值得借鉴。

(二) 促进专业组织扶贫参与策略

这里所说的专业社会组织包括两类,一是专业社会工作组织,
二是农业专业合作经济组织。

1. 专业社会工作组织参与保障

① 确定合理的介入参与层面。社会工作可以从不同层面解决
贫困者的多维贫困问题。一是个体层面,社会工作的工作对象是
贫困者个体和家庭,通过个案辅导和家庭治疗,改善贫困者个体
主观自我价值感、改善贫困者身体和心理的健康贫困状态,改善
疏解不良情绪的能力和方法。引导贫困者挖掘自身优势,纠正其
负面心理和偏差行为,抛弃消极情绪,建立积极的自我认知。《中
共中央国务院关于打赢脱贫攻坚战的决定》提出,坚持群众主体、
激发内生动力、增强贫困人口自我发展能力的原则要求,在实现
此目标过程中,社会工作具有自身优势,主要通过增权来实现,

---

① 世界银行:《2004 年世界发展报道:让服务惠及穷人》,本报告翻译组译,中
国财政经济出版社,2004,第 73 页。

② 黎熙元、宣晓频、蒋廉雄:《社区建设——理念、实践与模式比较》,商务印书
馆,2006,第 63 页。

从而使贫困者有更加积极的自我认知或自我完善意识。二是家庭方面，运用社会工作家庭治疗方法帮助贫困者破除隔阂，整合家庭资源。如增进家庭内聚力，注重发挥家庭成员对农村随迁老人的精神支持功能。三是社区层面。社会工作者通过小组工作和社区工作方法，发挥组织、倡导的作用，强调贫困者的社会参与及其与社区环境的融合，建立社区资源网络平台以增强贫困者的社区归属感、培养贫困者的社区主体意识。四是宏观社会层面，主要是通过政策改善建议及资源链接者等途径，为贫困者提供更加有效的扶贫资源，提出完善就业培训与就业机会及其福利政策的建议，修改和完善不利于贫困者的政策等。

② 最大限度地发挥扶贫资源整合作用。从多维贫困的角度看，社会工作者能够帮助贫困者整合利用的资源包括以下几方面。其一，经济资源，如他们可依照法定程序申请小额贷款、创业帮助、获得社会救助及慈善救助等。其二，社会资源，也即社会资本，帮助贫困者建立社会支持网络对化解精神贫困具有十分重要的意义。社会工作者可采用比政策、法律约束、制裁更为人性化、更符合伦理的方式，比道德说教更加专业化的方式，达到帮助贫困者积累社会资本的目的，如为贫困者恢复家庭情感支持网络，寻求亲属、经济和情感支持，促进所在社区支持。其三，权利资源，明确有效行使自身权利，特别是使贫困农民明确可依靠政策法律所享有的权利。其四，教育资源。教育对扶贫具有特殊意义，阿玛蒂亚·森以印度克拉拉邦为例分析指出："尽管克拉拉邦经济增长平缓，但收入贫困的减少比其他任何邦看来都来得迅速，其他邦通过高速经济增长来减少收入贫困，而克拉拉邦主要依靠发展基本教育、医疗保健和公平分配土地成功地实现了减少贫困。"[①]通过教育发展人力资源对反贫困具有长期意义。扶贫教育资源包括正式与非正式的资源。社会工作者的主要任务就是为贫困者争取更多的教育救助资源，并促进教育救助内容的创新，中国目前

---

① 〔印度〕阿马蒂亚·森：《以自由看待发展》，任赜、于真译，中国人民大学出版社，2012，第 89 页。

的教育救助普遍被作为国家或社会为保障适龄人口获得接受教育的机会而采取的救助措施，这种思路对减轻贫困家庭的经济负担、保障弱势群体子女的受教育权具有重要的意义，但从精细化扶贫角度看，还存在一些不足。因为扶贫精准化意味着要突破单纯的由政府财政转移支付来增加收入的减贫模式，还需要注重消除贫困者知识、心理、精神、能力、机会等方面的贫困，与反贫困密切相关的技能教育、心理健康教育、价值观等教育内容还存在缺失，应通过争取社会教育资源介入加以弥补。其五，整合家庭扶贫资源。家庭是社会的基础，对儿童、老人及残疾人服务性的精准化扶贫具有不可忽视的作用。例如，家庭具有对年老的长辈提供各种方式的生活照顾，包括护理和消除精神贫困的责任；遇到特殊问题或困难时，家庭成员之间会互相鼓励、咨询和帮助。这些若由国家来做，那么国家承担了本来是家庭承担的责任，就会造成家庭功能的丧失。① 我国缺乏像西方国家那样的以家庭为核心的政策视角，如通过物资援助、服务提供、法律保障等方面手段加强对家庭扶贫参与的支持，未能充分发挥家庭在增加收入、情感帮助及风险防范等方面应有的功能，更是缺乏针对贫困老人帮助的家庭政策支持。一方面需要逐步健全相关制度，以制定老年人、残疾人、妇女儿童等弱势人群权益保护的立法；另一方面在一些孝道有所衰弱的地区，一些子女缺乏赡养意识，社会工作介入能够在一定程度上弥补这种缺失。

③ 政府为社会工作参与扶贫提供更加有利的环境。目前《中共中央国务院关于打赢脱贫攻坚战的决定》《关于进一步健全特困人员救助供养制度的意见》及民政部、财政部联合发布的《关于加快推进社会救助领域社会工作发展的意见》都提出了政府为社会工作参与扶贫提供更加有利的环境，包括进行相关的制度安排等。这些都值得肯定，但还需要具有操作性的制度规定，以保障对这些政策的执行。《关于加快推进社会救助领域社会工作发展的意见》提出，要加大社会救助领域社会工作投入力度。各地要贯

---

① 杨伟民编《社会政策导论》，中国人民大学出版社，2010，第 290 页。

彻落实《国务院办公厅关于政府向社会力量购买服务的指导意见》和《民政部、财政部关于政府购买社会工作服务的指导意见》，将社会救助领域社会工作纳入政府购买服务范围，逐步加大政府投入力度，鼓励和引导社会资金投向社会救助领域，构建多元化的经费保障机制。但经费如何保障并不明确，关于推进社会救助领域工作人员教育培训的规定也是如此，责任性规定更是缺乏。有些地方进行了社工扶贫专项性规定的尝试，如贵州计划从 2013 年至 2020 年，每年选派 50 名社会工作专业人才到"三区"开展服务；同时每年为"三区"培养 20 名社会工作专业人才，服务范围涉及老年人福利机构、残疾人福利和服务机构、社会救助服务和管理机构等。① 如何保障以上服务的可持续效果还有待于在制度、资金支持及人才建设等方面提供有利的环境。以人才为例，目前我国虽然有相关政策，但人员跳槽、流失仍然严重，需要政府高度重视并采取积极有效的应对措施，在扶贫中加大政府购买社工服务力度，推进扶贫社会工作的发展，通过场所、启动资金、税收优惠及便捷登记等方面的具体措施，吸引社会工作专业人才到边远贫困地区创业发展等。通过政府购买服务等为专业社会工作者参与扶贫提供有利资金和政策条件。

2. 农民专业合作经济组织参与保障

发展农民专业合作经济组织是实现我国扶贫精细化的重要途径。农民专业合作社是在农村家庭承包经营基础上，同类农产品的生产经营者或者同类农业生产经营服务的提供者、利用者，自愿联合、民主管理的互助性经济组织。农民专业合作社以其成员为主要服务对象，提供农业生产资料的购买，农产品的销售、加工、运输、贮藏以及与农业生产经营有关的技术、信息等服务。我国 2007 年实施的《农民专业合作社法》明确规定，制定本法的目的就是为了支持、引导农民专业合作社的发展，规范农民专业合作社的组织和行为，保护农民专业合作社及其成员的合法权益，促进农业和农村经济的

---

① 聂毅：《社会工作专业人才服务"三区"》，《贵州都市报》2013 年 10 月 1 日第 A02 版。

发展。目前在一些地方这种组织扶贫作用已经凸显：

案例 8 – 1 　以养殖专业合作社促进贫困农民有效脱贫

新疆喀什市荒地乡有 4 个贫困村，151 户贫困户。结合本乡实际特点，学习内地经验，合作社负责在互联网上订购鸡苗到养殖基地，目前已订购黑乌鸡和贵妃鸡 25000 只，已给 30 户贫困户发放 3000 只进行饲养，辐射带动 100 多人进行产业发展，实现合作社和贫困户共同发展致富。为增加农民收入，该乡与喀什邮政公司合作，引进了邮政"邮乐购"和喀什市拉钦种植专业合作社等电商，走出了电商进农村和帮助农民脱贫致富的新路子。①

为充分保障农民专业合作组织在扶贫中发挥有效作用，笔者建议：其一，中央和地方财政应当分别安排专门资金，支持农民专业合作社开展对贫困农民信息、培训、农产品质量标准与认证、农业生产基础设施建设、市场营销和技术推广等服务，并对民族地区、边远地区和贫困地区的农民专业合作社给予优先扶持。其二，农民专业合作社组织自身不断创新管理形成有效的运作模式，探索和形成参与扶贫精准化的策略，目前一些农村专业农民专业合作组织通过互联网学习促进农产品销售等脱贫方式颇值得关注和肯定。

（三）非政府组织扶贫参与策略

非营利组织在扶贫中的独特作用得到普遍承认，功能和方式也在不断细化，有学者将其归纳为五大功能。一是服务提供。公益组织在社区层面利用项目等方式，主动向贫困民众提供各种扶贫资源，如人员、技术、培训、物资和资金以及教育健康等公共服务。二是行动研究。"从行动中来，到行动中去"，公益组织通

---

① 邓加平：《喀什市荒地乡推行产业"互联网＋"扶贫模式》，《新疆日报》2016年 6 月 21 日第 8 版。

过融入贫困社区并与贫困民众互动，从自身社区扶贫工作中提取适当的知识和经验，形成共享的知识；同时，公益组织又将这种知识推广并运用到扶贫实践中去，通过实践检验并反思知识，最终推动减贫的达成。三是合作伙伴。公益组织积极与政府机构（中央层面与地方层面）、国际组织（联合国机构、世界银行和亚洲银行等）或者其他公益组织合作，就意识启蒙、倡导宣传、行动研究、服务提供等方面形成合作伙伴关系，建立常规联系，共同为推动扶贫工作进展而努力。四是倡导宣传。公益组织可利用自身方式将社区扶贫中获得的经验、知识或发现的新问题，"放大"并"投射"到对扶贫有影响的行为体上。五是意识启蒙。公益组织会根据自身参与社区扶贫的经验与教训，较早地接触扶贫过程中的重要因素，如传统文化和地方性社会知识等。[1] 从我国现实情况看，这种参与作用还十分有限，笔者建议从以下几方面进行加强。

① 非营利组织应积极探索扶贫精准参与的新策略。在此方面我国香港和台湾地区的非营利组织进行了有益探索和实践。在我国台湾地区，20 世纪 90 年代，属于非营利组织工作者的培训营，如读书会、研讨会、工作坊等不断推出，进一步提高了组织的能力和品质。近年来，台湾地区的非营利组织倡议进行社区扎根的工作，加上政府推动社区总体营造计划，促使很多组织的活动服务方式走向社区化。可借鉴我国台湾地区的经验，非营利组织在社区开展公共服务和社区照顾，聘请受过专业训练的社工人员，并组织义工来推进各项公共服务和活动。政府应给予一定形式的资助，充分发挥非营利组织在扶贫规划、组织、管理和评估过程中的作用[2]。

② 创新获得政府经费支持的方式和途径。在我国台湾地区主要通过三种方式获得资金：一是利用社区评鉴及承办"政府"观

---

① 毛维准：《大扶贫：分享、赋权与发展》，载刘海英主编《大扶贫：公益组织的实践与建议》，社会科学文献出版社，2011，第 23—24 页。

② 陈福平：《非营利组织与社区建设——台湾和香港的比较研究》，《澳门理工学报》（人文社会科学版）2014 年第 3 期。

摩会的方式取得资金；二是通过撰写社区发展工作计划争取"政府"资金的支持；三是向"政府"出售社会公共服务项目获得资金。[①] 非营利组织在台湾地区社区营造中发挥了一定的作用，在社区大学构建过程中得到具体的体现。台湾地区创办社会大学采取公建民营的方式，"由当地政府设立提供场所，并辅助部分经费，而社会大学的实际经营则托管依法登记的非营利组织或大学院校办理。各县、市政府每年辅助经费约在 50 万元至 500 万元之间，委托期间一次为三年，若办理绩效良好，则可提出申请办理续约。截至 2008 年 1 月，台湾地区共有 73 所社会大学。"[②] 香港政府通过三项基本制度来执行社会服务的购买。"一是整笔拨款制度。政府每年以非营利组织员工的中位数给服务机构拨款，机构则自负盈亏。二是服务表现监察制度。每一项受资助的服务都需要政府与服务机构签订津贴和服务协议，列明双方的责任和服务所需的质量、数量、结果指标。机构如需继续获取政府资助，便要达到这些指标要求，否则资助会被取消。第三，竞投服务。所有新的服务都需要以公开投票的方式决定服务提供者。"[③] 大陆非政府组织获得政府经费支持的数量及方式等方面都有待改进，以上做法给我们提供了非常有益的借鉴。

③ 探索政府和社会精细扶贫中的新的合作形式，对于社会力量参与精准扶贫做出突出贡献的，在政府项目资金支持、政治安排和社会安排、各种评比表彰荣誉等方面给予优先考虑。[④] 有学者建议，"慈善组织可在当地政府推荐的基础上，参考统计资料，并辅之以'实地调研'，按照'最贫困''最脆弱'和'少关注'的原则选择参与项目的贫困村。在项目村内部，非政府组织可首先

① 陈福平：《非营利组织与社区建设——台湾和香港的比较研究》，《澳门理工学报》（人文社会科学版）2014 年第 3 期。

② 桑宁霞、李茂彤：《非政府组织在社区大学建设中的价值定位——基于我国台湾社区大学创办经验的思考》，《教育理论与实践》2013 年第 36 期。

③ 陈福平：《非营利组织与社区建设——台湾和香港的比较研究》，《澳门理工学报》（人文社会科学版）2014 年第 3 期。

④ 谭平：《引导社会力量参与精准扶贫的思考》，《湖南日报》2015 年 7 月 23 日第 12 版。

对农户进行抽样调查或者普查，建立农户档案，然后应用'参与式扶贫分级'等方法和工具，进一步识别贫困人口，优先选择最贫困、最需要帮助的人群参与项目。在项目的具体目标和内容的制订环节，事先进行长期而深入的需求评估，通过入户调查、村社关键人物访谈、小组访谈、社区会议等多种方式收集信息，与贫困人口共同分析和讨论他们所面临的问题和困难，寻求相应的解决策略。"[①] 这些建议具有一定的合理性，但要得到有效落实，还需要政府在资金、政策等方面的全面支持，详见图8-1。

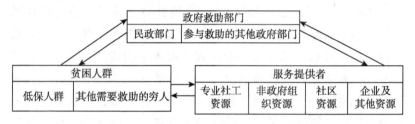

图8-1　精细扶贫中政府、贫困者及社会组织关系模式

（四）企业参与扶贫精准化策略

长期以来，企业主要以资金捐助方式参与扶贫，但常常达不到精细扶贫的效果。近年来一些地方已开始探索新的企业参与扶贫形式，如驻马店市工商联在充分调研的基础上，提交了《关于引导民营企业参与精准扶贫》的集体提案，提出了科学有效进行组织引导、完善政策支持体系、引导民营企业多形式参与扶贫等意见建议，组织民营企业举行了"百企帮百村"精准扶贫企村对接签约仪式，有240家民营企业现场签约，通过教育、敬老、就业、助残等不同方式对贫困户开展精准扶贫。[②] 这一做法取得了较好的效果，目前其他地方也已进行了这种尝试。

---

① 朱俊立：《政府向慈善组织购买村级扶贫服务研究》，《广东商学院学报》2013年第1期。
② 张磊、曹蔚华：《驻马店政协召开提案督办座谈会　引导民营企业参与精准扶贫》，http://www.rmzxb.com.cn/c/2016-06-06/853885.shtml。

案例 8 - 2　企业定点扶贫是扶贫精细化的有效路径

广东碧桂园集团投身企业定点扶贫，着力切断"贫困之链"，致力于让贫困户学会脱贫的本事、自强不息，走出电工、叉车工、育婴师，让贫困户实现和新能力相匹配的收入增长，因人施策，持之以恒，培育生存技能。碧桂园已经收集了 8315 户家庭和 29852 名适龄劳动力的人力资源信息，建立劳动力培训需求档案 5018 份，掌握了全镇 84.7% 的劳动力资源信息。免费对村民进行培训，按市场价提供种苗，引导村民成立合作社作为发展平台，村民提供土地和劳动力，苗木栽培后成长达到一定尺寸时，由碧桂园按照市场价或保护价负责收购。截至目前，碧桂园在树山村的各项扶贫投入达 5900 万元。[①]

2014 年我国公布实施了《关于进一步动员社会各方面力量参与扶贫开发的意见》，其中提出，民营企业、社会组织和个人通过多种方式积极参与扶贫开发，社会扶贫日益显示出巨大发展潜力，但还存在着组织动员不够、政策支持不足、体制机制不完善等问题。为有效促进企业对扶贫精细化的参与，我国政府应从以下方面进行策略与制度完善。第一，加强激励制度建设，出台和完善国家层面的企业参与精准扶贫的相关优惠政策，包括税收减免等。2016 年我国通过的《慈善法》第 80 条规定，自然人、法人和其他组织捐赠财产用于慈善活动的，依法享受税收优惠。企业慈善捐赠支出超过法律规定的准予在计算企业所得税应纳税所得额时当年扣除的部分，允许结转以后三年内在计算应纳税所得额时扣除。以上规定值得肯定，但需要对企业扶贫参与优惠采取更加灵活多样的形式，充分调动企业参与扶贫的积极性。第二，依托特定扶贫项目，将政府财政资金和企业扶贫资金加以整合，如以契约形式规定扶贫中的各方权利和义务关系，保证扶贫资金的精准使用。第三，支付财政补贴等形式使企业在对贫困者的培训技能、吸纳

[①] 高云才：《切断"贫困之链"——来自广东清远市的扶贫点调查》，《人民日报》2016 年 5 月 22 日第 10 版。

就业、捐资助贫等方面发挥积极有效的作用，引导企业资源向贫困地区投放，包括企业参与产业扶贫等。第四，政府通过为贫困者建档立卡及建立统一的社会扶贫工作信息交流平台等途径，为企业扶贫参与提供有效和便利的平台。

此外，农民自治组织和农业合作经济组织的扶贫精细化参与保障也值得重视。我国已制定了相关法规，有利于发挥其作用。如《村民委员会组织法》第1条规定，为了保障农村村民实行自治，由村民依法办理自己的事情，发展农村基层民主，维护村民的合法权益。我国《农业专业合作社法》及《农业法》的规定有利于农业合作经济组织发挥其扶贫作用。我国2013年施行的《农业法》第85条规定，各级人民政府应当坚持开发式扶贫方针，组织贫困地区的农民和农业生产经营组织合理使用扶贫资金，依靠自身力量改变贫穷落后面貌。为充分发挥这些组织在精细扶贫中的作用，一方面，通过配套的具体制度明确村民对扶贫项目的议事和程序，保障农民相关参与权利，增强村务决策的科学性和民意性；明确村民自治组织扶贫参与中的具体责任和协助民政及扶贫开发部门实现扶贫资源分配中的责任等。另一方面，在农村经济合作组织扶贫参与中，应将政府的支持与合作组织的发展目标及管理创新有机结合，尤其要注重通过这些组织培育和发展贫困农民自身的脱贫发展能力。

第九章 中国扶贫精细化制度保障

一 制度对扶贫精细化的重要意义

(一) 制度是保障扶贫精细化的关键因素

从社会管理一般意义看，制度与社会管理的进步总是有着密切联系。在扶贫管理中，从宏观扶贫战略到具体政策措施，再到向贫困人口提供资源的具体程序，只有通过立法制度固定下来才更有保障，否则可能成为一时的权宜之计或者对贫困人口的道义支持，可以随意变动。扶贫精细化将更加具体地面对具有共同性但更多是差异性的贫困家庭或者个人，扶贫内容也将更加细致和具体，需要基于特定致贫原因制定科学帮扶方案和具体实施规划及相关的考核和奖惩制度，明确参与主体各方的责任，而这些都需要依托一定的制度。

制度化对于精细扶贫的意义是多方面的。从贫困者权利贫困角度看，权利总是与一整套法律制度相联系。制度因素也是影响我国目前扶贫中权利贫困的关键因素。如由于户籍制度而形成城乡差别的劳动就业制度与福利制度，是造成进城务工农民福利权利不公正的重要原因，并进一步包括其他受益权利的丧失或者受损等。例如，劳动合同签订率较低，务工农民劳动权益不能得到有效保障，享受城市公共服务困难，难以享受劳动技能的就业培训权利，公租房、廉租房获得困难，子女教育福利难以获得，等等，从而直接制约着其收入水平的有效提高。为此就需要进一步打破城乡分割的户籍制度，促进更多城乡福利平等规则制度的制订。

对发展中国家贫困问题的大量研究表明，制度缺失是这些国家长期贫困的根源，其主要原因是对扶贫资源分配不合理，贫困人群获取资源困难。"过去大多数发展中国家，国民收入的增加并没有对穷人起显著程度的影响……贫穷问题深深地植根于制度框架之中，特别深植于制度内部的经济和政治权利的分配之中。"①对以上问题的具体解释，除了 1987 年阿马蒂亚·森用权利制度的匮乏解释农民饥荒原因外，Chamber 也认为，承受压力、容易受到意外冲击两大因素使贫困者显得特别脆弱，能力的缺乏使他们很难参与政治决策与享受各种服务。这些权利能否获得都是由制度决定的。② 从拉美国家情况看，如果不从客观上改变结构性的条件、注重规则制度重建，而仅靠大规模的行动是无法取得反贫困成功的。有学者对安第斯地区青年进行一项研究后评论指出："只是为了给社会留下一个印象而得到短期结果，为了项目本身运行项目而不是将它作为重塑个体的手段，这样的做法不应该再成为行事准则。"③ 以上问题在我国扶贫中也有明显的体现，因为在我国扶贫尚未得到正式立法。这是形成扶贫有失精准的重要原因。

（二）以制度保障贫困治理精细化是反贫困发展的重要规律

从国外看，扶贫规则设计也经历了变化过程。国外贫困救助从 16 世纪英国《亨利济贫法》《新济贫法》等开始制度化以来，各个国家社会救助政策大体都经历了不同程度的发展变化、呈现纷繁复杂的局面，但其中一个颇值得研究的特点是制度规定逐步精细化以适应扶贫精细化需要。以英国济贫法演变为例，14—15世纪政府对平民的态度及其所采取的政策过于简单化。从 16 世纪

① 〔美〕R. S. 麦克纳马拉：《向董事会致词》，《世界银行》1972 年 9 月 25 日。
② Chambers R, Poverty in India: Concepts, Research and Reality, Institute of Development Studies Discussion Paper, 1988.
③ 〔印度〕阿马蒂亚·森、〔阿〕贝纳多·科利克斯伯格：《以人为本：全球化世界的发展伦理学》，马春文、李俊江等译，长春出版社，2012，第138 页。

开始不再将贫困者简单地视为流民，而是将他们加以区分，并采取不同政策。17世纪《伊丽莎白济贫法》体现了对原有济贫法的继承与扩展。19世纪、20世纪初的济贫法出现了一些新特点，其中重要一点是，综合性救济仍然保持、区别性救济进一步发展。[①]这种区别性救济实际上也是一种精细化救济政策。1948年英国《国民救助法》、1998年英国工党政府发表的《一个福利的新契约》绿皮书及新体制系列规定延续了这种区别对待的特点。其他国家扶贫制度发展也体现了这一特点，如日本于1948年制定了《民生委员会法》，1950年制定了《生活保护法》，2001年、2005年日本对《民生委员会法》《生活保护法》的分别修改使日本救助不断走向精细化。在美国，20世纪70年代以来政府先后颁布了《公共福利修正案》，《经济机会法》《新联主义政策》《公共行政手册》以及《个人责任与工作机会法》。认真研究这些典型贫困政策、立法发展的演变过程，同时结合一些发展中国家社会救助政策的改革与建设情况，可以看到这些国家试图借助相关立法政策细化推进贫困治理精细化。在我国救济型扶贫中，以上规律也有一定程度的体现，进一步通过制度完善促进我国扶贫精细化是我国扶贫制度未来发展的必然趋势。

（三） 加强制度建设是我国扶贫走向精细化的迫切要求

我国扶贫政策也经历了一个演变过程。1978—1985年是临时救济性扶贫阶段，对救济对象如农村五保户、困难户和其他困难群体主要是出于道义的考虑进行生活救济，缺乏系统和正规的制度。20世纪80年代以来随着我国扶贫步伐的加快，制度建设受到重视以保证扶贫工作的规范有序进行，主要表现为根据贫困者的不同特点与情况进行扶贫支持，大体上是从4个方面逐步推进的。一是开发扶贫制度，包括中共中央、国务院《关于帮助贫困地区尽快改变面貌的通知》（1984）、《国家八七扶贫攻坚计划》及21世纪第一个《中国农村扶贫开发纲要（2001—2010）》及最新《中国农村

---

① 丁建定：《英国社会保障制度史》，人民出版社，2015，第399—405页。

扶贫开发纲要（2010—2020）》等，我国试图通过这些政策制度促进贫困地区有发展潜力的贫困者依靠自己的力量自我发展，摆脱贫困。这改变了传统救济方式下农户对政府的依赖，增加了农户自我发展、自我积累的能力。二是救助扶贫制度，主要是加强了城乡最低生活保障等其他制度规则的建设，包括《农村五保供养条例》《城市居民最低生活保障条例》（1999）、《农村五保供养条例》（2006）及新实施的《社会救助暂行办法》（2014）等，除保障基本生活外，相关法律法规还注重提供就业机会、教育培训机会和养老等保障。三是促进社会参与扶贫的相关制度，如我国的《公益事业捐赠法》（1999），在规则上注重市场特别是民间组织扶贫参与的作用，以便向农民提供更多的市场信息、资金支持、技能培训、就业渠道。四是对特定弱势人群进行扶贫的相关制度，如针对老人、残疾人、儿童等特困群体的相关立法。以上几种与扶贫相关的立法制度对促进与推动我国扶贫发展产生了不小的作用，但随着新时期扶贫精准的推进，现有的制度安排在制度体系的完整性、权威性和操作性等方面的缺陷日益凸显，并带来了不可忽视的现实问题。具体来说，制度缺失或者不健全可能在以下方面对我国扶贫精细化的推进形成制约。

其一，扶贫资金的违法或者不当使用。推行扶贫开发工作以来，我国尽管进行了一定制度建设，但一直没有形成系统和权威的立法制度，从而使扶贫资金使用存在很大随意性、扶贫投资利益分配不公正，甚至出现违法情况。

案例 9 – 1　如何有效防范扶贫资金违法使用

某县检察院在办理某村会计韩某涉嫌贪污奶牛款的案件中，通过对扶贫户的实际走访、调查，发现该村村支部书记杨某、会计韩某伙同该村村民宋某等人，勾结县扶贫办委托的购牛经纪人吴某，在扶贫奶牛的发放过程中，采取虚列扶贫人员名单、私刻村民名章、伪造签名等手段大肆骗取扶贫奶牛补贴款，共骗取 33 头扶贫奶牛补贴款总计 9 万余元的犯罪事实。实践证明，需要建立权威性的制度来保障扶贫资源的正当使用。[①]

　　其二，扶贫资源难以精准运用，如扶贫贴息贷款普遍存在贷富不贷贫的现象，甚至发生"扶假贫，假扶贫"之类的不公正现象。此外，投资项目的选择以及资金分配的比例与责任分担等还存在模糊性。反贫困中"恩赐"观下的道义责任观念还有很大影响，无论理论与实践都表明，缺乏规则的道义责任效果是不可靠的，扶贫不应被看成一种经验行为或道义行为，或者是应急性和补偿性措施。我国扶贫基金逐年在增加，但是否真正全部用于贫困农户一直是个问题；此外，中央扶贫财政资金由财政资金、以工代赈资金和贴息贷款的目标瞄准也都存在一定问题；更为严重的是，财政发展资金被挤占挪用的现象时有发生。有学者调查研究认为，"大部分贫困县更倾向于将贴息贷款用于对县财政有益的工业项目，而忽视对贫困县发展至关重要的种养业项目；即使在这三种资金中被公认为效果最好的以工代赈资金，在分配到每个县时也是更多地考虑了项目的可行性而不是贫困状况……目前国内大多数小额信贷项目瞄准的并不是真正意义上的贫困农户，而是被称之为'亚贫困农户'的一类人。"[②] 其主要原因是规则设计及小额信贷的市场化与商业化运作。各省乃至全国都没有建立统一的扶贫信息系统，对具体贫困居民、贫困农户的情况把握不细致，对真正的贫困农户和贫困居民扶贫需求情况把握不清。一些暂时性政策措施难以保障精准的效果。2002 年中国人民银行等部门联合下发《下岗失业人员小额担保贷款管理办法》，贫困对象适用范围十分有限，之后有一定的扩展，但贫困者得到贷款仍十分不易。所以，在改善贫困地区农民生产和生存条件方面的效果不显著，被扶持的农户抵御自然灾害和市场风险的能力较弱。[③] 应当

---

① 胡明宝、任大鹏：《立法整合扶贫资源的必要性与制度安排》，《农村经济与科技》2012 年第 3 期。
② 张巍：《中国农村反贫困制度变迁研究》，中国政法大学出版社，2008，第 208—209 页。
③ 张巍：《中国农村反贫困制度变迁研究》，中国政法大学出版社，2008，第 209 页。

认识到，贫困群体得到贷款，是发展机会平等互利的具体表现，也是他们的基本权利。

案例 9 - 2　如何保障扶贫资金的精准使用

2015 年 10 月 8 日，审计显示，广西南宁马山县落实精准扶贫不到位，出现扶贫资金延迟拨付或违规认定扶贫对象的情况。在认定的扶贫对象中，有 3119 人不符合扶贫标准，其中有 343 人属于财政供养人员，有 2454 人买 2645 辆汽车，还有的扶贫对象在县城买了房，有的扶贫对象是公司的老板。除此之外，马山县还存在虚报脱贫人数的现象。[①]

其三，扶贫绩效精细考核未能有效进行。如何将专项扶贫项目与贫困农民的需要有机结合一直是一个难题，"据国务院农村发展研究中心调查表明，1/3 的扶贫项目不能覆盖大多数贫困群体。因为项目选择受到管理方式与农户需求分散这一矛盾制约而无法做到准确瞄准，即使在实行村级扶贫规划重点村，这一状况也没有根本改变，从而造成我国扶贫资金不能准确瞄准'穷人'的结果"。[②] 同时，地方政府与中央政府反贫困中也存在目标差异。在传统政府主导的扶贫行动中，扶贫资源经由政府组织系统层层下拨到贫困者手中，在逐级的资源传递和分配过程中，资金的误配置、滞留与偏离往往成为一个顽症，[③] 很大原因在于缺乏有效的绩效考核制度。在基层扶贫行动中，村庄内的社会关系结构、权力结构、社会分化和信息传递、精英俘获、村干部自利性的需求和集体行动的缺乏等都成为扶贫工作目标发生偏离的重要原因。扶贫项目目标偏离带来的结果是扶贫工作的内卷化，这不仅影响扶贫项目的

---

① 李张光：《"扶贫乱象"背后的扶贫难题》，《民主与法制时报》2015 年 11 月 1 日第 7 版。

② 王俊文：《当代中国农村贫困与反贫困问题研究》，湖南师范大学出版社，2010，第 174 页。

③ 姚迈新：《对以政府为主导的扶贫行为的思考——扶贫目标偏离与转换及其制度、行为调整》，《行政改革》2011 年第 1 期。

公益性和合法性，也会导致贫困者对政府信任度的降低，更可能导致贫富差距的变大以及社会不平等结构的再生产。[①] 而在不少情况下，政府未能采取积极有效的措施避免这种情况的发生。要纠正由此带来的不利后果、改变这种现象，唯一办法就是确定科学的扶贫规划后，再对政府扶贫绩效进行精细和规范考核。但从目前情况来看，由于缺乏具体的制度保障，科学的扶贫规制难以有效进行。

其四，扶贫效率得不到有效保障。精细化扶贫是一种要求更高的扶贫方式，如果处理不好很可能带来效率低下问题。扶贫必须有权威的法规和强有力的制度确定扶贫开发的主体、对象及其各自的权利和义务以及扶贫开发工作的运作程序等，如此才能使扶贫开发工作规范有序地运行，扶贫效率得到保障。但这在我国目前是缺乏的。由于我国反贫困中规则不健全，项目分别由各个部门、各级政府实施，缺乏协调机制，容易造成低效率。例如，在农村扶贫开发中，中央政府提供的扶贫贴息贷款是扶贫的主要资金来源，其目的是为了扶贫，但扶贫贷款基金的管理权属于作为商业机构的农业银行，其实施扶贫项目容易出于商业利益考虑，势必存在目标偏差，也会影响实际效率。中国政府体系中涉及扶贫管理的职能部门很多，有扶贫办、财政部门、计委系统、民委系统以及与扶贫项目实施密切相关的交通、教育、农业、林业、水利、医疗卫生、文化部门，特别是涉及扶贫最主要的扶贫、财政、计委三大部门，由于在扶贫组织、项目管理和资金管理等方面职能不清，导致扶贫项目和扶贫资金分散、多头管理，不仅影响了资金的使用效益，而且会造成扶贫资金或资源的损失浪费和低效化。如何根据扶贫效率提升的实际需要合理确定各部门的职责范围、明确各部门的分工是政府各相关职能部门需要解决的重要问题。同时，对于如何相互配合以发挥各种反贫困资源的整体合力、提升行政效率一直是一个现实难题。效率不足也是对公平的损害，目前有的地方已对此问题给予了重视。有记者在黑龙江

---

① 邢成举：《村庄视角的扶贫项目目标偏离与"内卷化"分析》，《江汉学术》2015 年第 5 期。

省兰西县平山镇吉兴村了解到，往年，扶贫项目资金要在 89 月份才可到达，很多当年应该实施的项目只能拖到第二年启动，经常是"项目等资金"。有时需要等工程验收后才能拿到钱。对此政府关注到了该问题，并采取了一定措施。①

其五，原有公平问题尚未完全解决，新的公平问题又开始出现。原有公平问题指扶贫中长期存在的一些不合理差别，包括城乡之间、不同地域之间及不同人群之间不应有的差别；新的公平问题指在精细识别认定和扶持中形成的不公平问题，可以预计，如果缺乏明确的标准和制度的约束、允许更多个人主观意志的介入，或者农村精英过多的操纵，就很可能形成诸多新的不公平。世界银行也提出，"服务在机会获取、数量和质量上屡屡让穷人感到失望。但事实上，很多事例雄辩地表明服务确实能改变穷人的生活，这意味着政府和公民可以做得更好。怎么做？应把穷人置于服务供给的中心，使他们能够监督和规范服务使用者，扩大他们在政策制定过程中的发言权，并加强对服务提供者的激励使之服务于穷人。"② 以上这些问题也是当前我国扶贫制度建设需要解决的核心问题之一。

我国"十三五"规划已提出将扶贫开发放在重要位置，从顶层设计着手谋划一整套制度保障。除地方政府外，规划还拟对行业部门的扶贫责任做出明确要求，今后行业部门扶贫工作将不再是"可有可无"的"顺手之举"，而是有一系列制度体系予以监督保障。以中央财政专项扶贫资金为例，从 2011 年的 272 亿元增长到 2014 年的 433 亿元，年均增幅达 18.1%。今年中央财政预算安排的扶贫资金又增长至 467.45 亿元。此外，交通、水利、国土、农业等行业部门也在贫困地区安排了大量项目。③ 可以预见，"十

---

① 印蕾：《扶贫资金早到位 黑龙江省扶贫办将整改措施落到实处》，http://heilongjiang. dbw. cn/system/2005/05/26/050041803. shtml。

② 世界银行：《2004 年世界发展报告，让服务惠及穷人》，本报告翻译组译，中国财政经济出版社，2004，第 1 页。

③ 郭文圣：《精准扶贫需一系列制度体系监督保障》，http://fzgz. gog. cn/system/2016/04/12/014858901. shtml。

三五"期间投入到贫困地区的财政资金必将有较高的增长速度。但要保证这些资金的精细和精准合理的运用，还需要进行制度的顶层设计和一系列制度体系建设，同时也会有许多新的问题需要深入研究，为制定相关制度提供依据。

二　我国扶贫精细化中制度建设目标

（一）促进扶贫资源精准公平分配

由于历史和现实的原因，我国扶贫资源分配一直存在一些不公平现象。近年来，国内不少学者强调通过政策调整应对不公平的建议，有学者从社会保障的角度提出，"实现社会公平是建立社会保障的基本理念……建立社会保障制度，就是希望其能够成为公平的机器，为更需要的人分配一块更大的蛋糕"。[①] "人类偏好公平，公平对人类发挥内在的、根本性的作用……如果收入差异过大尤其是包含着明显的机会和过程的不公平、不公正的话，那么，效率会直接和间接地受到影响。"[②] "中国需要'普惠'和'公平'的社会福利，中国社会经济发展到今天，正在经历一个拐点，这个拐点标示着社会经济发展将从以脱贫为目标的'生存型'模式转向以消费为基础的'发展型'模式。从'全覆盖'走向'普惠'和'公平'，当然，'全覆盖'只是'万里长征走完了第一步'。从'普惠'和'公平'而言，我们的制度还要做很多事情。"[③] 尽管目前我国主要的社会保障项目已基本上实现了制度全覆盖、正在完善对所有居民的全覆盖，"但主要的社会保障项目上的不均等和不公平问题依然很突出。在基本实现了人人享有基本生活保障的目标后，社会保障制度的公平性问题将是当前我国社会保障制度建设和发展中最突出的问题之一。我国社会保障制度

---

① 林嘉：《社会保障法的理念、实践与创新》，中国人民大学出版社，2002，第137页。

② 李珍：《社会保障理论》（第二版），中国劳动社会保障出版社，2007，第44页。

③ 唐钧：《社会福利：普惠和公平》，http://jjsx.china.com.cn/lm70/2012/194671.htm。

下一步发展所面临的一个新的挑战就是如何克服导致目前我国社会保障不公平的制度性根源，以及如何通过新的改革和政策调整去增强社会保障的公平性。"① 有的学者指出，我国扶贫制度不完善，表现在严重缺失监督制度以及由此形成的多种不公正上。很多贫困农户根本就不知道也无法知道究竟有哪些扶贫的机会与资源，扶贫信息传递机制与监督机制应是相互呼应的，只有信息明朗化，才能进行监督。但目前这些是缺乏的。② 以上理论建议具有一定合理性，但还不够全面，要达到扶贫资源精细化公平分配，还需要实现以下两个方面的具体目标。

第一，实现扶贫资源形式公平分配的目标。形式正义属于法律适用中的正义，"类似情况得到类似处理，有关的同异都由既定的规范来鉴别。制度确定的正确规范被一贯地坚持，并由当局恰当地给予解释。这种对法律和制度的公正一致的管理，不管它们的实质性原则是什么，我们可以把它们称之为形式的正义。"③ 根据法律辞典解释，平等的一般定义是"人或事物的地位完全处于同一标准与水平，都被同等对待"。④ 目前扶贫中制度建设的主要任务是，有效弥合区域之间、城乡之间、群体之间的差距，破除有悖公平的"潜规则"。当代美国批判主义法学代表人物昂格尔认为："当把一致地适用普遍的规则看作是正义的基石时或当确认有效性被认为是独立于相互冲突的价值观的选择原则时，这种正义的理想就是形式的。"⑤ 城乡统筹是指按照城乡一体化的思路制定和实施精细扶贫政策。将城市资金、管理、技术、知识等现代生

---

① 关信平：《当前我国社会保障制度公平性分析》，《苏州大学学报》（哲学社会科学版）2013 年第 3 期。

② 张巍：《中国农村反贫困制度变迁研究》，中国政法大学出版社，2008，第 175 页。

③ 〔美〕约翰·罗尔斯：《正义论》，何怀宏等译，中国社会科学出版社，1988，第 58 页。

④ 〔英〕戴维·M. 沃克：《牛津法律大辞典》（中文版），北京社会与科技发展研究所组织编译，光明日报出版社，1988，第 303 页。

⑤ 〔美〕R. M. 昂格尔：《现代社会中的法律》，吴玉章、周汉华译，译林出版社，2001，第 188 页。

产要素以资本的形式应用于农村反贫困，这些都需要研究和制定公正的规则，在制度设计上必须考虑地区间差异，允许地域间的合理差异性，但政府不宜作为不合理差别对待的理由。"应从体制和政策上，缩小贫富差距，促进收入分配的公平性，减少贫困人口在社会转型期所遭受的剥夺，谋求经济社会稳定、和谐与持续发展。矫正对贫困人口的社会排斥或社会歧视。"① 但如果缺乏规则公正性，即使良好的主观愿望也可能带来不好的后果。

制度实质正义目标主要是依据制度规定，通过对特定人群主要是弱势人群进行特殊帮助来实现。美国学者罗尔斯系统论述的"差别对待"理论体现了政府对弱势人群的倾斜性保护，体现了实质公正。根据实质正义理念的要求，立法者在决定分配权利、义务和责任之前，应当对主体具体情况及其关系进行正确分析和判断，因为法律内容本身应是现实中的各种社会关系规范化。与形式正义不同，实质正义分配权利和义务的原则是"差别原则"或"不平等分配原则"。这种分配是对平等分配的一种补充或矫正，是用不平等的方法调整不平等的社会关系。

差别公平意味着在制度中体现对贫困人群的系统分类，有利于针对不同的贫困者采取具体的福利帮助措施。差别公平目的在于给予弱势、贫困人群特殊的福利帮助，这是社会公平的应有之义。马克思曾提出建立专门的后备基金给予社会弱势人群必要的帮助，以体现一种差别公平性。社会主义条件下劳动者存在福利差别是不可避免的。对社会弱者利益保护的重视是权利制度由注重形式平等转向追求实质平等。权利福利的公正性并非权利福利分配都应该实行完全平等，而是需要对贫困者实行必要的权利享有差别对待，以体现实质公正。例如，残疾人等特殊群体的权利福利就有明显的特殊性。为"使生来就处于不利地位的穷人取得平衡的效果"，② 美国学者德沃金提出了权利差别扶持的另一种思

---

① 王俊文：《当代中国农村贫困与反贫困问题研究》，湖南师范大学出版社，2010，第41页。

② 马骏、牛美丽主编《公共行政学中的伦理话语》，罗蔚、周霞编译，中国人民大学出版社，2011，第12页。

路：其一，采取包容性福利概念，使福利资源分配符合个人的需要，并用嫉妒检验原则加以检验；其二，建立开放式保险市场对损失加以补偿；其三，分配还应考虑个人能力、技能、勤奋程度及态度等因素，这样造成的不平等是不违反正义的。我们"必须承受违反平等的痛苦，允许任何特定时刻的资源分配反映人的抱负。也就是说，他必须反映人们做出的选择给别人带来的成本或收益"。[①] 英国学者米勒在《社会正义原则》一书中明确提出，在财产、工作、教育、医疗、救助、保育、住房、老人照顾等方面，政府应更加关注社会贫困和弱势人群。在权利差别扶持方面，我国一些地方已进行了一些实践，如北京市原崇文区探索与实践了差别实施救助方式，即将所有被救助对象分为三类：A 类人员是指贫困程度较重的或者劳动能力较差的弱势群体；B 类是无劳动能力的人或者达到退休年龄的人以及中度残疾人员；C 类是指有劳动能力的就业人员和未就业人员。根据家庭的不同情况来进行不同程度的救助。北京市民政局 2007 年又出台了低保边缘户救助政策，按照致贫原因实施分类救助，包括患大病、子女上学，突发性灾难等。特困户、低保户和低保边缘户或边缘化困难人群救助标准和内容与标准、目的都存在一定区别，也包含了不同的发展内容。2007 年 7 月，江苏省制定了专门针对低保边缘群体的临时生活救助制度，通过政府财政预算、福利彩票公益金和社会捐赠等渠道筹集资金，按低保 150%—200% 的要求，对城乡患大病者、遭遇突发灾害、重度残疾人等低保边缘人群给予一次性生活救助。

还需指出的是，权利差别保障应该是有限度的，以避免损害非贫困者权益或造成贫困者对政府的依赖。例如，不能对某贫困人群赋权过多而影响其他贫困人群的权利享有，或者影响社会非贫困群体及纳税人的权利。曾经出现过这样的情况，即"那些试图改变过去某个群体教育机会不平等的优待法往往使得那些条件更为合适的（但是来自于其他群体）的成员被排除在外，这种政

---

① 〔美〕罗纳德·德沃金：《至上的美德：平等的理论与实践》，冯克利译，江苏人民出版社，2003，第 94 页。

策的禀赋是公平的，但是它带来的后果却是过程不均等。再举一个例子，那些增加政府收入并对贫困者进行转移支付的税收，本意是避免剥削，但是这些税收确实剥夺了那些努力工作的人的部分劳动成果。这可以看成是侵犯财产权利，或者是侵犯他人占有自己劳动成果的权利，因此也造成了不公平的分配过程。"① 因此，福利权利公平要考虑权利分配的平衡性和适度性。

（二）消除贫困者多维贫困

扶贫精细化意味着扶贫不仅仅是单一的消除收入贫困，还需要更加丰富的扶贫内容，既包括提供一般性收入支持服务，也包括应对健康、文化知识、权利、机会等方面的贫困。这就需要在扶贫实践中加强再就业服务、医疗卫生服务、文化服务、教育服务及法律服务等，也包括针对特定贫困人群的社会服务，如增强老年人和残疾人的独立自主生活能力和生命质量为目的各种服务，包括生活照料、疾病治疗与康复护理、精神慰藉、临终关怀等。在扶贫服务精细化过程中，要达到以上服务目标，需要将对象精准、项目安排精准、资源使用精准及脱贫成效精准的目标有机结合，并纳入规则制度中。

英国著名学者布兰德肖认为："社会服务的历史就是承认社会需要和组织社会去满足需要的历史。"② 多维贫困是人类对贫困认识的一大进步，也更加全面地反映了贫困者的生存情况。贫困者的需要是多样化的，他们容易形成"心理伤害，失去工作动机和自信心，身心失调和发病率高（甚至使死亡率增高），扰乱家庭关系和社会生活，强化社会排斥，以及加剧种族紧张和性别歧视"。③ 以应对多维扶贫为目标的扶贫模式也应更加适合贫困者的多种需要，"一个福利模式，要能够健康地、持续地运行，发挥预想的作

---

① 世界银行：《2006 年世界发展报告：公平与发展》，中国科学院－清华大学国情研究中心译，清华大学出版社，2006，第 20 页。

② Bradshaw, J. , *The Taxonomy of Social Need*, New Society, 1972, No. 496.

③ 〔印度〕阿马蒂亚·森：《以自由看待发展》，任赜、于真译，中国人民大学出版社，2012，第 91 页。

用，就必须考虑社情、人情的基本特点，应该是最适合它所面对的人的特点的模式。要以人为本，既不是以经济为本，也不是以福利为本，不是福利越多越好，而是越适合人的需要越好。"① 但与收入贫困及收入扶贫相比，其他非收入贫困的认定更加困难，扶贫任务也更加艰巨，也更需要借助制度的力量，保障其可持续化和科学化。

（三） 有效提升扶贫效率

扶贫精细化需要公平但同样需要效率，二者是不矛盾的。美国经济学家阿瑟·奥肯针对平等绝对优先还是效率绝对优先的争论，提出二者可通过适当的政策加以协调："如果平等和效率双双都有价值。而且其中一方对另一方没有绝对的优先权，那么在他们冲突的方面，就应该达成妥协。这时，为了效率就要牺牲某些平等，并且为了平等就要牺牲效率。"② 对贫困者义务的设定看来不够公平，但却有利于提升效率。从我国扶贫情况看，长期影响效率的因素主要有两个方面，一是管理问题，二是贫困者自身潜能开发运用问题。

城乡扶贫管理体系不统一，管理交叉不清、部门之间缺乏统筹协调、政出多门等现象，是长期以来影响扶贫效率的重要原因。应通过制度设计解决项目分别由各个部门、各级政府实施的问题，因为缺乏协调机制容易造成低效率问题。目前通过全国性制度建设完善扶贫信息网络系统、运用现代先进信息技术，实现全国范围内不同区域之间的信息互通，构建城乡一体化的救助管理工作网络体系等，有利于提升扶贫效率，但最根本的措施还是制度问题。

提升扶贫效率的重要途径是运用好贫困者自身的资源，增加贫困者自立性，防止出现过高的返贫困率，这同样需要制度保障，如贫困者承担合理义务的制度设定。通常来看，贫困意味着其个

① 景天魁：《民生建设的"中国梦"：中国特色福利社会》，《探索与争鸣》2013年第8期。

② 〔美〕阿瑟·奥肯：《平等与效率》，王奔洲译，华夏出版社，2010，第106页。

人与家庭资源的耗竭；从实践上来看，这并非绝对的，"强调生计的思路看到了一个事实：'贫困者'既非同质人群，亦非永远处于弱势地位，被动地接受政府的施舍。该思路强调：穷人也有自己的长处、财产和能力，可以被动员起来积极地参与发展的过程"。①罗尔斯正义制度的核心问题是权利与义务的分配，这种分配会影响扶贫效率。因此，"社会正义的目标则是确定能够使每个人为社会幸福作出充分贡献的制度安排。"② 美国社会保障法新增社会服务固定拨款法案明确提出，各州要针对一项 1—5 个目标进行系统的服务制度建设，其中有不少服务项目就是为了实现被服务者的个人自立，包括实现或保持经济上的自我支持以防止、减少或消除依赖；实现或保持自给自足，包括依赖的减少或防止。③ 美国老龄局的社会服务使命是发展综合的、协调的和划算的家庭和社区服务体系，帮助老年人保持健康，并在家庭和社区中保持独立。④究竟制度如何制定，各国规定并不一致，但共性的制度规定是充分利用个人资源，包括家庭资产、劳动力、社会资源，使之明确自己并不会因为贫困而毫无优势，特别是认识到自身福利发展的潜能，以此作为提升扶贫效率的重要途径。美国的拉特里迪斯在《社会政策——社会发展与人类服务的制度环境》一书中阐述了一种福利权利与责任相互结合的制度形式，并以此作为社会政策实现发展功能的重要条件，即除了对生存、授权等普遍权利的信奉与政府对公民的福利责任外，还包括公民关于他们的未来和使用稀缺资源的积极参与、自我决策和自我参考。⑤ 相关扶贫制度设计应体现这种制度诉求。

总之，我国扶贫精细化制度目标具有综合性、系统性、具体性

① 〔英〕安东尼·哈尔、〔美〕詹姆斯·梅志里：《发展型社会政策》，罗敏等译，社会科学文献出版社，2006，第 10 页。

② 〔英〕戴维·米勒：《社会正义原则》，应奇译，江苏人民出版社，2005，第 5页。

③ 李兵、张恺悌、何珊珊主编《社会服务》，知识产权出版社，2011，第 35 页。

④ 李兵、张恺悌、何珊珊主编《社会服务》，知识产权出版社，2011，第 38 页。

⑤ Demetrius Iatridis, Social Policy: Institutional Context of Social Development and Human Services, Cengage Learning, 1994, p. 5.

和现实性特点，将贫困预防性与救济型相结合，将政府扶贫作用与注重促进自立、防止福利依赖、增强贫困者自我脱贫能力相结合，最终达到消除贫困者多种贫困的目标。

（四）实现扶贫制度结构的系统配置

大量研究表明，不同层面制度的有机结合才能保障实践效果。例如，1994 年加入"北美自由贸易区"之后，"墨西哥政府采取了农业补贴政策，出台了《乡村直接支持计划》，每年大约支出 250 万比索，补贴那些人均耕种面积小于 5 公顷的小农户，主要用于改善灌溉条件。其目的是减少自由贸易给农民带来的损失，尤其是给那些最贫困的农民提供补贴。然而，从实际效果看，《乡村直接支持计划》以及其他农业支持项目，都远未实现预想的目标，因为实际上大量的农业补贴都流入了大资本家和大农场主的腰包。墨西哥农业发展基金会瑞兹博士说，1994 年以来，墨西哥政府为农民提供的现金直接补贴累计达到 200 亿美元，是拉美国家中补贴最高的。但 10% 的大农场主得到了 80% 的农业补贴，众多的小农户根本无法享受到农业补贴。农业补贴项目不仅没有起到反贫困的作用，反而成了导致贫富差距加大、贫困恶性循环的重要因素。"[1] 其重要原因是缺乏系统的制度配置。我国当前扶贫实践中应避免这种现象的出现，真正形成精细和系统的制度扶贫体系，主要包括以下几个方面。

1. 不同性质制度的合理配置。将正式立法制度与非正式制度相结合。博登海默曾经说："法律制度乃是社会理想与社会现实这二者的协调者。"[2] 通过立法规制体系将伦理信仰等道义的层次合理地上升为规章和法律层次，形成稳定的制度机制措施。同时将针对贫困人口的战略、政策措施及向贫困人口提供的经济机会用法律形式固定下来。贫困人口获得生存的基本权利不能只停留在

---

[1] 丁声俊、王耀鹏等：《反饥饿　反贫困——全球进行时》，中国农业出版社，2012，第 108 页。

[2] 〔美〕E. 博登海默：《法理学：法律哲学与法律方法》，邓正来译，中国政法大学出版社，1999，第 239 页。

对道义的理解上，需有法律规则来保障。这样，反贫困的目标、战略及其政策措施不会因理解的不同、执行者的更迭而随意变动。扶贫主体关系，责任分配，决策形式、目标、内容等结构问题也是影响扶贫效果的重要根源。例如，在政府与贫困者的关系上，在以往的扶贫研究中，曾经出现了过于强调政府管理或者民主参与这两种理论倾向，这两种倾向实际上都是有问题的。"如果单纯强调参与性原则而忽视或忽略政府强有力的宏观调控、管辖、控制作用，这也不能形成有效的治理结构。特别是在我国社会、经济转型期，政府和贫困群体双方力量、作用都不能被忽视或忽略，只有双方互动形成力量、作用的整合，才能达到有效的或起重要作用的、有影响的反贫困治理目的或目标。"[①] 这种治理结构的形成需要正式的制度安排。

在正式制度体系中，立法具有特殊意义。党的十八大报告已明确提出，加紧建设对保障社会公平正义具有重大作用的制度，逐步建立以权利公正、机会公正、规则公正为主要内容的社会公正保障体系，努力营造公正的社会环境，保证人民平等参与、平等发展的权利；要加大统筹城乡发展力度，增强农村发展活力，逐步缩小城乡差距，统筹推进城乡社会保障体系建设。社会保障是保障人民生活、调节社会分配的一项基本制度，要坚持全覆盖、保基本、多层次、可持续方针，以增强公正性、适应流动性、保证可持续性为重点。全面建成覆盖城乡居民的社会保障体系，立法应受到特别重视。因为其一，就法制价值与贫困治理关系机理而言，立法能够为政府反贫困目标提供科学指引和基本归宿；其二，从法制形式与治理贫困的关系机理看，法制规范更具整体功能和较完整的逻辑结构和内容体系，有利于制度实施。我国 2000 年实施的《立法法》第 5 条规定，立法应当体现人民的意志，发扬社会主义民主，保障人民通过多种途径参与立法活动；第 6 条规定，立法应当从实际出发，科学合理地规定公民、法人和其他组

---

① 王俊文：《当代中国农村贫困与反贫困问题研究》，湖南师范大学出版社，2010，第 227 页。

织的权利与义务、国家机关的权力与责任。法律是制度中比较特殊的一种形式，包括法律的制定机关形式特点、实施方式等。《中共中央国务院关于打赢脱贫攻坚战的决定》已明确要求，要推进扶贫开发法治建设，善于运用法治思维和法治方式推进扶贫开发工作，在规划编制、项目安排、资金使用、监督管理等方面，提高规范化、制度化、法治化水平。强化贫困地区社会治安防控体系建设和基层执法队伍建设；健全贫困地区公共法律服务制度，切实保障贫困人口合法权益；完善扶贫开发法律法规。在我国，法律的基本形式包括宪法、法律、行政法规、地方性法规、自治法规、行政规章、国际条约及其他法的形式（如授权立法、军事法规、经济特区法规等），它们构成了我国现行各种制度规范最为核心的部分。扶贫立法的最终目标是使其成为国家的正式立法。

非正式制度建设也不应被忽视。法国学者迪韦尔热曾提出，制度是作为一个实体活动的结构严密、协调一致的社会互动作用的整体，理所当然地主要是在这个范围内设立的模式。[①] 在整个制度结构中，非正式制度具有不可忽视的意义。《中共中央国务院关于打赢脱贫攻坚战的决定》要求，加强贫困地区乡村文明建设，善于发挥乡规民约在扶贫济困中的积极作用，推动文化投入向贫困地区倾斜，集中实施一批文化惠民扶贫项目，普遍建立村级文化中心。这是因为法律制度不是万能的，它本身也不是完美无缺的，同时法律本身也存在一定的弊端。良好的社会治理所依据的行为规范，不仅局限于法律这种制度形式，还应包括众多除法律之外的其他制度形式，如政策、其他政府非法律性规范等制度形式。它们也是法律的必要补充，同时也有其特定的作用和功能，2008 年实施的《中华人民共和国就业促进法》就专门规定了政策支持。民政部与教育部联合发布的《关于进一步做好城乡特殊困难未成年人教育救助工作的通知》，民政部发布的《关于做好普通高等学校困难毕业生救助工作的通知》都是非法律性的制度规定。

---

① 〔法〕莫里斯·迪韦尔热：《政治社会学——政治学要素》，杨祖功、王大东译，东方出版社，2007，第 177 页。

规则在事项涵盖范围上存在有一定的差别，也可以认识到立法规则与非立法规则相结合的必要性。

2. 不同范围制度合理配置

制度规则大体上分为宏观（根本）、中观、微观三种类型。宏观（根本）制度具有很强的稳定性，涉及根本性制度问题，主要属于宪法制度范畴。中观层次的制度多为中央和地方具有立法权机关制定的各种规范性文件，正是这部分构成了制度最实用、影响最广泛的部分，也是较多采取的立法形式。微观层次的制度主要表现为国家机关、社团、企事业单位的相关内部管理规定，或工作操作的具体规则、章程及约定等，多为非正式立法。规则表达越来越具体、细致，覆盖面也越来越小，立法也就越困难。但宏观（根本）制度、中观及微观三种类型制度应相互结合，防止相互取代。其中，中观层面的制度形式应受到特别重视，因为宏观制度过于抽象、模糊，不易把握和运用，微观层次的制度部分过于具体而繁多，其影响范围有限，多为非正式立法，权威性不足、任意性较大。从反贫困制度看，总体趋势是制度规定逐步精细化，如日本以立法规定贫困线的计算方法。1950 年日本制定了新的《生活保护法》。在该法制定实施后的第一个 10 年里，采用的是"市场菜篮子"方法计算贫困线；1960—1965 年用的是"恩格尔系数"的方法；之后到 1983 年，还采用过旨在缩小普通家庭与被保护家庭之间差距的缩小方式；现在所使用的是消费水准比例方法，即以民间最终消费支出的增长率作为测算的基准，基准每年修订一次。[1] 这是制度不断细化的具体表现。

3. 不同形式制度的合理配置

不同形式制度指基本立法制度和专门立法制度。基本制度是一种较为全面的制度形式，如英国 1948 年制定了《社会救助法》。进入 20 世纪 50 年代以来，西方社会基本立法迅速发展，对于消除贫困具有重要意义。目前已有很多国家开始采取基本立法的形式，

---

[1]　江华：《最低生活保障城乡统筹问题研究》，载林闽钢《中国社会救助：制度运行与理论探索》，人民出版社，2015，第 16 页。

如挪威1991年出台的《社会服务法》、丹麦1998年出台的《社会服务法》、捷克2006年出台的《社会服务法》等。这种法典形式具有全面性、易于把握和影响较大等特点，适应于当今社会服务需求和迅速增长的要求。满足被服务者基本服务需求的同时，将每一个服务对象尽可能实现自立作为制度目标。笔者将主要发达国家立法按时间顺序归纳如表9-1。[①]

表9-1 国外社会服务立法概览

国家	政府机构	政策法规	立法时间（年）
澳大利亚	家庭、住房、社区服务和土著事务部等政府部门和澳大利亚社会服务理事会	《社会服务法》	1947
以色列	社会事务和社会服务部	《社会福利法》	1958
英国	卫生部	《地方当局社会服务法》	1970
美国	卫生和人类服务部	《社会保障法》中社会服务固定拨款	1974
瑞典	卫生和社会事务部	《社会服务法》	1980
挪威	劳动部	《社会服务法》	1991
冰岛	社会事务和社会保障部	《市政当局社会服务法》	1991
丹麦	社会事务部	《社会服务法》	1998
捷克	劳动和社会事务部	《社会服务法》	2006

这对于消除贫困者非收入贫困尤其具有重要意义，如1991年挪威《社会服务法规定》的主要服务任务包括向残疾人、老年人及其他需要帮助的人提供精神慰藉、人际交往、娱乐休闲、护理照料及收入支持等方面的帮助，值得我们借鉴。

专门扶贫是为解决某方面特定社会问题的立法形式，这种立

---

① 参见李兵、张恺悌、何珊珊主编《社会服务》，知识产权出版社，2011，第9页。

法也呈现增长趋势。在此方面，日本制定了不少专门促进老年健康参与的法律，如1983年的《老人保健法》、2002年的《健康增进法》、2006年的《自杀对策基本法》、2007年的《癌症政策基本法》等，其中《健康增进法》就将对老年人提前诊查是否患有癌症、牙周炎等疾病和进行体检作为重要内容，值得我们借鉴。虽然我国制定并修改了《老年人权益保障法》，但该法的主要目标是老年人的权益保障，对老人扶贫重视不足，需要加以改进与完善。

三　以制度创新保障扶贫精细化之建议

（一）健全扶贫制度体系

第一，加快制定扶贫开发基本法律制度。自20世纪80年代中期我国步入开发式扶贫发展阶段以来，已先后制定了多种扶贫政策文件，如《关于帮助贫困地区尽快改变面貌的通知》《国家八七扶贫攻坚计划》《国家扶贫资金管理办法》《农村扶贫开发纲要（2001—2010）》《关于加快国家扶贫开发工作重点县"两一补"实施步伐有关工作的意见》《关于做好农村最低生活保障制度和扶贫开发政策衔接扩大试点工作的意见》。不难看出，政府制定的扶贫政策在不断地细化，目前已实现了由区域性瞄准向区域性、农户及人群人口瞄准的转变。但总体看还缺乏具体的制度规定，尤其是缺乏正式立法。扶贫计划与行动基本上都是建立在临时性政策基础上的，制度建设和反贫立法严重滞后，我国涉及农村扶贫开发工作的法律主要有《农业法》《农民专业合作社法》《公益事业捐赠法》《个人所得税法》《企业所得税法》及《老年人权益保障法》等20多部。这些立法存在一些问题，应通过立法制度的完善加以改变，主要包括以下几个方面。①改变一些制度规定的不合理性。一些与农村扶贫开发相关的法律制度本身乃至整个体系都有不足之处，不仅使原本有限的扶贫资源不能实现利用效率的最大化，而且难以达到对扶贫资源整合的要求。如在激励企业参与扶贫方面，《企业所得税法》规定企业发生的公益性捐赠支出在年度利润总额 12% 以内的部分，准予在计算应纳税所得额时扣除捐赠数额，如要超出了法律规定的抵扣比例必须正常缴税，造成了捐赠主体税负的增加，不利于企业的扶贫参与。因此，需要对此规定加以调整，以激励企业参与扶贫。②改变制度规定过于分散而且效力较低的问题。我国缺乏一个系统的扶贫法律制度，缺乏对扶贫资源进行有效整合。目前已存在对扶贫具有一定规范作用的立法，如义务教育法、城乡低保制度，但难以适应现实精细化的扶贫需求，如教育立法未能考虑农民的继续教育需要、缺乏对贫困农民的倾斜性支持、忽视系统化的终身教育、各种扶贫制度建设结构单一、内容简单，与复杂和精细的扶贫实践需要存在脱节。有学者研究提出，"从立法入手确保穷人获得更多的公共服务，同时使政府和社会机构对穷人更负责任，使穷人更多地参与政治进程和地方决策，特别是与他们自身发展相关的决策。因此，必须建立一个能够更具包容性发展的政治与法律基础，创建促进经济增长及公平的公共行政管理框架，促进包容性的分权和社区发展，促进性别平等、消除社会障碍、支持穷人积累社会资本。"①以上建议不无道理，但又过于笼统，应加快制定扶贫开发基本法律制度，以便为扶贫精细化提供基本制度依据。其核心目标是明确扶贫参与各主体的基本权责关系及统一管理问题。从较全面的观点来看，反贫困立法可以从理念与原则、适用范围及调整对象、主体框定、法律关系与责任等方面进行构建。②③改变相关制度规定过于原则化的问题。如《农业法》《老年权益保障法》《残疾人权益保障法》等，虽然这些法律与扶贫具有一定的关系，但又过于原则化。如《农业法》规定，国家鼓励社会资金投向农业，鼓励企业事业单位、社会团体和个人捐资设立各种农业建设和农业科技、教育基金，但缺乏具体的鼓励措施。具体规则设计应充分考虑现实扶贫需要，调动和整合各种扶贫资源以保障贫困者的利

---

① 张岩松：《发展与中国农村反贫困》，中国财政经济出版社，2004，第 52 页。
② 刘晓霞、周凯：《反贫困立法：定位与进路》，《西部法学评论》2013 年第 3 期。

益具体和全面地实现。

第二，加强社会服务立法。社会服务内容十分丰富，对于消除贫困者非物质性贫困具有十分重要的意义，因此，我国制定社会服务立法也是必要的。社会服务是政府产生后就已存在的，从强调管理、命令到注重服务是政府制度的重要变革。政府扶贫服务是服务型政府的基本职能和任务之一，是服务型政府理论与实践的具体化和深入化，也是一种基础性的政府服务。早在1938年，德国行政法学家厄斯特斯福多夫在《作为服务主体的行政》一文中就提出，对贫困者的生存照顾是政府的重要服务内容。20世纪70年代以来兴起的世界行政改革，使政府的服务性更加凸显。1991年英国的《政府宪章》更是详细制订了政府服务标准，其他不少国家也制定了服务标准或者成立了服务机构。西方新公共服务等理论为服务型政府的推进提供了重要理论基础。

我国应注重与扶贫有关的社会服务制度顶层设计，借鉴国外做法制定全国统一的社会服务法，以解决目前顶层设计滞后、瞄准机制及新制度分散等问题。以老龄服务为例，老年精细化扶贫需要民政、生活、老龄办、扶贫等多部门的参与和推动。但目前缺乏较高层面的整体化制度，产生了政策缺乏衔接、部门之间的协作与配合不密切、政府部门定位不清等问题。未来老年扶贫的任务还十分繁重，政府各部门相互配合的要求非常迫切，这就需要以顶层制度设计作为保障。而制定老年社会服务法或更高层面的社会服务法是一种有效的选择。

第三，加快社会救助立法。2014年我国虽然实施了《社会救助暂行办法》，但大多只是一些原则性规定，而且立法位阶低。该法第3条规定，国务院、民政部门统筹全国社会救助体系建设；国务院、民政、卫生计生、教育、住房城乡建设、人力资源社会保障等部门，按照各自职责负责相应的社会救助管理工作；县级以上地方人民政府民政、卫生计生、教育、住房城乡建设、人力资源社会保障等部门，按照各自职责负责本行政区域内相应的社会救助管理工作。但其中的权责规定显然是不具体的。因此，要尽快制定我国的《社会救助法》，并将生活质量提升明确引入社会救助制度功能目标中，并进行相应的具体制度设计。《社会救助暂行办法》涉及生活质量内容的规定，虽然具有一定的制度进步，但尚不是正式立法，必然会影响制度实践效果，而且未将提升救助对象的生活质量纳入功能目标中，未充分体现提升救助对象生活质量的目标。因此，建议尽快制定我国的《社会救助法》，并将生活质量目标明确引入社会救助目标中，以丰富社会救助功能目标的内涵，体现经济物质保障与非经济物质保障两种功能的有机结合。可以借鉴日本的做法，日本 1950 年制定、2005 年修订的新《生活保护法》第 1 条明确规定以保障最低限度的生活并帮助贫困群体自立为目的。第 3 条又规定保障最低限度的生活必须是能够维持健康的、具有文化意义的生活水准之生活。这里的自立、健康文化、生活水准等规定就直接体现了生活质量内容并进行了具体制度的设计，值得我们借鉴。

第四，完善单行立法制度。具体内容应与具体需要相结合，对不同救助对象采取个性化服务是精准扶贫能否有效实现的关键，因为服务只有对有需求的人才有价值。2014 年 9 月 17 日李克强总理主持召开的部署全面建立临时救助制度的国务院常务会议强调，按照《社会救助暂行办法》要求，全面建立临时救助制度，对遭遇突发事件、意外伤害、重大疾病或其他特殊原因导致生活陷入困境，其他社会救助暂时无法覆盖或救助之后基本生活仍有严重困难的家庭或个人，给予应急、过渡性救助，做到兜底线、救急难，填补社会救助体系"缺项"，确保有困难的群众求助有门、受助及时。以上这些方面应尽快通过制定单行立法制度来实现。

第五，加强地方性制度建设。在贫困地区，一些扶贫计划未能及时足额落实到位，一些政策的实施实际上扩大了贫富差距；还有一些政策较多损害了贫困地区贫困人口的经济权益。之所以出现这样的情况，主要原因在于相关制度的缺乏，即使有规则，但在实施过程中也缺乏有效的监督规则，尤其是在建立制度实施效果评价体系方面未形成公正有效的评价规则体系。在我国反贫困行动中，需要构建以公正为导向的户籍制度、财税制度、社会保障制度、土地制度、金融制度、就业扶持制度、医疗卫生制度及税收制度等。这些规则制度都需要公正化并与反贫困目标相结合，但遗憾的是，不少方面是缺位的。不少制度安排不利于贫困人群、特别是农民。在土地补偿的实施以及失地农民的安置上，法律规则既不全面、也不具体明确，特别是"应当""尽量""适当"等模糊表达会给征地方提供巨大的自由裁量权进而可能损害公正性，失地农民即使试图维权，也必然十分困难，这种规则甚至可以成为损害农民利益者的保障手段和依据。大量的事件表明，"土地制度的真正问题，并不是村级组织有多大的权力，而是政府的'合法'侵害权利太大。"[①]

在地方性法规建设中，目前有的地方已经取得了一定的成效。2013 年 3 月贵州省人大常委会批准通过的《贵州省扶贫开发条例》对扶贫开发中的政府职责、项目管理、资金管理、行业扶贫和社会扶贫等分别进行了规范，相对而言较为具体。《贵州省扶贫开发条例条例》主要规定了以下内容。①政府责任。各级人民政府应当建立健全扶贫对象识别机制，推进扶贫开发和农村最低生活保障制度的有效衔接，对贫困地区和扶贫对象实行动态监测管理。②扶贫项目的设置。该条例将扶贫项目分为产业扶贫项目、扶贫对象基本生产生活条件改善项目、扶贫对象能力培训项目及其他项目。扶贫项目实行分级分类审核审批，其中，产业扶贫项目实行竞争立项，具体办法由贵州省人民政府另行制定。③资金运用与管理。该条例规定了财政专项扶贫资金的主要使用范围：一是培育和壮大特色优势产业；二是改善农村贫困地区基本生产生活条件；三是提高扶贫对象就业和生产能力，对其家庭劳动力接受职业教育、参加实用技术培训给予补助；四是帮助扶贫对象缓解生产性资金短缺困难，支持贫困地区建立村级发展互助资金，对扶贫贷款实行贴息等。④社会参与动员与激励。该条例鼓励支持大专院校、科研单位、教育、卫生、医疗等机构建立智力扶贫制度，为贫困地区定向培养人才，组织和支持技术人员到贫困地区

---

① 王颉等：《多维视角下的农民问题》，凤凰出版传媒集团、江苏人民出版社，2007，第 171 页。

服务；鼓励组建扶贫志愿者队伍，引进人才到贫困地区创业就业；大、中专毕业生到贫困地区创业的，视为自主创业扶贫对象，在物资、资金、智力等方面给予支持。对到贫困地区兴办符合国家和省产业政策的企业，稳定实现扶贫对象脱贫的，有关部门应当优先给予贷款贴息，依法减免行政事业性收费。[①]

2016年5月26日湖北省新修改的《湖北省农村扶贫条例》规定：农村扶贫应当坚持创新、协调、绿色、开放、共享的发展理念，坚持政府主导、群众主体、精准扶贫、因地制宜的原则，实现开发式、开放式、救济式扶贫相结合，增强贫困地区和贫困人口自我发展能力。各级财政应当坚持将农村扶贫开发作为优先保障重点，积极调整和优化财政支出结构，建立与本地区经济发展水平相适应的财政扶贫投入增长机制。明确有关部门的扶贫对象、扶贫任务和扶贫目标，建立扶贫对口帮扶制度。有关部门应当发挥各自优势，组织资金、项目、人才、技术，帮助对口帮扶县（市、区）、乡（镇）、村发展经济和社会事业。鼓励农民专业合作社和企业通过土地经营权流转、土地托管和牲畜托养等方式，带动贫困户增加经济收入。按照国家和省规定的标准、程序，对贫困地区和贫困人口进行精准识别、建档立卡，实行动态管理。建立脱贫认定机制，保证脱贫的地区和人口在一定时期内继续享受扶贫相关政策。鼓励和引导各类金融机构创新金融产品和服务方式，加大对扶贫开发的金融支持。完善大病医疗保障和疾病应急救助制度，建立重特大疾病保障机制，实施健康扶贫工程。以上规定具有一定实践意义，但大多仍然属于原则性规定，不够具体精细。有学者提出，"参与式扶贫模式虽涌现出一些成功典范，但贫困人口的参与绝不是包治百病的灵丹妙药，其间有诸多障碍和问题需分析、解决。现阶段，中国大规模推广参与式扶贫的政治社会环境和贫困人口自身的小环境尚不具备，只有政府和农户合理分权、分工，密

---

① 参见贵州省扶贫办《贵州省扶贫开发条例》，http://cn. chinagate. cn/povertyrelief/2014 - 10/10/content_33726140. htm；齐健：《贵州立法规范扶贫开发项目和资金管理》，http://news. xinhuanet. com/politics/2013 - 02/18/c_ 114713669. htm。

切合作，扬长避短，才能实现扶贫开发的效益最大化"。① 但我们应不断地创造条件特别是制度条件以增强贫困者权利。

以上规定值得肯定，但从精细化扶贫角度看，其在制度权威性、内容系统性和措施可操作性等方面都存在不足之处，需要进一步完善，例如政府责任如何落实、违规如何追究、贫困者权利如何保障及相关程序性问题如何规范等都有待明确。在与《社会救助暂行办法》相配套的地方性制度中也能够看出这种情况，如内蒙古《贯彻实施〈社会救助暂行办法〉重点任务分工方案》，要求各有关部门要按照《方案》要求，将涉及本部门的工作进一步分解和细化，抓紧制定具体落实措施，各部门要积极工作、密切配合，全力完成部署的工作任务。统筹落实任务分工，加快推进各项工作，自治区人民政府对各项工作进展情况将适时组织专项督查，但权责关系仍然不够具体，可以制定一套精准权责划分的具体方案，从而明确各主体和客体的权责关系，规范社会救助的运行程序，使多元主体的配合更加有效。有学者研究提出，扶贫贷款、以工代赈、外资等扶贫资金的减贫作用并不明显；生产性扶贫投资对增加农民收入和减少贫困发生率有明显的作用，而基础设施投入、公共服务投入的减贫作用并不明显。今后一段时期应调整扶贫资金的投向并相应地改革扶贫资金的管理体制。政府也应将相关权责精准化。② 这对于地方扶贫资金规定的完善具有一定的借鉴意义。但如何精细化仍是亟待探讨和解决的重要现实问题。

（二）细化扶贫中各参与主体的权责关系

扶贫过程也是确立和实践权责关系的过程。在一般公共管理中，主体间的权责关系通常是统一的，即权责一致。但精细化扶贫是一项复杂的系统工程，需要各方面力量的相互支持和配合，

---

① 赵玉、刘娟：《参与式扶贫中政府与农户合作的障碍与对策》，《河北学刊》2013 年第 4 期。

② 徐志明：《我国扶贫投资及绩效分析》，《西部学刊》2013 年第 11 期。

所以权责关系较为复杂，具有相对特殊性。这里的权，既包括政府部门的权力，也包括社会组织与个人的权利；这里的责任主要指民政部门，但同时也包括其他参与救助的行政部门及参与到社会救助关系的社会组织与个人的责任。从扶贫精细化角度看，应构建和完善以下三种基本的权责关系。

1. 政府各部门之间："统筹—协作型"权责关系

在此关系中，确立扶贫各政府部门之间制度化协作的责任十分重要。针对救助扶贫中政府的协作关系，《社会救助暂行办法》提出了两方面的要求。一是国务院民政部门统筹全国社会救助体系建设，民政、卫生、计生、教育、住房城乡建设、人力资源社会保障等部门按照各自职责开展社会救助管理工作。统筹事项主要是建立社会救助管理信息系统，以实现社会救助信息互联互通和资源共享。二是地方形成政府领导、民政部门牵头、有关部门配合、社会力量参与的社会救助工作协调机制，以根据救助对象的具体情况与需求采取相应的救助措施。从扶贫整体精细化要求看，政府与政府间"统筹—协作型"权责关系主要应包括三个方面。第一，资金衔接配套性统筹责任。为满足扶贫需要，需尽可能为贫困者提供多种救助服务，上级政府拨付的救助资金需要地方政府提供衔接配套资金时，应以相应的政策立法强制地方政府予以合作，政府责任人应依法承担责任。同时改变目前专项拨款项目确定与范围的选择上、配套资金规定上缺乏严格制度约束的情况，因为有的地方尽可能减少专项拨款配套资金，不利于资金的增加，应通过健全的责任制度给予有力纠正。第二，信息共享性合作责任。信息是良好合作的基础，要通过具体的责任制度使相关政府部门进行及时有效的信息合作。就扶贫开发部门与民政部门的关系看，二者不应是一种单项信息合作模式，即民政部门向相关部门提供信息帮助，建议通过具体措施实行双向信息合作，以便使各部门在社会救助中行使权力和履行责任。第三，服务整合责任。要通过责任制度措施使有关行政部门为贫困农民创业、经营等致富行为提供必要的服务，相关制度还要细化、目标要更加明确，要突出对救助脱贫能力培育和就业、经营的合作服务，如卫生部门、教育部门、扶贫部门和民政部门相互合作为救助提供健康、就业培训服务等，工商部门提供一些优惠措施，包括农民城镇经营给予免费或免除工商登记、指定经营区域减免管理性收费，对农民创业项目简化审批手续等。要做出具体规定，坚决执行，保证合作的实现。

2. 政府—非政府组织："契约－监管型"权责关系

要促进各种非政府组织有效地参与到政府的农村反贫困中，政府应承担一定责任。这种责权关系可以被称为"契约－监管型"权责关系，它意味着一方面政府承担对参与社会救助的社会组织的一定激励责任，另一方面政府也有必要对社会组织加以监管，使其参与扶贫行为符合法律政策规定。但主要还是政府的激励，这实际上就构成了一种契约责任关系，主要表现在以下几方面。

物质激励契约关系。物质激励是国外较为常见也是比较有效的做法，当今国外激励责任方式有三种。一是政府直接给予补贴。政府的资助是非营利组织的第二大收入来源，美国第三大社会服务慈善机构——美国天主教慈善团体，从政府获得的收入占其全部收入的64%。二是协议资助。"1996年福利改革颁布了'慈善方向'，允许政府同宗教团体签订合约，共同提供反贫困服务，这极大提升了宗教服务计划潜力。"① 三是税收优惠，美国联邦税法第501条具体规定了公益服务性组织可免缴所得税。我国2014年实施的《社会救助暂行办法》第10章也规定国家鼓励单位和个人等社会力量通过捐赠、设立帮扶项目、创办服务机构、提供志愿服务等方式，参与社会救助。社会力量参与社会救助，按照国家有关规定享受财政补贴、税收优惠、费用减免等政策。实际上就是政府对社会组织的一种承诺，也是一种契约责任。

精神激励契约关系。政府对参与救助的社会组织与个人给予充分肯定和表扬，给予其荣誉称号，这对其获得社会广泛认可与赞誉具有直接而重要的影响。在美国，为激励志愿服务，目前已

---

① 〔美〕Neil Gilbert、Paul Teeerl：《社会福利政策导论》，黄晨熹等译，华东理工大学出版社，2003，第8页。

形成"全国志愿者周"和"总统志愿服务奖"等多种精神性激励，每一项制度都包含丰富的奖励内容，值得我们借鉴。基层政府精神奖励的确会存在权威不够、影响不大的问题，但仍然可以通过媒体加强影响、向上级政府部门提出进一步奖励建议、对志愿服务人员给予就业优惠奖励等。

服务性激励契约关系。通过政府财政开支，为参与社会救助的组织或个人提供特定的服务。许多非营利组织既需要资金帮助，也需要服务性帮助。美国政府为志愿组织提供的直接服务是培训服务人员、提供技术指导等。志愿者提高了技能，获得了实际锻炼；志愿服务结束后，在就业方面可获得一定的优惠。这无疑是一种促进合作的有效激励，亦值得我们研究借鉴。

此外，为充分保障参与扶贫的社会组织能够享有相应权利，政府应转变管理上存在的科层化、官僚化、低效化倾向，优化法律环境，实现法治化管理。第一，完善已有立法制度。现有的一些法规制度如《社会团体登记管理条例》《民办非企业登记管理暂行条例》等，某些规定中制约了社会组织的发展，应该适时做出修订，如《社会团体登记管理条例》规定的登记要求过于严格。2016 年 8 月 1 日民政部公布了《社会团体登记管理条例》（修订草案征求意见稿）及其说明全文，征求社会各界意见，其中《征求意见稿》提出降低准入门槛以鼓励城乡社区服务类社会团体发展。一是成立为满足城乡社区居民生活需要，在社区内活动的城乡社区服务类社会团体，可以直接进行登记。二是明确经本单位或者基层群众性自治组织同意成立，在本单位、社区内部活动的团体不属于本条例登记范围。三是城乡社区服务类社会团体由所在地县级人民政府的登记管理机关负责登记管理。这对于社区服务类社会团体发展与扶贫参与具有一定的意义，值得肯定。第二，促进慈善法的具体落实。2016 年 3 月我国《慈善法》已经正式公布，其中不少规定还只是原则性条款，应将这些原则上的规定具体化并保障其实施。第三，形成政府规章与地方性立法。2012 年出台的《福建省市场中介组织管理办法》及《徐州市贫困家庭儿童重大疾病慈善救助实施意见》都是较好的尝试，后者提出贫困家庭儿童重大疾病慈善救助由省、市、县（市）、区慈善救助资金共同承担。市主城区（不含贾汪区、铜山区）慈善救助资金由财政预算、慈善募集款、福彩公益金按 5∶3∶2 比例投入。立法中体现了参与式管理的治理结构方向。将发展促进与有效监管有机结合加快政府职能的转变，使社会中介组织真正拥有自己的职能。政府也从"管了不该管的事"中解脱出来，真正实现精简高效，加强对社会中介组织的扶持和投入，完善增权激励、服务激励、资金激励、就业激励、精神激励等激励制度。在地方实践中，动员社会力量参与精准扶贫制度化建设已引起一定重视，如福建省宁德市出台的《关于动员社会力量参与精准扶贫的实施意见》，旨在全面推进社会扶贫机制体制创新，进一步动员社会各方面力量参与精准扶贫，形成全社会协同推进的"大扶贫"格局。以上举措值得肯定，但还需要更为正式的地方性法规保障实施效果。

3. 政府与贫困者："保障—促进型"权责关系

保障权责关系意味着对符合救助条件的贫困者提供基本保障，也意味着贫困者应当享有被救助的权利。2014 年我国实施的《社会救助暂行办法》第 1 条、第 2 条规定就体现了这种权利。促进权责关系的主要目的是促进贫困者有效发展，如政府促进具有劳动能力的低保对象参与劳动就业。我国《社会救助暂行办法》第八章已有不少相关权责规定，包括国家有责任对最低生活保障家庭中有劳动能力并处于失业状态的成员，通过贷款贴息、社会保险补贴、岗位补贴、培训补贴、费用减免、公益性岗位安置等办法给予就业救助；最低生活保障家庭有劳动能力的成员均处于失业状态的，县级以上地方人民政府应当采取有针对性的措施，确保该家庭至少有一人就业。

需要特别指出的是，在促进型关系中，贫困者享有被帮扶权利的同时，使其承担一定的义务具有不可忽视的意义。因为人们在行使权利时要意识到个人的义务和责任，"进行选择的自由使我们能决定应该做什么，随之而来的是我们对于自己行为的责任，因为这种行为是我们自主选择的。可行能力是开展行动的能量，由这种能力（也就是能量）派生出的责任也是可行能力视角的一部分，这就提出了对义务的要求——可以更广义地称之为道义的要求"。① "作为一个人，而不仅仅是一具活的躯体或一个动物，只有意识、交流和树立目标和信念的能力是不够的，个人还必须承担责任……特定文化的成员能够接受对他人的责任，也能够认识到他人所承担的责任，如果没有这个假设，这些特定文化的规范性结构，无论它们的具体内容是什么，都将无法让人理解。"② 在精细扶贫中，这种义务具体可细化为 4 种义务。（1）遵守政策法律规定的义务，不弄虚作假，不得有欺骗行为、不得违反法定程序等。低保制度中要求，最低生活保障家庭中有劳动能力但未就业的成员，应当接受人力资源社会保障等有关部门介绍的工作；无正当理由，连续 3 次拒绝接受介绍的与其健康状况、劳动能力等相适应的工作的，县级人民政府民政部门应当决定减发或者停发其本人的最低生活保障金。这种规定首先具有必要性，因为现阶段的救助对象有依赖政府保障的消极思想。（2）充分利用个人资产的义务。美国学者迈克尔·谢若登所列举的广泛个人资产包括现金、不动产、自然资源、家庭耐用品、人力资本、文化资本、非正式社会资本、正式社会资本或组织资本等，③ 在贫困家庭中可能不同程度地存在着。日本《新生活保护法》第 60 条规定："被保护者必须不断地根据自己的能力辛勤地劳动，节约支出，并努力维持和提高生活。"为保证能力参与的有效性，日本政府还要求对受助者进行指导，该法第 27 条第 1 款规定，"对于被保护者，保护实施机关为维持、提高生活及实现其他保护的目的，可以进行必要的指导和指示"。为保证指导的有效性还规定了被保护者负有必须服从的义务，即有义务充分利用本人的现有资产和能力。（3）契约性义务。契约，即特定主体以相互权利与义务为基本内容的协

① 〔印度〕阿马蒂亚·森：《正义的理念》，王磊、李航译，中国人民大学出版社，2013，第 16 页。

② 莱恩·多亚尔、伊恩·高夫：《人的需要理论》，汪淳波、张宝莹译，商务印书馆，2008，第 118—119 页。

③ 〔美〕迈克尔·谢若登：《资产与穷人——一项新的美国福利政策》，高鉴国译，商务印书馆，2005，第 122—126 页。

议，具有参与主体平等自愿、协商一致、参与直接、权责统一性等特点，在扶贫中有着广泛的适用空间。例如，在支付用于脱贫发展需要的资金时，可通过契约性协议，使贫困农民承担将这部分资金用于脱贫发展的责任，并明确规定违反协议的不利后果，对取得成效者给予激励。为促进科技富农，政府可采取契约形式提高农民采纳农业科技成果的积极性，如契约性风险分担、奖励。在吸引外出农民返乡投资带动更多贫困农民实现收入的增长、促进贫困农民经济组织发展等方面，均可考虑进行契约性合作。此外，我国实行的"结对帮扶"、小额贷款、扶贫到户等形式也都适合契约化规定。契约化规定意味着对贫困者设定一定的责任，这是十分必要的。（4）参与贫困预防的义务。不少贫困现象尤其是家庭成员健康的贫困是可以通过一定方式加以预防的，养成良好的生活习惯、参与社会保险、家庭成员之间的合理关照都可以在一定程度上预防健康贫困发生。20 世纪 90 年代，美国制定和实施了一些福利改革法案，旨在促进年轻人或者未成年人父母做出对脱贫发展负有个人责任的行为，其目的在阻止享有福利的贫困多育，使父母对子女及家庭承担一定责任，即要求不负责的父亲履行支付义务。完善确认生父制度，追踪义务人及其财产能力并强制其支付子女抚养费等都是为了预防贫困的发生。以上做法值得我国借鉴。

（三）细化与完善扶贫绩效监督与考核制度

我国长期扶贫及相关福利制度设计，侧重于对扶贫对象的监管。以低保制度为例，许多地方制度都规定了低保申请人不允许拥有什么、不能做什么，否则会得到怎样的惩罚。实际上，在扶贫中关键是保障公共权力的有效运行。因为在扶贫中，政府权力固有的扩张性、侵略性和极易为个人控制而走向腐败的特点，在一些地方政府中表现得尤为明显。权力腐败导致执法不严、违法不究，进而造成一些地方违规不被追究。为此需要细化与完善扶贫绩效监督与考核制度。

第一，构建多维监督机制，包括同级人大对政府的监督、行政部门内部监督、扶贫项目参与人的监督及社会监督等。2015 年 8 月我国最新修改的《地方各级人民代表大会和地方各级人民政府组织法》规定了同级人大对政府的各种监督权力，在我国扶贫中要通过具体的制度规则发挥应有的监督作用。有的国家制定了专门的监督制度，取得了较理想的效果。例如，北欧挪威、冰岛等国家设立了社会服务巡视官制度，具体负责监督、评估与违法处理。以上国家巡视官制度已经发展到包括具体服务的巡视官阶段，挪威有健康问题、儿童和性别问题的巡视官。马耳他有国家级的巡视官，巡视官办公室负责处理公民对服务的投诉；通过 2003 年立法还任命了儿童专员，以专门保护儿童权益。芬兰在市一级设立了地方巡视官制度，市政当局掌握着处理个人情况的社会服务系统。①

第二，建立新的扶贫考核指标体系，实行对多维扶贫效果的考核。在将提升资金使用绩效纳入制度化的同时，也不忽视对其他方面扶贫绩效的考核，如将健康、权利、公平等维度的扶贫也纳入考核指标范围。目前政府在扶贫中很少考虑尊重贫困者权利，将听取贫困者意见视为工作方式问题，贫困人口参与权利难以得到有效保证。有些工作人员认为贫困人口处于社会底层、受教育不足，他们的权利表达没有实际意义。真正消除现代意义上的贫困，不仅包括消除收入贫困，还包括能力贫困与权利贫困。权利贫困与规则有着十分密切的联系，通常立法规则是权利产生的前提。贫困者权利比较容易受到忽视或侵犯，因此政府完全施予者的角色最能体现服务政府的要求。在贫困地区，群众盼望的一些政策未能及时制定或者没有及时足额落实到位、一些政策在贫困地区实施实际上扩大了贫富差距、还有一些政策较多地损害了贫困地区贫困人口的经济权益，之所以出现这样的情况，主要原因在于我国政府在制定政策过程中没有充分考虑贫困者的权利，所以在扶贫实践中，多维的综合考核指标体系对于扶贫持续性、全面性和精细化都具有重要意义。

---

① 李兵、张恺悌、何珊珊主编《社会服务》，知识产权出版社，2011，第 229—230 页。

　　第三，细化与完善政府责任承担条件。在赋予政府更多自由裁量权的同时，其违反责任的规定也要细化。《中共中央　国务院关于打赢脱贫攻坚战的决定》规定，严格扶贫考核督查问责。抓紧出台中央对省（自治区、直辖市）党委和政府扶贫开发工作成效考核办法，建立年度扶贫开发工作逐级督查制度，选择重点部门、重点地区进行联合督查，对落实不力的部门和地区，国务院扶贫开发领导小组要向党中央、国务院报告并提出责任追究建议，对未完成年度减贫任务的省份要与党政主要领导进行约谈。以上要求要得到具体落实还需要细化责任制度。从现有制度看，对于在政策、资金及项目管理上的混乱以及以权谋私、贪污挪用等腐败现象，我国已经存在行政或者刑事责任形式，但总体看还比较笼统，难以结合精细扶贫的要求具体适用，还需要从以下两方面加以细化与完善。一是责任承担条件进一步细化和明确。如2014年2月21日《社会救助暂行办法》第67条规定，违反本办法规定，截留、挤占、挪用、私分社会救助资金、物资的，由有关部门责令追回；有违法所得的，没收违法所得；对直接负责的主管人员和其他直接责任人员依法给予处分。第69条规定，违反本办法规定，构成犯罪的，依法追究刑事责任。那么，依法给予处分与刑事责任的界限如何划分，承担行政责任与刑事责任的具体条件等规定需要进一步明确。还如中央扶贫基金中的以工代赈资金和贴息贷款等都存在一定的目标瞄准问题，目前国内大多数小额信贷项目瞄准的并不是真正意义上的贫困农户。出现以上情况后，在承担责任上应当有所区别。二是关于绩效考核及责任承担规定的细化。国务院扶贫开发领导小组《关于改革财政专项扶贫资金管理机制的意见》提出从资金分配机制、使用机制和监管机制等方面入手推进改革，在建立资金竞争性分配机制、下放资金项目审批权限到县级、提高资金使用精准度、集中力量解决突出贫困问题、强化地方监管责任、构建全面监管体系等方面提出了明确要求。① 这为

---

① 国家统计局住户调查办公室：《中国农村贫困监测报告2015》，中国统计出版社，2015，第64页。

绩效考核及责任承担规定的细化提供了基本依据，包括扶贫资金投向选择、投资项目的选择以及资金分配的比例等权责都需明确。三是贫困者脱贫效果考核精细化。资金使用不当、瞄准缺失等都会影响贫困者脱贫效果。2002 年中国人民银行等部门联合下发《下岗失业人员小额担保贷款管理办法》，其中贫困对象适用范围十分有限，之后有一定的扩展，但贫困者得到贷款仍十分不易。改善这种状况的重要途径是扶贫资金在解决了生产性项目投资或用于改善生产条件硬件项目如修建基础设施等之后，将更多资金投入到与贫困人口人力资本素质关系较为密切的发展项目。探索和实践将专项扶贫项目与贫困农民需要有机结合的有效途径。"据国务院农村发展研究中心调查表明，1/3 的扶贫项目不能覆盖大多数贫困群体。因为项目选择受到管理方式与农户需求分散这一矛盾制约而无法做到准确瞄准，即使在实行村级扶贫规划重点村，这一状况也没有根本改变，从而造成我国扶贫资金不能准确瞄准'穷人'的结果。"[1] 对以上这些问题，需要启动新的绩效考核及问责制加以及时纠正。

（四）加强相关配套制度的建设与完善

第一，细化和完善老年权益及福利保障制度。老年人是我国目前较大的贫困群体之一，2014 年按现行国家农村贫困标准测算，60 岁以上老人贫困发生率为 9.3%，高于其他年龄段人群的贫困发生率。[2] 因此，除了对老年人进行一般扶贫外，还有必要对老年群体给予特殊的扶持。从国外及我国港台地区经验看，细化和完善老人福利立法是促进和实现老年扶贫的重要途径，如自 1980 年以来，我国台湾地区积极探索制定老人福利及权益保护的立法及政策措施，形成了以《老人福利法》与《老人福利法实施细则》为基础，以《中低收入老人津贴发给办法》《中低收入老人特别照顾

---

① 王俊文：《当代中国农村贫困与反贫困问题研究》，湖南师范大学出版社，2010，第 174 页。

② 国家统计局住户调查办公室：《中国农村贫困监测报告 2015》，中国统计出版社，2015，第 15 页。

津贴发给办法》及《老人福利机构设立标准》为主体的立法制度体系。其中《老人福利法》的立法目的涵盖了保障老人尊严、健康、生活、权益及福利等方面。从我国老年精细扶贫及已有制度基础看，还需要从以下方面加以细化和完善。

①细化和完善政府关于老年人权益保障的具体责任制度。我国新修订的《老年人权益保障法》于2013年7月1日起正式施行，内容由原6章50条扩展到9章85条，不仅增加了老年社会服务和关怀照料等内容，而且把积极应对人口老龄化上升为国家的一项长期战略任务，对老年人合法权益、社会优待、失智老年人监护制度、老人享受补贴等都做了明确的规定。但从老年精细扶贫角度看，仍然需要进一步完善。笔者建议细化政府责任制度，因为《老年人权益保障法》规定了不少政府责任制度，但都比较笼统，不够细化。其中第3条规定，国家和社会应当采取措施，健全对老年人的社会保障制度，逐步改善保障老年人生活、健康以及参与社会发展的条件，实现老有所养、老有所医、老有所为、老有所学、老有所乐。第31条规定，老年人有继续受教育的权利。国家发展老年教育，鼓励社会办好各类老年学校。各级人民政府对老年教育应当加强领导，统一规划。第32条规定，国家和社会采取措施，开展适合老年人的群众性文化、体育、娱乐活动，丰富老年人的精神文化生活。还应规定针对老年人的不同特点采取个性化做法，如鼓励和帮助老年人在自愿和量力的情况下实现自身价值，包括传授文化和科技知识、提供咨询服务、依法参与科技开发和应用、依法从事经营和生产活动、兴办社会公益事业等。社会救助应有所作为，也可以有所作为。例如，在物质救助过程中为老年人提供心理帮助。但如何保障责任落实还需要进一步细化或者操作化。

优化老年权益保障制度是推进老年精细扶贫的重要途径，其主要目的是消除老年歧视、实现就业机会平等和保障劳动收入报酬等。在此方面，国外已形成了一些可借鉴的经验，欧盟在积极应对老龄化行动中，致力提高对老龄人口的社会关注，推进欧盟在反歧视、老龄员工雇用、社会保障、社会包容、健康、无障碍、新技术和世代团结等方面的行动。2013 年欧洲年龄平台（Age Platform Europe）的年度报告以"通向一个年龄友好型的欧盟"为主题，着重论述了其在推进欧盟老年人口的权利保障和社会参与问题上的具体行动策略。在老年权利保障方面，它不断收集《欧盟就业平等法》在各个成员国的影响和与年龄歧视相关的判例，促进建立欧盟内外在老年权利保障问题上的多边对话机制。我国在实践中也存在对老年群体的歧视或者忽视等问题，这需要通过特别措施加以应对，完善对老年人的法律援助和司法救助制度。

② 细化老年服务内容，消除老年多维贫困。在此方面，我国实施的《五保供养工作条例》服务内容相对细化，但其关注的重点是五保老人的基本物质生存，对老年人的精神生活、文化生活、心理健康、人际关系还未给予应有的重视。政府在五保老人社会发展权利的公共服务上还有所欠缺，应通过制度的完善着力提高服务水平，包括从提供制度、财政供给、递送公共服务以及适当满足其他需求的内容等方面细化政府责任，动员社会力量参与五保养老问题的工作，提升五保养老服务质量。同时可引入专业社会工作参与以丰富老年服务内容，当前"老年社会工作已从过去那种旨在改善老年人生活待遇和服务水平，转变到挖掘老年人潜能、提倡老年人互助、为老年人争取合法权益的道路上来。鼓励老年人不再以单纯受惠于社会的角色出现在社会上，而是以业已为社会创造了价值、有权重新参与分配社会新资源的形象生活在社会中"。[1]1997 年 6 月我国台湾地区老人福利法的修正将老人福利机构扩大为 5 类："长期照护机构、养护机构、安养机构、文康机构、服务机构。同时也配合社会司在 1983 年订颁的'加强结合民间力量推展社会福利实施计划'，以及 1997 年 1 月 30 日公布的'推动社会福利民营化实施要点及契约书范本'，奖助民间机构办理老人福利服务，将居家服务纳入服务范围"。[2]2009 年 9 月 7 日

---

① 王思斌主编《社会工作概论》，高等教育出版社，2006，第 213—214 页。
② 林万亿：《台湾的社会福利：历史与制度的分析》，五南图书出版股份有限公司，2012，第 498—499 页。

我国台湾地区核定"'友善关怀老人服务方案',以'活跃老化'、'友善老人'、'世代融合'为三大主轴,规划推动全方位的服务措施,包括拓展老人健康促进,强化预防保健服务;鼓励老人社会参与,维护老人生活安逸;健全友善老人环境,倡导世代融合社会等4大目标、16项执行策略、63项工作项目,以建构有利于老人健康、安全与活跃之友善社会"。① 以上做法值得大陆地区借鉴。③加快和细化老人健康服务立法。日本针对老人出台《老人保健法》等多种立法。2000年推出了老人介护保险制度,这一制度是由老年福利制度和老年保健医疗制度合并而成的,既保障老年人生活不便时有人照料、有病能及时得到医疗和护理,又可提高劳动人口照料老年人的效率,专业人员的定期上门提供医疗护理和康复指导,延缓衰老进程,促进和维持健康状况,使服务效果和质量更加有保障,节约了大量的医疗费。中国大陆也需要加大关于老年人收入、健康与精神救助方面的福利立法,加快乡村老年福利设施建设,让农村缺乏家庭照料的老年人能老有所养、在本村安度晚年。也可专门制定老人卫生服务立法。国外不少国家制定了具体立法,中国大陆目前医疗救助多是一般政策或临时的规定,缺乏针对老年人的具体卫生福利制度,应加以重视。

第二,细化和完善残疾人就业促进与福利制度。同老年人一样,残疾人也是我国目前较大的贫困群体之一,除了对他们的一般扶贫外,还有必要对残疾人群体给予特殊的扶持。国家和社会采取扶助、救济和其他福利措施,保障和改善残疾人的生活。我国1990年实施的《残疾人保护法》涉及康复、教育就业、福利等内容。其中第7条规定,全社会应当发扬人道主义精神,理解、尊重、关心、帮助残疾人,支持残疾人事业。国家鼓励社会组织和个人为残疾人提供捐助和服务。从事残疾人工作的国家工作人员和其他人员,应当依法履行职责,努力为残疾人服务。但目前主要问题是有些制度规定并未得到有效落实,需要进一步细化与完善。残疾

---

① 林万亿:《台湾的社会福利:历史与制度的分析》,五南图书出版股份有限公司,2012,第501页。

人服务是一项系统性的复杂工程，鉴于就业对残疾人脱贫发展的重要意义以及现实突出问题，残疾人士不仅面临劳动就业机会少、就业待遇低等因素带来的收入困境，而且为了获得同样的生活水准，生理残疾的人比正常人需要更多的花费，所以总收入会减少。无论哪种人，人的发展与发展机会有着十分密切的关系，对贫困者尤为重要。这里着重论述细化和完善残疾人就业促进制度问题。

从各国情况看残疾人难以有效就业是其脱贫面临的突出问题，一些国家的数据表明，"残疾人更容易致贫的主要原因就是就业困难。Hoogeveen 的研究表明，在乌干达，有残疾人的城市家庭贫困的可能性比没有残疾人的家庭高 38%。塞尔维亚反贫困战略指出，70% 的残疾人是没有工作的。"[1] 为了促进残疾人平等就业，目前，我国已制定了多种相关法律制度，除宪法平等权的原则规定外，在《劳动法》《就业促进法》《残疾人保障法》以及《残疾人就业条例》等立法制度中也有一定的体现。这些立法及其实施使残疾人就业环境和就业水平有了一定程度的提高，生活状况也得到了一定程度的改善。关于残疾人的发展目标，我国 2008 年出台的《残疾人保障法》第 10 条规定，国家鼓励残疾人自尊、自信、自强、自立，为社会主义建设贡献力量，对康复、就业、文化教育等目标都有具体规定。针对有劳动能力的残障人士，我国已通过规范制度安排来保护有劳动能力者就业，无劳动能力者得到照料与康复服务。促进通过就业实现自立，就业服务的形式主要有三种：第一是集中就业，即在各类福利企业、工疗机构和盲人按摩医疗等单位劳动就业。其中福利企业是集中安排残障人士就业的具有福利性质的特殊生产单位。第二是按比例就业，即依据《残疾人保障法》的有关规定，机关、团体、企业事业组织、城乡集体经济组织，应当按照一定比例安排残疾人就业，并为其选择适当的工种和岗位。第三是个体就业，即从事独立的生产、经营活动，取得劳动报酬或经营收入。

---

[1] 世界银行：《2006 年世界发展报告：公平与发展》，中国科学院－清华大学国情研究中心译，清华大学出版社，2006，第 32 页。

为落实我国《残疾人保护法》及《残疾人就业条例》，各地出台了许多具体的关于扶持残疾人就业的扶助措施，如《北京市按比例安排残疾人就业办法》（1994 年）、《四川省按比例安置残疾人就业办法》（1997 年）、《广东省分散按比例安排残疾人就业办法》（2000 年）《武汉市按比例安排残疾人就业实施细则》（1998年）、《湖北省残疾人优惠待遇规定》（2005 年）等，在促进残疾人就业时应将其加以有效地衔接和运用。为了增强残疾人的就业服务，2014 年 6 月，湖北省委组织部、省编办、财政厅、人社厅、国资委、省残联联合出台《关于促进残疾人按比例就业的实施意见》，提出湖北省行政区域内的国家机关、社会团体、企事业单位和民办非企业单位，应当按照不低于在职职工总数 1.5% 的比例安排残疾人就业，并为其安排适当的工种和岗位。同时要求党政机关、事业单位及国有企业率先招录和安置残疾人，对残疾人能够胜任的岗位，在同等条件下优先录用残疾人。这对低保残疾人就业也有着积极意义。武汉城市圈武汉、黄石、鄂州、孝感、黄冈、咸宁、仙桃、潜江、天门等 "8 + 1 全民创业带动模式" 对于有劳动能力的低保残疾人就业也具有积极意义。一是放宽就业政策，对武汉城市圈内下岗再就业人员创业培训，创业小额贷款，一视同仁；二是对武汉城市圈内下岗再就业人员免费培训，逐步实现对下岗再就业人员创业或就业享有圈内城市同等的扶持优惠政策；三是积极组织圈内城市间的大型职业招聘会，为再就业下岗人员就业提供平台。为促进农村残疾人就业，应逐步取消城镇户口赋予城镇居民的某些特权。逐步实现以居民身份证、公民出生证为主的证件化管理，以住房、生活基础为落户标准，同时与政策控制相结合的户口迁移制度。

但从目前情况看，残疾人就业歧视问题依然突出，他们的就业仍然有许多困难。"就业歧视已成为影响残疾人就业的最主要因素，71% 的残疾人在就业过程中曾遭遇歧视"。[①] 从他们就业的整

---

① 郑钰飞：《七成残疾人曾遭遇就业歧视》，《成都商报》2009 年 10 月 11 日第 19版。

体情况看，2009 年残疾人按比例就业的人数仅为 1165449 人，相对于全国 8300 多万残疾人来说，简直是微不足道。[①] 而且残疾人工作稳定性差，容易被解雇。2009 年达到 210731 人，是该年度新安排就业残疾人数的 1.37 倍。[②] 就业不足是残疾人及其家庭贫困的主要原因，2009 年度残疾人家庭可支配收入仅占全国居民家庭可支配收入的 57.9%，农村更低。[③] 上述问题的形成尽管有多方面的原因，但相关立法制度的不完善是其中的主要原因。目前我国缺乏专门的反残疾歧视法，分散立法中关于禁止残疾人就业歧视的规定大多是原则性、笼统性的。我国《残疾人保障法》与《残疾人就业条例》条款都有"禁止就业歧视"的规定，但是对什么行为属于"就业歧视"没有明确的界定。在残疾人就业及工作实践中，难以完全避免用人单位区别对待的情况，而哪些属于合理的区别对待、哪些属于歧视，立法上也未提及。对于就业歧视的主体、认定标准、适用范围、例外情形、用人单位的抗辩理由、双方的举证责任、救济机制等更没有进行详细的规定。"就业歧视"难以认定，更不易处理。一旦残疾人就业平等权被侵犯，救济与维权就会面临多重困难。《残疾人保障法》第 59 条规定，"残疾人的合法权益受到侵害的，可以向残疾人组织投诉，残疾人组织应当维护残疾人的合法权益，有权要求有关部门或者单位查处。有关部门或者单位应当依法查处，并予以答复。残疾人组织对残疾人通过诉讼维护其合法权益需要帮助的，应当给予支持。残疾人组织对侵害特定残疾人群体利益的行为，有权要求有关部门依法查处。"根据这一规定，如果残疾人的就业平等权受到侵犯，残联无权直接对争议做出处理，只能寻求其他部门做出处理，只能起到辅助作用。而残疾人通过其他途径的维权也同样面临现实问

---

① 梁土坤：《中国残疾人按比例就业问题研究》，《经济研究导刊》2010 年第 25 期。

② 梁土坤：《中国残疾人按比例就业问题研究》，《经济研究导刊》2010 年第 25 期。

③ 《2009 年度全国残疾人状况及小康进程监测报告发布》，www. gov. cn/jrzg/2009 - 12/02/content - 1478080. htm。

题。《中华人民共和国就业促进法》第 62 条规定："违反本法规定，实施就业歧视的，劳动者可以向人民法院提起诉讼。"我国《残疾人保障法》第 60 条规定："残疾人的合法权益受到侵害的，有权要求有关部门依法处理，或者依法向仲裁机构申请仲裁，或者依法向人民法院提起诉讼"；第 64 条规定："在职工的招用等方面歧视残疾人的，由有关主管部门责令改正；残疾人劳动者可以依法向人民法院提起诉讼。"实际上，残疾人的维权诉讼是十分困难的，因为现行的民事法律规范没有关于就业歧视的具体规定，无法根据民事法律规范来主张自己的权利，也难以根据宪法关于平等权的规定提起诉讼。为有效促进残疾人就业与维权，并与残疾人精细扶贫有效结合。笔者有如下建议。

首先，明确对残疾人就业歧视的认定标准。就业歧视行为不明确是影响我国残疾人平等就业的主要因素。基于我国实际情况并借鉴国外经验，专门的反残疾人歧视立法应为直接歧视、间接歧视以及非歧视性差别对待提供具体、明确的认定标准。从国外规定看，直接歧视是指基于残疾本身而做出的区别对待。瑞典《禁止在就业中歧视残疾人法》第 3 条对直接歧视的规定是，在相似情况下雇主不能差别对待残疾求职者或者雇员，使其受到的待遇差于其他非残疾人。澳大利亚《1992 年残疾歧视法》的规定是，在相同或没有实质差别的情形下，任何人（歧视者）如因另一人（受害者）的残疾而给予或将会给予该人差于他给予或将会给予非残疾人士的待遇。间接歧视通常被认定为看似平等但实际上却对残疾人士不利。瑞典《禁止在就业中歧视残疾人法》第 4 条规定，雇主不能差别对待有某种残疾的求职者或者雇员，对其所适用的一项条款、一个标准或者一个程序方法看起来不偏不倚，但与非残疾人相比，实际上使该残疾人遭受差别对待。澳大利亚《1992年残疾歧视法》第 6 条规定，任何人（歧视者）如果要求另一人（受害者）遵守以下要求或条件，就构成基于残疾歧视该受害者：（a）非残疾人士满足或能够满足该项要求或条件的人数比例远远高于残疾人；且（b）就实际情况而言，该要求或条件是不合情理的；且（c）该受害者不满足或不能满足该要求或条件。1995 年印度《残疾人（机会均等、权利保护和全面参与）法》第 47 条规定，任何单位都不得因雇员在雇佣期间患有残疾而将其辞退或降低其职位级别，如果在雇佣期间内患有残疾的雇员不能胜任原来的职位，可以将其调整到与其原职位报酬和待遇相同的其他职位，任何单位都不得仅以残疾为由拒绝雇员升职。

可参照以上规定对我国残疾人就业中的直接与间接歧视行为加以规定，还应明确规定就业歧视的适用范围，包括对参加就业面试的求职者或被雇用者，歧视表现具体包括晋升、培训、报酬、分配、解雇、撤职、临时解雇等环节。对于合理差别对待的界定，除参照国外规定外，还可参照我国相关立法对女职工及未成年工劳动保护规定的内容与精神，根据残疾人身体状况具体规定劳动强度与工作类型的区分，为合理差别对待划定界限。此外，借鉴国外做法，对基因存在缺陷者或可能出现残疾的歧视也列入就业歧视范围加以禁止。

其次，应对已有制度实施困境。我国《残疾人就业条例》第 8 条规定："用人单位安排残疾人就业的比例不得低于本单位在职职工总数的 1.5%。具体比例由省、自治区、直辖市人民政府根据本地区的实际情况来规定。"第 9 条规定："用人单位安排残疾人就业达不到其所在地省、自治区、直辖市人民政府规定比例的，应当缴纳残疾人就业保障金。"第 27 条规定："……用人单位未按照规定缴纳残疾人就业保障金的，由财政部门给予警告，责令限期缴纳；逾期仍不缴纳的，除补缴欠缴数额外，还应当自欠缴之日起，按日加收 5‰的滞纳金。"以上规定都有一定道理，但也可能带来问题，因企业是追求利润最大化的经济组织，如果缴纳残疾人就业保证金和滞纳金成本低于安排残疾人就业成本，他们或许会选择违法。

为此需要细化相关的责任制度，违法行为承担不利后果是立法产生实效的基本保证。根据我国现行立法，残疾人就业歧视违法责任主体主要有两类。一类是用人的企事业单位。我国《残疾人就业条例》规定用人单位安排残疾人就业比例及违法缴纳残疾人就业保障金的责任。另一类是政府相关主管部门。我国《残疾人就业条例》第 25 条规定有关行政主管部门及其工作人员滥用职权、玩忽职守、徇私舞弊，构成犯罪的，依法追究刑事责任；尚不构成犯罪的，依法给予处分。这些责任规定虽然较全面，但实践中仍会面临着不少问题，例如，用人单位宁可接受处罚也不安排残疾人就业的处理；政府责任如何认定；就业过程与就业后被歧视的残疾人的利益如何保障，等等。笔者建议我国专门反残疾人歧视法应从以下几方面加以规范。其一，加大责任力度，增加违法成本。增加缴纳残疾人就业保证金和滞纳金的数量；防止主管部门对违法企业"一罚了事"，注重制度实施的可持续效应。其二，对被歧视残疾人的赔偿制度。借鉴瑞典做法，规定存在歧视行为的雇主向遭受损失的被歧视人支付赔偿金，也应基于报复行为向雇员支付赔偿金。对于政府责任要细化责任标准，明确追究责任机构。其三，规定政府在吸纳残疾人就业方面的责任。国外不少立法有此方面的规定，1995 年《印度残疾人（机会均等、权利保护和全面参与）法》第 33 条详细规定了政府为残疾人保留职位。我国应予借鉴，规定政府吸纳残疾人就业的要求及违法责任。对有关行政主管部门及其工作人员滥用职权、玩忽职守、徇私舞弊的认定标准也应加以明确。

再次，细化被歧视残疾人的权利补救制度。我国现有保护残疾人就业平等权的机构有人力资源与社会保障部、工会、残联、法院和劳动争议仲裁委员会，尚不存在专门机构。这些机构对残疾人就业歧视处理尚存在一定的困难，例如，较为直接的工会和劳动争议仲裁委员会主要处理存在劳动关系的争议案件，不适合尚处于求职应聘的残疾人。劳动监察局的认定与处理、保护作用也非常有限。为有效补救被歧视残疾人的权利，建议借鉴国外做法，设立"就业平等委员会"或"反歧视委员会"这种专门处理残疾人就业歧视的争议机构，并使该机构保持一定的独立性。赋予其处理有关争议的广泛权力，包括有权受理各种残疾人就业歧视争议的投诉；针对歧视问题展开调查、举行听证等，可做出调解和处理；就有关问题向政府提供政策立法修改完善意见；可监督检查用人单位对相关立法制度的落实情况，并对存在就业歧视的单位进行纠正和处罚。为保障残疾人有效的司法维权，立法中还应规定与现有司法资源的衔接，将行政机关存在的对残疾人就业歧视的抽象行政行为纳入司法审查。为司法机关提供审理与判决残疾人歧视法案件的具体依据，举证责任的设置应利于保护残疾人。他们只需证明自己是立法受保护者且有取得这一工作的资格。用人单位要证明自己的做法不存在歧视，或者提出有例外情形的抗辩理由，否则要承担对被歧视残疾人丧失就业机会的责任，弥补其必要的经济责任。根据美国和我国香港地区的经验，专门的反就业歧视机构发挥着关键作用。这些都值得我们借鉴。

最后，完善残疾人津贴补助制度，并将其与残疾人康复、教育相结合。残疾人补助制度已有悠久历史，1601 年英国伊丽莎白《济贫法》就有了对残疾人进行补贴的制度规定；1981 年韩国制定了《身心残疾者福利法》，规定了残疾人津贴等相关事项；瑞典针对残疾人家庭专门制定了《残疾补贴和护理补贴法》；日本政府对需要长期护理和照顾的残疾人，按年龄段、多重残疾程度等进行分类，并区分出"特殊照料费""特别福利补贴"等。建议我国出台残疾人专项护理补助制度，依据残疾程度制定不同的补贴标准。目前我国应基于残疾人需要构建多种形式的津贴制度，"他们所领取的残障援助可基于不同的标准，如基于权利的给付，则表现为面向所有残障人士的普遍给付；基于需求的补贴给付，则根据不同的残障内容予以援助，如照料津贴旨在为无法自由行动的残障人士提供交通（如乘出租车）补助；基于就业需求补贴给付，这些给付标准往往比其他给付高，由于采用不同的标准，面向残障人士的资源和服务分配并不平等，有些群体处于优势，有些则处于弱势，可能只有采用普遍性的给付才能平衡各种标准之间的对立"。[1] 政府可以通过补贴、委托及购买服务等形式为社区服务提供有效的资金支持。发挥社区在促进残疾人康复及就业创业中的特有作用，从而更有效地依托社区改善残疾人的就业能力与机会。

第三，细化和完善教育扶贫制度。理论与现实表明，贫困的

---

[1] 黄晨熹：《社会福利》，格致出版社、上海人民出版社，2009，第 90 页。

深层原因在于文化教育问题。很显然，贫困者脱贫能力提高的关键在于他们文化教育状况的改善。联合国教科文组织亚太地区办事处也将贫困分为三层结构，并分析了其中原因：表层，贫困不能获得最低的生活水平，依贫困线界定衡量；中层，能力贫困与欠缺；深层，文化与精神的贫乏与落后。① 应将扶贫中受教育权利保障与贫困者脱贫发展紧密结合起来，作为解决深层贫困问题的主要途径。我国基础教育尽管有较快的发展，但存在教育与实际需要相脱节的问题。因为农村中小学教育的目的只是为进一步的学习打好基础，而不是根据学生中多数要回到农村参加农业劳动的实际情况讲授一些农业生产中将用到的知识、技能和思想。而且高等教育也有同样的问题，教学内容与实际生产完全脱节，所学知识不能转化成实际的生产力。应通过有效的社会救助政策使教育需求与实际生产力相联系，改变教育与实践脱节的现象。细化和完善教育扶贫制度，还应从以下方面进行努力。

① 扶贫人才教育培养制度。为促进我国目前人才队伍的发展，民政部门应当根据《国务院办公厅关于印发社会养老服务体系建设规划（2011—2015 年）的通知》、《国家中长期人才发展规划纲要（2010—2020 年）》、《专业技术人才队伍建设中长期规划（2010—2020 年）》、《全国民政人才中长期发展规划（2010—2020 年）》等文件精神，制定符合我国国情的《养老服务专业人才中长期发展规划》。为了保障以上规划政策的实施效果，老年社会服务立法应引起关注。国外扶贫的重要经验就是针对贫困人群制定精细化和具体的教育立法，我国目前教育救助制度多为一般性政策文件、临时性政策或非正式制度，救助工作主要依靠各级政府和教育行政部门的强力推动，具有临时性和随意性，缺乏系统的专门立法。同时，贫困地区应尽可能提供优厚的工作条件避免智力外流，不能靠各种限制手段，应给予适当的激励，尽可能使他们为本地经济社会的发展做出贡献。

② 创新贫困者教育扶贫制度。20 世纪 50 年代末，美国经济学

---

① 联合国教科文组织亚太地区办事处：《基础教育促进扶贫》，1999，第 2—7 页。

家西奥多·舒尔茨提出了人力资本概念，将人力资本界定为人自身的知识、能力和健康。与此目标密切结合的救助内容的设计应体现知识、技能、价值观念及相关应用知识服务等内容的一体化，而这些内容在我国目前的教育救助中比较缺乏。教育救助功能的缺失难以适应我国贫困治理转型的需要。2013年习近平总书记在河北阜平调研扶贫工作时强调，"贫困地区的发展要靠内生动力"。① 其中的一个重要方面就是使农村劳动力活起来，使农民能够真正掌握有用的技术，甚至留守老人、闲散妇女也能发挥一技之长。这就需要创新农村教育内容与功能，以适应贫困治理的现实需要。扶贫重点县的农村劳动力参加过技能培训的比重还处于明显偏低状态。全国总体水平也不高，我国农村劳动力平均受教育年限不足7年，而美国为12年。② 能力的匮乏是导致现代农村贫穷落后的根源，只有将贫困者反贫困能力提升作为农村教育救助的重要内容，才能从根本上消除贫困。为此，应当以制度化形式促进职业教育对贫困者的脱贫作用，弥补教育救助方面的缺失。目前我国的一些职业教育规定不利于充分发挥扶贫作用，应当加以改善。我国《中等职业学校国家助学金管理暂行办法》第3条规定，国家助学金资助对象是具有中等职业学校全日制正式学籍的在校一、二年级所有农村户籍的学生和县镇非农户口的学生以及城市家庭经济困难学生。在校三年级学生通过工学结合、顶岗实习获得一定报酬，用于支付学习和生活费用，这样，非在校的贫困人群，尤其是农村贫困人群难以享受到系统的职业教育救助。比较而言，国外不少国家专门立法比较健全。以美国为例，第二次世界大战后美国对弱势群体教育支持的相关法案已形成了系统体系，职业教育救助中包含了1962年的《人力支持与培训法》和1963年的《职业教育法》等；常规教育救助中包含了1965年的《初等和中等教育法》；对残障人员教育救助十分全面，包含了1970的《残

---

① 赵勇：《把扶贫开发作为战略性任务来抓——学习贯彻习近平同志关于扶贫开发的重要论述》，《人民日报》2013年11月25日第7版。

② 徐丽杰：《中国农村人力资本形成研究》，经济科学出版社，2013，第48—49页。

障教育法》、1986 的《残障儿童保护法》、1986 的《全体残障儿童教育法修正案》，1990 的《身心障碍者教育法》；教育救助公平方面的立法包含了 1964 的《经济机会法》等。

③ 创新教育救助内容与功能设计。目前我国贫困治理已进入新的历史时期，综合性和可持续性的贫困治理意义日益凸显。教育救助虽然取得了一些成就，对贫困治理产生了一定的积极作用，但还存在不少突出的问题。如实践中教育救助面较窄，相当一部分贫困家庭子女及贫困者没有享受过教育救助，而教育救助投入总量较小，与贫困救助需求之间存在较大缺口；救助设计内容过于简单，农村教育主要是使贫困家庭子女享受基础教育，与贫困治理具有直接关系的技能、人文、心理、精神等方面的教育缺乏；教育救助制度不足，救助行为具有临时性和随意性；救助方式不规范，权利义务关系不明确，存在明显的救助不公平问题；救助功能目的单一，目前的制度功能主要局限于减轻贫困者家庭的教育经济负担，不能有效地提升贫困者自身有效参与贫困治理的能力，而自身能力提升则是反贫困中更为根本的问题。这种功能缺失与教育救助的内容设计有直接的关系，上述这些问题可以概括为目前我国教育救助人群、内容、制度及功能的 4 重缺失。教育救助要适应贫困治理的现实需要进行创新转型，以完善和弥合以上的 4 种缺失，基本思路是，在扩大救助人群和继续加大经济投入的同时，应将心理精神救助、人力资源与服务援助都纳入到救助范围，增加对贫困治理具有直接意义的救助内容，进行系统的立法制度创新建设，创新救助功能目标。一方面，加大中央和地方各级政府的相关财政投入，政府需转变救助观念，引入新的教育救助方式；另一方面，整合其他文化教育资源，重视民间参与救助的作用，充分激活和运用民间反贫困文化资源。通过创新转型使教育救助不仅能有效缓解城乡贫困家庭的教育负担，而且能有效地解决贫困者观念、精神文化及反贫困技能等制约反贫困继续推进的深层次问题。通过教育救助提升贫困者创业就业能力、科技致富能力，促进其价值观念的转变。

结　语

　　中华人民共和国成立以来，经过多年不懈努力，中国扶贫政策及其实践取得了巨大成就，贫困群体生活状况得到了明显改善，中国扶贫成就也获得了国际机构的高度评价。但客观来看，从更高层面的要求看，也存在一些亟待解决的现实问题。其一，脱贫的标准较低，且集中于收入方面，即贫困人口减少是在比较低的标准上实现的。绝对贫困标准主要关注基本的生存需求，缺少从发展视角看待扶贫问题，贫困者整体生活质量提升不足，因为我们的贫困标准是按照60%以上的收入用于食品支出来制定的，而且这些食品支出只关注了维持生存所需的热量。由于只是维持最基本的生存需要，贫困线与城乡居民的人均收入之间存在较大的差距。尽管从政府扶贫的效率看，在贫困人口数量很大的情况下，较低的贫困线有助于集中资源帮助最贫困的人口，但是较低的脱贫标准也造成了按照官方统计已经脱贫的人口，其生活仍然很艰难。可以看出，其他方面的贫困未受到重视。其二，脱贫的效果不稳定。2000年，中国政府开始实施2001—2010年的扶贫纲要，希望通过以村为单位的扶贫规划实施帮助剩余的贫困人口脱贫。目前剩余贫困人口脱贫的难度越来越大，而且脱贫的效果不稳定，一些贫困人口在脱贫以后重新返贫，2004年甚至出现绝对贫困人口又有所增加的现象，此后，因各种原因而形成的返贫问题一直严重存在。其三，扶贫管理存在诸多问题。城乡居民之间、农村地区区域人群之间、贫困人口与非贫困人口之间以及贫困群体相互之间等收入差距仍然较大，扶贫中公平与效率双重不足问题一直存在，尤其是扶贫资源分配不公平问题在不同区域、人群及扶贫项目实践中都不同程度存在。

　　形成以上情况的原因是多方面的，但其重要原因是中国过去的扶贫策略及政策实践侧重于缓解和消除经济贫困，缺乏精细化扶贫观念和行动措施，由此形成了以下现实问题。第一，农村的教育、医疗和社会保障等扶贫服务发展滞后，并成为导致收入贫困的重要原因。农民在教育和医疗方面的支出不断增加，远远超出了一般农户特别是贫困农户所能承受的范围，"因学致贫"和"因病致贫"的现象还十分普遍。第二，尽管贫困农民的收入有所增加，但是其生计脆弱性并没有根本改变，贫困者的贫困风险未得到实质性降低，例如，农民随时可能遇到因为意外开支所带来的收入贫困。尽管农民可进入城市增加收入，但是大多数农民工从业不稳定、收入水平低，他们时常游离在城市和农村之间，进入城市后，他们没有更多资本，多数只从事简单的体力劳动；若留在农村，他们的农业收入低。同时农村社区也越来越缺少活力，对农民扶贫作用十分有限。第三，贫困者权利缺失。由于扶贫决策与项目实施透明和民主化不足，扶贫资源通常是由政府或者农村精英掌控和分配，从而使扶贫中的民众参与和民主决策过程流于形式、政策运行经常产生偏差、目标不准，真正的贫困农户和贫困地区得不到有效的扶持，一些资金可能被其他非贫困农户使用。此外，自上而下的决策过程往往不能满足贫困者的实际需求，一些扶贫规划与贫困农民和贫困地区的需求相去甚远，尤其是不能满足基层社会的多样性要求。

　　为有效应对以上问题，我国需要确立新的扶贫目标与策略，其中的核心问题是真正使我国扶贫走向精细化，即不仅要关注贫困农户收入的增加，而且要保障他们实现稳定的脱贫与不返贫；不仅要提升贫困者的物质生活水平，而且要促进贫困者持续全面发展、提升生存质量，充分实现自我价值和社会价值。这无疑是更困难的扶贫任务，这需要有新的扶贫理念与政策思维。从思想观念基础看，我国长期扶贫所依据的是以经济学为基础的贫困理论，在精细扶贫视野下不可避免地存在一定的局限性，需要不同于传统收入理论的精细扶贫新观念。现有的一些相关理念可以给我们提供有益启示，其中发展理念给我们提供了扶贫目标方面的观念基础，如《联合国第二个发展十年（1970—1980）》指出：
"发展的最终目标必须是为了使个人的福利持续得到改进，并使所
有人都得到好处。如果不正当的特权、贫富悬殊和社会不正义继
续存在下去，那么就其基本目的来说，发展就是失败的。"① 这里
个人的福利持续改进就包含了丰富的内容，美国学者德尼·古莱
指出："发展是所有人和所有社会的整体提升：它是经济与社会改
善的实质，也是文化、精神和美学成熟的实质。"② 而从精细化扶
贫的具体策略及实践保障方面看，对多维贫困及其扶贫理论、政
府公共管理精细化理论、生活质量理论及福利主义扶贫理论的研
究，能够给我们提供非常有益的启示。从政策及实践基础看，随
着我国扶贫的不断深入、绝对贫困人口的减少，通过开发式扶贫
越来越难于解决剩余贫困人口的脱贫问题，扶贫走向精细化成为
必然趋势。2007 年，中央政府出台了农村低保政策，将剩余 2000
多万农村绝对贫困人口逐渐纳入到低收入保障的对象中。我国新
农村扶贫开发纲要的实施，特别是 2013 年《关于创新机制扎实推
进农村扶贫开发工作的意见》和 2015 年《中共中央国务院关于打
赢脱贫攻坚战的决定》的施行，为我国扶贫走向精细化提供了基
本理念和政策依据。

扶贫精细化的推进需要扶贫策略的创新转型，即从以往的单
纯消除收入贫困转向消除贫困者的多维贫困，并探索和实践有效
消除贫困者收入贫困、健康贫困及权利贫困的具体策略。例如，
权利贫困的应对将涉及提高贫困者权利保护意识，使生存权、生
命权、健康权、受保护权、发展权和参与家庭、文化和社会生活
的权利得到全面保障。这显然更加艰巨，但同时也是有利于从根
本上消除贫困的扶贫任务。

要使扶贫精细化策略有效地传播需要一系列保障，但最终的
保障是制度建设与设计。社会排斥可以通过制度的调整加以解决，

---

① 联合国新闻处编《联合国手册》，商务印书馆，1972，第 96 页。
② 〔美〕德尼·古莱：《发展伦理学》，高铦等译，社会科学文献出版社，2003，
第 43 页。

如同中国政府近年来所做的户籍制度改革，由户籍制度所带来的一系列制度性不平等也在改善中，包括救助制度、补贴制度、教育制度、就业制度乃至住房制度，等等。在今后制度设计与建设中应当处理和解决好以下关键问题：一是明确政府管理权限与责任，实现部门之间合理分工与协作，信息透明、科学民主决策、贫困群体或个体参与及有效监督等各种规则；二是保障扶贫资金、财政扶贫资金在投入数量上稳定上升，提高政府资金使用效率，明确扶贫资源的动员和配置方式及具体程序，实现资源的有效利用，避免扶贫开发中的临时性和随意性，使政府以较少的人力、物力、财力、时间、消耗获得最大限度的成果；三是规范贫困地区和贫困者的权利及相应的责任，即在对贫困者有效赋权的同时，使其承担合理义务，充分利用其自身资源，防范可能会出现的政府负担过重和贫困者对政府"扶贫依赖"以及过度消耗自然资源等不可持续的情况；四是以有效制度特别是激励制度增加社会扶贫资源供给，增强其他社会主体在扶贫过程中参与的主动性；五是构建和完善对扶贫部门的绩效精细考核和监督制度，扶贫绩效评估主要对能否实现预期目标的客观性、系统性、经验性基础进行评价，评估时应充分考虑的因素包括政策目标的精细化程度、目标群体指向的准确性和全面性、实现目标的途径可行性、方法及资源保障及实际效果等，并包括进一步的跟踪效果评估；六是将各种扶贫相关制度有机结合，发挥各种政策制度的整体效应。

主要参考文献

一 中文书籍

联合国教科文组织：《内源发展战略》，社会科学文献出版社，1988 年版。

联合国教科文组织、世界文化与发展委员会：《文化多样性与人类全面发展》，张玉国译，广东人民出版社，2006 年版。

〔印度〕阿马蒂亚·森：《以自由看待发展》，任赜、于真译，中国人民大学出版社，2012 年版。

〔印度〕阿马蒂亚·森：《贫困与饥荒——论权利与剥夺》，王宇、王文玉译，商务印书馆，2001 年版。

〔美〕保罗·萨缪尔森、威廉·诺德奈斯：《经济学》，萧琛主译，商务印书馆，2013 年版。

〔美〕Neil Gilbert, Paul Teeerl：《社会福利政策导论》，黄晨熹等译，华东理工大学出版社，2003 年版。

〔美〕T. W. 舒尔茨：《论人力资本的投资》，北京经济学院出版社，1990 年版。

〔美〕诺曼·厄普霍夫等：《成功之源——对第三世界国家农村发展经验的总结》，汪立华等译，广东人民出版社，2006 年版。

〔美〕戴安娜·M. 迪尼托：《社会福利：政治与公共政策》，何敬、葛其伟译，中国人民大学出版社，2007 年版。

〔美〕约翰·罗尔斯著：《正义论》，何怀宏等译，中国社会科学出版社，1988 年版。

〔美〕阿瑟·奥肯：《平等与效率》，王奔洲等译，华夏出版社，2010 年版。

〔美〕迈克尔·谢诺登：《资产与穷人——一项新的美国福利政策》，商鉴国译，商务印书馆，2005年版。

〔美〕德尼·古莱：《发展伦理学》，高铦等译，社会科学文献出版，2003年版。

〔美〕戴维·迈尔斯：《社会心理学》，侯玉波等译，人民邮电出版社，2006年版。

〔美〕马丁·瑞沃林：《贫困的比较》，赵俊超译，北京大学出版社，2005年版。

〔美〕迪帕·纳拉扬等：《谁倾听我们的声音》，付岩梅等译，中国人民大学出版社，2001年版。

〔美〕Alan Carr：《积极心理学》，郑雪等译，中国轻工业出版社，2008年版。

〔英〕安东尼·哈尔、詹姆斯·梅志里：《发展型社会政策》，罗敏等译，社会科学文献出版社，2006年版。

〔英〕哈特利·迪安：《社会政策学十讲》，岳经纶、温卓毅、庄文嘉译，格致出版社、上海出版社，2009年版。

〔英〕诺曼·巴里：《福利》，储建国译，吉林人民出版社，2005年版

〔英〕艾伦·肯迪：《福利视角：思潮、意识形态及政策争论》，周薇等译，上海人民出版社，2011年版。

〔英〕彼得·泰勒—顾柏编：《新风险　新福利》，马继森译，中国劳动社会保障出版社，2010年版。

〔英〕A. C. 庇古：《福利经济学》（上、下卷）朱泱，张胜纪，吴良健译，商务印书馆，2010年版。

〔英〕莱恩·多亚尔、伊恩·高夫：《人的需要理论》，汪淳波、张宝莹译，商务出版社，2008年版

〔英〕萨比娜·阿尔基尔等：《贫困的缺失维度》，刘民权、韩华为译，科学出版社，2010年版。

〔英〕简·米勒主编：《解析社会保障》，郑飞北等译，格致出版社、上海人民出版社，2012年版。

〔英〕内维尔·哈里斯等：《社会保障法》，西霞、李凌译，北

京大学出版社，2006 年版。

〔英〕霍华德·格伦内斯特：《英国社会政策论文集》，苗正民译，商务印书馆，2003 年版。

〔英〕戴维·米勒：《社会正义原则》，应奇译，江苏人民出版社，2005 年版。

〔日〕大须贺明：《生存权论》，林浩译，法律出版社，2001年版。

〔法〕帕特丽夏·威奈尔特等：《就业能力——从理论到实践》，郭瑞卿译，中国劳动社会保障出版社，2004 年版。

《马克思恩格斯选集》（第 2 卷），人民出版社，1995 年版。

国家统计局住户调查办公室：《中国农村贫困监测报告：2015》，中国统计出版社，2015 年版。

民政部社会工作司：《救助社会工作研究》，中国社会出版社，2011 年版。

北京大学法学院人权研究中心编：《以权利为基础促进发展》，北京大学出版社，2005 年版。

郑功成：《中国社会保障发展报告 2016》，人民出版社，2016年版。

林闽钢：《社会保障理论与政策》，中国社会科学出版社，2012年版。

林闽钢、刘喜堂主编：《当代中国社会救助制度完善与创新》，人民出版社，2012 年版。

丁建定：《英国社会保障制度史》，人民出版社，2015 年版。

丁声俊、王耀鹏等：《反饥饿　反贫困——全球进行时》，中国农业出版社，2012 年版。

沈振新：《编织反贫困的最后一道安全网——上海市社会救助工作的实践与思考》，上海人民出版社，2009 年版。

钱宁：《社会正义、公民权利和集体主义》，云南大学出版社，2011 年版。

景天魁：《底线公平：和谐社会的基础》，北京师范大学出版社，2009 年版。

李超民：《美国社会保障制度》，上海人民大学出版社，2009年版。

柳拯：《中国农村最低生活保障制度政策过程与实施效果研究》，中国社会出版社，2009年版。

张秀兰、徐月宾、梅志里主编：《中国发展型社会论纲》，中国劳动社会保障出版社，2007年版。

张文隆：《赋权：实务领导大趋势》，清华大学出版社，2011年版。

张文显：《权利与人权》，法律出版社，2011年版。

韩君玲：《日本最低生活保障法研究》，商务印书馆，2007年版。

谭诗斌：《现代贫困学导论》，湖北人民出版社，2012年版。

林万亿：《社会福利》，五南图书出版公司，2010年版。

王俊文：《当代中国农村贫困与反贫困问题研究》，湖南师范大学出版社，2010年版 。

王思斌主编：《社会工作概论》（第3版），高等教育出版社，2014年版。

朱玉福：《中国扶持较少人口民族发展的理论与政策实践研究》，民族出版社，2015年版。

屈海英：《城镇化进程中农村老年人心理健康与心理需求》，人民卫生出版社，2015年版。

黄晨熹：《社会福利》，格致出版社、上海人民出版社，2009年版。

严俊：《中国农村社会保障政策研究》，人民出版社，2009年版。

金钟范编著：《韩国社会保障制度》，上海人民出版社，2011年版 。

都阳主编：《城乡福利一体化：探索与实践》，社会科学文献出版社，2010年版。

夏勇：《人权概念的起源》，中国政法大学出版社，1992年版 。

曹艳春：《我国城乡社会救助系统建设研究》，上海世纪集团，2009年版。

樊怀玉等：《贫困论——贫困与反贫困的理论与实践》，民族出版社，2002 年版。

王卫平等：《社会救助学》，群言出版社，2007 年版。

张巍：《中国农村反贫困制度变迁研究》，中国政法大学出版社，2008 年版。

郭湛：《主体性哲学——人的存在及其意义》，中国人民大学出版社，2010 年。

周志群：《美国社区学院课程变革与发展研究》，福建教育出版社，2012 年版。

刘海英主编：《大扶贫：公益组织的实践与建议》，社会科学文献出版社，2011 年版。

王颉等：《多维视角下的农民问题》，凤凰出版传媒集团、江苏人民出版社，2007 年版。

李珍：《社会保障理论》，中国劳动社会保障出版社，2007 年版。

李兵等主编：《社会服务》，知识产权出版社，2011 年版。

罗蔚、周霞、马骏、牛美丽主编：《公共行政学中的伦理话语》，中国人民大学出版社，2011 年版。

徐丽杰：《中国农村人力资本形成研究》，经济科学出版社，2013 年版。

郭伟伟等：《亚洲国家和地区社会保障制度研究》，中央编译出版社，2011 年版。

罗志如等：《当代西方经济学说》（上册），北京大学出版社，1989 年版。

文建龙：《权利贫困论》，时代出版传媒股份有限公司、安徽人民出版社，2010 年版。

王晓丹：《印度社会观察》，世界知识出版社，2007 年版。

杨伟民：《社会政策导论》（第二版）中国人民大学出版社，2010 年版。

二　中文杂志

〔美〕洪朝辉：《论中国城市社会权利的贫困》，《江苏社会科学》2003 年第 2 期。

〔俄〕纳塔利娅·拉杜洛娃：《"幸福概念的性质差异"》，叶佳译，《国外社会科学文摘》2003 年第 10 期。

〔挪威〕艾尔泽·厄延：《减少贫困的政治》，张大川译，《国际社会科学杂志》2000 年第 4 期。

景天魁：《底线公平概念和指标体系——关于社会保障基础理论的探讨》，《哈尔滨工业大学学报》2013 年第 1 期。

郑功成：《从城乡分割走向城乡一体化（上）：中国社会保障制度变革挑战》，《人民论坛》2014 年第 1 期。

邓大松、吴振华：《"高龄津贴"制度探析与我国普惠型福利模式的选择》，《东北大学学报》2011 年第 3 期。

杨立雄：《高龄老年津贴制度研究》，《中州学刊》2012 年第 2 期。

顾海英等：《现阶段"新二元结构"问题缓解的制度与对策——基于上海外来农民工的调研》，《管理世界》2011 年第 11 期。

熊惠平：《"穷人经济学"的健康权透视：权利的贫困及其治理》，《社会科学研究》2007 年第 6 期。

朱晓阳：《反贫困的新战略：从"不可能完成的使命"到管理穷人》，《社会学研究》2004 年第 2 期。

吴晓燕、赵普兵：《农村精准扶贫中的协商：内容与机制——基于四川省南部县 A 村的观察》，《社会主义研究》2015 年第 6 期。

刘晓霞、周凯：《反贫困立法：定位与进路》，《西部法学评论》2013 年第 3 期。

周端明：《社会保障的新理念与中国农民扶持性社会保障体制》，《经济学家》2006 第 5 期。

慈勤英、王卓祺，《最低生活保障制度的微观分析：失业者的再就业选择》，《社会学研究》2006 年第 3 期。

黄晨熹：《城市低保对象求取行为的影响因素及相关制度安排研究——以上海为例》，《社会学研究》2007 年第 1 期。

徐贵权：《当代中国人生存方式嬗变的主体性向度》，《毛泽东邓小平理论研究》2010 年第 9 期。

徐志明：《我国扶贫投资及绩效分析》，《西部学刊》2013 年第 11 期。

陈化：《健康贫困与卫生公平》，《学术论坛》2010 年第 7 期。

陈福平：《非营利组织与社区建设——台湾和香港的比较研究》，《澳门理工学报（人文社会科学版）》2014 年第 3 期。

丁建军：《多维贫困的理论基础、测度方法及实践进展》，《西部论坛》2014 年第 1 期。

杨菊华、姜向群、陈志光：《老年社会贫困影响因素的定量和定性分析》，《人口学刊》2010 年第 4 期。

李祖佩：《"新代理人"：项目进村中的村治主体研究》，《社会》2016 年第 3 期。

李丹：《社会工作介入农村老年人扶贫的路径分析——基于社会互构理论的视角》，《经济研究导刊》2015 年第 22 期。

李建新、李春华：《城乡老年人口健康差异研究》，《人口学刊》2014 年第 5 期。

王瑜、汪三贵：《人口老龄化与农村老年贫困问题——兼论人口流动的影响》，《中国农业大学学报》2014 年第 1 期。

王小林、Sabina Alkire：《中国多维贫困测量：估计和政策含义》，《中国农村经济》2009 年第 12 期。

王春光：《扶贫开发与村庄团结关系之研究》，《浙江社会科学》2014 年第 3 期。

左停：《精准扶贫战略的多层面解读》，《国家治理》2015 年第 36 期。

唐丽霞、罗江月、李小云：《精准扶贫机制实施的政策和实践困境》，《贵州社会科学》2015 年第 5 期。

汪三贵、Albert Park：《中国农村贫困人口的估计与瞄准问题》《贵州社会科学》2010 年第 2 期。

范斌：《弱势群体的增权及其模式选择》，《学术研究》2004 年第 12 期。

虞崇胜、余扬：《提升可行能力：精准扶贫的政治哲学基础分析》，《行政论坛》2016 年第 1 期。

周沛：《社会福利视野下的发展型社会救助体系及社会福利行政》，《南京大学学报》，2012 年第 6 期。

张立彦：《政府社会救助支出存在的问题与对策》，《经济纵横》2013 年第 9 期。

林闽钢：《关于政府购买社会救助服务的思考》，《行政管理改革》2015 年第 8 期。

林卡：《社会政策、社会质量和中国大陆社会发展导向》，《社会科学》2013 年 12 期。

邹薇、方迎风：《关于中国贫困的动态多维度研究》，《中国人口科学》2011 年第 6 期。

高艳云：《中国城乡多维贫困的测度及比较》，《统计研究》2012 年第 11 期。

高帅：《社会地位、收入与多维贫困的动态演变——基于能力剥夺视角的分析》，《上海财经大学学报》2015 年第 3 期。

刘凤芹、徐月宾：《谁在享有公共救助资源？——中国农村低保制度的瞄准效果研究》，《公共管理学报》2016 年第 1 期。

刘文、焦佩：《国际视野中的积极老龄化研究》，《中山大学学报》2015 年第 1 期。

风笑天：《生活质量研究：近三十年回顾及相关问题探讨》，《社会科学研究》2007 年第 6 期。

曾毅、顾大男：《老年人生活质量研究的国际动态》，《中国人口科学》2002 年第 5 期。

钱雪飞：《城乡老年人收入来源的差异及其经济性影响》，《华南农业大学学》2011 年第 1 期。

关博：《完善新型五保供养制度的思考》，《宏观经济管理》2013 年第 12 期。

关信平：《当前我国社会保障制度公平性分析》，《苏州大学学报》2013 年第 3 期。

凡凤林、邹莘、郭卫：《国外老年津贴制度的启示》，《中国社会保障》2009 年第 12 期。

孟庆国、胡鞍钢：《消除健康贫困应成为农村卫生改革与发展的优先战略》，《中国卫生资源》2000 年第 6 期。

总报告起草组：《国家应对人口老龄化战略研究总报告》，《老龄科学研究》2015 年第 3 期。

葛志军、邢成举：《精准扶贫：内涵、实践困境及其原因阐释——基于宁夏银川两个村庄的调查》，《贵州社会科学》2015 年第 5 期。

郝晓宁、胡鞍钢：《中国人口老龄化：健康不安全及应对政策》，《中国人口·资源与环境》2010 年第 3 期。

原新、刘佳宁：《我国农村人口的健康贫困探讨》，《南开学报》，2005 年第 4 期。

仇雨临：《人口老龄化对医疗保险制度的挑战及对策思考》，《北京科技大学学报》2005 年第 1 期。

郭延安：《农村社区建设中存在的问题及其对策》，《中国发展观察》2012 年第 11 期。

潘泽泉：《参与与赋权：基于草根行动与权力基础的社区发展》，《理论与改革》2009 年第 4 期。

吴玉琴：《老人福利推动联盟的发展历史》，《社区发展季刊》2005 年第 109 期。

吴姚东：《生活质量：当代发展观的新内涵—— 当代国外生活质量研究综述》，《国外社会科学》2000 年第 4 期。

孔刘柳、谢乔昕：《财政分权对地方政府规模影响的区域差异实证》，《上海经济研究》2010 年第 2 期 。

相焕伟：《台湾地区老人福利法制及其借鉴》，《法学论坛》2013 年第 3 期。

谭银清等：《我国连片特困地区农民扶贫参与意愿影响因素实证研究》，《山东农业大学学报》2015 年第 1 期。

邵科、朱守银：《农民专业合作社发展的不良类型、成因与应对思路》，《农业经济与管理》2014 年第 1 期。

韩俊魁：《农民的组织化与贫困农村社区的可持续发展———以社区主导型发展试点项目为例》，《北京师范大学学报》2008 年第 5 期。

胡依波等：《NGO 扶贫模式对新阶段扶贫工作的启示研究——以昆明市为例》，《中国林业经济》2015 第 5 期。

胡明宝、任大鹏：《立法整合扶贫资源的必要性与制度安排》，《农村经济与科技》2012 年第 3 期。

许琳：《论老年人的经济保障与服务保障——迎接人口老龄化对养老保障制度的挑战》，《宁夏社会科学》1999 年第 6 期。

清华大学"新生代农民工研究"课题组：《新生代农民工的困境与出路》，《中国改革》2012 年 9 期。

盛学军、刘广明：《"新农保"个人缴费"捆绑制"的实践考察与理论研判》，《河北法学》2012 年第 3 期。

戴旭宏：《构建贫困主体、基层组织和 NGO 在扶贫开发中联动参与机制的思考》，《农村经济》2008 年第 10 期。

三 外文文献

Atchley, C. Robert, Social Force and Aging, California: Wadsworth Publishing Company, 1958.

C. Murray, Losing Ground. New York: Basic Books, 1984.

Christopher Gray, eds, the Philosophy of Law – An Encyclopedia, Garland Publishing INC, 1999.

Chambers R, Poverty in India: Concepts, Research and Reality, Institute of Development Studies Discussion Paper, 1988.

D. Ellwood, Poor Support: Poverty in the American Family, New York: Basic Books, 1988.

Rowe J W,, Kahn R L, Successful Aging, The Gerontologist, 1997, 37 (4).

Levi J, Segal L, St Laurent R, Investing in America's Health: A state-by-state look at public Health Funding and Key Health Facts, 2012.

Wilson W J, The Truly Disadvantaged: The Inner City, the Underclass, and Public Policy, University of Chicago Press, 2012.

Yusuf M, Community Targeting for Poverty Reduction: Lessons

from Developing Countries, The Pardee Papers, 2010, 8.

Jerome J. Shestack, The Jurisprudence of Human Rights, Cited in Theodor Meron, Human Rights in International Law: legal And Policy Issues, Oxford University Press , 1984.

Townsend P, The Concept of Poverty, London: Heinemmann, 1974.

Ravallion, Targeted Transfers in Poor Countries: Revisiting the Tradeoffs and Policy Options, World Bank Publications, 2003.

Mead L M, the New Politics of Poverty: The Nonworking Poor in America, New York: Basic Books, 1992.

Mead L. M, the New Politics of Poverty: The Nonworking Poor in America, New York: Basic Books [M]. 1992.

George V, Page R M, Modern Thinkers on Welfare, Prentice Hall/ Harvester Wheatsheaf, Hemel Hempstead, Journal of Social Policy, 1996, 25 (4).

Field F, Making Welfare Work: Reconstructing Welfare for the Millennium, London: Institute of Community Studies, 1995.

Sheldon H. Danzinger, Daniel H. Weinberg, Fighting Poverty: What Works and What Doesn't, Harvard University Press, 1986.

R. M. Titmuss, Commitment to Welfare, London: Unwin University Books, 1968.

Harrington M, The Other America, Simon and Schuster, 1997.

See Michael Hill, Social Policy: A Comparative Analysis, Hemel Hempstead: Harvester Wheatsheaf, 1996.

S. Cohens, T. A. Wills, Stress, Social Support and the Buffering Hypothesis, Psychological Bulletin, 1985, 98 (2).

Gilbert N, Transformation of the Welfare State: the Silent Surrender of Public Responsibility, Oxford: Oxford University Press, 2002.

Demetrius Iatridis, Social Policy: Institutional Context of Social Development and Human Services, Cengage Learning , 1994.

Barrera, M. Ainlay S L, The Structure of Social Support: A Conceptual and Empirical Analysis, Journal of Community Psychology,

1983, 11.

Goodin R E, Support With Strings: Workfare As An Impermissible Condition, Journal of Applied Philosophy, 2004, 21 (3).

Mcginnis J. M, Williams-Russo P, Knickman J R, The Case for More Active Policy Attention to Health Promotion, Health Affaires, 2002, 21 (2).

Robert Chambers, What is poverty? Who asks? Who answers? International Poverty Centre: Poverty in Focus, December 2006.

Grossman M, On the Concept of Health Capital and the Demand for Health, Journal of Political Economy, 1972, 80 (2).

Gebel M, Giesecke J, Labor Market Flexibility and Inequality: The Changing Skill-Based Temporary Employment and Unemployment Risks in Europe, Social Forces, 2011.

Robson, William B. P. , Will the Baby Boomers Bust the Health Budget? Demographic Change and Health Care Financing Reform. C. D. Howe Institute Commentary148. Toronto, CA: C. D. , Howe Institute. Februbary, 2001, OECD.

Williams R H, Donohue, Processes of Aging: Social and Psychological Perspectives, Transaction Publishers, 2008.

World bank, World Development Report 2001: Attacking Poverty. New York: Oxford University Press, 2001.

Morgen S, Acker J, Weight J, etal, Stretched Thin: Poor Families, Welfare Work and Welfare Reform, Contemporary Sociology A Journal of Reviews, 2010, 14 (1).

Oppenheim C, Poverty: the Facts, Child Poverty Action Group, 1993.

Kieffer, C. H. Citizen Empowerment: A Developmental perspective, Prevention in Human Services, 1984, (3) (2 - 3).

Fogel R. W. , Catching Up with the Economy, The American Economic Review, 1999, 89 (3).

Johnson, L. C. , & Schwartz, C. L. , Social Welfare: A Response to Human Need, Boston: Allyu and Bacon, 1994.

图书在版编目（CIP）数据

中国扶贫精细化：理念、策略、保障／王三秀著
. -- 北京：社会科学文献出版社，2017.10（2020.11 重印）
（华中科技大学社会学文库. 教授文集系列）
ISBN 978 - 7 - 5201 - 0658 - 0

Ⅰ.①中⋯ Ⅱ.①王⋯ Ⅲ.①扶贫 - 研究 - 中国
Ⅳ.①F124.7

中国版本图书馆 CIP 数据核字（2017）第 074905 号

华中科技大学社会学文库·教授文集系列
中国扶贫精细化：理念、策略、保障

著　　者／王三秀

出 版 人／谢寿光
项目统筹／谢蕊芬　任晓霞
责任编辑／王　宁　任晓霞

出　　版／社会科学文献出版社·群学出版分社（010）59366453
　　　　　地址：北京市北三环中路甲 29 号院华龙大厦　邮编：100029
　　　　　网址：www.ssap.com.cn
发　　行／市场营销中心（010）59367081　59367083
印　　装／北京建宏印刷有限公司

规　　格／开　本：787mm × 1092mm　1/16
　　　　　印　张：21.5　字　数：299 千字
版　　次／2017 年 10 月第 1 版　2020 年 11 月第 2 次印刷
书　　号／ISBN 978 - 7 - 5201 - 0658 - 0
定　　价／89.00 元